宽刚度域基层长寿命沥青路面设计导论

王旭东 张 蕾 著

人民交通出版社股份有限公司
北京

内 容 提 要

本书首先回顾了我国路面技术(主要是沥青路面技术)的百年发展历程;然后从沥青路面典型病害形式和成因分析入手,说明沥青路面服役性能需求的多样性和复杂性,同时也指出结构和材料设计以及施工因素是导致沥青路面病害的主要成因;最后分别从宽刚度域基层结构的沥青路面功能化设计、材料结构使役行为与均衡化设计,以及沥青路面建造关键技术等三方面,针对长寿命沥青路面的技术目标,讨论了有关技术问题。

本书可供道路工程技术人员在工作中参考,亦可供高等院校相关专业研究生教学参考。

图书在版编目(CIP)数据

宽刚度域基层长寿命沥青路面设计导论 / 王旭东,张蕾著. — 北京:人民交通出版社股份有限公司,2024.1
　ISBN 978-7-114-18183-2

Ⅰ.①宽… Ⅱ.①王…②张… Ⅲ.①刚性路面—沥青路面—路面设计 Ⅳ.①U416.217

中国版本图书馆 CIP 数据核字(2022)第 158341 号

Kuan Gangduyu Jiceng Chang Shouming Liqing Lumian Sheji Daolun

书　　名:	宽刚度域基层长寿命沥青路面设计导论
著 作 者:	王旭东　张　蕾
责任编辑:	刘永超　丁　遥
责任校对:	赵媛媛　魏佳宁
责任印制:	张　凯
出版发行:	人民交通出版社股份有限公司
地　　址:	(100011)北京市朝阳区安定门外外馆斜街3号
网　　址:	http://www.ccpcl.com.cn
销售电话:	(010)59757973
总 经 销:	人民交通出版社股份有限公司发行部
经　　销:	各地新华书店
印　　刷:	北京印匠彩色印刷有限公司
开　　本:	787×1092　1/16
印　　张:	17.5
字　　数:	370千
版　　次:	2024年1月　第1版
印　　次:	2024年1月　第1次印刷
书　　号:	ISBN 978-7-114-18183-2
定　　价:	150.00元

(有印刷、装订质量问题的图书,由本公司负责调换)

前 言
Foreword

近些年来,长寿命沥青路面的技术研发和工程实践受到广泛关注。修建长寿命路面是选择半刚性基层结构,还是柔性基层结构?沥青面层厚点儿好,还是薄些好?这些问题不仅是沥青路面学科研究的热点问题,也是实际工程中普遍关心的问题。

一般来说,沥青路面有半刚性基层、柔性基层、复合式基层、倒装式基层、厚沥青混凝土和全厚式沥青混凝土等多种不同类型的结构形式,我国的长寿命沥青路面到底适合采用哪一种结构形式,目前在我国学术界和工程界还有不同的看法。

20世纪90年代中期,经历了"七五""八五"攻关,我国基本上确立了以半刚性基层为典型结构的高速公路沥青路面的技术体系,支撑了我国以高速公路为主体的国家公路网建设的快速发展。然而由于多方面原因,自90年代后期以来,我国一些地区的沥青路面出现了早期损坏现象,由此对于半刚性基层沥青路面是否适宜于重载交通的使用环境、是否适宜于修建耐久性的沥青路面工程,提出了不同的看法。20世纪末、21世纪初,欧美国家先后提出了长寿命沥青路面的技术发展方向,并推荐了以柔性基层、全厚式沥青路面为代表的典型结构,引发国内学术界和工程界的广泛讨论、研究。

为此,21世纪以来,我国路面工程领域一方面开展了广泛的科研工作,剖析了路面早期损坏产生的原因,提出了解决早期损坏的技术对策;另一方面开展了多种结构形式的长寿命沥青路面的试验研究,先后在广东、江苏、河南、山东、河北等省(区、市)修建了试验路或实体工程。在沙庆林院士的倡议下,2015年交通运输部公路科学研究院修建了我国第一条足尺路面试验环道,铺设了包括半刚性基层和全厚式沥青混凝土结构在内的七大类、19种不同结构形式的沥青路面试验段,开展全寿命周期的加速加载试验,比较不同结构形式的沥青路面在相同荷载和自然环境下使用性能的差异和耐久性。

截至2022年7月初,该环道试验已完成7000万次累计标准轴载作用次数的加载,按照《公路沥青路面设计规范》(JTG D50—2006)的标准,相当于重载交通环境下30年的荷载水平。基于当前的试验现状发现,尽管这些试验路段的结构形式差异很大,服役性能的表现不尽相同,但是主要的性能指标,如弯沉、车辙、裂缝等仍满足现行规范的技术要求。由此受到启示:沥青路面的耐久性并不取决于结构形式的名称,而取决于内在质量。不论是半刚性基层结构,还是全厚式沥青混凝土结构,或者其他类型结构,都有各自的服役性能特征,只要科学设计、严格施工,都可以修建长寿命的沥青路面。当然,在实际工程中,工程成本是不可忽视的因素。当几种结构都可以实现长寿命目标时,选择成本最低的结构形式,即所谓的技术经济最优化原则。

同时,通过环道的试验研究也认识到,沥青路面实际上是一种宽刚度域基层的层状体系结构。我们在讨论半刚性基层、柔性基层、倒装式基层等结构形式时,实际上是在描述这些路面结构的基层差异,是在以基层材料的类型或组合方式命名不同的沥青路面结构。这些路面结构使用性能的差异实际上是由相应的基层品质决定的。从结构力学角度看,这些基层品质的差异主要是刚度水平的不同,有的相差1~2个数量级,由此提出了宽刚度域基层沥青路面的概念。

提出宽刚度域基层沥青路面概念的目的是统一沥青路面的技术体系,不再单纯因为某种材料名词而简单区分沥青路面的性能特征。因为沥青路面的性能并不取决于材料的名称,而是与材料的内在品质、结构层厚度以及结构组合方式密切相关。事实上,即使同为半刚性基层沥青路面,由于半刚性材料的强度不同、结构层厚度不同,表现出的使用性能差异是很大的。建设长寿命沥青路面不是根据某种名称的基层结构,而是根据基层的内在品质。

与一般沥青路面设计技术相比,长寿命沥青路面设计技术的难点在于对超长服役周期条件下沥青路面非线性服役机理的探索。我国现有沥青路面设计寿命为15年,若提升至50年,那么未来35年间,沥青路面服役性能的演化规律是什么？是否可将原有的15年的服役性能模型有效外延，尚无法证实。由于沥青路面是由多种各向异性材料组成的复合结构，其服役性能的演化是非线性的，因此，长寿命沥青路面技术研发面临的首要问题在于尽可能全面、系统地采集全寿命周期条件下沥青路面服役性能的演化数据，并开展相关科学研究。特别是荷载-环境耦合作用下路面长期服役性能的演化机理，以及非线性路面材料的结构使役行为等科学问题的探索，将有助于构建更为可靠的、适用于长寿命目标的沥青路面设计模型和指标。与此同时，加强工程质量管理，降低施工变异性，提高工程可靠度，解决当前普遍面临的设计-施工一体化问题，是建设长寿命沥青路面的工程对策。

本书之所以称为"导论"，一方面，正如某位科学家所说的"科学技术的创新来自于哲学观念的改变"，作为新一代的沥青路面技术，相对于既有技术体系，长寿命沥青路面将是一个跨越式革新。为此，本书寄希望从沥青路面工程的本源角度梳理相关的技术脉络，探索研发长寿命沥青路面技术的突破点和核心问题。另一方面，鉴于沥青路面技术自身的复杂性，有关的科学问题、关键技术仍在研发过程中，书中的有些观点和认知还不一定成熟，需要进一步开展理论证明和实践验证。

本书首先回顾了我国路面技术(主要是沥青路面技术)的百年发展历程，其目的在于梳理我国沥青路面技术不平凡的发展过程，对于我国当前取得的重大成就，向老一辈公路人致敬。同时，也将从中受到感悟：什么是沥青路面技术，未来将如何自主研发我国的长寿命沥青路面技术。正如著名数学家庞加莱所说："如果我们想要预见数学的将来，适当的途径是研究这门科学的历史和现状。"因为沥青路面技术的发展是延续的，当前长寿命沥青路面是沥青路面技术发展历史中的一个环节，是在以往实践研究成果的基础上发展的，尽管技术内涵发生了改变，但是研究对象、研究方法并没有改变。

然后，本书从沥青路面典型病害形式和成因分析入手，说明沥青路面服役性能需求的多样性和复杂性，同时也指出，结构和材料设计以及施工因素是导致沥青路面病害的主要原因。最后，本书分别从宽刚度域基层结构的沥青路面功能化设计、材料结构使役行为与均衡化设计，以及沥青路面建造关键技术等三方面,针对长寿命沥青路面的技术目标,讨论了有关技术问题。

在本书的编写过程中,周兴业研究员、张蕾研究员、肖倩副研究员对本书的有关观点提出了建设性意见,刘旭博士后为书中一些案例提供了算例证明,单伶燕、吴洋参与了全书的文字编辑和校对工作,在此表示感谢。

严格来说,本书并不是一本严谨的学术论著,没有详尽的数据表格和严格的公式推导,而更多是基于作者多年来从事长寿命沥青路面技术研发和工程实践,对一些学术理念、技术观点和研究方法的阐述。同时,由于水平有限,书中难免存在一些疏漏或错误,也请读者予以指正。

作　者

2023 年 9 月

目 录
Contents

1 绪论 …………………………………………………………… 1
 1.1 宽刚度域基层的结构形式 …………………………………… 1
 1.2 冗余度与变异性 ……………………………………………… 2
 1.3 工程实践中的体会 …………………………………………… 4
 1.4 长寿命路面的探索 …………………………………………… 5

2 沥青路面技术的发展与长寿命沥青路面 …………………… 7
 2.1 我国沥青路面技术发展简述 ………………………………… 7
 2.2 长寿命沥青路面的有关概念 ………………………………… 51
 2.3 长寿命沥青路面技术面临的新挑战 ………………………… 63
 2.4 小结 …………………………………………………………… 73

3 从路面病害谈起 ……………………………………………… 74
 3.1 路面裂缝 ……………………………………………………… 77
 3.2 水损坏 ………………………………………………………… 81
 3.3 车辙病害 ……………………………………………………… 86
 3.4 路表磨损 ……………………………………………………… 93
 3.5 平整度损伤 …………………………………………………… 96
 3.6 路面的层间损坏 ……………………………………………… 98
 3.7 承载能力损伤 ………………………………………………… 106
 3.8 小结 …………………………………………………………… 113

4 宽刚度域结构的功能化设计 ………………………………… 114
 4.1 宽刚度域的结构体系 ………………………………………… 114
 4.2 功能设计与性能模型 ………………………………………… 128
 4.3 范式模型及可靠度设计 ……………………………………… 148
 4.4 小结 …………………………………………………………… 164

5 材料的使役行为与均衡化设计 ·············· 165
5.1 材料的多样性和指标体系 ················ 166
5.2 材料的结构使役行为初探 ················ 183
5.3 材料设计的均衡化 ···················· 209
5.4 小结 ···························· 233

6 耐久性道路建造的关键技术 ················· 235
6.1 结构设计与材料设计 ··················· 236
6.2 施工工艺与质量控制 ··················· 245
6.3 小结 ···························· 258

7 结语 ·································· 260

参考文献 ······························· 266

1 绪　　论

长寿命沥青路面,又称为永久路面或长效路面,是20世纪末、21世纪初欧美国家提出的一种新型沥青路面,与既有路面相比,使用寿命大幅度延长,是一种以全寿命周期内技术经济最优化为目标的沥青路面。这种沥青路面的结构安全寿命一般要求不少于50年,或者在更长的服役期内,路面不产生结构性破坏;同时,这种路面要求在服役期的养护维修仅限于表面层,且养护周期不少于15年甚至20年。因此,长寿命沥青路面的使用性能要求更高,不仅代表着新一代沥青路面设计与建造技术的发展方向,而且也充分体现了绿色、低碳的环保理念。

当长寿命沥青路面技术理念刚刚引入时,适逢我国高速公路建设快速发展的起步阶段。当时由于多方面原因,我国沥青路面产生了一些非正常的早期损坏现象,对于我国能否实现长寿命沥青路面的目标,是否有必要研究长寿命沥青路面,产生了不同的看法。欧美国家在柔性基层结构的基础上,提出了全厚式沥青混凝土的长寿命沥青路面典型结构,这与我国通常使用的半刚性基层典型结构有显著差异。能否在半刚性基层结构的基础上研发、建设适合我国国情的长寿命沥青路面,曾是一个广泛讨论的议题。

1.1　宽刚度域基层的结构形式

一般来说,沥青路面有多种结构形式,除柔性基层结构、半刚性基层结构、全厚式沥青混凝土结构外,还有刚性基层的组合式结构、倒装式结构、厚沥青混凝土结构(可看作一种组合结构)等。这些路面结构如按照面层、基层(包括底基层)和路基(包括垫层)的三层体系划分,其主要差异在于"基层"品质的不同。其中,沥青混凝土面层是所有路面结构共有的层位,而基层则是由不同类型、品质、厚度的材料,按照不同的组合方式形成的。从基层材料的模量水平看,有的达到几万兆帕,有的仅有几百兆帕,加之材料层厚度的不同,导致基层刚度差异显著。因此,将沥青路面统一描述为"宽刚度域基层"路面结构。

基层刚度的不同,不仅影响沥青面层和路基的使用性能,而且导致在行车荷载作用下,整体路面结构具有不同的受力状态和服役性能特征。当基层刚度较大时,基层将承担大部分的外力荷载,沥青面层处于受压状态,路基也具有较为广泛的适用性;当基层刚度较小时,不仅沥青面层产生弯拉疲劳损伤,而且路基的承载要求也将大幅度提升。关于基层刚度的大小,并不是说采用刚性材料、半刚性材料的基层刚度就大,而是以实际的结构力学响应状态进行判别。事实上,采用低标号沥青生产高模量沥青混凝土,其修筑的基层刚度并不小于一般的半刚性材料结构层。

提出宽刚度域基层沥青路面的概念,将有利于聚焦长寿命沥青路面设计的主要矛盾。基层(包括底基层)的品质决定了沥青路面的服役特征。从某种角度看,沥青路面的设计核心是基层设计,提高基层的耐久性,使其在50年甚至更长的使用期内不需要翻修,是长寿命沥青路面的基本要求。

基于国内外现有的研究可以看出,单从技术角度看,根据不同的使用需求,不同刚度水平基层的沥青路面结构都有可能修建长寿命沥青路面。但是,作为一个社会经济活动,工程造价、全寿命周期的运营养护成本是路面工程建设中不可回避的因素。结合本国或本地区的实际情况,选择技术经济最优化的路面结构方案是长寿命沥青路面技术研发的基本原则。事实上,欧洲公路部门经过长期的观测、比较,不仅推荐全厚式沥青混凝土结构,也推荐了较为经济的半刚性基层结构作为长寿命沥青路面的典型结构。

按照我国当前路面材料的单价水平,1cm厚沥青混凝土造价大致相当于4~5cm水泥稳定碎石。如果修筑全厚式沥青路面,需要在现有路面的沥青混凝土层厚度(按18cm计)基础上至少增加20~30cm的沥青混凝土,等值相当于80~150cm水泥稳定碎石。然而,我国目前重载交通高速公路的半刚性基层(包括底基层)厚度也仅有60~80cm,这意味着修筑全厚式沥青混凝土结构将大幅度提高工程造价。

事实上,我国选择半刚性基层作为沥青路面典型结构是有其历史沿革的,是经过几代公路人不懈努力、反复实践验证的结论。新中国成立初期,由于经济底子薄,为了保障国防建设、恢复经济发展,我国研究使用半刚性材料修筑路面,并在20世纪60年代开始后推广使用柏油、渣油路面。随着改革开放后高速公路建设的兴起,由于缺乏优质的国产道路沥青,需要大量进口,为了节约工程造价,在70年代后期我国开展半刚性基层沥青路面修筑技术的研究,并逐步形成了"强基、薄面、稳土基"的半刚性基层沥青路面结构的设计与建造技术体系,无论是低等级公路还是高速公路,均普遍采用这种结构形式。该结构不仅便于利用地方性材料,工程造价较低,适用范围广泛,而且具有良好的承载能力,极大促进了我国以高速公路为代表的公路建设的快速发展。

当然,在我国半刚性基层沥青路面几十年的实践过程中,也出现了这样或那样的问题,有的是施工问题,有的是设计问题。对于同样的半刚性基层结构,其结构刚度差异也是显著的,从而表现出不同的使用性能品质。因此,不论是半刚性基层结构,还是全厚式沥青混凝土结构,不必拘泥于这些专有的名词概念,而是从基层刚度的水平和结构受力状态的本质出发,优选路面结构。这是研发技术可靠、经济合理的长寿命沥青路面的技术途径。

1.2 冗余度与变异性

1988年我国大陆第一条高速公路建成通车,至今已30多年。其间,大多数高速公路沥青路面的使用寿命超过了15年的设计标准,而且,有些高速公路经过适当的罩面维修,至今仍在使用,结构安全寿命已超过25年,进入超期服役阶段。当然,也有一些高速公路仅使用了几年就进行了结构性维修,即加铺了10cm以上的沥青混凝土层,或者翻修了基层。这反映出我国当前沥青路面技术存在设计冗余度较大和施工变异性较大两方面问题。

对于大部分超期服役沥青路面,从设计角度看,冗余度较大。与一般土木工程一样,沥青路面设计包括结构抗力和应力两部分,其中结构抗力与应力的比值反映了结构设计的冗余度。冗余度大反映出结构设计的安全储备高,但冗余度过大,则反映出结构设计过于保守,导致工程浪费。任何一个路面工程设计都存在一定的冗余度,但冗余度过高和过低都是不合理的。对于一个设计寿命15年的路面工程,实际使用寿命在15～20年是较为合理的;但如果使用了25年或30年,则说明原有路面设计不够精准,冗余度过大,同时也说明对路面服役性能演化规律的掌握不够全面,相关设计模型和指标的可靠度不足,并不适合于长寿命沥青路面的设计。

事实上,在我国高速公路沥青路面设计体系形成的初期,设计方案存在较高的冗余度是必然的,同时也从一个侧面证明了半刚性基层沥青路面具有良好的结构安全性和耐久性,具备修建长寿命沥青路面的可能性。当然,现有的半刚性基层沥青路面的设计方法还需要完善、革新,进一步提高设计的可靠性。

另一方面,对于那些使用寿命不足,或仅使用几年就进行结构维修的路面工程,更多暴露出施工变异性较大的问题。从工程可靠度角度看,抗力与应力的比值(即冗余度),以及抗力和应力的变异系数,是决定工程可靠度的两个主要指标。比值越大,可靠度越高;变异系数越大,可靠度越低。当施工变异系数超过一定范围后,将大大抵消设计冗余度大带来的安全储备,导致实际使用寿命缩短。这比较清晰地解释了为什么有的工程采用几乎相同的设计方案,却表现出两种截然相反的使用状态。

冗余度和变异系数反映了沥青路面设计和施工之间的一个辩证关系。任何一个路面设计都存在一定的冗余度,但冗余度过高和过低,对于结构设计来说都是不合理的。同样,施工过程中,变异系数是客观存在的,但是若变异系数过高,则消耗了原有结构设计的安全储备,导致工程寿命缩短。对于既定寿命标准的路面工程,若实际使用寿命远远大于设计寿命,要么是原有设计方案的冗余度过高,要么是当时施工质量控制严格,工程变异性明显小于设计要求。至于是哪种原因,还有待于全面的后评估。但是当实际使用寿命远小于设计要求时,施工变异性过大则是大概率事件。

事实上,对于长寿命沥青路面技术的研发,单纯的结构形式选择不应成为主要议题,当综合考虑地方情况和经济因素时,结构形式选择的答案往往是很清晰的。相反,深化沥青路面服役性能演化规律和内在机理的研究,完善沥青路面设计方法,合理确定结构设计的冗余度,加强施工工艺革新,强化施工质量管理,有效控制施工变异性,应是长寿命路面技术研发的主要议题。

1.3　工程实践中的体会

20世纪末、21世纪初,我国高速公路出现早期损坏现象时,有的将原因归结为超重载交通的影响,有的归结为气候的异常变化,还有的归结为半刚性基层结构的使用。虽然这些因素客观存在,但核心问题仍在于沥青路面设计的不完善以及施工质量控制不严,特别是后者。

针对适应重载交通、治理早期损坏,20世纪末交通部开展了"重载交通沥青路面设计规范"的研究。通过该项目研究,一方面对我国公路交通荷载的实际情况进行了广泛的实地调研,获取了轴载谱,掌握了重载交通的使用状态;另一方面,提出了一些有效技术对策,用于处理半刚性基层沥青路面的早期损坏问题,如设置改性沥青防水黏结层,增强半刚性材料强度等。

结合该项目研究,2000年在我国西北某省的重载交通高速公路上修建了试验路。该试验路采用了强度较高的3层半刚性基层结构(其中包括1段碾压混凝土的刚性基层结构),沥青面层厚度分别为4cm和10cm,结构总厚度为60cm,并在基层顶面设置了改性沥青防水黏结层。然而,当时忽视了半刚性基层和碾压混凝土基层的施工质量控制,同时改性沥青防水黏结层的施工工艺还不完善,导致试验路通车1年后,4cm沥青面层的试验段就出现了较为严重的坑槽病害。

之后,2002—2003年,在我国南方某省重载交通国道改建项目中又修建了实体工程。由于地下水位较高和设计高程的控制,该工程采用10cm(4cm+6cm)的沥青混凝土+5MPa的38cm水泥稳定碎石的路面结构。工程初期,铺设下面层后,通车仅1个月就出现了比较严重的网裂和车辙推移现象。经业主、施工单位等联合调查发现,尽管施工过程中水泥稳定碎石每天的7d强度试验检测结果满足设计要求,但实际路段上的水泥稳定碎石存在大量松散现象,说明水泥稳定碎石基层的设计、施工和质量控制之间存在脱节,现场施工存在严重的质量失控问题。后来,在维持原设计方案的前提下,对所有问题路段进行彻底返工。返工期间,加强了水泥稳定碎石基层和防水黏结层的施工质量控制,增加了水泥稳定碎石基层顶面弯沉检测等控制手段。该工程自2003年5月建成通车以来,经受特大交通量的荷载考验,再没有产生结构性的破坏。尤其需要指出的是,该工程中有1座特大桥,受恒载限制,仅铺设了4cm沥青混凝土面层,至今使用状态良好,桥面铺装未产生坑槽、推移、唧浆等常见病害。

这两个案例说明,设计与施工的有机结合,特别是精心施工、认真管理是提高半刚性基层沥青路面耐久性的必要条件。这不仅对于半刚性基层沥青路面,对于其他类沥青路面结构的修建也应如此。只是我们对半刚性基层结构太熟悉了,经历的挫折也太多、太深刻。可以说,解决施工技术问题是当前修建长寿命沥青路面最经济、最有效的技术对策。

对于我国长寿命沥青路面技术的研发,半刚性基层结构应是一个优选项。其主要依据在于:我国修筑了世界上最广泛的半刚性基层沥青路面,不论是不同等级的交通荷载条件,还是复杂多样的地质气候环境,都积累了丰富的实践经验与教训,这是研发长寿命沥青路面建造技术的宝贵财富。当然,随着社会和经济的发展,其他类型的沥青路面结构是否也适合用于我国长寿命沥青路面建设,或者说,半刚性基层结构是否是唯一的最佳结构选择,这仍需要进一步的深入研究和论证。

1.4 长寿命路面的探索

工程实践和科学实验是路面技术研发的基础,长寿命沥青路面的研发包括长期性能观测数据的采集与挖掘,服役行为机理等科学问题的探索,设计模型和指标的验证与革新,以及施工技术的集成和创新等几个环节。

与一般路面工程相比,长寿命沥青路面的特点在于使用寿命的大幅度延长,这意味着需要采集、汇交与之寿命周期相适应的服役性能演化数据。没有这些数据就难以验证相关设计模型或指标的合理性和可靠性,也难以全面掌握长寿命沥青路面服役性能的演化规律。这是目前国内外长寿命沥青路面技术研究中普遍存在的一个短板问题。谁率先获取这方面数据,谁将具有话语权,谁将占据长寿命沥青路面研发领域的制高点。这将是一个长期的科研工作。

2003—2007 年,国内一些科研和设计单位以及大学先后在江苏、广东、河南、山东、河北等地修筑了不同结构形式的长寿命沥青路面试验路或实体工程,开展相关试验观测研究。2015 年,交通运输部公路科学研究院(简称部公路院)修建了第一条以全寿命周期服役性能验证为目标的足尺路面试验环道(RIOHTrack 环道,简称北京环道),铺筑了七大类、19 种不同结构类型的沥青路面试验段,开展实车加速加载试验。截至 2022 年 7 月初,该环道试验已完成 7000 万次累计标准轴载作用次数的加载,相当于我国重载交通高速公路 30 年的荷载水平,实现了试验期间的荷载与环境、结构力学响应状态和表面使用性能等三大类、30 余项科学数据的采集与汇交。

沥青路面虽然结构形式简单,但是在服役期间受到随机荷载和多变环境的耦合作用,各向异性的路面材料表现出复杂的行为特征,从而也导致沥青路面表现出多元化、非线性的性能演化规律。基于系统的长期性能科学观测和数据采集,开展荷载-环境耦合作用下路面长期服役性能的演化机理,以及非线性路面材料的结构使役行为等科学问题的探索,是建立长寿命沥青路面技术体系不可或缺的基础性研究工作。

此外,长寿命沥青路面设计模型与指标的研发分为两个层次:一是对既有设计模型或指标进行超长周期的验证或修正,即对使用寿命外延的可靠性验证;二是当外延可靠性难以满足要求时,则需要在科学观测和机理研究的基础上,重构设计模型和指标。另外,考虑到服役性能的结构依赖性(是材料的结构使役行为在路面服役性能中的表现),设计模型和指标的构建应充分考虑路面结构的差异性,或者说,是基层刚度的差异性。同时,从工程应用角度出发,长寿命沥青路面的设计方法应简单、易用。

施工技术的集成与创新是长寿命沥青路面技术体系的重要组成部分,也是最关键的技术环节。这里的施工不仅指工艺操作,而且包括工程管理和质量控制。良好的设计方案,没有有效的工程保障是无法实现长寿命目标的;另外,精细化的施工、严格的质量管理往往能消除一些设计缺陷造成的工程质量隐患。当前,设计-施工一体化是实现长寿命目标的首要技术难点。其直观地表现为设计指标与施工控制指标的一致性问题。在具体工程中,常常会发现设计指标、参数在实际工程中难以得到有效的验证,也就是说,当一个工程建成以后,难以直接证明是否符合当初的设计要求。其实质上仍是对沥青路面本质的认知不充分。为此,在革新既有路面设计方法的同时,以降低工程变异性、提高工程可靠度为核心,集成长寿命路面的建造技术体系。

2 沥青路面技术的发展与长寿命沥青路面

> **关键词：**
> 发展简史·有关概念·面临挑战

现代沥青路面技术的发展至今已有一百多年的历史。美观、舒适的使用品质，使沥青路面成为我国高速公路普遍采用的路面形式。随着社会的进步，建设全寿命周期内技术经济最优化的长寿命沥青路面已成为未来路面技术发展的主要方向。长寿命沥青路面并不仅仅是一种概念或理念，而是具有明确要求和指标的技术体系，沥青路面将面临新的技术革命。

在研发长寿命沥青路面的同时，有必要回顾我国沥青路面技术发展的历史，正如法国数学家庞加莱所说："如果我们想要预见数学的将来，适当的途径是研究这门科学的历史和现状。"通过历史的回顾，不仅可以看到一百多年来我国沥青路面技术发展的曲折历程，见证当今我国沥青路面工程领域的巨大进步和成就，同时，也能从中体会到沥青路面技术发展的技术脉络和研发路径，有助于指导未来长寿命沥青路面的技术研发。

对比现有的沥青路面技术，长寿命沥青路面的特点在于服役期的大幅度延长。开展超长周期条件下沥青路面多元化的服役性能演化规律和机理研究，是长寿命沥青路面技术研发面临的主要科学问题。为此，以工程实践和科学实验为基础，建立科学-技术-工程三位一体的沥青路面工程研发体系，开展足尺结构的长期性能科学观测，系统积累科学基础数据，是研发长寿命沥青路面的必要途径。本章将对长寿命沥青路面的有关概念和面临的主要问题进行阐述。

再者，科学技术的创新来自哲学观念的改变。研发长寿命沥青路面首先要建立科学的路面观。具体指：以工程实践和科学实验为基础，植根于实践，也服务于实践的实践观；科学探索、技术创新和工程实践三位一体知识系统的本体观；揭示长期服役期间路面结构与材料复杂多样的服役行为规律和衰变机理的科学观；开展长期性能科学观测、系统积累科学数据、夯实研发基础的数据观；以设计-施工一体化为目标，实现长寿命沥青路面的"四化"建造体系的工程观。

2.1 我国沥青路面技术发展简述

现代路面工程技术是随着汽车工业的发展而发展的，传统以块石、碎石或砂土修筑的路面舒适性差,不能满足汽车行驶的需求,由此产生了用沥青、水泥修筑的路面,一般称之为沥青路面和水泥路面。沥青路面产生于19世纪中叶,主要采用天然沥青修筑,直到19世纪末、20世纪初,才出现以石油沥青生产的热拌沥青混合料修筑的沥青路面。

现代意义上的沥青路面全称为沥青混凝土路面,专指由石油沥青与一定级配的矿料拌和、碾压形成的沥青混凝土路面结构,俗称"黑色路面"。当然,并不是所有黑色路面都是沥青路面。除沥青路面外,柏油路面、渣油路面、表面处治路面、贯入式路面也属于黑色路面。这些黑色路面的耐久性明显劣于沥青混凝土路面,称为次高级路面,而沥青混凝土路面称为高级路面。另外,相对于水泥混凝土修筑的刚性路面,沥青路面和其他黑色路面以及没有铺装的路面统称为柔性路面,因为这些路面结构具有相似的力学模式,都可以采用弹性层状体系进行力学分析。

由于技术、经济等方面的原因,我国大规模研究、修筑沥青路面是在改革开放后才开始的,随着高等级公路(道路)的大规模修建,沥青路面得到广泛使用,成为我国高等级公路的主要铺装形式。1997年我国原有的"柔性路面设计规范"更名为"沥青路面设计规范"。

我国现代意义上的柔性路面(包括沥青路面)技术的发展已有一百多年的历史,大致可分为四个阶段。第一阶段是新中国成立前,这期间主要是学习欧美国家道路建设经验,但由于连年战乱,路面技术发展缓慢。第二阶段是新中国成立至改革开放初期,这是我国公路事业在积贫积弱的基础上奋发图强的约30年。第三阶段是改革开放初期至20世纪末,这是我国以高速公路建设为代表的沥青路面建造技术奋力追赶的约20年。第四阶段是20世纪末至今,这是我国以长寿命沥青路面为代表的新型沥青路面建造技术创新研发的20多年。以下将分阶段简要回顾我国柔性路面的发展历程。

2.1.1 新中国成立前[1]

我国现代道路建设起源于清朝末年。1874年,沈葆桢在台湾修筑以台南为中心的中、南、北三大干线道路;1904年,山东青岛按照德国标准修建了台东镇至柳树台道路,道路全长30.3km;1905年,江苏南通的张謇修建长达6km的唐闸至天生港道路;1907年5月,欧洲发起万国汽车环行会,在巴黎至北京之间进行长途比赛,为此在张家口至库伦(今蒙古国乌兰巴托)间修建我国第一条能够长途通行汽车的道路——张库公路。

1912年1月1日,孙中山在南京建立中华民国临时政府,设立交通部。孙中山在《建国方略》中提出修筑100万英里(1英里=1609.344米)碎石路的计划。1915年,张丙昌译著的我国首部公路工程图书《道路工程学》出版。1919年,首部筑路章程《修治道路条

---

[1] 本部分内容主要依据《中国公路史 第一册》(中国公路交通史编审委员会编,人民交通出版社1990年6月出版)编写。

例》颁布。工程界人士提出全国性的四经五纬汽车道路规划方案。表 2-1 为民国期间部分省级行政区建成通车的第一条公路汇总。到 1927 年底,全国通行汽车的公路总里程为 29170km。但由于缺乏统一标准、人才匮乏、资金不足,这些公路以土路和简易路面居多。

部分省级行政区第一条公路汇总　　　　表 2-1

省级行政区	开始修建年份	公 路 名 称	里程(km)
黑龙江	1913 年	齐齐哈尔至黑河	541.44
湖南	1913 年	长沙至湘潭	50.11
四川	1913 年	成都至灌县	55
福建	1915 年	由水部门经王庄至台江福新街	—
广西	1915 年	邕宁(今南宁)至武鸣	42
京兆	1916 年	北京至门头沟	27.3
京兆	1916 年	西直门至小汤山	30
福建	1919 年	漳州至浮宫	33
广东	1919 年	琼山至海口	4
山西	1920 年	太原—平遥—忻县	213
上海	1918 年	上海杨树浦平凉路至吴淞蕰藻浜	13
吉林	1921 年	梨树至四平	14
安徽	1922 年	怀宁(今安庆)至集贤	10
湖北	1922 年	襄阳至沙市	212.8
江西	1925 年	南昌至莲塘	—
宁夏	1925 年	宁夏至包头	489
贵州	1926 年	贵阳市街道及近郊公路	—
甘肃	1929 年	西安至兰州	—

1908 年,国际道路协会,即"国际道路会议常设委员会"在法国巴黎成立,并召开第一届会议。当时的清政府邮传部派人参会。之后,中国当时政府先后派人参加了第二(1910 年,比利时)、四(1923 年,西班牙)、五(1926 年,意大利)、六(1930 年,美国)、七(1934 年,德国)届大会。

1921 年,中华全国道路建设协会在上海成立,这是中国道路行业最早成立的群众法人团体组织,第二年加入国际道路协会,是中国道路学术组织首次参加国际学术组织。1922 年 3 月 15 日,由该协会陆丹林主编的我国第一份公路定期刊物《道路月刊》出版。《道路月刊》编辑主任吴承之曾译《土沥青治养石子路面法》一文,介绍用土沥青处治碎石路面及其施工办法。但因缺乏沥青材料和试验设备,未能在公路上试行铺筑,只用于上海和天津等大城市租界地区内的主要街道。此外,《道路月刊》先后发表了顾在延的《石脑油马克达(当)❶路及块土沥青之筑法》及《碎石路面涂抹柏油之要点及其筑法》,乐西公

---

❶ 马克达(当)路,是英文 Macadam 当时的译名,即碎石路。

路路面工程事务所编制的《路面》和昆明公路研究试验室出版的《公路》月刊上分别发表了《沥青乳化油之构成及其在公路上之应用》《公路道路材料研究与试验》《泥结碎石路面试验报告》和《级配石子路面》等较有现实意义的技术论文。这些论文的主要研究方向是级配碎石和土壤稳定,虽符合当时路面工程的需要,但多未运用到实际公路路面建设,故效果不大。

民国经委会公路处在这期间修筑了三条著名试验路——"第一""第二"和"第三"试验路。1932年12月,为研究各种路面的建筑技术,在京杭国道南京市麒麟门至马群镇间修筑一段31种类型的试验路面,命名为"第一试验路"(包括石块、碎石、青砖、混凝土和轨道式等路面),并编有《第一试验路报告》。次年10月,又在南京市中山门外孝陵卫附近京杭国道上修筑"第二试验路"(包括膏体沥青、液体沥青和乳化沥青等路面),用各种沥青材料和不同操作方法铺筑,共长1650m。这两段试验路主要从交通量、建筑费和养路费三方面研究各种路面的适应性,但因事先没有准备好必要的试验仪器和机具等设备,未能达到预期效果。

两次试验路的失败使大家认清了路面工程科学研究的重要性。1936年冬,经委会公路处与上海交通大学合作筹投"土壤试验室",并在南京麒麟门建成"中央路工试验所",对各项公路技术问题进行试验和研究。1937年,经委会公路处"中央路工试验所"在西兰公路咸阳市附近修筑水泥稳定土壤试验路面(即"第三试验路"),通车不久即发现大量坑穴、裂纹,主要是水泥配合失当和压实不够所致。总之,当时的路面工程科学研究尚处于起步阶段。

抗日战争时期,公路交通始终处于重要的战略地位。为了提高战时公路交通运输能力,开展了石灰土路面、泥结碎石和级配碎石路面研究,取得了初步进展。泥结碎(砾)石路面取材容易、工艺简单,且在交通量不大的情况下能维持晴雨通车,因而成为当时的主要公路路面形式。此外,在乐西公路上修建了级配石子路面。

1941年,为适应当时公路交通量不断增大的需要,在西南地区铺筑了一些沥青路面,并制定了《浇柏油路面标准图》和《施工说明书》。1941年2月,在滇缅公路采用机械化施工方法铺筑了123km的沥青路面,这标志着我国公路技术的提高。同年6月,昆明至碧鸡关段路面加铺完成。但因时局关系,这些高级路面都没有继续发展。

抗日战争胜利后,1946年1月,交通部公路总局拟定了"四基五经六纬"37条国道、总长61244km的建设规划。1947年6月,交通技术标准委员会公路组订制了《公路路面规范草案》,分为上、下两卷,上卷为路面设计。在柔性路面设计中,推荐采用理论公式法、经验法和通用法三种方法。理论公式法中介绍了美国麻省规则(Massachusetts Rule)以及黎黎瓦(Charles Lelivre)、赫格与旁乃(Harger and Bonney)、葛莱(B. E. Gray)、侯逊(Hawethorn)等公式。经验法中介绍了美国地沥青学会(Asphalt Institute)法。通用法中介绍了美国的典型结构与经验厚度。

1946年9月21日,山东省军区、山东省政府发出《关于保护公路、桥梁的命令》。

1948年1月4日,华北交通会议在石家庄召开;6月,晋察冀边区交通局和晋冀鲁豫边区政府公路局及工程大队合并办公,在石家庄成立"华北公路总局";10月,华北人民政府交通部正式成立;12月28日,《华北养护公路暂行办法》颁布。1949年1月,东北公路总局成立。

总之,在新中国成立前,由于连年战乱、政局不稳、物资短缺、经济疲弱,所修公路数量不多、质量不高,但其社会、经济效益是显著的,为新中国的公路建设奠定了初步基础。

2.1.2 新中国成立至改革开放初期

1949年中华人民共和国成立后,我国的公路事业是在一个积贫积弱的基础上恢复起步的。1949年末,全国能勉强通车的公路里程仅有8.07万km,没有一、二级公路,60%以上的公路没有铺设路面,即使铺设了路面,绝大部分也是砂石路面,高级、次高级路面仅有300km。这些路面的行驶质量不佳,"晴天一身土、雨天一身泥",易产生搓板、坑槽等病害问题,影响行车。

20世纪50年代初,由苏联专家介绍引进了修筑级配碎(砾)石路面的技术。1953年,交通部公路总局材料试验所开展石灰、水泥稳定土研究,后定为国家重点研究课题"缺乏砂石地区修筑晴雨通车路面研究"。研究以交通部公路科学研究所(简称部公路所)为主,采用石灰土加固土作为低级路面和中级路面的基层。1954年,河北省公路部门在石家庄至德州公路栾城至方村段修筑了17种类型的磨耗层试验路。1955年,安徽省公路部门首创的砂礓石路面(108km)在蚌阜公路曹店至阜阳段修建成功,达到晴雨通车。同年,交通部公路总局在山东省召开土路改善经验交流会,推广山东省土路改善的经验。1956年,交通部发布《关于将现有石料路面加铺磨耗层和保护层的知识》。

20世纪50年代末,部公路所又开展"防止路面搓板现象,改进提高磨耗层、保护层的研究";1961年,与河北省交通厅在天津至唐山巩固芦台段首次试铺渣油表处路面。1964年,交通部在唐山市召开全国渣油路面会议,肯定了渣油的路用性能,号召大力推广;同年颁发了《沥青表面处治和贯入式路面施工技术规范》。之后,交通部先后在安徽(1966年)、河南(1972年)和广东(1973年)召开全国渣油路面经验交流现场会议,1973年颁布了《渣油路面施工养护技术规范(试行)》。至此,渣油路面成为我国等级公路的主要铺装形式。

我国柔性路面设计方法研究从20世纪50年代开始,是历时最长,涉及全国公路科研、设计、大专院校等单位最广,投入科技及生产人员最多的科研项目。在此期间,在学习苏联技术的基础上,经过完善和自主研发,逐步形成具有我国公路建设特色的柔性路面设计体系和方法,其间先后颁布、修订了3版设计规范。1958年我国颁布了第一版柔性路面设计规范,限于当时的历史条件,基本上沿用了苏联1954年《柔性路面设计须知》的方法,只在道路气候分区上略作改动。在使用过程中发现该规范的一些错误,并不适用于我国公路建设。1956年交通部公路科学研究院成立后,柔性路面设计方法研究被列为国家远景科研规划第3512项,修改我国现行柔性路面设计方法的研究被提上日程。

1962年前后,国内对弹性层状体系理论积极进行研究,试图建立柔性路面设计新方法。1963年,该专题被列为国家10年远景科研规划重点课题。初期就得出了单圆双层和三层体系应力应变数值解的一批结果,为今后工作打下了初步基础。1966年,我国对1958年版规范进行了修订(但未正式颁布)。1966年版规范主要纠正了苏联基本公式的错误,提出了双层和多层体系连续积分法的一套基本公式和参数,修订了道路气候分区图。但该规范基本公式体系仍然是以均匀体弹性理论为基础,而且采用单圆荷载图式,特别是设计指标容许相对变形值 λ 不切合实际,综合安全系数 K_0 值公式也不能令人满意。

直到1974年,我国采用双圆荷载图式,为1978年版规范提出了双层体系弯沉值的诺谟图。1964年前后弯沉仪在我国全面推广,初步提出了以标准汽车荷载下的容许弯沉值代替过去容许相对变形值 λ 的建议。1972年、1973年进行了全国容许弯沉值的调查,并在此基础上经过大量不同轻、重车型的对比测定与理论分析,提出了车辆换算公式。1976年交通部科学研究院主持编制了《柔性路面设计方法及计算参数》报告,为1978年版规范的编写奠定了基础。

1978年版的设计规范是新中国成立以来颁布的第三版沥青路面设计规范,系统地集成、总结了新中国成立后近30年的公路研究成果,制定了我国公路自然区划图,确立了以双圆荷载图式弹性层状体系理论为基础的原则和以承担最重的一个车道累计交通量作为设计交通量的原则;编制了双圆双层体系弯沉值诺谟图;提出了综合修正系数公式、容许弯沉值公式、车辆换算公式、厚度补强经验公式和多层体系的等效层法,并建立了一套设计参数。自此形成了适用于我国公路建设,工程经验验证与力学分析相结合,由路基路面综合设计、结构组合设计、材料组成设计以及力学验算四大模块组成的柔性路面力学-经验设计体系(又称为半经验半理论设计方法),为我国随之而来的公路建设大发展奠定了设计基础。

然而,该版规范仍有两个明显缺陷:一是理论上仍只是双层体系,仅考虑垂直荷载,设计标准只有一个弯沉值指标,只能进行厚度计算,对结构组合、材料组成设计不能起到应有的指导作用;二是由于我国当时高等级公路很少,该规范中的基础试验数据主要来源于低等级公路,因此该规范提出的经验公式是否适用于高等级公路建设还有待验证。

需要指出的是,这期间石灰土加固土是我国等级公路上的主要基层材料,被大规模应用。1979年9月完成的宁六一级公路全部使用石灰土基层。由于经济原因,20世纪70年代中期水泥稳定材料才开始在公路上使用,直到80年代初才逐渐推广使用。石灰粉煤灰稳定基层在上海市应用较早。

2.1.3 改革开放初期至20世纪末

改革开放后,为适应经济建设快速发展的需要,我国加快了公路网建设,特别是高速公路的建设,推动了沥青路面建造技术的发展。20 世纪 80 年代初,我国还没有高速公路,一、二级公路也很少,缺乏修建高等级公路沥青路面的经验。在学习国外(主要是欧美国家)先进经验的同时,研发适合我国实际情况的高速公路沥青路面设计与建造技术,是当时公路行业的主要任务。经过 20 年的不懈努力,我国探索出一条以半刚性基层为典型结构的高等级公路沥青路面设计与建造发展道路,支撑了以高速公路为代表的国家公路网建设的快速发展。

1) 半刚性基层沥青路面结构研发

国际上早期沥青路面结构一般采用优质级配碎(砾)石作基层,粒料或粒料土作底基层的结构形式。从 20 世纪五六十年代开始,不少国家越来越多地采用水硬性结合料处治粒料和处治土(即半刚性材料)作为沥青路面的基层和底基层。其主要原因有:①车辆重量增加、交通量增大对路面的承载能力要求越来越高,具有水硬性结合料处治基层的沥青路面更适应重载交通的需要;②优质石料的料源日益减少,用水硬性结合料处治材料时,可以使用原先不能应用、质量较次的石料甚至土,这样可以避免远运优质石料,节约工程投资。由于具有水硬性结合料处治的沥青路面的力学性能明显不同于仅用粒料基层和底基层的沥青路面,在 1983 年召开的第十七届世界道路会议上,将结构中含有一层或一层以上(不论是基层还是底基层)厚度大于 10cm 的水硬性结合料处治层且能发挥其特性的路面,命名为半刚性路面。

如前文所述,新中国成立前我国就开始研究使用半刚性材料修筑路面结构,新中国成立后,又进一步研究使用半刚性材料改善公路的使用品质。然而,由于缺乏系统研究,半刚性材料的设计和施工方面仍存在不完善的地方。另外,当时我国缺乏优质的道路沥青,难以像欧美国家那样铺筑较厚的沥青混凝土结构层,需要修筑优质的半刚性材料结构层,解决路面结构的承载问题。再者,20 世纪 80 年代前,我国公路经常产生冻胀翻浆和严重不均匀沉陷等导致的"当年修当年坏""一年修二年坏"的早期损坏或极早破坏现象,这都与基层结构稳定性差有关。为了解决这些问题,有必要研发适合我国国情的高速公路耐久道路结构,我国开始针对半刚性材料和半刚性基层路面结构开展广泛的系统研究。

1978 年,我国设立了国家重点项目"高速公路路面设计研究"和"利用国产沥青修建高速公路的研究"等课题。由于当时国内对修建高速公路认识不一致,京津塘高速公路一时难以上马,课题研究缺乏项目依托,1982 年课题名称改为"提高路面质量若干主要技术问题研究"(主持人沙庆林)。1980 年前后,依托该课题,北京门头沟、广西玉林、黑龙江肇东和广东南岗等地修筑了典型的半刚性基层沥青路面试验路。该课题提出了以半刚性基层为核心的我国高等级公路路基路面设计施工成套技术,为我国后来修筑高速公路半刚性基层沥青路面奠定了基础。其主要成果有:①推广应用重型压实标准,建立路面基层和底基层的设计和施工压实标准与统计评定方法;②补充、修改或建立道路材料技术指标和标准,使路面基层和底基层材料科学化和规格化,并逐渐走向定型化;③贯彻就地取材的原则,推广应用半刚性材料作路面的基层和底基层,降低造价;④提出了半刚性材料组成设计步骤和方法,结束了以往规定一个石灰剂量到处应用的不科学做法;⑤研究路基路面工程质量管理和控制的内容、手段和方法以及统计评定方法;⑥解决了沥青路面结构设计和厚度计算中的部分问题。

同时,该课题提出:半刚性基层要发挥其优越性,需与强度较高、稳定性较好的下承层配合使用,或者自身具有较大的厚度。

1984年,部公路所承担京津塘高速公路路面结构设计任务,并专门开展了"京塘高速公路路面设计方案"的研究,取得以下研究成果:①根据沿线自然条件、材料情况和交通情况,解决了路面结构设计问题;②解决了主要基层材料的强度标准和各种拟用材料的组成设计问题;③提出了沿线土基和所用路面材料的回弹模量;④提出了确定半刚性基层沥青路面容许弯沉值的方法;⑤论证并提出了考虑必要保证率的综合修正系数 F 的修正公式;⑥提出了具体的路面结构和各结构层厚度。

与此同时,"七五"期间,国家立项开展"高等级公路半刚性基层、重交通道路沥青面层和抗滑表层的研究"(24-01-01 和 24-02-01)。该项目在半刚性基层方面的主要成果有:①优选出了抗拉强度高、收缩性小和抗冲刷能力强的适宜用作高等级公路路面基层的两类半刚性材料。一类是水泥稳定粒料,一类是石灰(或水泥)粉煤灰稳定粒料。②提出了高等级公路上半刚性基层沥青路面主要裂缝的形成机理,并针对薄沥青面层和较厚沥青面层分别提出了"反射"裂缝形成机理,提出了减轻半刚性基层沥青路面裂缝的多种措施。为减少裂缝、减薄沥青面层厚度提供了技术依据。③通过试验路及实体工程的铺筑,对半刚性基层、沥青面层、抗滑表层各工序的施工机械、施工工艺、施工温度、级配组成、施工质量检验方法和指标等各种实用技术进行了研究,为修订规范提供了技术依据。④为满足我国广大地区高等级公路建设需求,初步推荐了基本适合于不同交通量的12种半刚性基层沥青路面结构。

在"七五"研究成果的基础上,"八五"期间,国家又立项开展"高等级公路半刚性基层典型结构的研究"科技攻关。与此同时,交通部也设立重点项目,开展"沥青路面可靠性设计的研究"。

"高等级公路半刚性基层典型结构的研究"项目的主要研究结论有:①提出了可用于高等级公路半刚性基层沥青路面结构的计算方法,得到了适用于高等级公路半刚性路面的综合修正系数 F 的计算公式,缩小了计算弯沉和实测弯沉的误差;②提出了常用半刚性材料和沥青混凝土的回弹模量计算值,基本消除了力学计算与实测结果之间关于沥青路面厚度对路面承载能力影响程度的矛盾;③提出了以回弹模量划分土基等级的原则,并确定了3个等级的界限值,提出了以累计当量标准轴次(100kN)划分交通量等级的原则,并确定了4个等级的界限值,形成划分我国公路典型结构的技术体系;④在吉林省铺筑了我国重冰冻地区第1条高等级半刚性基层沥青路面试验路,全长5788m,共20段不同结构;⑤提出了全国性的半刚性路面典型结构框架、图表和适用指南,以及东北、华北、黄土高原、西北、华东、中南和西南 7 个片区的半刚性路面典型结构及使用指南。

"沥青路面可靠性设计的研究"课题的主要研究成果有:①分析了各个结构参数的变异系数的范围和概率分布类型,提出了沥青路面各结构设计参数高、中、低三个变异水平;分析了累计轴载作用次数的概率分布类型,得到了不同等级公路累计轴次变异系数的建议值,为可靠度设计提供了依据;②对水泥稳定碎石、石灰土、二灰土和水泥土 4 种半刚性材料的疲劳寿命的概率分布和变异系数进行了研究,得到了其概率分布的类型及变异系数的范围,并推导出疲劳寿命方程,可供路面设计应用;③建立了沥青路面可靠度的计算方法和设计方法。

至"八五"结束,我国以半刚性基层为典型结构的高等级公路沥青路面设计和建造体系基本形成。在这期间,虽然经历了一些波折(如 1998 年出现的沥青路面早期损坏),但半刚性基层结构在我国公路建设中的主导地位并未动摇,而是在实践中不断完善、发展。2006 年,沙庆林首次提出了适用于重载交通长寿命使用需求的新一代半刚性基层沥青路面典型结构,并修筑试验路进行验证。

另外,交通部重庆公路科学研究所和部公路所等单位分别在"六五"和"七五"期间承担了国家攻关课题"用简单可行的方法处理软土路基"和"高等级公路路基综合稳定技术"等研究,提出了软土路基综合设计方法和处理施工技术、高等级公路过湿土路基压实标准及设计和施工、新型固化材料全套技术、高等级公路路面排水系统设计方法、土工织物用于路基排水和降低地下水位等成果。同期,交通部公路规划设计院(简称部公规院)及部第一、二公路勘察设计院和部第一公路工程局,分别结合京津塘高速公路的测设工作和津塘疏港公路的施工,对软土路基处理开展了大量调查研究工作,分别提出处理措施并进行现场试验,也取得了有益的经验和成果。

2) 半刚性基层试验路研究

上文提到,20 世纪 80 年代我国先后修建了一批具有代表性的半刚性基层沥青路面试验路。这些试验路通过较长时间的跟踪观测,验证了半刚性基层结构和沥青面层的合理厚度,为确立我国高速公路半刚性基层沥青路面结构形式做出了重要贡献。现简介如下。

(1) 北京门头沟试验路

表 2-2 为 20 世纪 80 年代初修建的北京门头沟试验路路面结构和历年弯沉检测结果。该试验路共有 8 种不同基层、底基层材料形式的结构,沥青面层均为 3.5cm 厚。除结构 7、8 的基层采用无机结合料稳定细粒土之外,其余均采用稳定中、粗粒材料。除结构 3 为 28cm 厚的二灰砂砾外,其余半刚性材料层厚度约为 40cm,相当于两层结构。

表 2-2 中同时列出路基竣工时的弯沉水平。由此看出,8 种结构的路基承载能力相差比较大,最小弯沉为 2.46mm,最大弯沉为 5.04mm。尽管如此,由于铺筑了较厚的半刚性材料结构层,从 8 种路面结构 10 年的平均弯沉指标看,没有明显的变化:1981 年春融期

的平均弯沉为26.50(0.01mm),1990年春融期为25.33(0.01mm)。值得指出的是,结构4与结构3的土基弯沉基本一致,且两个结构的半刚性材料基本一致,但结构4的半刚性材料厚度明显大于结构3,因此结构4的弯沉显著降低。由此看出,当半刚性材料结构层足够强时,尽管路基质量存在差异,作为路面结构主要的承重层,半刚性材料层具有较强的承载能力和长期的持续稳定性。

门头沟试验路路面结构和历年弯沉检测结果 表2-2

编号	总厚(cm)	半刚性基层		路表弯沉(0.01mm)					土基竣工时弯沉(mm)
		材料	厚度(cm)	1981年3月	1982年3月	1984年3月	1986年3月	1990年3月	
1	43.5	水泥砂砾	40	23	20	18	23	28	2.46
2	43.5	二灰砂砾	40	26	22	30	22	20	2.93
3	31.5	二灰砂砾	28	32	27	31	32	26	3.56
4	42.5	二灰碎砾石砂	39	19	20	20	25	26	3.51
5	43.5	石灰土砂砾	40	25	23	23	24	26	4.57
6	43.5	石灰土砂砾石砂	40	34	32	33	30	26	3.71
7	41	石灰土	37.5	39	33	31	36	26	4.22
8	41	二灰土	37.5	44	42	37	42	26	5.04
平均值				26.50	24.00	25.83	26.00	25.33	—

(2)黑龙江肇东试验路

图2-1为同期修建的黑龙江肇东试验路的路面结构示意图。从结构形式看,该试验路大致分为两种:一种为薄沥青混凝土面层结构(结构2、3),沥青混凝土层厚为4cm;另一种为较厚的沥青混合料面层结构(结构1、4),鉴于当时沥青混凝土造价较高,下面层采用贯入式沥青混合料,这两个结构的沥青混合料总厚度为11cm(3cm+8cm)。结构1石灰土层上的8cm贯入式沥青混合料层和结构4水泥土层上的10cm碎石层可理解为延缓反射裂缝的过渡层(或联结层),因此这两个结构也可看作倒装式基层结构。

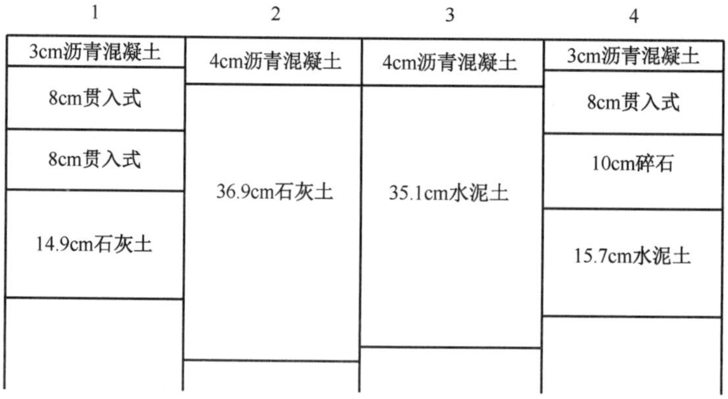

1	2	3	4
3cm沥青混凝土	4cm沥青混凝土	4cm沥青混凝土	3cm沥青混凝土
8cm贯入式			8cm贯入式
8cm贯入式	36.9cm石灰土	35.1cm水泥土	10cm碎石
14.9cm石灰土			15.7cm水泥土

图2-1 黑龙江肇东试验路结构

另外,值得注意的是,肇东试验路的半刚性材料均为细粒式的无机结合料,从现在的角度看并不适合用于基层。主要原因是这种材料的收缩性较大,容易开裂,导致反射裂缝较多。但是,当时我国半刚性基层沥青路面结构的研究刚刚起步,作为试验尝试和实践积累也是十分有价值的。这点在上文门头沟试验路中也有反映,如结构7和结构8。

(3)河北正定试验路

表2-3为1988年1月建成的河北京石高速公路正定试验路的路面结构和历年弯沉检测结果。该试验路共有20种不同结构形式,从具体的结构形式看:

①都采用沥青混凝土(AC)面层,且面层厚度大致分为5类:3~5cm、6~7.5cm、9cm、12cm和15cm。由此可见,探讨半刚性基层沥青路面的面层合理厚度是该试验路的研究内容之一。同时,这些试验路段半刚性材料结构层平均厚度为54cm。

②半刚性基层均采用单层的无机结合料稳定中粗粒料,平均厚度为12.4cm,波动范围为10~16cm,与目前通常使用的15~20cm相比明显偏薄,说明当时对于这类材料基层厚度还没有明确要求。

③底基层均采用二灰土,厚度为36~45cm,平均厚度为41.5cm。由于当时采用人工摊铺的施工方式,二灰土底基层采用2~3层的施工方式。

④该试验路在最薄的3cm、4cm沥青混凝土面层结构中首次铺设了橡胶沥青应力吸收层,后改称为橡胶沥青防水黏结层。经过跟踪观测,这两个试验路段的破损情况好于大多数沥青面层更厚的试验路段。

河北京石高速公路正定试验路路面结构和历年弯沉检测结果 表2-3

段号	面层厚度(cm)	级配碎石(cm)	基层材料	基层厚度(cm)	底基层材料	底基层厚度(cm)	路表弯沉(0.01mm)					
							1989年3月	1990年3月	1992年3月	1993年3月	1994年3月	1995年3月
1	3+6	0	石灰土碎石	12	二灰土	42	—	24.1	22.3	27.2	23.8	23.8
2	3+6	0	水泥碎石	12	二灰土	42	20.9	23	25.4	31	21.1	20.3
3	3+6	0	二灰碎石	(13)12	二灰土	43	18.2	22.6	25.2	35.4	31.8	26.3
4	3+6	12	二灰碎石	10	二灰土	32	22.8	24.6	21.4	34.1	29.9	28.1
5	3+6+6	0	水泥碎石	12	二灰土	36	17.1	17.9	15.3	15.3	17.2	15.4
6	3+6	0	二灰碎石	12	二灰土	45	37.7	34.3	26	32.4	27.6	23.7
7	3+6	0	石灰土碎石	12	二灰土	45	34.1	21.2	22.4	29.9	25.8	22.4
8	3+6	12	二灰碎石	10	二灰土	45	37.1	22.2	23.8	27	23.8	23.7
9	3+6+6	0	二灰碎石	12	二灰土	36	26.8	22.7	19.2	23.8	21.8	19.8
10	5+7	0	二灰碎石	12	二灰土	35	21.8	24.6	24.6	33.9	25.6	24.4
11	1.5+6	0	水泥碎石	12	二灰土	43.5	28.2	20.1	23.3	35.6	26.1	24.7
12	6	0	二灰碎石	12	二灰土	45	37	28.6	34.7	39.2	32.4	29.6
13	6	12	水泥碎石	10	二灰土	45	30.2	26.2	23.8	29	21.6	20.7

续上表

段号	面层厚度（cm）	级配碎石（cm）	基层		底基层		路表弯沉(0.01mm)					
			材料	厚度（cm）	材料	厚度（cm）	1989年3月	1990年3月	1992年3月	1993年3月	1994年3月	1995年3月
14	3+6	0	二灰碎石	12	二灰土	42	23	16.6	24.2	31.4	24.4	24.7
15	5	0	二灰碎石	15	二灰土	43	20.3	18.9	31.7	37.4	37.2	23.9
16	3+SAMI	0	二灰碎石	15	二灰土	43	20.5	19.6	25.8	34.2	30.2	26.4
17	3+6	0	二灰碎石	12.5	二灰土	43	16.9	25.9	16.7	16.5	15	13.2
18	4+SAMI	0	二灰碎石	16	二灰土	43	14.2	24.5	20.6	23.6	24.4	19.4
19	4+SAMI	0	二灰碎石	16	二灰土	43	18.7	17.9	20	23.9	20	15.8
20	5+7	0	水泥碎石	12	二灰土	39	21.8	21.7	19.8	28.6	21	19.8

注：SAMI 表示应力吸收层。

根据表中历年弯沉，除去有级配碎石层结构，按照以上 5 种沥青面层厚度分类，绘制各类结构平均弯沉水平的变化趋势图，见图 2-2（图中 BB 代表贝克曼梁）。总体上看，首先，这些年各类结构的弯沉变化处于波动状态，并没有明显增加的趋势，这与上文门头沟试验路弯沉检测的规律基本一致。其次，不同厚度沥青面层的试验路段相比，9cm 厚沥青面层试验路段的弯沉最大，15cm 厚沥青面层试验路段的弯沉最小，其余沥青面层厚度试验路段的弯沉居中，说明在这个沥青面层厚度范围内，弯沉与沥青面层厚度没有单调关系。

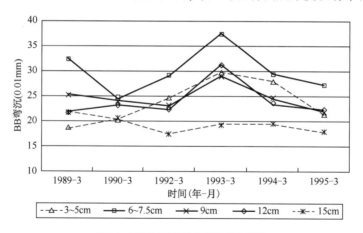

图 2-2 不同试验路段的弯沉变化规律

各个试验路段弯沉与破损率关系见图 2-3。图中破损率是裂缝面积与修补面积的总和。由图中散点分布看出，弯沉水平与破损率存在一定的相关性，按幂函数拟合，相关系数为 77.8%。

该试验路中 3 个设有级配碎石联结层的路段与相同沥青面层厚度没有设级配碎石路段，以及与 12cm、15cm 厚沥青混凝土面层试验路段，3~4cm 厚设 SAMI 试验路段的平均弯沉、破损率比较结果见图 2-4。由图 2-4 可见，设置级配碎石层与相同厚度沥青面层路段相比，路面破损并没有明显改善。相反，增加沥青面层厚度后，破损率明显减小。另外，虽然 3~4cm 厚沥青面层最薄,但该试验路段的破损率小于 6cm 和 9cm 厚沥青面层试验路段。由此可见,当沥青面层厚度为 12cm 时,对于改善沥青面层使用品质是个拐点,破损率大幅度降低。当然,进一步增加沥青面层厚度,破损率仍然降低,但同时也增加造价。再者,增设 SAMI 对改善沥青路面使用品质的效果明显。

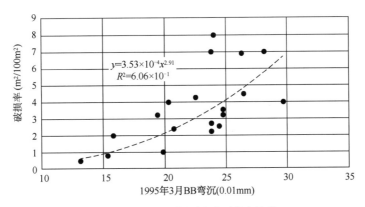

图 2-3　各个试验路段弯沉与破损率关系

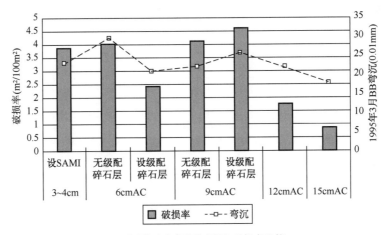

图 2-4　不同类型试验路段弯沉与破损率比较

(4)陕西西三试验路

表 2-4 为陕西西三试验路(西安至三原,1989 年 7 月建成)的路面结构和历年弯沉检测结果。该试验路共有 17 种路面结构,从具体的结构形式看:

①该试验路沥青面层厚度分为 9cm、12cm、15cm 三种,比较沥青面层的合理厚度是主要研究内容之一。

②半刚性基层材料主要是单层的水泥稳定砂砾和二灰稳定砂砾,厚度均为 20cm。与正定试验路相比,基层刚度明显增大。

③半刚性底基层主要是单层或双层的石灰土或二灰土,单层厚度为 18cm,双层厚度为 38~48cm。总之,西三试验路半刚性材料结构层的刚度总体上大于正定试验路。

④该试验路也有 5 个试验路段设有级配碎石联结层。

陕西西三试验路路面结构和历年弯沉检测结果　　　　　　表2-4

段号	面层厚度(cm)	基层类型和厚度(cm)	底基层类型和厚度(cm)	不同时期的代表弯沉值(0.01mm)						
				1990年	1992年	1993年	1994年	1995年	1996年	1997年
1	9	水泥砂砾,20	二灰土,44	15	13	15	19	19	19	15
2	9	二灰砂砾,20	二灰土,38	17	15	22	12	16	18	14
5	12	水泥砂砾,20	二灰土,38	13	12	11	11	12	16	15
6	12	二灰砂砾,20	二灰土,48	13	12	12	9	10	14	14
7	12	水泥砂砾,20	二灰土,48	11	13	12	7	7	15	20
17	12	二灰砂砾,20	二灰土,38	14	15	18	17	17	14	22
12	9	水泥砂砾,20	石灰土,20	15	15	17	19	20	18	27
13	9	二灰砂砾,20	石灰土,20	18	17	18	16	19	26	35
10	12	二灰砂砾,20	二灰土,20	16	15	18	18	17	11	21
11	12	水泥砂砾,20	石灰土,20	15	15	14	10	13	17	28
8	15	水泥砂砾,20	石灰土,20	15	17	20	18	17	13	19
9	15	二灰砂砾,20	二灰土,20	19	18	18	15	15	17	19
3	9	级配碎石,10;二灰砂砾,20	二灰土,38	22	28	25	31	32	25	35
4	9	级配碎石,10;二灰砂砾,20	二灰土,38	14	16	12	16	17	15	21
16	12	级配碎石,10;二灰砂砾,20	二灰土,38	13	14	15	16	15	14	25
14	12	级配碎石,10;二灰砂砾,20	二灰土,18	25	32	38	33	38	27	45
15	12	级配碎石,10;二灰砂砾,20	二灰土,18	24	29	33	33	38	26	43

按照不同沥青面层厚度、单双层底基层和有无级配碎石联结层等情况,将试验路段归类,计算历年弯沉平均值,绘制图2-5。可以看出:

①单层底基层、无级配碎石情况下,12cm厚沥青面层路段历年平均弯沉最小,其次为15cm厚沥青面层路段,9cm厚沥青面层路段最大。

②采用双层底基层后,9cm厚和12cm厚沥青面层路段的弯沉均有明显减小。

③增设级配碎石层后,各类路段的弯沉均有增加,特别是单层底基层路段。

总体上,由于西三试验路的半刚性材料结构层的刚度大于正定试验路,因此其弯沉水平明显小于正定试验路。增设级配碎石层后的弯沉规律与正定试验路基本相同。另外,相同条件下12cm厚沥青面层试验路段的弯沉略小于15cm厚沥青面层试验路段的规律与正定试验路不同,这与半刚性材料结构层的刚度水平有关。

另外,根据不同沥青面层厚度试验路段的裂缝调查结果,绘制三类试验路段历年裂缝率的发展示意图,见图2-6。图中1997年数据为横向裂缝率,其余年份为总裂缝率。由图看出,15cm厚沥青面层试验路段在1994年时裂缝率为零,明显好于其他路段,但是1995

年后,裂缝急剧增加,超过9cm和12cm厚沥青面层路段。相反,12cm厚沥青面层路段的裂缝发展较为平缓,且最小。

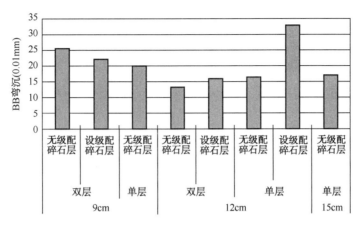

图 2-5　不同类型试验路段的弯沉比较

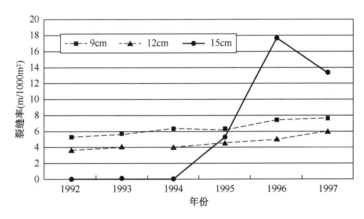

图 2-6　不同厚度沥青面层的裂缝比较

(5)吉林长农试验路

表2-5为"八五"期间吉林长春修建的长农试验路(长春—农安,1993年7月建成)的路面结构和历年弯沉检测结果。该试验路分别铺设了沥青面层厚度为6cm、9cm、12cm和15cm的20个试验路段。从这些结构看出,尽管仍是研究沥青面层合理厚度问题,但是进入"八五"之后,我国半刚性基层结构发生了一些变化。虽然仍是以1层基层和2层底基层为主要结构,但是基层厚度有的比西三试验路增加了5~10cm,同时出现了全厚式的半刚性基层结构(即底基层采用与基层相同的半刚性材料),如第5、14、15和20段。除全厚式半刚性基层结构外,其余路段的沥青路面总厚度达到59~75cm,全厚式半刚性基层结构的总厚度为59~65cm。从这些试验路段的弯沉水平可以看出:

①尽管全厚式半刚性基层结构的沥青面层厚度相差较大,但是弯沉水平基本相当,说明当半刚性基层结构的强度达到一定水平后,沥青面层厚度对弯沉几乎不产生影响。

②全厚式半刚性基层结构的总厚度一般小于其他半刚性基层结构,但是弯沉水平及

其稳定性明显好于其他结构,说明采用基层材料修筑底基层导致结构的稳定性和承载能力大幅度提升。

③从表2-5中最后一列的路基弯沉指标看,该试验路的路基状态十分不理想,除全厚式半刚性基层结构外,其余路段的弯沉大部分明显高于上文门头沟试验路、正定试验路和西三试验路的弯沉。

④导致该试验路弯沉较大的原因与其处于重冰冻地区、春融效应比较显著有关,但同时也说明,采用全厚式半刚性基层结构增强整体刚度水平,对于抵抗春融效应、提高路面结构的整体稳定性是有利的。

⑤该试验路铺设了两段单层(或相当于单层)半刚性基层试验路段,即路段12和路段13。从弯沉水平看并不理想,并不适用于该地区高等级公路的修建。

吉林长农试验路路面结构和历年弯沉检测结果　　表2-5

段号	面层厚度（cm）	基层类型和厚度（cm）	底基层类型和厚度（cm）	路面总厚度（cm）	不同时期的代表弯沉值（0.01mm）			路基弯沉（mm）
					1994年春融	1994年冻前	1995年春融	
1	6	水泥砂砾,25	石灰土,40	71	19.5	22.1	23.1	6.194
2		二灰碎石,25	石灰土,40	71	28.5	32.4	39.8	6.774
3		二灰碎石,25	二灰土,40	71	21	29.2	31	5.866
4		水泥砂砾,20	二灰土,40	73	29.4	30.5	33.6	5.686
5		水泥砂砾,55		61	21.9	20.1	19.3	7.798
6	9	水泥砂砾,20	石灰土,30	59	40.6	27.4	34.8	3.155
7		二灰碎石,20	石灰土,30	59	38.8	31.8	39.2	3.05
8		二灰碎石,20	二灰土,30	59	37.5	34.8	40.5	6.996
9		水泥砂砾,20	石灰土,40	69	22.6	22	25.1	2.704
10		二灰碎石,20	石灰土,40	69	35.3	33.1	38.2	2.546
11		二灰碎石,20	二灰土,40	69	35.2	28.9	41	2.196
12		二灰碎石,25	砂砾,30	64	36.6	29.2	35.8	3.37
13		二灰碎石,30	砂砾,30	69	37.9	32.3	36.3	2.24
14		水泥砂砾,50		59	23	29.3	21.2	3.008
15		二灰碎石,50		59	20.3	17.3	20.4	1.508
16	12	二灰碎石,20	石灰土,40	72	39.4	27.3	27.2	8.384
17		二灰碎石,20	二灰土,40	72	38.8	30	27.5	5.05
18	15	二灰碎石,20	二灰土,40	75	36.1	28.4	26.4	6.3
19		二灰碎石,20	水泥土,40	75	33.7	30.1	24.9	5.97
20		二灰碎石,50		65	25.1	21.9	21.2	6.824

表2-6汇总了该试验路不同沥青面层厚度的试验段两年来的裂缝率发展情况。可以看出,除6cm厚沥青面层试验路段裂缝率明显较高外,其他类型路段的裂缝率基本相当,

相较而言，12cm 厚沥青面层试验路段裂缝率略微较小。

吉林长农试验路路面裂缝率统计 表2-6

沥青面层厚度 (cm)	总长度 (m)	路段数	裂缝率（m/1000m²）			
			1993年冬	1994年春	1994年冬	1995年春
6	910	5	66	73.5	75.5	78
9	3423	10	38.5	40.5	44.5	49
12	795	2	31	37.5	41.5	42
15	660	3	32	39.5	44	45

综合以上试验路的跟踪观测，在"八五"后期提出了如下结论：从长期角度看，12cm 沥青面层厚度为半刚性基层沥青路面的最佳厚度。当然，这个重要研究成果在实际工程中的应用需要考虑一些客观因素的影响：

①试验路的施工技术水平好于一般工程，需要考虑一定的冗余度。

②这些试验路都是采用1层半刚性基层和2层（或1层）半刚性底基层，半刚性材料层的整体刚度水平并不是很高，这将对路面裂缝的发展产生一定的影响。

③考虑到当时交通荷载水平的差异，随着交通荷载的增加，裂缝发展也会产生变化。

④正定试验路和西三试验路均采用国产单家寺90号沥青，长农试验路采用国产欢喜岭沥青，均与目前普遍使用的苯乙烯-丁二烯-苯乙烯嵌段共聚物（SBS）改性沥青存在较大的品质差距，对路面裂缝发展会产生较大影响。

但是不管怎样，这些试验路的研究成果为我国半刚性基层沥青路面沥青面层厚度的确定提供了一个参考基点，是十分有价值的。此外，通过正定试验路和西三试验路的观测研究发现，对于薄沥青面层（厚度不大于12cm）半刚性基层结构，中间设置级配碎石联结层的作用并不大，反而会导致弯沉增加。

3）设计规范体系的形成

在半刚性基层沥青路面技术研发的同时，围绕着沥青路面设计规范的完善，同期也开展了有关科研项目的研发，其间先后进行了两次设计规范的修订，即1986年版设计规范和1997年版设计规范。1986年版设计规范是一本过渡性规范。一方面，调整了有关设计公式和设计参数，弥补了1978年版规范的不足，使其能初步满足我国高等级公路建设的需要；另一方面，由于工程经验和数据积累的不足，设计方法的可靠性和合理性仍需要进一步验证。1997年版规范是在系统总结"六五""七五"和"八五"科研成果以及高速公路建设实践的基础上进行修订的，该规范的颁布标志着我国以半刚性基层为典型结构的高速公路沥青路面设计体系的形成。以下简要回顾这两版规范的修订情况。

（1）1986年版柔性路面设计规范

1977年，交通部科学研究院和同济大学等联合开展"大交通量黑色道路结构研究"，主要研究适应大交通量的沥青混凝土、沥青碎石、贯入式和上拌下贯式结构的修筑技术，提出材料指标、配合比、设计方法和施工工艺，制定施工须知。1978年，由林绣贤和耿大定主持，部公规院承担了"公路柔性道路结构设计抗弯沉、抗剪切结构的研究"项目,主要成果有:①由双圆双层体系改为双圆三层或多层体系;②调整容许弯沉值;③对高速公路、一级公路增列弯拉应力验算;④以标准轴载代替标准车型。这些研究成果编入了1986年发布的《公路柔性路面设计规范》。1977—1984年,部公规院、同济大学、哈尔滨建筑工程学院、湖南省交通科学研究所、广西壮族自治区交通科学研究所先后开展了沥青路面设计规范弯沉、疲劳、车辙三项指标研究,为规范修订提供了依据。

1986年版设计规范的主要特点有:①首次提出规范适用于各级公路柔性路面新建和改建设计。②荷载设计标准分为单轴100kN和60kN两个级别,并指出高速公路、一级公路和二级公路应采用BZZ-100kN重型标准,修正了轴载换算公式。③首次提出高速公路、一级公路、二级公路的设计年限为15年,设计年限内一个车道上的累计轴载当量轴次不小于2000万次。④修正了路面容许弯沉值计算公式和F综合修正系数公式。⑤新增沥青混凝土面层或整体性材料基层的层底弯拉应力验算标准和容许弯拉应力计算公式。同时,明确规定了路面力学计算时层间连续和滑动的接触条件。⑥规定了沥青面层的最小厚度,高速公路为15cm,一级公路为10cm,二级公路为5cm。⑦提出沥青混凝土设计分为密实级配和开级配,并根据交通荷载大小,确定马歇尔击实次数分别为75次/面和50次/面。⑧基层材料分为无机结合料稳定类整体型和粒料类嵌锁、级配型。基层应具有足够的强度和稳定性。在寒冷地区还应具有一定的抗冻性和较好的抗低温开裂性能。

总之,1986年版设计规范吸纳了一些当时研究的新成果,但是整个设计体系保持不变,其适用范围仍主要是低交通量、非高速公路的等级公路和非等级公路。因此,1986年版规范是我国公路建设由中低等级公路向高速公路过渡时期的一本规范。

(2) 1997年版设计规范相关研究及修订

1986年版柔性路面设计规范颁布后,在此基础上,1990年建设部颁布了城市道路设计规范。为修订1986年版的《公路柔性路面设计规范》,规范主编单位部公规院曾两次发函到各省区市有关单位征求意见并依此提出规范修订大纲。同期,由林绣贤主持交通部科研项目"半刚性基层沥青路面的研究",重点研究沥青路面的低温开裂及半刚性基层材料的抗裂性能、抗裂机理、抗裂性评价、抗裂设计等内容。1986年,部公路所和中国石油大学等单位联合开展"重交通道路沥青国产化"的研究,主要是用单家寺稠油和克拉玛依稠油生产重交通道路沥青,取得重大突破。

1992—1995年,部公规院与有关科研、设计、管理等18个单位联合开展了"沥青路面设计指标与参数的研究"。该课题以规范的设计理论为基础,以完善弯沉和抗拉设计指标、设计参数为中心,对轴载换算公式、容许弯沉值、沥青路面和半刚性材料疲劳规律、材料设计参数、弯沉综合修正系数以及设计方法的验证、抗冻厚度设计等8个专题进行了研究。

1992年1月,中国公路学会在哈尔滨建筑工程学院举办历时1周的沥青材料黏弹性力学讲习班,全国道路工程青年学者100余人参加,除主讲教师张肖宁以外,张登良、林绣贤、邓学钧、沈金安、张南鹭、张昌祥等知名学者进行了主题演讲。这次讲习班为发展我国道路沥青技术研究奠定了理论基础,培养了一批青年研究人才。

在以上科研工作的基础上,完成了1997年版沥青路面设计规范的修订工作,并将原《公路柔性路面设计规范》更名为《公路沥青路面设计规范》,这是我国第一部适用于高速公路沥青路面设计的规范。尽管该规范整体设计体系仍沿用以往的规范,但是,针对高速公路的建设特点,对沥青路面厚度计算方法进行了全面修订,并删除了插图法和旧路补强的经验公式。新方法在理论计算体系上更加完善合理,且适合于半刚性基层沥青路面的特点,设计参数的测试更加简便。同时,该规范增加了沥青玛𹨊脂碎石、沥青混合料的车辙指标和水稳定性指标、水泥混凝土桥面铺装等内容。主要修订内容有:

①采用双圆垂直荷载作用下的多层弹性连续体系理论,以设计弯沉代替容许弯沉作为路面整体刚度的设计指标,计算道路结构厚度。

②提出了设计弯沉的计算公式,修订了F综合修正系数公式和容许弯拉应力公式,并提出设计弯沉值计算路面厚度和结构层层底拉应力验算时均采用抗压回弹模量,沥青混凝土和半刚性材料的抗拉强度采用劈裂强度。

③统一采用双轮组单轴100kN为标准轴载,调整了弯沉指标和弯拉应力指标的轴载换算公式。

④高速公路沥青面层的厚度规定由原来的强制性改为推荐性,沥青面层推荐厚度为12~18cm。

⑤明确高速公路、一级公路应采用水泥或石灰、粉煤灰稳定粒料类半刚性基层,以增强基层的强度和稳定性,减少低温收缩裂缝。条件允许时,底基层宜采用水泥或石灰、粉煤灰或石灰稳定各种集料或土。若当地石料丰富,底基层也可采用级配碎石或填隙碎石或天然砂砾等。当采用半刚性基层有困难时,可选用热拌或冷拌沥青碎石混合料或沥青贯入碎石来做柔性基层。

⑥根据已有使用经验和理论计算,推荐了高速公路、一级公路和二、三级公路的道路典型结构。

⑦设定各层之间结合为连续,并对层间结合提出了明确要求,以提高道路结构整体性。

⑧针对半刚性基层沥青路面特点,提出使用重交道路沥青和改性沥青,以及在半刚性基层与沥青面层之间增设沥青碎石或级配碎石层,或者采用土工合成材料等措施,以减少收缩裂缝。

⑨沥青混合料类型主要分为Ⅰ、Ⅱ沥青混凝土,抗滑表层沥青混凝土和沥青碎石。混合料设计仍采用马歇尔试验方法,但击实次数不再与交通量水平挂钩,而是根据混合料类型,沥青混凝土为75次/面,沥青碎石和抗滑表层为50次/面。

⑩沥青混合料设计中首次引入了高温性能指标并提出相应标准。对于高速公路的表面层、中面层沥青混合料,其动稳定度不应低于800次/mm;对于一级公路的表面层、中面层沥青混合料,其动稳定度不应低于600次/mm。

4) 高速公路建设

20世纪70年代初,"四五"科技发展规划就列入了"京津塘高速公路研究"项目,但直到1984年才正式批准修建。1987年12月,京津塘高速公路正式开工。京津塘高速公路是我国第一个利用世界银行贷款和通过国际招标方式进行建设的公路项目,也是第一条省际高速公路。

自1988年10月31日我国大陆第一条高速公路——沪嘉高速公路(上海至嘉定)建成通车以来,我国在边研究边实践的基础上开展了大规模的高速公路建设。表2-7汇总了2000年前我国建成通车的主要高速公路沥青路面结构形式。从表中可以看出,这期间我国高速公路沥青路面结构形式呈多样化,反映出我国沥青路面结构设计仍处于探索阶段,具有以下特点:

(1)沥青面层厚度波动较大,最厚的为广深高速公路,沥青面层厚度达到32cm;最薄的为郑新、郑开高速公路,采用组合式路面结构,沥青面层厚度仅为5cm。除此之外,广花高速公路采用半刚性基层结构,沥青面层厚度仅为7cm。此外,由于当时国家经济困难,不能完全使用沥青混凝土修筑高速公路沥青面层。例如:沪嘉高速公路下面层采用贯入式,还有许多高速公路下面层使用沥青碎石,如表2-7中标注LS、BM、LA、AM的材料。

2000年前我国主要高速公路沥青路面结构汇总   表2-7

名称		面层和厚度(cm)				基层和厚度(cm)	底基层和厚度(cm)	备注
		表	中	底	总厚度			
沪嘉		AK-13A, AK-13B	6粗粒式	7贯入式	12、17	46石灰粉煤灰碎石	部分路段20砂砾	15km,其中路基段12km
莘松					12、17	45石灰粉煤灰碎石		18.9km
广佛		4LH-20Ⅰ	5LH-30	6LS-30	15	20水泥碎石	25~28水泥石屑	13.9km
		4LH-20Ⅰ		5LH-30	9	25水泥碎石		仅1.8km
西临		4LH-20Ⅰ	5LH-25	6LS-30	15			17km
		SLH-20, LH-20Ⅰ			12			3km
沈大		4LH-20	5	6LS	15	20水泥砂砾	砂砾或矿渣	375km
		5	5	5				
京石(北京段)	一、二期				12	35石灰粉煤灰砂砾		14km
	三、四期	3.5LH-15	4.5LH-20	7BM	15	20水泥砂砾,40二灰砂砾	20二灰砂砾,40石灰砂砾	31km
京石(河北)	一期	3LH-20		5BM	8	12水泥石灰碎石	43石灰土	49km
	二期	5LH-20		5BM	10	15二灰碎石	40石灰土	220km
	三期	5		7	12	15二灰碎石	40石灰土	
广花		3LH-20	4LH-20		7	18~20水泥碎石	25~34水泥石屑	软土地段,全长22km
海南东线		4	4	4BM	12	20水泥碎石	20水泥碎石	一期64km

续上表

名称		面层和厚度(cm)			基层和厚度（cm）	底基层和厚度（cm）	备注
		表	中	底	总厚度			
京津塘:正常地基		5LH-20I	6LH-30	12LS-35	23	20 水泥碎石	30 石灰土	0～38.5km,72～85km
		4LH-20I	5LH-30	6LS-35	15	20 水泥碎石	20～30 石灰土	38.5～72km
京津塘:软土地段			8LH-30	12LS-35	20	二灰碎石	45 石灰土	57km
济青		4LH-29I	6LH-30	8LS-35	18	20 水泥碎石	20 二灰土	济南段51km
		4SLH-20	6LH-30	8LS-35	18	20 水泥砂砾,34 二灰碎石+1.5%水泥	39 石灰土,15～18 石灰土或二灰土	其中,中面层厚18cm 的有116km;厚15cm 的有202km
		4SLH-20	5LH-30	6LS-30	15			
广深		4LH-20II	8LH-30 + 10LH-40II	10LS-40	32	23 水泥碎石+23 级配碎石	32 未筛分碎石	120km,省管100km
郑开		5LH-20I			5	22 碾压混凝土或素混凝土	15 水泥碎石,15 水泥石灰土	
郑洛		5LH-20I	5LH-30	6LS-35	16	15 二灰碎石	40 石灰土	
佛开		3	7	8BM	18	25 水泥石屑	15、23、28 级配碎石	80km,部分为水泥混凝土路面
深汕		3	5	6	14	25 水泥石屑	28、32、38 级配碎石	
青黄（胶州湾）		4SAC-16		5AC-25	9	46 水泥砂砾		
						19 素混凝土	10 砂砾	用于路堑
太旧		4AC-16I	5AC-25II	6AC-30II	15	20 水泥碎石或水泥砂砾	26 石灰土或15 石灰土	
石太河北段		5		7	12	18 二灰碎石,22～25 二灰碎石	20～25 石灰土	
		4	5	6	15			
济德		4LH-20II	5LH-25I	6LH-35	15	26 二灰碎石加水泥	29 二灰土	
杭甬K7.7～K28、K28～K145		3LH-20II	6LH-30	8LA-35 + 1 沥青砂	18	25～34 二灰/水泥碎石	20 级配碎石	
		5LH-20II	1 沥青砂	7LS-35	13	19～28 二灰/水泥碎石	20 级配碎石	其中91.6km 为软土地基
沪杭余杭段		3LH-20II	6LH-30	8LA-35 + 1 沥青砂	18	25～30 二灰/水泥碎石	20 级配碎石	
沈铁		3AK-13B	4AC-16I	7AC-30	14	32～36 水泥砂砾	30 天然砂砾	
沪宁	常州段	4SAC-16	6AC-25I	6AM-25	16	25,28,30,40 二灰碎石	33,20 二灰土 18 二灰土、石灰土	
	镇江段	同上	同上	同上	16	20 二灰碎石	40 二灰土	

续上表

名称	面层和厚度(cm)				基层和厚度（cm）	底基层和厚度（cm）	备注
	表	中	底	总厚度			
成渝				12			340km
西铜	4		8BM	12	21 二灰砂砾	22 二灰土	
西宝	4		8	12	二灰砂砾	二灰土	
郑新	5			5	22 碾压混凝土或普通混凝土+15 水泥碎石	15 石灰土	
石安	4SAC-16	5AC-25	6AM-30	15	20 水泥碎石+20 水泥碎石或20 二灰碎石	20 石灰土或二灰土 / 40 石灰土或二灰土	
宁通扬州段	4SLH-20	6LH-30	6BM	16	20 二灰碎石	33 石灰土	
沈本	3AK-13B	4AC-20	5AC-25	12	20 水泥砂砾	天然砂砾	

注：表中 AK 表示抗滑表层沥青混凝土；LH、AC 表示沥青混凝土；SLH、SAC 表示多碎石沥青混凝土；LS、BM、LA、AM 表示沥青碎石。

表 2-7 中这些高速公路沥青面层厚度的分布情况及其相应的平均厚度如图 2-7 所示。由图看出，这期间沥青面层厚度尽管差异很大，但主要集中在 12～18cm，占比达 66.7%。沥青面层的平均厚度为 14.2cm，变异系数为 32.2%，其中 12～15cm 范围内的平均厚度为 12.2cm，15～18cm 范围内的平均厚度为 15.4cm。值得说明的是，广深高速公路是按照英国设计方法设计的，由此成为我国迄今为止沥青混合料层最厚的高速公路。另外，京津塘高速公路的沥青面层厚度原设计为 15cm 和 18cm，为了消除半刚性基层结构的反射裂缝，最后统一增加 5cm，成为 20cm 和 23cm。因此，总体上我国当时的高速公路沥青面层比较薄，与法国和美国规范、指南中的推荐厚度基本相当。

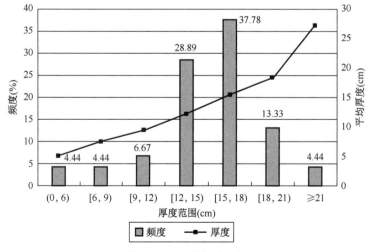

图 2-7 沥青面层厚度分布

1998年之后,为了消除沥青路面的早期损坏,我国高速公路沥青面层厚度普遍增加2~3cm,达到18cm。

(2)从广义基层角度看,半刚性路面是我国高速公路的"唯一"结构,用于广深高速公路,沙庆林院士称其为"我国第一条按长寿命半刚性路面设计的高速公路"。尽管广深高速公路有32cm厚的沥青混合料层,但结构内部仍设置了23cm厚的水泥稳定碎石层。将32cm沥青混合料层都当作沥青面层,似乎过厚;将上面两层沥青混合料层(即4cmLH-20Ⅱ和8cmLH-30)共12cm当作沥青面层,而将下面两层(10cmLH-40Ⅱ和10cmLS-40)共20cm当作沥青混合料基层,似乎更合理。因此,广深高速公路沥青路面结构应属于厚沥青混凝土基层结构或者倒装式基层结构。同样,京津塘高速公路沥青路面结构也属于厚沥青混凝土基层结构或者倒装式基层结构。同理也可推知,对于我国高速公路上通常使用的三层铺设且沥青混合料层厚度大于15cm或16cm的沥青路面结构,称其为厚沥青混凝土基层结构或者倒装式基层结构比"单纯"的半刚性基层结构更合理。

另外,从半刚性材料结构层的厚度和材料类型看,用于基层的材料不仅有水泥稳定碎(砾)石、二灰稳定碎(砾)石,还有水泥石灰稳定碎(砾)石、水泥石灰粉煤灰综合稳定碎(砾)石,以及强度更高的碾压贫混凝土、水泥混凝土和强度更低的水泥稳定石屑等。同时,这些材料的铺装厚度最薄为12cm,最厚为46cm。

对于半刚性材料单层的合理铺装厚度一直有不同的认识,正如上文介绍的几条试验路的半刚性基层厚度差异很大,薄的有12cm,厚的有25cm。直到沪宁高速公路建设时,施工单位反映,当摊铺厚度小于15或大于20cm时,都不易压实,因此后来规范中推荐单层的铺装厚度为15~20cm,这是一个工程经验值。针对表2-7中各条高速公路的基层厚度,沪嘉、莘松高速公路46cm和45cm厚的二灰碎石结构,以及青黄高速公路46cm厚的水泥砂砾结构,都相当于全厚式半刚性结构层,可分三层铺筑;京石高速公路一、二期35cm厚的二灰砂砾以及济青高速公路34cm厚的二灰碎石、杭甬高速公路34cm厚的二灰/水泥碎石相当于两层半刚性材料层。某些高速公路12cm或25~28cm厚的半刚性基层结构,是当时设计和工程经验不足造成的。好在之后我国公路半刚性基层(包括底基层)结构厚度设计时,都基本遵循15~20cm一层的原则。当然近些年来,由于施工摊铺和碾压设备的改进,单层铺装厚度有所提高。

再者,表2-7中一些高速公路设置1~2层半刚性基层结构后,就直接铺设砂砾、碎石等非整体性材料作为底基层。特别是沈大、沈本高速公路,在20cm水泥稳定砂砾基层下面直接铺设天然砂砾。这对于重冰冻地区来说,存在明显的结构安全不足的问题。杭甬高速公路、沪杭高速公路余杭段,铺设1~2层二灰/水泥稳定碎石基层后,直接铺设级配碎石底基层。对于软基问题比较严重的江浙地区,这种结构的安全性也略显不足。需要指出,这些结构与广深高速公路23cm厚的水泥稳定碎石基层结构不同:一来广深高速公路的沥青混合料层有32cm厚,远大于这些结构的沥青面层厚度;二来广深高速公路的碎石结构层厚度达到55cm,也远厚于这些结构的底基层。

总之,从半刚性材料结构层角度看,存在以下几种情况:①单层半刚性基层 + 柔性底基层;②双层半刚性基层 + 柔性底基层;③单层半刚性基层 + 单层半刚性底基层;④单层半刚性基层 + 双层半刚性底基层;⑤双层半刚性基层 + 单层半刚性底基层;⑥全厚式半刚性基层。对于刚性基层的组合式结构,新郑和郑开高速公路采用 1 层刚性基层 + 2 层半刚性底基层;青黄高速公路有一段采用 1 层刚性基层 + 1 层非整体性材料的底基层,底基层的厚度和强度明显不足。

在此期间,我国高速公路建设逐渐起步。从 1988 年我国大陆第一条高速公路——沪嘉高速公路建成通车,到 1999 年底,我国总共建设了近万公里的高速公路。其中以京津塘高速公路的设计、修建最具有代表性。同期修建的代表性高速公路还有济青高速公路、沈大高速公路、京石高速公路、西三高速公路、广深高速公路等。这些高速公路的修建说明我国高速公路沥青路面的设计技术已逐渐形成,高速公路沥青路面的科研、设计水平实现了跨越式发展。

2.1.4　20 世纪末至今

20 世纪 90 年代后期,我国迎来高速公路建设的第一个高峰期。在取得巨大建设成就的同时,由于多方面原因,一些高速公路也产生了以沥青路面水损坏和高温失稳为代表的早期损坏现象,研究如何预防、消除沥青路面早期损坏,成为 21 世纪初我国沥青路面领域的主要任务。与此同时,国家实施西部大开发战略,交通行业专门设立了西部交通科技项目,投入大量科研资金,一方面研究解决我国西部地区复杂地质环境下公路建设(也包括沥青路面工程)面临的关键技术问题;另一方面支撑我国高速公路前沿、基础领域的研究,如新一代沥青路面设计规范研究、长寿命沥青路面技术研究、路面长期使用性能研究等。2015 年,部公路院修建了我国第一条足尺路面试验环道,围绕足尺环道加速加载试验,开展沥青路面长期性能观测数据的积累和全寿命周期服役性能的验证研究,以及路面工程学科基础研究平台的建设。

1) 第二次早期损坏及防治

20 世纪 90 年代后期,我国先后修建了几条代表性的高速公路,都是当地第一条或重要的高速公路,从建设者的初衷来看,不可谓不重视,但建成通车 1 年以后都先后出现了不同程度的早期损坏现象,从中反映出当时高速公路建设的技术理念、工艺措施、设计方案以及技术人才储备不足等方面的问题。

【案例 1】　我国东北某省的高速公路是我国第一条由业主统一加工面层石料修建的高速公路,沥青面层石料的质量得到有效控制和显著提高,为之后修建的高速公路的沥青面层石料质量控制树立了典范。但是在沥青面层施工时对平整度水平提出了较高的要求,导致工程中沥青混合料没有得到充分压实,通车 1 年后就出现了以坑槽为代表的较为严重的水损坏。

【案例 2】　我国江南某省的高速公路是当地第一条高速公路,从建设之初就引起业内的广泛关注,当地的建设部门高度重视,汇集了国内各方面专家予以技术支持,是当时国内首条有效解决桥头跳车的高速公路。工程建成后,10项指标9项全国第一,其中平整度水平也位居全国首位。但该高速公路通车几个月后,遭遇一场大雨,其中某一个标段出现了大面积的坑槽病害。事后经钻芯检测,发现该路段的上面层沥青混合料的空隙率达到8%~10%,远远超出密实型沥青混合料的技术要求。

通过以上几个工程,国内工程界逐步认识到:在强调平整度水平的同时,首先应保证压实度,基于现有的沥青混合料施工能力,路面平整度有一个合理的要求范围,不能因过度追求平整度而忽视压实度。

另外,针对我国早期修建的高速公路普遍存在抗滑性能不足的问题,在"七五"期间就开始研究抗滑表层的设计技术,其中有两个代表性的技术路线:一是沙庆林自主研发的多碎石沥青混凝土(简称SAC),另一个是黄卫、沈金安在20世纪90年代初学习欧美技术推广使用的沥青玛蹄脂碎石混合料(简称SMA)。这两种混合料都属于粗集料断级配型沥青混合料,在我国90年代中后期修建的高速公路建设中推广使用。

【案例3】 华北两省两条相连的高速公路,先后均采用SAC16作为高速公路的抗滑表层,其中一条使用多年状态良好,另一条通车仅1年就出现比较严重的坑槽、唧浆等病害,成为全国高速公路沥青路面早期损坏的典型案例。经钻芯检测发现,出现早期病害的高速公路的沥青混合料空隙率水平与上文【案例2】相同,明显偏大。当时曾有人认为使用SAC是主要病因之一,SAC不适宜高速公路使用,然而,另一条高速公路良好的使用状态并不支持这一推断。事实上,核心的问题还在于施工质量管理和控制。

粗集料断级配沥青混合料尽管具有良好的路用性能(不仅抗滑性能好,而且有良好的高温稳定性),但由于这类混合料碎石含量高,矿料的比表面积小,对沥青的敏感性高,因此,相关的混合料设计方法和施工工艺要求与传统的连续型级配沥青混合料有明显差异。这方面技术还不成熟,施工现场管控不严,是病害产生的主要原因。

事实上,当时SMA施工时也存在类似的问题。SMA沥青含量显著高于SAC,典型的病害是大面积泛油以及相应的车辙。经钻芯发现,主要是沥青混合料内部的沥青上浮导致的泛油,而沥青上浮则是裹覆在矿料表面的沥青与矿料脱离引起的。沥青与矿料的脱离实质上是沥青混合料水损坏的一种典型表现,而导致水损害的机理在于混合料空隙率偏大,由于行车荷载产生较大动水压力。因此仍归结为水损坏,而工程原因在于混合料压实不足、空隙率偏大或混合料配合比设计不合理。

为全面了解我国高速公路沥青路面使用现状,探究早期损坏的原因,20世纪90年代末,沙庆林用1年的时间先后调研了我国17个省(区、市)高速公路的使用现状,发现水损坏和高温稳定性不足是我国沥青路面早期损坏的主要技术成因。

当时,国内还有一种观点认为,沥青面层厚度偏薄,容易产生反射裂缝,是导致高速公路沥青路面产生坑槽、唧浆的主要原因。同时受到美国高性能沥青路面(SUPERPAVE)设计方法的影响,为了保障沥青混合料的充分压实,沥青混合料的摊铺厚度与混合料公称最大粒径比值的最小值要求由2.5增加到3.0。为此,高速公路沥青路面的面层厚度由原来的15~16cm提高到18cm。

2001年,西部交通科技项目立项开展"高速公路早期破坏预防措施的研究",由沈金安主持。之后,2003—2004年,又先后立项开展"沥青路面工程质量过程控制的研究"和"沥青路面工程质量变异性控制管理系统研究"。2005年7月,由交通部公路司主办,江苏省交通厅承办,在江苏南京召开"全国沥青路面技术研讨会",共商解决沥青路面早期损坏的对策。

这期间,沙庆林、沈金安、张肖宁等先后出版专著《高速公路沥青路面早期破坏现象及预防》《高速公路沥青路面早期损坏分析与防治对策》以及《沥青路面施工质量控制与保证》等,对沥青路面早期损坏形成机理、处治对策以及施工质量控制技术等方面进行了系统的论述。

2)复杂地质环境下修筑沥青路面技术研发

我国幅员辽阔,气候差异明显,地形起伏变化大,地质地貌复杂,沙漠、黄土、盐渍土、多年冻土、膨胀土、岩溶等各种特殊地质在我国均有广泛分布,这些广泛分布的特殊地质多位于我国交通欠发达的中西部地区。2000年以来,针对在我国广泛分布的六大典型地质,交通部先后组织开展了"多年冻土地区路面设计、施工技术研究""黄土地区路面设计与施工技术研究""贵州岩溶地区公路修筑技术研究与应用示范"等十多项专项攻关,形成了六大特殊地质地区公路修筑成套技术,提出了适合我国不同地质特点的典型道路结构形式和特殊地质地区路面病害处治措施。这些研究提出的沥青路面结构大多仍采用半刚性基层结构形式,只是在材料使用方面充分考虑了地方性材料的特点以及气候环境差异对材料技术性能的影响。这一方面补充、完善了我国既有沥青路面设计方法,同时也验证了半刚性基层沥青路面结构在我国不同地区的广泛适用性。

1997年,广东虎门大桥建成通车,标志着我国超大跨径钢桥面铺装技术研发的起步。随后的江阴长江公路大桥、海沧大桥、南京长江第二大桥、军山大桥、湛江海湾大桥、舟山跨海大桥、泰州长江公路大桥、港珠澳大桥等著名钢桥面铺装工程的实施,不仅推动了我国钢桥面沥青混凝土铺筑技术的发展,同时也推动了我国环氧沥青混凝土、浇注式沥青混凝土等特种沥青混凝土自主研发与设计技术的发展。

2002—2007年,西部交通科技项目先后立项开展了"桥面铺装材料与技术研究""隧道道路结构与材料的研究""长大纵坡公路桥面沥青混凝土铺装层稳定性和抗滑性能研究"和"西部地区桥面超薄铺装层技术研究"。2009年,国家科技支撑计划立项开展"多塔连跨悬索结构及工程示范"研究,其中专门设立"超大跨连续大柔度桥道系结构行为特性及其铺装关键技术研究"专题。值得指出的是,2003年,部公路所在大交通量的广东105国道中山段沙口大桥和细窖大桥首次采用单层薄层(分别为4cm和3cm)铺装维修水泥混凝土桥,取得成功;随后于2007年,在杭州钱塘三桥斜拉混凝土桥维修改造中,采用3cm薄层铺装方案,取得成功。这些科研成果和工程经验进一步丰富、完善了我国沥青路面设计规范中有关桥面铺装技术的内容。

此外,为了推进资源节约型、环境友好型社会发展,建设绿色交通,在地方性材料应用、再生利用、废弃物综合利用和节能减排方面开展了大量的科研工作,取得了显著进展。

在地方性材料应用方面,先后开展了西部地区地方性材料在公路路面中的应用研究、风积沙路用性能研究、天然砂砾路用性能及施工控制技术研究、火山灰材料在道路工程中的应用研究、岩溶地区筑路材料研究、硼灰材料在道路工程中的应用研究等。研究了西部地区地方性材料的资源分布及路用特征,归纳形成了西部地区地方性材料在路面工程中的应用的指导意见,大大降低了西部地区高等级公路的建设成本。

在再生利用方面,先后开展了沥青路面再生利用关键技术研究、改性沥青及SMA路面性能恢复与再利用技术研究、水泥混凝土路面再生利用关键技术研究、旧水泥混凝土路面再生利用技术研究与应用示范等。在沥青路面再生利用方面,首次提出了旧沥青路面再生方式选择方法,成功地二次开发了相关再生设备,研发了高等级公路用系列高效沥青再生剂,提出了沥青路面再生利用的成套技术及完善的设计与施工技术指南。在水泥混凝土路面再生利用方面,研究了水泥混凝土路面破碎工艺、再生材料配合比设计方法、结构设计理论及修筑工艺,提出了适合我国水泥路面再生利用的成套技术,并成功应用于我国10个省(区、市)36个水泥混凝土路面改造工程,取得了良好的应用效果。

在废弃物综合利用方面,主要开展了废旧橡胶粉用于筑路的技术研究、废旧橡胶粉用于筑路的技术推广应用、橡胶颗粒路面应用技术研究、废旧塑料改性沥青混合料应用技术研究等。在废胎胶粉应用技术研究方面,在学习国外先进经验的基础上,通过近10年的系统研究和全国近20个省(区、市)的试验、验证,已经形成一整套具有自主知识产权的中国橡胶沥青技术,修筑了示范工程,极大推动了废胎胶粉在公路工程中的应用,为我国每年2亿多条废轮胎提供了一条无害化的资源利用途径。

1998年,交通部科教司立题开展"沥青路面减噪技术的研究",由部公路所主持,河北省交通厅项目办京沪高速公路建设管理处和陕西西安公路科学研究所共同承担。这是我国第一次正式立项开展低噪声路面技术的研究,在河北京沪高速公路(沧州段)上铺设了多种类型的试验路。2004年,部公路所又承担了"低噪音水泥混凝土路面研究"项目。

2008年,国家科技支撑计划立项开展"云贵川高原潮湿路面凝冰(暗冰)防治技术研究",由张肖宁教授任首席专家,贵州省交通规划勘察设计研究院、哈尔滨工业大学和重庆交通科研设计院等单位承担主要研究工作。

3) 沥青路面设计规范体系的转折

上文提到的早期损坏问题对我国沥青路面设计规范的修订和设计方法的发展产生了重大影响。虽然早期损坏主要是施工工艺、施工管理和质量控制等方面原因造成的,但仍然对上一版规范中的有关条款进行了补充完善,即形成了2006年版设计规范。与此同时,参照美国力学-经验路面设计指南(MEPDG)的框架,对我国以半刚性基层沥青路面为对象、以弯沉为主要设计指标的设计体系进行了广泛的研究,建立了多指标的沥青路面设计方法,即2017年版设计规范。以下简单介绍这两版设计规范的主要内容。

(1) 2006年版设计规范的修订

2006年版设计规范主要是对1997年版规范的补充、完善,其整体技术脉络仍是以半刚性基层沥青路面结构为核心,有关设计模型、公式和指标没有明显变化。在"沥青路面早期损坏的研究"成果的基础上,2006年版规范主要针对如何预防、治理早期损坏进行了修订。具体修订的内容有:

①强调按实际情况做好交通荷载分析与预测,按照全寿命周期成本理念进行路面设计。

②交通荷载等级与道路等级脱钩,分为轻交通、中等交通、重交通和特重交通4个等级,采用单车道累计当量标准轴次和日平均每车道大型客车及中型以上的各种货车交通量双重标准,确定设计交通荷载等级。

③进一步强化路基路面综合设计原则,在结构设计方面,进一步明确了路面各结构层的组成及相应的功能;对于半刚性基层沥青路面,宜采取有效措施减少收缩开裂和反射裂缝;增加了柔性基层、贫混凝土基层等设计内容;加强路面各结构层之间的结合,提高道路结构的整体性,避免产生层间滑移。

④在材料设计方面,强调各沥青混合料层厚度应与混合料公称最大粒径相匹配,规定了最小厚度范围;基层、底基层设计应贯彻就地取材的原则,选择技术可靠、经济合理的结构层,首次明确沥青混合料可作为基层材料使用;细化了半刚性基层混合料级配类型,补充了二灰稳定集料的抗冻性设计要求。

⑤路面厚度计算方法在参数取值和旧路补强公式上有所改进;增加了旧混凝土路面加铺沥青面层设计内容;补充了水泥混凝土桥面沥青铺装设计内容。

⑥在结构力学计算方面,调整了沥青混凝土抗压回弹模量的取值方法。当路表弯沉值为设计或验算指标时,回弹模量试验温度为20℃;当沥青层或半刚性材料结构层层底拉应力为设计或验算指标时,回弹模量试验温度为15℃。

(2) 2017年版设计规范的修订

2003年4月底,交通部公路司在同济大学主持召开了全国性的"沥青路面设计指标"研讨会,对我国下一代沥青路面设计方法和指标进行了讨论。2004年,同济大学姚祖康教授主持"沥青路面设计指标和参数研究"项目。2008年,姚祖康、刘伯莹又共同主持"基于多指标的沥青路面结构设计方法研究"项目。这两个项目成果为我国修订新一版的沥青路面设计规范奠定了基础。

2017年版设计规范,与其说是修订不如说是变革,与2006年版设计规范相比,在设计指标、设计模型、设计参数等方面进行了诸多重大调整,主要内容有:

①取消了以往的弯沉指标以及相关的弯拉应力验算指标,采用沥青层的疲劳寿命、无机结合料稳定层的疲劳寿命、路基顶面的容许压应变和沥青混合料层永久变形指标作为

设计指标;提出了不同结构组合时路面设计指标的验算要求。

②修改了车辆当量设计轴载换算方法,根据不同设计指标确定换算指数。

③采用动态复模量和测面法的压缩模量分别代替原有沥青混合料和半刚性材料的静态抗压回弹模量,作为设计模量;同时规定,半刚性材料按照使用期末开裂状态下折半取用模量数值;提高了路基顶面回弹模量的数值要求。

④设计指标模型中引入了可靠度指标,修订了交通量荷载等级划分标准,提出了季冻区沥青面层开裂指数要求。

⑤提出了沥青面层、基层和底基层材料适用的交通荷载等级和层位。

4) 应用基础性研究与长寿命路面技术研发

在以高速公路为代表的公路建设快速发展过程中,为了进一步提升我国沥青路面的耐久性,围绕沥青路面结构与材料的长期服役性能演化机理、长寿命沥青路面设计理论与方法等领域,开展多尺度、多维度的应用基础性研究。

(1) 材料动态参数和微细观研究

在 2017 版设计规范发布以前,我国沥青路面结构力学计算时的材料模量取值与欧美国家相同材料相比明显偏小,例如:我国规范中沥青混合料的推荐模量一般为 1200~1800MPa,而欧美规范中推荐模量一般为 5000~15000MPa。这种数值上的差异反映出路面设计原理与材料试验方法中的差异。在 20 世纪 90 年代以前,我国仅有少数大学和科研单位具有测试路面材料动态回弹模量的试验手段,主要采用简易试验仪器,按照"静态"试验方法测定材料的回弹模量。这与行车荷载对路面的瞬间作用状态不同。为了研究动态荷载作用下路面材料的力学响应特性,1996 年交通部分别立项开展"沥青混合料动态参数研究"和"半刚性基层和土基材料动态参数的研究",分别由部公路所、同济大学承担,这是我国首次系统开展道路材料动态回弹模量的试验研究,并首次针对落锤式弯沉仪(FWD)进行了大规模的现场试验和模量反算研究。2001 年,同济大学孙立军主持开展"路基路面的强度控制参数的研究",长沙理工大学张起森、查旭东主持开展"公路路基回弹模量的研究"。之后,结合 2017 年版设计规范的修订,在姚祖康教授的主持下,国内一些大学和科研单位对路面材料的回弹模量试验方法和取值问题进行了全面研究,并应用于新一版设计规范中。

2006 年 12 月,同济大学孙立军承担国家高技术研究发展计划(863 计划)专题"重大交通基础设施核心技术"中的"路基路面破坏机理和新一代重载长效道路结构形式研究"课题。2010 年,长沙理工大学郑健龙教授和华南理工大学张肖宁教授分别开展"沥青路面结构设计的若干基础理论问题研究"和"沥青路面随机疲劳损伤机理研究"。这是沥青路面领域应用基础理论研究项目首次获得国家自然基金重点项目支持。

2008 年,华南理工大学张肖宁引进国内首台用于道路材料微观三维性能研究的工业计算机断层扫描仪(简称工业 CT),开展道路材料微观性能研究,并提出沥青混合料微细观研究技术路线图。之后,部公路院、长安大学、长沙理工大学、哈尔滨工业大学也先后引进了不同功率的工业CT,在应用工业CT研究沥青混合料的技术可行性分析、沥青混合料材料组成体积分析、沥青混合料虚拟设计、沥青混合料虚拟力学试验及工程技术应用领域进行了大量研究。此外,哈尔滨工业大学、大连理工大学、部公路院利用数字图像技术(CCD)、光栅技术,部公路院利用激光三维扫描仪,武汉理工大学、部公路院、长安大学采用插板法、淌滴法设备,先后开展了路面材料微细观性能的研究。2013年,交通运输部首次正式立项开展"道路材料细观结构与力学性能研究",并列入部应用基础研究重点平台项目,由部公路院承担。

(2)沥青路面长期使用性能研究

为了系统总结、分析以高速公路为代表的我国高等级公路沥青路面的使用性能,完善我国沥青路面设计方法,借鉴美国公路战略研究计划(SHRP)研究经验,20世纪90年代后期,沙庆林倡议开展我国沥青路面长期使用性能的研究。1998年交通部立项开展"沥青路面长期使用性能研究(第一期)",开展相关的前期研究。该项目首先调查了17个省(区、市)高速公路的使用现状,在广东等省(区、市)设置了一般观测路段和特殊观测路段;同时按照美国路面长期使用性能信息系统的框架,结合我国沥青路面设计体系,编制了沥青路面长期使用性能研究信息系统。

2006年,交通部公路科学研究院孟书涛主持开展交通部重点项目"高速公路沥青路面长期使用性能研究(一期)"研究,历时5年。该项目制定了10~15年的总体目标和第一个5年的阶段目标。

其总体目标为:①在10~15年内,我国高速公路沥青路面的设计、施工和养护技术整体达到国际领先水平。②设立高速公路实体工程长期使用性能观测基地、足尺路面加速加载国家工程试验研究中心,开展系统、持续的长期性能试验观测和数据积累,建立长期性能与影响因素之间的关系。③遵循人-车-路和谐统一理念,综合分析高速公路长期使用性能,实现以人为本、节约资源、保护生态环境的目标,促进高速公路建设的可持续发展。④量化高速公路沥青路面长期使用性能的评价指标和标准,为政府决策提供准确的技术支撑和管理建议,实现社会和经济最有效的成本投入。

第一期的阶段目标为:①借鉴国外经验,在综合分析基础上,建立我国高速公路沥青路面长期使用性能研究的框架体系。②在系统总结我国高速公路沥青路面结构使用成功经验和已有相关科研成果的基础上,通过综合试验手段的验证,提出近期提高高速公路沥青路面使用性能的指导意见。③在充分借鉴国外沥青路面长期性能观测研究成果、观测方法及内容的基础上,结合国内已有研究成果,建立我国沥青路面长期性能观测的示范工程,提出不同道路结构类型长期性能观测的检测内容、设备要求、检测规定和数据库管理系统,同时开始长期使用性能的观测。④通过对高速公路沥青路面长期性能相关的交通量、建设费用和养护费用等因素进行分析,初步建立我国高速公路沥青路面全寿命周期经济分析方法。

该项目的关键技术有:建立高速公路沥青路面长期性能研究框架体系,建立高速公路沥青路面长期性能观测体系,提出我国高速公路沥青路面使用性能综合评价与对策建议,进行沥青路面综合验证手段的对比分析,设计国家级长期使用性能数据库,研究高速公路沥青路面全寿命周期经济分析方法。

之后,2014年,交通运输部再次立项开展"沥青路面长期使用性能研究(LAPP)",由潘玉利主持,历时5年。尽管该项目名称与2006年项目有些差别,但从研究体系脉络上是一致的,可当作我国沥青路面长期使用性能第二期的研究工作。与第一期不同在于,此次研究与我国每年开展的路面质量评价检测工作相结合,观测项目主要是路面养护评价方面的相关指标,采用路面养护评价指标衡量路面的现时服役状态。

由此看出,这两期长期性能研究的侧重点不同:前者主要面向新建路面设计方法和指标的完善、提升,通过试验路和实体工程的长期观测,积累有关基础数据;后者则主要是面向路面养护评价。需要指出,从沥青路面建造体系角度看,新建与养护是紧密相关的,是路面工程整个寿命周期的不同服役阶段,有关的技术对策应一脉相承,因此,新建与养护技术关注的科学基础数据也应是相同的。然而,目前国内外路面设计规范与养护规范分别采用两套不同的技术体系,养护评价数据主要侧重于服役状态评价和养护决策,与长期性能观测关注的数据并不一样。养护评价主要关注路面服役性能演化衰变的过程,长期性能观测不仅如此,更要为探索服役性能演化的机理提供更扎实、可靠的观测数据。因此,现阶段的长期性能观测与日常养护评价检测仍是两个不同层次、不同深度、不同目的的任务。

(3)长寿命沥青路面技术研究

上文介绍了不同时期我国沥青路面结构的发展过程。图2-8为2000年以前我国沥青路面(包括柔性路面)典型结构发展变化的示意图,反映出我国半刚性基层沥青路面设计与建造技术发展进步的历程。2000年以后,随着我国高速公路建设的快速发展,半刚性基层沥青路面的结构形式逐渐标准化,主要的特点有:

①沥青混凝土面层厚度一般为18cm及18cm以上,已不能称为"薄面",而应属于"厚面"。同时,大规模使用改性沥青(不仅上面层,有时也用于中面层)。当然,从结构功能性角度看,18cm及18cm以上的沥青混凝土层宜看作由沥青面层和沥青混凝土基层组成的两层结构,整个路面结构可当作厚沥青混凝土结构或倒装式结构(沥青混凝土基层+半刚性材料基层)。

图2-8 我国半刚性路面结构发展示意图

②半刚性材料的结构层主要有两种情况：1 层半刚性基层+2 层半刚性底基层，或 2 层半刚性基层+1 层半刚性底基层。个别高速公路采用 2 层半刚性基层+1 层非整体性材料的底基层。

③加强功能层设置，特别是在半刚性基层与沥青面层之间，以及上、中沥青混凝土面层之间较为广泛地设置改性沥青防水黏结层，加强结构内部防水，减少水损坏。

进入 21 世纪后，经历了沥青路面早期损坏的波折，进一步完善我国沥青路面设计理论、设计方法以及建造技术，全面提升沥青路面的耐久性，是我国沥青路面技术研发的主要目标。20 世纪末，欧美国家提出了长寿命沥青路面的技术理念和发展目标，引起我国路面工程科研和技术人员的关注，并结合我国实际情况开展了广泛的试验研究，修建了不同结构形式的长寿命沥青路面试验路，其中代表性的研究有：2004 年，部公路所沈金安在江苏沿江高速公路修建长寿命路面试验路；2004 年，同济大学孙立军在广东云浮高速公路修建长寿命路面试验路；2005 年，河南省交通规划勘察设计院和长安大学在河南尉许高速公路修筑复合式路面的长寿命沥青路面；2005 年，山东省交通厅和美国联邦公路局在山东滨州修筑长寿命沥青路面试验路。图 2-9 为这些试验路段的道路结构汇总，其中包括 2007 年沙庆林在河北沿海高速公路秦皇岛段修建的半刚性基层长寿命沥青路面试验段的结构形式。

从这些试验路的结构形式看，可归纳为全厚式沥青混凝土结构（如沿江高速公路结构 A，滨州试验路的结构 A、B 和 C），加厚沥青混凝土结构层（如云浮高速公路试验路、沿江高速公路的结构 E、滨州试验路的结构 D），刚性基层组合式结构（如沿江高速公路结构 B 和结构 C、尉许高速公路）和加强半刚性基层结构（如沿海高速公路秦皇岛试验路）4 个方案。此外，福建省结合本省实际情况，在高速公路建设中推广应用倒装式路面结构（即在半刚性基层与沥青面层之间增设级配碎石层，沿江高速公路的结构 D 与之类似），也是对新一代耐久性沥青路面结构研发使用的有益尝试。

综合以上各试验路和实体工程结构，这期间长寿命沥青路面研究的结构形式可归纳为 5 类，见图 2-10。结构形式的差异反映出对沥青路面长寿命技术原理认知的不同，同时也说明对沥青路面长期服役性能演化规律和机理的认知还不全面，仍需要进一步研究。在此，仅从结构角度进行简要分析。

①加厚沥青混凝土层结构方案。起因是上文提到的沥青路面早期损坏，有些专家认为是由于沥青面层厚度薄（尽管已增加到 18cm），半刚性基层刚度大容易产生反射裂缝。同时，受到欧美国家全厚式沥青路面技术思潮的影响，认为增加沥青混凝土层厚度有利于提高路面耐久性，但铺设全厚式结构工程造价过高，难以推广。因此，在原有 18cm 沥青混凝土面层的基础上，进一步增加沥青混凝土结构层厚度（如增加到 20~30cm），同时又保留了较厚的半刚性基层结构（一般为 3 层半刚性材料层），形成厚沥青混凝土层结构。这实际上是我国传统半刚性基层结构与全厚式沥青路面的组合体，因此也可称为由沥青混凝土基层与半刚性基层组成的倒装结构。

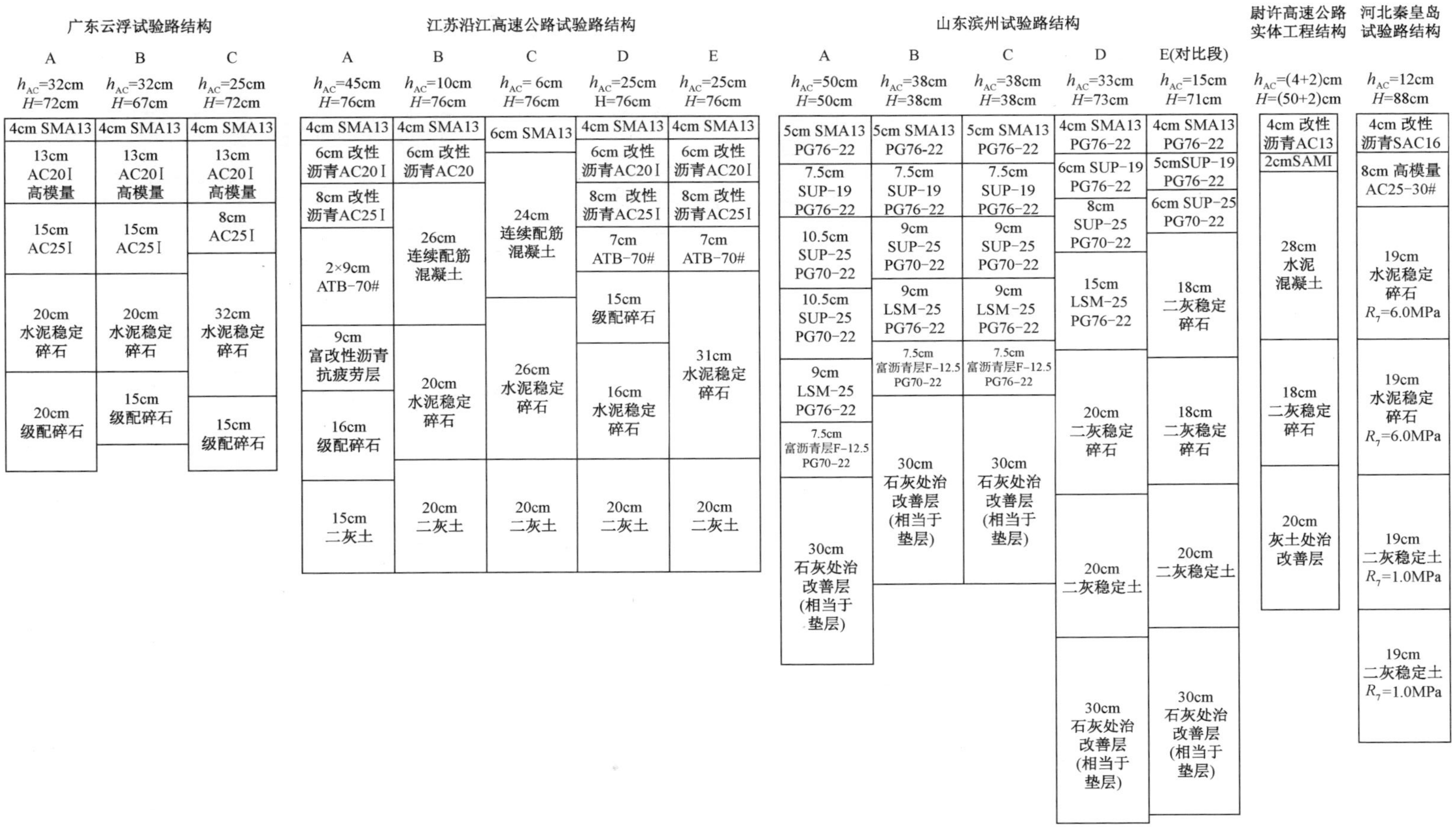

图2-9 我国长寿命沥青路面试验路或实体工程典型结构汇总

h_{AC}—沥青混凝土层厚度；H—路面结构层厚度；ATB—密级配沥青稳定碎石混合料；PG—美国沥青路用性能分级规格performance graded之略语；SUP—美国SHRP沥青混合料配合比设计体系的注册名称superior performing asphalt pavements之略语；LSM—大粒径沥青混合料

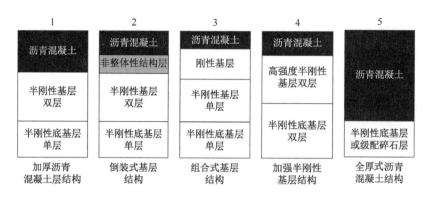

图 2-10 5 类试验研究中的长寿命沥青路面结构方案

②倒装式基层结构方案。设置这种结构的初衷主要是延缓半刚性基层沥青路面反射裂缝的出现。20 世纪 80 年代试验路跟踪观测结果表明,当沥青面层较薄时,这种结构的沥青面层容易产生自身的疲劳损坏,并不适用于重载交通的使用环境,为此,加厚沥青面层是这种结构的使用前提条件,如沥青混凝土面层厚度不小于 18cm。从另一个角度看,这种结构可看作加厚沥青混凝土层结构方案的经济型替代方案,相当于将前者加厚的沥青混凝土层采用级配碎石层替代。这种结构方案的优势与前者相同,而且造价有所降低,但是级配碎石层与沥青混凝土层和半刚性基层的层间结合不足问题也更加凸显。

③组合式基层结构方案。组合式基层结构与加强半刚性基层结构从设计原理角度看是一致的,都是强调强化基层刚度,提高路面结构整体的承载能力和稳定性。从结构形式看,这两类结构的承载能力基本相当,比传统的 3 层半刚性材料结构层方案提高至少 30%(如路面弯沉由 0.15mm 降低到 0.1mm 以内)。同时,这两类结构都采用较薄的沥青面层(厚 12cm 左右),因此工程造价将比前两个方案大为降低。这类结构的技术重点在于沥青面层与半刚性或刚性基层的层间结合与防水,技术难点在于沥青路面横向裂缝的原理解析、结构层刚度的模量匹配问题,以及对沥青路面车辙形成机理等设计原理的认知。

④全厚式沥青混凝土结构方案。这种结构方案来自欧美国家长寿命沥青路面的设计思想,但是否适用于我国重载交通的使用环境还有待进一步工程验证,主要是能否减小重载交通条件下的车辙问题。对此,欧美国家强调使用高模量沥青混凝土作为基层材料,以提高承载能力和抗车辙能力,但相关的技术指标并不清晰。另外,这种结构造价昂贵,是否能实现技术经济最优化,还有待实践验证。

任何一个国家或地区路面结构形式的选择,都是从技术和经济两方面考虑的。从技术层面上看,任何一种路面结构都有其优势和不足。其实,欧洲不仅制定了全厚式长寿命沥青路面的技术指南,也制定了半刚性基层长寿命路面的技术指南,说明两类结构在实现长寿命技术目标是等效的。从经济角度看,结构形式的选择取决于各个国家或地区的地方性材料的特点。

事实上,修建长寿命沥青路面不仅仅是结构形式的选择,也涉及材料设计和施工工艺的革新。对此,沙庆林系统总结了几十年来我国半刚性基层沥青路面建设经验,针对建设重载交通半刚性基层长寿命沥青路面,在结构设计、材料设计和施工工艺等方面提出了一套全面的技术体系(结构形式见图2-9)。

在结构设计方面:①采用双层12cm沥青混凝土和双层改性沥青防水黏结层组合形式;②采用4层高强度的半刚性基层结构,首次使用7d抗压强度为6MPa的水泥稳定碎石基层,增加一层底基层,半刚性基层结构的刚度显著增大;③在土基下2m左右处设置水平沥青膜隔断层,阻止气态水上升,底基层底面两侧用防水土工膜做垂直向下直至隔断层的防水墙,以保持此深度范围内的土基强度稳定。

在材料设计方面:①沥青混凝土下面层使用30号沥青,与SAC25型级配组合,形成中国特色的高模量沥青混凝土;②通过优化级配设计,首次使用密实性好、强度高(6MPa)、收缩性的水泥稳定碎石。

在施工工艺方面:①采用单一粒径筛分机筛分碎石,实现AC25和水稳基层碎石的统一备料,保障工程进度,减少建设成本;②拌和楼冷料仓加装电子秤,实现冷料进料的有效控制;③水泥稳定碎石采用串联式拌和工艺,提高拌和的均匀性;④基层与底基层、底基层与土基之间采用新型羊足碾碾压,使半刚性基层与土基互相紧固嵌入,形成一个很好的整体,加强层间的结合。

该项目2008年通过验收鉴定后,2009年再次立项"重载交通沥青路面设计施工关键技术研究及示范应用",推广该项目的研究成果,并与河北省、内蒙古自治区和广东省交通运输厅合作,分别在河北大广高速公路、内蒙古准兴高速公路以及广东云罗高速公路修筑实体工程或试验路,取得良好的示范效果。2011年,交通运输部正式立项编制《公路长寿命沥青路面技术规程》,由交通运输部公路科学研究院主编。同年12月,沙庆林院士出版专著《重载交通长寿命半刚性路面设计与施工》。

由以上介绍看出,我国长寿命沥青路面技术研发主要有两条技术路线:一是在我国以往工程经验的基础上,进一步完善我国半刚性基层沥青路面设计与建造技术,研发适用于长寿命使用需求的"第二代"半刚性基层沥青路面;二是学习、借鉴欧美国家柔性基层结构、厚沥青混凝土基层结构、全厚式沥青混凝土结构等设计理念,与我国传统半刚性基层结构设计方法相结合,研发适用于重载交通使用条件的长寿命沥青路面结构。

无论哪种技术途径,获取满足长寿命使用需求的全寿命周期沥青路面服役性能的演化数据,是长寿命沥青路面技术研发的基础。这也是我国乃至全世界该领域研究面临的主要技术瓶颈。为了突破这个技术瓶颈,2015年,交通运输部公路科学研究院在北京通州试验场修筑了我国首条足尺路面试验环道,开展多种路面结构同时空的实车加速加载试验,以期获得全寿命周期服役性能的演化数据,支撑我国长寿命沥青路面技术的研发。

该环道共铺设了19个沥青路面典型结构作为主试验段,见图2-11。这19个结构涵盖了目前国内外各种典型的沥青路面结构,具体可分为七大类:第一类是沥青面层厚度为12cm的半刚性基层结构,第二类是沥青面层厚度为12cm的刚性基层组合式结构,第三类是沥青面层厚度为16~18cm的常用半刚性基层结构,第四类是沥青混凝土层厚度为24~28cm的倒装式基层结构,第五类是沥青混凝土层厚度为24~28cm的厚沥青混凝土结构,第六类是沥青混凝土层厚度为36cm的厚沥青混凝土结构,第七类是沥青混凝土层厚度为48~52cm的全厚式沥青混凝土结构。

2018年,交通运输部印发《"平安百年品质工程"建设研究推进方案》,路面工程方面由北京市交通委员会承担,交通运输部公路科学研究院、同济大学、长沙理工大学等单位提供技术支撑。

(4)大型科研平台建设与研究

路面工程研究依赖于多尺度的科学实验。随着我国经济发展、科研实力的增强,除上文介绍的路面材料的微细观尺度研究外,近20年来我国超大尺度(足尺)的路面结构和材料的科研试验能力有了显著的提升。

20世纪80年代,我国仅有少数科研单位和大学具有路面结构和材料的大尺度试验研究能力。例如:1984年交通部重庆公路科学研究所建成室内环道试验系统,双臂双轮加载,标准轴载100kN,运行速度为0~60km/h;1985年东南大学建成室内环道,环道试验槽总深200cm,外径950cm,内径550cm,试验路面宽200cm,双臂加载,2004年安装了可控温的加热设备;1990年部公路所从澳大利亚引进可用于室内外足尺结构加速加载的试验系统(ALF),是当时亚洲第一台该类试验设备,为"八五"科研攻关项目的研究做出了贡献;1999年长沙理工大学建成了当时亚洲最大的室内试验直道,长60m,宽3.5m,深2.0m,加载范围为3~7t,最大行驶速度为30km/h。

进入21世纪后,国内一些科研单位、大学和企业,引进和自主研发了一批路面结构与材料大尺度研究的试验设备和平台。例如:2008年,辽宁省交通科学研究院从南非引进大型路面加速加载设备MLS66。这是继ALF设备后,我国第二台可用于道路结构长期性能研究的加速加载设备。之后,同济大学(2008年)、东南大学(2017年)、长沙理工大学(2018年)等也先后从南非引进该类设备。2009年,长安大学购置美国Dynatest HVS Mark Ⅵ型重型车辆模拟器(Heavy Vehicle Simulator,简称HVS)加速加载设备;同年,山东交通学院自主研发了同类设备(ALT)。2019年,北京科技大学研发建造了国内第一套小型环道试验系统和加速加载试验设备。

至此,我国已具备开展大规模足尺结构加速加载试验的能力,并通过该类设备进行了大量具有重大工程意义的、基础性的试验研究。例如:2013年,港珠澳大桥管理局、华南理工大学、同济大学、广东省长大公路工程有限公司等利用同济大学引进的加速加载设备,对港珠澳大桥桥面铺装进行了钢箱梁节段上浇注式沥青混凝土加SMA结构层疲劳性能与高温性能的足尺铺装性能评价。

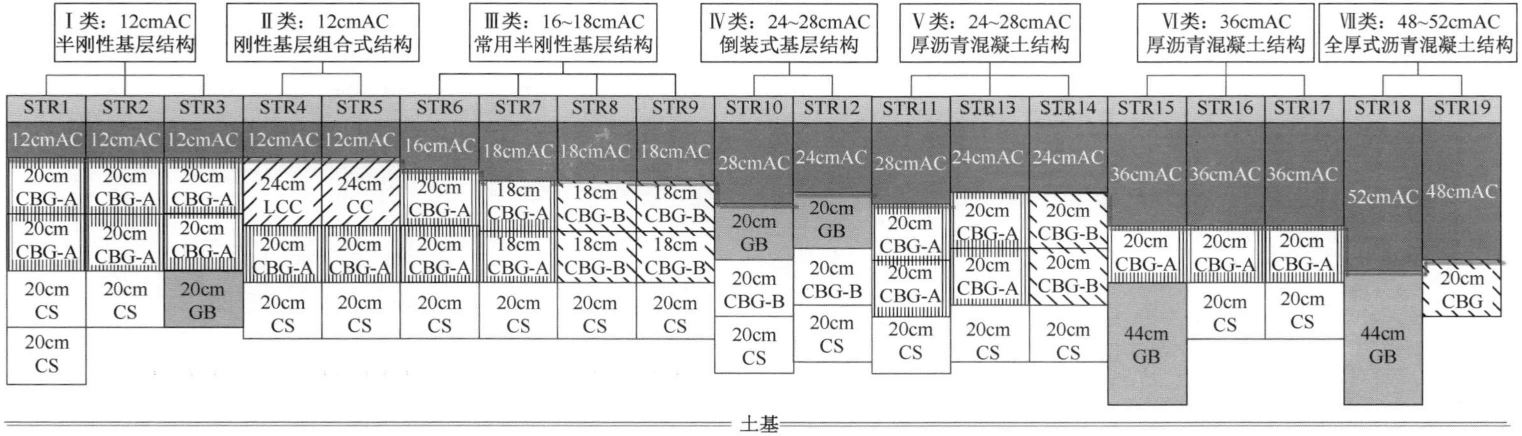

图2-11 北京足尺路面试验环道(RIOHTrack)19个主要试验路段结构

AC-沥青混凝土；CBG-A-水泥稳定碎石(6MPa)；CBG-B-水泥稳定碎石(4.5MPa)；LCC-贫混凝土；CC-水泥混凝土；GB-级配碎石；CS-水泥稳定土

另外，2008年，部公路所建设了我国首台百吨级的门式材料试验系统（MTS），并于2009年承担了国家科技支撑计划项目"多塔连跨悬索结构及工程示范"之课题三"超大跨连续大柔度桥道系结构行为特性及其铺装关键技术研究"的钢桥面铺装性能的仿真研究。之后，山东省交通科学研究院也建设了类似的试验平台。2008年，长沙理工大学建设了我国第一台用于路基试验的大型离心机。

2.1.5 我国沥青路面发展的启示

以上简要回顾了我国沥青路面技术的发展历程。新中国成立70多年来，我国公路建设从初期不到300km的有铺装或简易铺装公路，发展到2021年底超16万km的高速公路和超520万km的公路网，成就显著。与此同时，我国的沥青路面技术也取得长足进步。从20世纪四五十年代学习、照搬国外技术，到60年代推广应用渣油路面；从八九十年代形成半刚性基层沥青路面，到如今多种沥青路面结构形式同步发展，已基本形成一套适应于我国公路建设需求的沥青路面设计与建造技术体系。沥青路面已成为我国主要的路面结构形式。

当前，我国正在开展长寿命沥青路面技术研发。与以往的沥青路面技术相比，使用环境没有变，使用材料没有变，用户对象也没有变，唯一改变的是使用要求，为了建设绿色、低碳的路面工程，实现全寿命周期的技术经济最优化，沥青路面的使用寿命将大幅度延长。可以说，长寿命沥青路面是在以往沥青路面技术基础上发展起来的，是沥青路面技术发展的一个新阶段。以往沥青路面技术发展的经验和教训有助于指导长寿命沥青路面技术的研发。

1）启示一：需求与发展

社会需求是沥青路面技术发展的源动力，长寿命沥青路面也将成为沥青路面技术发展的必然趋势。孙中山为了复兴中华，在《建国方略》中提出修筑100万英里碎石路的计划；抗战时期为了战备需要，大力建设战备公路，首次大规模建设沥青路面；新中国成立初期，为了国防建设需要和国民经济恢复，在"一穷二白"的基础上，大规模开展公路建设；20世纪80年代响应国家改革开放需求，改变观念，"要想富、先修路"，多方面筹集资金修建高速公路；亚洲金融危机和世界经济危机时期，国家为拉动内需，加大基础设施建设尤其是公路建设的投入。总之，我国公路建设的发展与不同历史时期的国家发展战略需求紧密结合。当前，为了建设交通强国，实现我国公路基础设施的高质量发展，长寿命路面技术应运而生。

以英国交通实验室（TRL）为代表的欧洲交通行业，总结了公路基础设施的发展历史，针对当前国际道路发展的趋势，在2010年将世界道路历史划分为5个阶段，提出了"第五代道路"的概念。

第一代道路是指没有表面铺装的道路，或者说，是完全靠人踩、马踏形成的道路，产生于人类文明的初期阶段,也是道路的原始形态。

当出现大规模有组织的社会活动时,为了保障道路运输的快速、通畅,出现了用碎石、块石、土以及石灰、黏土类材料拌和、压实而成的道路,称为第二代道路,即有简易铺装的路面。如"条条大道通罗马"的古罗马大道以及我国秦朝的直道、汉唐的驿道、清朝的官马大道等。铺装方式的改变,提高了道路的耐久性和使用品质。但是,步行、人力车、畜力车是这个阶段的主要出行方式,行驶速度较慢、荷载较轻,对道路的品质要求不高。

随着世界工业革命的爆发,18世纪中叶汽车的诞生给人们出行方式带来了革命性变化,运输效率和速度大幅度提高,由此也促进了道路工程的技术革命。传统的颠簸、泥泞的砂石路面难以满足社会交通和人们出行的需要。为了改善车辆行驶的舒适性,出现了有耐久性铺装的道路形式,称为第三代道路。如19世纪中叶出现了采用天然沥青铺筑的路面和用水泥混凝土铺筑的路面。随着现代炼油工业的发展,到19世纪末,出现了现代意义上的石油沥青路面(简称沥青路面)。第三代道路的产生充分反映出交通方式的改变是道路工程技术革命的诱因,道路工程技术的发展与社会文明的进步紧密相连。

到了20世纪30年代,为了满足国家战略交通的需要,提高汽车运输的通行效率及安全性,德国建造了世界上第一条高速公路。第二次世界大战结束后,欧美发达国家也掀起了大规模的高速公路建设浪潮。例如,美国从50年代初,用了30年的时间,建设了著名的"艾森豪威尔州际公路",长达7万多公里,因此,美国也被称为"安在汽车轮子上的国家"。这种以高速公路为代表的、快速、安全的道路称为第四代道路。第四代道路的产生进一步反映出社会的需求是道路工程技术发展的源动力。

进入21世纪后,传统道路的快速、安全、舒适的使用功能已不能满足现代社会发展的需要,提出了以绿色、智能、高韧性为特征的第五代道路发展需求。绿色是指降低道路建设和养护期间的资源消耗和污染排放,增强消除噪声、吸附尾气、节约能源的环保功能;智能是指提升道路的自我感知能力,实现车路协调,改善行车安全性;高韧性是指提高道路在恶劣自然环境下的通行能力,提高防灾减灾能力。

从以上五代道路的发展历程看,道路工程具有鲜明的社会属性和技术属性。一方面,社会进步和人民生活品质的提升促进了交通方式的改变,作为社会交通和人民活动的主要载体,道路工程被不断赋予新的社会使命,即满足社会发展与人民生活品质不断提升的需求,这是其社会属性,也是其需求属性。另一方面,为了满足其社会属性要求,需要建设耐久、经济、可靠的道路工程。道路工程虽然是一种结构形式简单的土木工程,但是其组成材料具有显著的非均质、非线性特征,在长期的荷载与环境同步耦合作用下,其服役性能规律是复杂的,仍有许多科学问题有待破解,有许多技术难关有待攻克,这就是道路工程的技术属性和问题属性。

在道路工程的发展过程中,这两个属性相互交织作用,形成道路工程的主要矛盾体,从而成为促进道路工程技术不断发展进步的源动力。道路工程的主要矛盾可以表述为:

社会发展对道路使用性能要求不断提升与对道路服役性能演化规律认识不足和较低的工程可靠性之间的矛盾。不断提升道路工程的品质与耐久性,是道路工程技术发展的永恒主题。

当前,研发长寿命沥青路面的设计与建造技术已成为世界路面技术发展的必然趋势。正如世界著名道路专家 C. L. Monismith 和 S. F. Brown 1999 年在美国道路年会上撰文指出:"今天,我们拥有了比以往(60 年以前)更多的先进手段,我们已改善了对道路材料行为的认识并能够测定其必要的性能,而且能通过加速加载试验确认道路结构的行为规律。考虑到世界范围内的路面新建和养护工程的耗费,尽快使用已有的新技术是重要的。与此同时,我们走进了 21 世纪,有效地使用费用,广泛地修建长寿命路面,这样全社会都将受益。"

因此,研发长寿命路面技术是在新的历史时期,为建造绿色、智能、高韧性道路工程而提出的新的发展目标和历史使命,是社会进步发展的必然趋势。首先,延长道路使用寿命和养护维修周期,可以有效减少社会资源消耗和工业排放,大幅节约养护维修资金,提升道路的通行质量,实现全寿命周期条件下的技术经济最优化,是实现"绿色"道路目标的切实体现。其次,道路使用寿命的延长、品质的提升不仅能增强道路工程自身的环境适应性和抗灾能力,而且也将为建设智能化的道路基础设施提供可靠的发展平台。从技术角度看,长寿命路面并不是路面寿命的简单延长,而是整个路面技术的升级换代,包括设计理念、模型指标、工艺技术等多方面的变革,是一个从量变到质变的过程。

2)启示二:学习与创新

在路面技术发展过程中,我国一直在不断学习同时代国外先进的路面修筑技术。20 世纪初,就参加了"国际道路会议常设委员会"第一届会议;从 20 年代到 40 年代,翻译、引进了大量欧美国家路面工程的技术文献;新中国成立后,我国第一部路面设计规范翻译自苏联的《柔性路面设计须知》。然而,由于当时条件的限制,很多国外技术仅限于理论上的学习,并没有在我国实际工程中得到验证、应用。直到改革开放,我国开展了大规模的公路建设,特别是高速公路建设的兴起,一方面,进一步引进、学习国外先进技术,如美国各州公路与运输官员协会(AASHTO)指南、壳牌(Shell)设计手册,以及日本、德国、英国、法国等国的设计规范;另一方面,结合我国实际情况,开展了广泛的工程实践验证和自主创新研究。当前我国广泛使用的半刚性基层沥青路面结构形式也是在学习法国、美国、澳大利亚、南非等国的技术基础上,结合我国公路建设的具体情况,经过反复试验验证和总结后形成的。

图 2-12 为法国沥青路面设计规范中推荐的 5 种典型结构,包括柔性基层结构、全厚式沥青混凝土结构、半刚性基层结构、组合式结构和倒装式结构。

从图中可以看出,这些结构除了具有相同或相似厚度的沥青面层外,主要的区别在于基层和底基层材料类型及其厚度的不同。具体为:

(1)柔性基层结构的基层为沥青混合料,底基层为级配碎石,结构总厚度不大于65cm。

（2）全厚式沥青混凝土结构的基层和底基层均为沥青混合料,结构总厚度不大于40cm。

（3）半刚性基层结构的基层和底基层均为无机结合料稳定材料,结构总厚度不大于50cm。

（4）组合式结构的基层为沥青混合料,底基层为无机结合料稳定材料,结构总厚度不大于60cm。

（5）倒装式结构的基层为沥青混合料和级配碎石,底基层为无机结合料稳定材料,结构总厚度不大于82cm。

  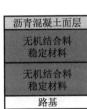  

图2-12 法国设计规范中5种沥青路面典型结构

需要说明的是,法国倒装式结构取决于沥青面层自身的厚度。当沥青面层较薄（如10cm以内）,并直接铺设在级配碎石层上时,沥青面层与级配碎石层之间缺乏良好的层间结合,沥青面层容易产生疲劳损伤,因此,在薄沥青面层下面再设一层沥青混凝土层,以消减沥青混凝土层与级配碎石层之间结合状态的不利影响。这个结构类似于上文提到的我国某省使用的较厚沥青面层条件下的倒装式结构,也类似于北京环道试验路段中的倒装式结构。

总之,这5种不同结构形式的基层、底基层厚度是不同的,这不仅仅取决于材料自身品质（如模量）的差异,而且受到不同材料结构层组合后服役性能需求的影响。

另外,美国MEPDG设计指南将沥青路面划分为四大类:传统柔性路面结构（Conventional Flexible Pavements）、厚沥青混凝土路面结构（Thick Asphalt Pavements）、全厚式沥青混凝土路面（Full-depth AC Pavements）和半刚性路面（Semi-rigid Pavements）,见图2-13。这些结构具有统一形式的沥青混凝土面层,此外,在土基上面设置统一的路基改善层（类似于我国设置的垫层）。这些结构的主要差异在于基层和底基层材料类型和厚度的不同。按照该指南的说明,传统柔性路面结构的沥青面层厚度与厚沥青混凝土路面结构的沥青混凝土层厚度（包括沥青处治基层）的界限在于:前者小于15cm,后者大于15cm。另外,半刚性路面的水泥稳定基层的厚度要求不小于15cm。

图 2-13 MEPDG 典型沥青路面结构

以上两个示例说明,各个国家根据本国实际工程需要划分沥青路面结构形式,尽管类型、数量上有所差异,但结构划分的基本原则是一致的。值得注意的是,欧美国家仍将半刚性基层结构作为本国沥青路面的典型结构之一,但与我国高速公路上普遍使用的半刚性基层沥青路面结构相比,仍存在一些明显的不同。

首先,沥青面层厚度不同。法国、美国半刚性基层上的沥青面层厚度不大于15cm,法国推荐的最薄厚度为6cm。而我国自20世纪末以来,高速公路沥青面层的厚度一般不小于18cm,近些年来有些地方增加到20~24cm。当然,法国、美国推荐的沥青面层厚度不仅用于高速公路。其次,虽然都称为半刚性基层结构,但是半刚性基层的厚度也有明显差异。法国典型结构的半刚性基层厚度推荐为20~50cm,美国虽然仅规定了最小厚度为15cm,但总厚度也不会太厚。而我国自20世纪90年代中后期以来,半刚性材料结构层一般铺筑3层,总厚度为48~60cm,刚度明显强于法国和美国。

另外,南非也是世界上使用半刚性基层沥青路面结构的代表性国家。图2-14 为南非推荐的半刚性基层沥青路面典型结构。从图中结构形式可以看出,南非推荐了两类半刚性结构:一类是采用沥青混凝土作为联结层的结构,沥青混凝土层总厚度为23cm(包括抗滑表层);另一类是采用级配碎石作为联结层的结构,沥青混凝土层总厚度仅为5cm(为抗滑表层)。但不论采用哪种联结层,半刚性基层的总厚度都不厚,约为40cm。需要说明的是,图中的结构 A 类似于法国的组合式结构,结构 B 类似于法国的倒装式结构,但结构 B 在级配碎石层上未设置沥青混凝土层,这可能与南非的气候环境和荷载水平有关。南非的气候环境与法国相比较干燥,同时,法国设计规范的标准荷载水平是目前世界上最高的,达到13t,而南非仅有10t,因此,南非结构 B 中的级配碎石层上可以不再增设沥青混凝土层。

由此看出,我国高速公路使用的半刚性基层结构与其他国家相比,具有半刚性基层结构刚度强的显著特点,这与我国重载交通的使用环境和多年以来贯彻的"强基薄面"路面设计思想有关。对于半刚性基层沥青路面,半刚性基层(包括底基层)结构是整个路面的主要承重结构,半刚性基层结构的刚度水平直接影响整体路面结构的受力状态和使用寿命。因此,虽然同称为"半刚性基层结构",我国半刚性基层结构的服役状态与这些国家相比,在结构承载能力方面存在明显优势。

图 2-14　南非半刚性基层沥青路面典型结构

此外,20世纪90年代以来,我国先后从国外引进了沥青玛蹄脂碎石混凝土(SMA)、多空隙沥青混凝土(PAC)、开级配磨耗层(OGFC)、超薄沥青混凝土(BBTM)、高模量沥青混凝土(EME)等多种沥青混凝土,经过多年的实践研究、改进完善,在我国公路建设中得到广泛应用。另外,美国 SHRP 计划中 SUPERPAVE 设计方法和路面长期性能研究,以及基于性能的力学-经验路面设计指南(MEPDG)对我国沥青路面技术发展起到了积极的借鉴和促进作用,当前开展的长寿命沥青路面技术研发也是起源于欧洲。再者,近几十年来,我国先后从国外引进了多种先进的试验研究仪器和设备,如材料试验系统(MTS)、落锤式弯沉仪(FWD)、加速加载设备(ALF、APT)、SUPERPVAE 系列试验设备、工业 CT 等,助力我国路面学科的科学技术研究。

总之,我国沥青路面技术的快速发展离不开对国外先进技术的学习、消化和吸收。直到今天,在沥青路面的研究手段、技术方法及设计理念等方面,国外仍有许多值得我们学习、借鉴的地方,但最核心的是路面长期性能科学观测数据的积累以及对科学实验研究的重视。美国 AASHTO 路面设计指南是世界上影响最为广泛的路面设计方法,是基于美国20世纪50年代末 AASHO 试验路的研究成果制定、发展的。美国在80年代末总结AASHO 试验路经验时指出:AASHO 试验路最大的成功在于积累了完整、系统的科学观测数据。同期,美国在总结州际公路使用性能不足问题时,提出了开展路面长期性能观测研究,1993年建立了路面长期性能数据库和长期性能观测网,至今已积累了近30年的长期性能观测数据。我国2017年版设计规范修订时参考了其中的大量观测数据来进行设计模型的验证。

另一方面,沥青路面工程技术也具有较强的地域特点,世界上不同国家结合本国的实际情况研发自己的沥青路面设计方法,例如南非在20世纪七八十年代开展半刚性基层结构的加速加载试验研究,积累了大量的系统研究数据,其许多研究成果被世界道路行业所认可。因此,在学习国外先进经验、技术理念和科研工作方法的同时,仍应针对我国繁重的交通环境和复杂的地质气候环境,走自主创新的道路,研发适合我国国情的沥青路面修筑技术。半刚性基层沥青路面是其中一个典型代表,尽管半刚性基层结构本身起源于欧美,名称也一样,但经过我国几十年的实践与研究,其技术内涵已发生较大的变化,已成为具有我国特色的典型路面结构。同样,在今后长寿命沥青路面技术研发中,我国也必将探索出一条适合我国公路建设需求的长寿命沥青路面技术发展道路。

3) 启示三:实践与研究

路面工程是在实践中诞生的一门学科,也是在实践中不断发展、完善的。纵观世界路面技术的发展,每一次重大技术变革都是以大型科学实验为基础的。从 20 世纪 50 年代英美等国家开展的实体工程长期性能观测,50 年代末美国开展的 AASHO 试验路观测研究,到 70 年代法国、南非开展的试验路加速加载试验研究,这些大型科学实验催生了一系列世界著名的设计理论和方法。20 世纪 90 年代美国为了研发 SUPERPAVE 沥青混合料设计方法、MEPDG 路面设计指南,又开展了大规模环道试验研究和试验路长期性能观测。为了研发更耐久、更环保的道路结构和材料,美国国家沥青中心已持续开展 20 多年的环道试验研究。

同样,为了研发适合我国实际情况和使用需求的路面设计方法,我国从 20 世纪 50 年代中后期就开始了大规模的工程调研和试验路验证,直到 70 年代末,初步形成了一套独立的路面设计技术体系和方法(1978 年版设计规范);20 世纪 80 年代,为了修建适合我国经济发展的高速公路,通过在不同地区修筑大量的试验路和实体工程,开展跟踪观测和研究,总结、提炼形成具有我国特色的高等级公路路面设计和修筑技术;进入 21 世纪以来,仍然是以修筑试验路和实体工程为出发点,研发长寿命沥青路面的修筑技术。由此可看出工程实践对于路面工程技术进步的重要性和基础性。

总之,工程实践和科学实验是获取道路工程经验知识的唯一途径,也是评判技术合理性的唯一标准。这里有两层含义:一是路面工程中的新理论、新思想是来自于工程实践的总结和提炼,例如美国 AASHTO 设计指南中的现时服务能力指数(PSI)指标设计模型,我国原有规范中的设计(容许)弯沉设计模型等都是来自试验路或实体工程的统计分析;二是路面工程的任何理论、模型、方法的研究成果都需通过实体工程的验证,如美国 MEPDG 设计指南颁布后,根据实践检测数据已对其中设计模型的有关系数进行了 4 次修订,我国 2017 版设计规范提出的设计模型可靠性也仍需要实体工程的进一步验证。因此,路面工程研发是从实践到理论再到实践的过程,脱离工程实践的路面技术研究是没有意义的。

实践反映规律,研究揭示本质。在广泛的工程实践和科学实验的基础上,开展深入的科学研究也是不可或缺的。路面工程虽然是一种结构形式简单的土木工程,但由多种非均质、非线性材料组成的多层复合的路面结构,在荷载与环境同时空耦合的长期作用下,其服役性能的演化规律和机理仍有待进一步剖析。相同的路面结构和材料，在不同的使用环境下，表现出显著的服役性能差异。再者，单纯从实践经验中归纳总结，受条件的局限，往往存在一定的片面性。例如：研发长寿命沥青路面技术过程中，可参照的已使用50年且养护周期不少于15年的实体工程很少，还难以形成有效的经验体系。因此，在不断的实践过程中，借鉴既有基础学科（如数学、物理、力学、化学等）的理论和方法，挖掘基础原理，提炼共性技术，是一个有效的技术途径。

对于长寿命沥青路面技术研发，理论与实践的紧密结合是其基本的方法论，长期性是其主要的特点。与一般沥青路面技术研发相比，使用寿命的大幅度延长是长寿命沥青路面的主要技术特点和需求。为了建立可靠的长寿命沥青路面技术体系，长期的跟踪观测、试验验证和理论分析是该领域研究的必要条件。对此，欧洲战略公路研究计划中对公路技术研究有这样一段描述："从长远意义看，研究工作将是制定公路发展战略的必备条件；从短期意义看，研究工作有助于提高路面服务水平，提高施工和养护水平，降低成本；无论从哪个方面讲，研究应以最终满足使用者的期望为目标并不断革新。重要却经常被忽视的一点——技术的积累是持续的，并在需要的时候集中地发挥作用。"

为此，2015年交通运输部公路科学研究院修建了首条以长寿命沥青路面多元服役性能验证为目标的足尺路面试验环道，开展全寿命服役周期的加速加载试验和服役性能演化数据的系统采集、分析，截至2022年7月初，已完成7000万次累计标准轴载作用次数的加载，相当于我国重载高速公路30年的荷载水平。另外，2019年我国路面工程领域的专家学者召开了以"中国长寿命路面关键科学问题及技术前沿"为主题的香山科学会议，制定了我国长寿命沥青路面技术两阶段发展规划，计划到2050年之前，完成我国长寿命沥青路面技术体系的研发，实现沥青路面使用寿命50年的目标。

2.2 长寿命沥青路面的有关概念

长寿命路面是相对于现有寿命标准而言的新一代沥青路面，国际上有的称之为"永久性路面""长久路面"等（如long-life pavement、long-lasting pavement，各自的中文翻译有所不同，但其技术内涵是相同的）。顾名思义，长寿命路面的最大特点是路面使用寿命的大幅度延长。这里有几个概念需要澄清：一是，这里的寿命是指实际的使用寿命而不是设计寿命；二是，寿命延长是指在正常设计、正常施工条件下使用寿命延长；三是，衡量路面寿命的尺度不仅仅是使用年限，更主要的是累计轴载作用次数。

表2-8为目前世界主要国家沥青路面的设计寿命汇总，看出表中列出的设计寿命远远高于我国现行规范中规定的15年的高速公路设计寿命标准，特别是美国AASHTO设计指南在20世纪90年代就提出了50年的设计寿命标准，在21世纪初提出的基于性能的路面设计指南（即MEPDG设计指南）提出的最高设计寿命可达99年。尽管美国设计方法的设计寿命很长，但据了解，较好路面的实际使用寿命大约仅为30年。例如，2002

年开始美国国家沥青中心（NCAT）以35年无结构性破坏,每次表面层罩面修复的间隔大于12年为标准,颁发长寿命路面奖。我国一些早期修建的高速公路,尽管当初的设计寿命仅为15年,但至今有的已使用近30年也未产生结构性破坏。由此说明两个问题:第一,设计寿命与实际使用寿命相差较大,现有设计方法的可靠度有待提高;第二,长寿命路面的寿命应以实际使用寿命而不是设计寿命为衡量标准,这样更具有实际意义。

世界主要国家沥青路面设计寿命汇总   表2-8

国家	美国		法国	日本	英国	德国	南非	中国
	AASHTO1993	MEPDG						
设计基准期（年）	50	99	30	40	40	30	25	15
标准轴载（kN）	80	80	130	100	80	100	80	100

这里之所以强调"正常设计与正常施工",主要是针对早期损坏问题。20世纪90年代末至21世纪初,我国一些高速公路上出现了早期损坏,有的仅使用1~2年就产生较为严重的破坏,需要大规模翻修。导致早期损坏有的是设计原因,但更多的是非正常施工所造成的（如施工工期不合理、施工质量监管不严）。因此,早期损坏并不属于正常设计、正常施工条件下的路面损伤。对于一般路面工程,"消除早期损坏"是确保正常使用寿命的基本要求;对于长寿命路面,"消除早期损坏"是研发长寿命路面技术的前提条件,与技术本身没有必然关系。

一般习惯采用"年限"描述路面的使用寿命,但在结构设计中,为了更加客观、准确地评价路面结构的社会服务能力,采用设计年限内的累计标准轴载作用次数（ESALs）作为衡量路面使用寿命的量化指标。在实际中,不同类型道路的交通荷载差异很大,以货物运输为主的货运通道和以旅游、通勤为主的干线公路,在相同使用年限内,承受的荷载可相差几倍甚至几十倍。也就是说,如果长寿命沥青路面使用寿命为50年,且规定了相应的ESALs,那么,当为极重、特重交通时,使用15~20年就可以达到相应的荷载水平;当为中、轻交通时,使用100年甚至更长时间才能达到规定的荷载水平。为此,针对路面的设计要求和社会服务功能,我国长寿命沥青路面的寿命标准采用累计标准轴载作用次数和使用年限双指标控制。一般情况下,采用累计标准轴载作用次数作为寿命标准;对于中、轻交通,采用使用年限作为寿命标准。

2.2.1 双寿命评价体系

一般来说,描述沥青路面使用性能的指标可分为两大类:一是结构安全性能,二是表面服役功能。与一般路面不同,长寿命路面不仅要求结构安全性能耐久,而且要求表面服役功能耐久,前者称为结构安全寿命,后者称为表面功能寿命,即所谓的"双寿命"标准。结构安全寿命与一般路面设计的寿命概念相同,指结构的疲劳寿命,即一般设计规范中的设计寿命。表面功能寿命是指恢复路面表面功能的养护维修周期,包括抗滑性能、轻微车辙、平整度不足以及路面/轮胎噪声较大等表面功能的恢复,即路面的养护寿命。

目前国内外对于长寿命沥青路面概念的描述基本一致,但具体的量化指标存在差异。1997 年,英国 TRL 的 NUNN 教授根据英国的道路结构特点,提出了 50 年的结构安全寿命标准;成立于 1999 年的欧洲长寿命路面组(ELLPAG)是欧洲国家公路研究实验室论坛(FEHRL)和欧洲道路董事会(CEDR)的长寿命研究机构,在 2004 年制定的《欧洲长寿命全厚式柔性路面使用技术指南》和 2010 年制定的《欧洲长寿命半刚性基层路面使用技术指南》中对长寿命路面的概念表述为:路面基层或基础没有严重的结构性破坏,且仅需要进行表面功能维护的道路结构;美国在 2000 年前后表述的长寿命路面概念为:50 年不产生结构性破坏,20 年不进行功能罩面维修;2010 年美国有文献又提出结构安全寿命为 40 年,承受累计标准轴载作用次数 2 亿次。我国在 2012 年制定《长寿命沥青路面设计与施工技术规程》时提出的结构安全寿命为:当路面结构使用年限未达到 40 年,而累计标准轴载作用次数达到 1 亿次时,按 1 亿次评价结构承载能力;当路面结构使用年限达到 40 年,而累计标准轴载作用次数未达到 1 亿次时,按 40 年评价结构承载能力。使用功能寿命为:沥青面层单车道承受累计标准轴载作用次数 3000 万次或使用 12 年,不产生严重的车辙和水损坏,并保持良好的抗滑能力。2019 年在北京召开香山科学会议,修订了我国长寿命沥青路面的标准,并提出两个阶段的实施目标:第一阶段是从现在开始到 2035 年,将我国高速公路路面的使用寿命由现在的 15 年提升到 30 年;第二阶段为从 2035 年到 2049 年,在我国实现交通强国战略目标之时,我国高速公路路面的使用寿命将提升到 50 年,达到世界领先水平。

由此可以看出,国内外长寿命沥青路面的结构安全寿命为 40～50 年,而表面功能寿命为 15～20 年。针对我国具体情况,如上文所述,我国一些早期修建的高速公路,尽管最初的设计寿命为 15 年,但经过近 30 年的考验,有望实现 30 年的结构安全寿命,是否能达到 50 年的寿命标准,还需要进一步的实践验证或试验研究。需要指出,欧美国家是基于柔性基层沥青路面结构(包括全厚式沥青路面)几十年的使用经验提出的 50 年寿命标准,而半刚性基层是我国普遍使用的典型结构,50 年的寿命目标是否合理尚值得进一步论证。

表面功能的寿命问题相对比较复杂。我国现行沥青路面设计规范中指出,在设计基准期 15 年内可进行 1 次罩面维修,意味着我国高速公路沥青路面的罩面周期为 8 年左右。从实际工程情况看,我国 20 世纪 90 年代建成的高速公路的第一次罩面周期一般在 10 年以上,最长达 19 年,如京津塘高速公路、济青高速公路、广深高速公路、吐乌大高速公路、广珠东线高速公路等,基本满足设计要求,甚至超过了当初的设计要求。但存在以下一些问题:

一是,许多工程第一次罩面时不仅仅维修上面层,而是翻修整个沥青面层(包括中、下面层),说明经过 10 多年的使用,尽管半刚性基层的损伤不严重,但是整个沥青面层的损伤比较普遍。这种维修方式成本过高,并不是长寿命沥青路面所期望的,同时,合理界定沥青面层的厚度范围是必要的。

二是,尽管第一次的罩面周期较长,但随之的第二次、第三次罩面周期往往比较短,一般只有 5~8 年,而且也不仅仅是维修上面层,这说明我国目前高速公路的养护维修技术还有待进一步完善。

三是,预防性养护是改善路面行驶质量、延长路面使用寿命的一种技术对策,但过于频繁的预防性养护(有的仅使用 3~5 年)并不是长寿命沥青路面的选择,不利于我国沥青路面建设与养护技术的健康发展。从某种角度看,我国需要耐久性的养护技术,而不是"预防性"的养护技术。

四是,当前我国高速公路沥青路面抗滑性能衰减过快是一个普遍问题,但很少因此进行罩面维修。此外,路面/轮胎噪声是路面表面功能的重要指标,欧美有些国家和地区已将该指标作为公路和城市道路建设与养护维修的重要环保指标,而我国这方面还是空白。由此说明,为了建设长寿命沥青路面,我国的养护技术标准还需要完善。

总之,基于我国现有的沥青路面技术水平,表面功能寿命 15 年以上的设计标准还是具有一定挑战性的。换句话说,养护技术及其耐久性将是我国长寿命沥青路面技术体系研发的难点和重点。

1) 结构安全寿命逐层累计假说与疲劳极限

沥青路面的结构安全寿命是指整体结构失去承载能力的时间或累计轴载作用次数,而不是单指某一个结构层的破坏。同时,沥青路面是由多个结构层逐层叠加形成的,各个结构层(指承重结构层)的疲劳破坏往往存在时间差,不会同时破坏;另外,当某一个结构层破坏时,虽然对整体结构的承载能力造成损失,但并不意味着整体结构承载能力的丧失,由此提出沥青路面结构安全寿命逐层累计的假说。

一般的沥青路面结构设计,往往采用最小寿命原理进行结构安全寿命判断。例如,一个三层体系的半刚性基层结构(即有两层基层和一层底基层),沥青面层厚 15cm。按照弹性层状体系力学模型计算,发现沥青面层底部一般不存在拉应变,表明沥青面层在行车荷载作用下处于受压状态,不会产生弯拉模式的疲劳破坏,其疲劳寿命理论上是无限的。而三层半刚性材料层底部存在或大或小的拉应力,也就是说,三层半刚性材料层存在弯拉疲劳损伤的趋势。根据有关设计模型计算,可以得到这三层半刚性材料层达到弯拉疲劳破坏时所能承受的累计荷载作用次数,分别记为 N_1^0(底基层)、N_2^0(下基层)和 N_3^0(上基层)。由此,在进行该结构的安全寿命评估时,取这三个结构层疲劳破坏时累计轴载作用次数最小值作为该结构的疲劳寿命,即 $N^0 = \min\{N_1^0, N_2^0, N_3^0\}$。

在实际工程中,由于底基层半刚性材料的回弹模量与土基模量相差最大,且底基层材料的抗弯拉强度最小,因此,半刚性底基层是整体结构弯拉疲劳损伤的最不利层位,N_1^0 数值最小。也就是说,在判断路面结构疲劳寿命时,将底基层的疲劳寿命当作整体结构的疲劳寿命。然而,在实际工程中,底基层的破坏并不等同于整体结构安全寿命的终结,这种"最小值"的判断方法是值得商榷的。

近些年来,我国一些 20 世纪 90 年代修建的高速公路的使用寿命(结构安全寿命)已超出当初设计年限(15年)的使用标准,仍具有良好的承载能力,这一方面反映出当初工程质量的优越,另一方面也反映出设计标准、设计模型可能存在较大的冗余度。另外,通过雷达检测或者开挖探检发现,这些表面状态良好、承载能力仍满足要求的路面结构,在底基层位置都存在不同程度的裂缝,表明底基层已产生疲劳破坏。北京环道经过7000万次累计当量轴载作用次数的加载试验发现,19种主要沥青路面试验段的FWD弯沉水平均小于0.18mm,仍具有较强的承载能力,但通过三维(3D)雷达检测发现,在半刚性底基层和基层位置出现了不同程度的裂缝。由此说明,半刚性底基层甚至基层的疲劳开裂并不直接反映整体结构承载能力的丧失。这反映出层状体系结构的使用特征:当一个结构层产生疲劳破坏后,其残余功能对结构的整体安全寿命仍具有一定的贡献率。基于"最小值"原理确定的结构安全寿命,是设计冗余度偏高的原因之一。

对于半刚性基层的承力体系路面结构(关于承力体系的概念将在第4章中予以阐述),结构安全寿命逐层累计假说可以这样解释:对于由多层整体性良好的半刚性材料组成的沥青路面结构,与路基直接相邻的底基层将首先产生弯拉疲劳开裂(记此时的疲劳寿命为N_1),在此之前,其上的半刚性材料结构层均处于压剪损伤状态或者弯拉应力(应变)很小的受力状态,相应的疲劳损伤很小。当该结构层疲劳开裂的裂缝密度逐渐增加,结构层模量大幅度衰减后,紧邻该结构层的上层半刚性材料结构层将进入弯拉疲劳损伤状态,直至产生疲劳破坏,记此时延长的疲劳寿命为N_2。以此类推,当该结构层疲劳开裂的裂缝密度逐渐增加,结构层模量大幅度衰减后,紧邻该结构层的上层结构层依次进入弯拉疲劳损伤状态,直至以上各半刚性材料层依次产生疲劳破坏,分别设定相应结构层再次延长的疲劳寿命为N_3、N_4(设定有四层半刚性材料结构层),则整个沥青路面结构最终的安全寿命可记为$N = N_1 + N_2 + N_3 + N_4$。这就是沥青路面结构安全寿命的逐层累计假设。由于结构层的逐一破坏,N_1、N_2、N_3和N_4寿命长度并不相同,一般为$N_1 > N_2 > N_3 > N_4$。

至此可以看出,采用"最小值"原则确定结构安全寿命,实质上是将某个结构层疲劳寿命当作整体结构的疲劳寿命确定方法,而逐层累计假设是综合考虑各个结构层疲劳寿命确定整体路面结构的疲劳寿命,两者存在这样关系:$N_1 = N_1^0 = N^0 < N$。即对于同一个路面结构,当采用逐层累计假设评估时,结构安全寿命将远大于原有方法计算的寿命,初步估算将提高60%~80%。

另外,路面结构安全寿命的评价一般有两个标准:一是路面表象评价,二是力学状态评价。路面表象评价是指根据路面出现的裂缝类型和程度,以及与结构损伤相关的病害状态判断路面结构是否产生结构性破坏。在实际工程中,这种评价比较直观,可直接反映路面服务能力的衰变,但由于路面病害成因复杂,对于结构破坏,这种评价仅能起到指导性判断作用。力学状态评价常用于路面结构的疲劳设计指标,一般分为两类:一是弯沉类指标,二是结构层的弯拉应力或弯拉应变指标。前者属于变形类指标,在实际工程中易于检测;后者力学概念清晰,具有明确的力学指向,常常基于强度破坏准则,直接构建结构层疲劳破坏模型。

然而，实际工程表明，路面表象评价和力学状态评价往往并不一致，不是同时产生的。也就是说，当一个或几个结构层达到或超过力学临界时，整体结构的表象评价并未达到相应的指标状态，路面结构仍保留一定的残余寿命。也正因为如此，才提出结构安全寿命逐层累计的假说。

关于结构层受力状态问题，还存在一个疲劳极限的假设。即当路面结构层的受力状态小于某一临界值时，结构层永远不会产生疲劳破坏，结构层的疲劳寿命理论上将趋向于无穷。例如，20 世纪 70 年代初，美国 C. L. Monismith 曾提出，当沥青混凝土层的拉应变不大于 70 微应变时，沥青混凝土层永远不会产生疲劳开裂。追求服役行为的疲劳极限，是长寿命沥青路面设计的一个特点。

近二十年来，国内外学者围绕着沥青混凝土 70 微应变的合理性、可靠性问题进行了大量的室内外研究，有些专家认为 90 微应变合理，有些专家认为 140 微应变合理，还有的认为 200 微应变合理。事实上，由于沥青路面结构形式的不同、沥青混凝土层的受力特点不同以及沥青混凝土自身的品质不同，都会产生不同的应变水平。这里的关键在于是否承认沥青混凝土疲劳极限的存在。

此外，半刚性材料是否也存在类似沥青混凝土的疲劳极限？国外曾有专家提出，当半刚性材料承受的弯拉应力小于材料抗弯拉强度的 50% 时，材料永远不会产生疲劳破坏。对此，部公路所在"八五"期间以 200 万次为标准（即荷载作用 200 万次，试件仍未破坏，即认为试件永远不坏，停止试验）进行试验验证，认为这个结论基本成立。然而，对于长寿命沥青路面的使用要求，200 万次的荷载作用次数远远不够。1972 年，南非 Otte 针对水泥稳定类材料指出：如果应力强度比小于 0.35（相应应变比为 0.25），不会产生微裂缝，荷载可以反复作用无数次。近些年来，部公路所开展了千万次级别的疲劳试验，发现当试验弯拉荷载不大于材料弯拉强度的 30% 时，材料的疲劳寿命可达到千万级以上。由此可初步判定，当结构中半刚性材料承受的弯拉应力不大于材料自身强度的 30% 时，可作为半刚性材料的疲劳极限标准。

需要指出，在实体工程中，随着路面结构服役状态的改变，这些疲劳极限是相对的。例如上文所述的三层半刚性材料结构层，当底基层尚未损伤时，下基层和上基层的半刚性材料基本处于受压或者弯拉应力很小的状态，处于疲劳极限的范围内，不会产生疲劳损伤；当底基层破坏后，下基层的弯拉应力大幅度增加，超出疲劳极限范围，下基层开始产生疲劳损伤，以此类推。因此，对于某种材料，在一个特定的受力状态下，存在一个疲劳极限的指标，但在实际结构中，由于结构性能的逐渐衰变，材料层的受力状态发生改变，从而导致疲劳损伤。

对于长寿命路面，在结构设计时，为了保障结构的安全性和耐久性，应该考虑材料疲劳极限的影响，但也应尊重整体结构疲劳损伤的客观规律，避免过度的冗余设计，应采用逐层疲劳损伤、寿命累计的原理进行设计。事实上，对于整个路面结构，如层间处理得当，产生疲劳损伤最不利的位置往往是半刚性材料底基层与路基的交界处。一来两者的模量相差较大,无法实现有效的层间结合;二来,尽管在施工期间对路基往往会有较高的要求,但在使用过程中,受地下水和自然环境的影响,路基状态的变化最为显著,往往与当初路基设计时的压实度相差10个百分点以上,从而导致半刚性材料底基层首先产生结构性破坏。由此,从这个意义上讲,底基层设计是长寿命沥青路面设计的关键。

2) 关于表面功能的寿命标准

一般来说,沥青路面表面功能的寿命主要是由抗滑、降噪、平整度以及微车辙、裂缝等使用状态指标决定的。这些指标中,除抗滑、路面/轮胎噪声等指标相对独立,与沥青面层的表面状态直接相关外,其他表面功能不仅与表面状态有关,而且与结构内部的使用状态有关,也就是说,表面使用功能状态常常与结构安全状态相关。区分两类使用状态,明确表面功能寿命是长寿命沥青路面设计的一个技术难点。

表2-9为美国MEPDG2020设计指南中规定的沥青路面使用寿命期末表面服役状态的主要技术指标要求。从这些性能指标看,有的与结构安全状态密切相关,如网裂面积,有的更侧重于表面状态,如温度裂缝,有的两者兼而有之,如平整度、车辙深度。

美国MEPDG2020规定的服役性能门槛值　　　　　表2-9

性能要求	使用寿命期末门槛值		
	州际公路	主要公路	其他
网裂(自下而上)/车道面积	10%	20%	35%
车辙深度(in)	0.4	0.5	0.65
横向裂缝长度(温度裂缝)(ft/mile)	500	700	700
平整度(in/mi)	160	200	200

注:1in = 0.0254m;1ft = 0.3048m;1mi = 1609.344m。

在我国现行沥青路面养护评价和设计规范中,对于表面功能状态的描述也是多元化的,并采用综合性指标PQI(路面技术状况指数)表征。该指标由PCI(路面损坏状况指数)、RQI(路面行驶质量指数)、RDI(路面车辙深度指数)、SRI(路面抗滑性能指数)、PSSI(路面结构强度指数)、PBI(路面跳车指数)和PWI(路面磨耗指数)等加权平均计算得到,见式(2-1)。

$$PQI = \omega_{PCI}PCI + \omega_{RQI}RQI + \omega_{RDI}RDI + \omega_{PBI}PBI + \omega_{PWI}PWI + \omega_{SRI}SRI + \omega_{PSSI}PSSI$$

(2-1)

其中PCI是评价路面损坏状况的核心指标,包括龟裂、块状裂缝、纵向裂缝、横向裂缝、沉陷、车辙、波浪拥包、坑槽、松散、泛油和修补等11种常见的路面病害形式,根据病害程度,通过加权计算得到PCI数值。此外,RQI又是根据路面国际平整度指数IRI计算得到。由此可见,PCI中绝大部分病害对于IRI指标存在显著影响,RQI与PCI指标之间存在不可忽视的相关性。对比美国MEPDG的平整度模型[见下文式(4-52)]发现,RQI的概念与该模型一致,而PCI的内涵则更近似于该模型。

RDI指标的评价对象与路面设计中的永久变形(车辙)指标一致,见下文式(4-38)和式(4-40),但 RDI 仅反映实际路况的车辙水平,并不反映车辙形成的内在因素。作为路面抗滑性能评价指标的 SRI,主要针对横向力系数的实测数据,并没有考虑路面构造深度的数据。至于 PBI 指标,是路面在一种特殊条件下的平整度状态,从社会服务功能角度看,应划归于 RQI。而 PWI 指标,在实际工程中,路面磨耗存在两种状态:一种是表面层沥青混合料中细集料损失较多,导致路面纹理深度增大,这对于改善高速行驶条件下的路面抗滑性能是有利的(当采用横向力系数评价时,会产生抗滑性能下降的假象);另一种是表面磨耗十分严重时,会产生局部的坑槽、松散,这种情况亦可归结于 PCI 指标评价。

需要说明的是,式(2-1)中虽然包括了评价结构强度的指数 PSSI,但在计算 PQI 时,相应的加权系数 $\omega_{\text{PSSI}}=0$,意味着 PQI 指标实际上并未考虑结构承载能力因素。从这个角度看,PQI 是一个表面功能的路况评价指标,基于该指标建立长寿命沥青路面表面功能的寿命评价体系存在指标内涵重叠、界限不清等不足。例如:PCI 中包括龟裂、块状裂缝、沉陷等病害,尽管这些病害并不一定反映整体结构安全性的损伤,但存在较为密切的关系,因此,虽然 PQI 不直接考虑结构强度(PSSI)因素,但又间接反映了结构强度的损伤。

由此可以得出初步结论,现有的养护评价指标并不能直接用于长寿命沥青路面表面功能使用寿命的评价。那么,如何评价表面功能的使用寿命呢?根据以上分析,从沥青路面的基本功能角度出发,选择易于评价且相互独立的指标进行评价。根据长寿命沥青路面的设计原理,在保障沥青路面整体结构安全性的前提下,沥青路面的主要服役功能是舒适、安全和环保,表征舒适性的核心指标是平整度,表征安全性的核心指标是车辙和抗滑性能,表征环保性的核心指标是路面/轮胎噪声。由此,根据以上这四个指标分别建立相应的服役性能演化模型或技术指标临界值,确定相应的寿命:平整度寿命 N_{IRI}、车辙寿命 N_{RD}、抗滑性能寿命 N_{RS} 和路面/轮胎噪声寿命 N_{NORISE}(需要时),并按式(2-2)综合评定(可取最小值),确定路面表面功能寿命。

$$N_{\text{S-P-L}} = \min\{N_{\text{IRI}}, N_{\text{RD}}, N_{\text{RS}}, N_{\text{NOISE}}\} \qquad (2\text{-}2)$$

需要说明的是,式(2-2)中除车辙、抗滑性能外,并没有包括其他各种常见病害,而是统一采用 IRI 指标(当然也可采用均方差指标)的使用寿命 N_{IRI} 描述,这是因为路面病害的成因十分复杂,对路面行驶品质产生不同影响,需要针对实际工程进行专门分析,而不宜直接作为表面功能使用寿命的评价指标。例如:新疆某高速公路,在建成初期就产生了较多的横向裂缝,但由于该地区气候比较干燥,加之日常认真养护,该路面使用了近 19 年才进行大规模的罩面维修。因此,在评价路面表面功能使用寿命时,仅关注各种病害形式,忽视病害的成因,反而不利于正确评价路面使用状态。例如:对于实际工程的裂缝现状需要专门分析,如涉及结构安全性问题,需要归结于结构安全寿命的评价体系。再如:坑槽、拥包、沉陷等常见病害亦可反映在平整度或车辙指标中(与检测方法有关),一般为局部性病害,可进行日常养护处理,如范围较大,则需要进行功能性罩面维修。又如:局部修补对行驶质量的影响问题,实质上是维修工艺问题,长寿命路面是允许进行日常养护维修的,也是必要的,不能因局部维修就直接扣分,这并不利于路面使用品质的提升和养护工艺的改善。但对于维修质量不好导致的二次病害,则应予以记录(通常反映在平整度降低)。

基于式(2-2),为评价沥青路面表面功能的使用寿命,急需制定合理的相应临界指标,当超过这个临界指标时,就意味着该指标达到了表面功能使用寿命。表2-9中的美国 MEPDG 指南明确了车辙深度和平整度指标,下文表4-1中列出了我国现行规范规定的车辙指标,我国规范中也明确了相应的抗滑性能和平整度指标。现在的问题在于这些指标的合理性和可行性。对于长寿命使用需求而言,需要在不少于15年的使用周期内不超过这些临界指标。这不仅对路面设计与建造质量提出了较高的要求,而且对现有的养护技术提出了更高的要求。从某种角度上讲,长寿命路面的结构安全寿命容易实现,但实现表面功能寿命则难度较大。

3)长寿命沥青路面荷载水平的确定

上文提到,衡量长寿命沥青路面的寿命(包括结构安全寿命和表面功能寿命)量化指标需要综合考虑使用年限和 ESALs 两个指标。

我国 2006 年版沥青路面设计规范中,将交通荷载分为轻、中、重、特重四级,按照弯沉等效原理划分的单车道 ESALs 分别为:轻交通小于 3×10^6,中等交通 $3 \times 10^6 \sim 12 \times 10^6$,重交通 $12 \times 10^6 \sim 25 \times 10^6$,特重交通大于 25×10^6。针对我国道路运输重载交通的特点,对于长寿命沥青路面,建议采用重交通与特重交通之间的荷载等级确定 ESALs 标准。即在 15 年的设计基准期内,承受 $20 \times 10^6 \sim 30 \times 10^6$ 次 ESALs(按弯沉指标的 4.35 次方折算),折算为长寿命路面 50 年的使用寿命,则相当于 $67 \times 10^6 \sim 100 \times 10^6$ 次 ESALs。

另外,通过实际荷载水平调查发现,我国高速公路上的荷载水平差异较大。根据 2012 年某月我国一些省(区)重交通以上路段计重收费站轴重统计资料,计算得到 1 年内单车道实际 ESALs(按弯沉指标折算)柱状比较图,见图 2-15。从图中可以看出,这些路段单车道年均 ESALs 达到 268 万多次,变异系数高达到 77%。按照 3 倍标准差标准剔除异常值,这些路段的年均 ESALs 为 239 万次,变异系数为 65.36%,1 倍标准差保证率的 ESALs 为 395 万次。

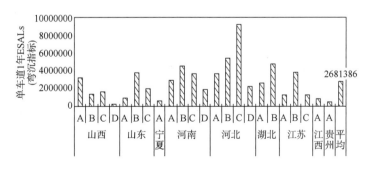

图 2-15 我国典型重载交通路段年均轴载作用次数统计(2012 年)

如按照 15 年计算,ESALs 的平均值为 3587 万次(按饱和交通量计算,年增长率为零),1倍标准差保证率值为5931万次。以此为依据,按照长寿命路面50年的使用目标,则ESALs均值为1.20亿次左右,1倍标准差保证率值为1.98亿次。

以上是根据我国重交通以上高速公路的统计结果,我国大多数高速公路实际上达不到这样的轴载水平,宜适当折减。另外,美国2010年的文献中提出长寿命路面承受的累计标准轴载作用次数标准为2亿次,考虑到美国的标准轴重为8t,如按我国10t标准轴重折算,则为8000万~1亿次。

综合以上现行设计规范中的轴载标准、实际重载高速公路的轴载水平以及美国文献中的技术要求,我国设计年限50年的长寿命沥青路面的ESALs标准(按10t轴重,4.35次方换算)的下限为6700万次、1.2亿次和8000万次的平均值,即0.89亿次,上限为1亿次、1.95亿次和1亿次的平均值,即1.33亿次。则我国长寿命沥青路面技术研发第一阶段目标结构安全寿命30年对应的ESALs为5300万~8000万次,平均6700万次;表面功能寿命12年对应的ESALs为2100万~3200万次,平均2700万次。第二阶段目标结构安全寿命50年对应的ESALs为0.89亿~1.33亿次,平均1.11亿次;表面功能寿命15年对应的ESALs为2700万~4000万次,平均3300万次。说明这些荷载作用次数与上文提到的《长寿命沥青路面设计与施工技术规程》中的标准有一定出入,宜采用此数据更为合理。

另外,从荷载与环境同步耦合作用角度理解使用年限与累计标准轴载作用次数双重标准的含义。沥青路面服役性能的损伤是在荷载与环境同时空耦合作用下产生的,环境的作用一般表现为温度、湿度等指标变化的影响,且呈现出年周期性的变化规律。使用年限等价于环境变化的年周期影响次数(使用1个自然年相当于承受1个周期的环境作用)。当荷载水平增加时,本应在50年完成的荷载作用次数,缩短至20年完成,一方面从交通荷载角度看,荷载的疲劳损伤程度加快;另一方面从环境作用角度看,环境的年周期影响次数大幅度减小。这样,对于路面结构总体的疲劳损伤影响有利还是不利,是一个值得研究的课题。根据RIOHTrack环道试验当前的观测数据分析,1年内气候环境的变化对于路面服役性能的影响显著,其影响程度甚至超出1年内荷载作用次数增加对服役性能的影响。

2.2.2 技术经济最优化与建养技术一体化

长寿命路面既不是以单纯追求"超长"的使用寿命为目标,同时也不是追求"昂贵"的路面结构。1997年NUNN教授是基于全寿命周期技术经济最优化原则而提出的长寿命沥青路面的概念,并根据英国道路的使用情况,提出沥青路面使用寿命50年的目标。由此看出,经济指标是衡量长寿命路面不可缺少的指标。这里的经济指标包括建设费用、养护费用及运营费用等。

图2-16为按长寿命沥青路面"双寿命"标准表示的路面服役性能演化的原理示意图。图中曲线A为全寿命服役期间路面服役性能波动衰减的过程。该曲线表示路面结构从使用初期开始,先后经过了4次罩面维修,在第4次维修后,经过一段时间后达到寿命终

结的过程。该曲线按照长寿命路面的标准,每次罩面维修的时间间隔设定为 15 年。由曲线看出,在服役过程中,路面的结构安全性能和表面服役功能均逐渐衰减。当服役 15 年后,进行路面表面功能恢复性的罩面维修。此时,路面的表面功能恢复,总体服役性能有所提高,但由于路面结构的安全性能损伤已客观存在,因此罩面维修后,路面总体服役性能不可能恢复到最初状态,呈现波动衰减过程。这样周而复始,经过若干个罩面维修周期后,路面的结构安全性能逐步衰减至临界状态,整体路面结构使用寿命终止,即图中的 O' 点。

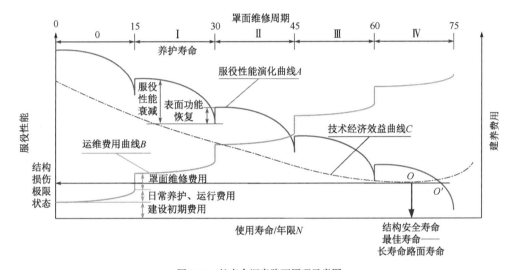

图 2-16　长寿命沥青路面原理示意图

另外,在整个服役期间,除了路面服役性能的衰变曲线外,还有一个建设养护运营费用曲线。在服役过程中,一方面路面需要正常的日常性养护,产生一定的养护费用;另一方面,当进行罩面维修时,又产生罩面维修费用,加上初期的建设费用,由此形成路面服役期间的建设、养护、运行费用曲线 B。可以看出,在路面服役期内,运维费用呈现梯级式增长趋势。由此可以计算每年的平均运维费用(包括初期的建设费用),计算方法如下。

设初始建设费用为 X,当达到第一次罩面维修时间点(使用 15 年后)时,设前期日常养护费用为 P_1。此时如不进行罩面维修,只进行日常养护,直至服役性能达到临界状态,又发生养护费用 R_1,且总使用年限为 Y_1,可计算得到全寿命周期内的年均运维费用,见式(2-3)。

$$Z_1 = (X + P_1 + R_1)/Y_1 \tag{2-3}$$

进行第一次罩面维修后,发生罩面费用 Q_1,之后,达到第二次罩面维修时间点(再使用 15 年后),其间产生的日常养护费用为 P_2。此时如不进行罩面维修,直至服役性能达到临界状态,又发生养护费用 R_2,且总使用年限为 Y_2,则又可计算得到相应全寿命周期内的年均运维费用,见式(2-4)。

$$Z_2 = (X + P_1 + Q_1 + P_2 + R_2)/Y_2 \tag{2-4}$$

进行第二次罩面维修后,产生第二次罩面费用 Q_2,达到第三次罩面维修时间点(再使用 15 年后),其间产生的日常养护费用为 P_3。此时如不进行罩面维修,直至服役性能达到临界状态,又发生养护费用 R_3,且总使用年限为 Y_3,则又可计算得到相应全寿命周期内的年均运维费用,见式(2-5)。

$$Z_3 = (X + P_1 + Q_1 + P_2 + Q_2 + P_3 + R_3)/Y_3 \tag{2-5}$$

以此类推,进行第三次罩面维修后,达到第四次罩面维修时间点(再使用 15 年后),可以计算得到相应全寿命周期内的年均运维费用,见式(2-6)。

$$Z_4 = (X + P_1 + Q_1 + P_2 + Q_2 + P_3 + Q_3 + P_4 + R_4)/Y_4 \tag{2-6}$$

按照静态计算,假设每个周期的日常养护费用相等,每次罩面的费用相等,即 $P_i = P_j$ 和 $Q_i = Q_j$。

经过第 n 个罩面周期后,全寿命周期内的年均运维费用见式(2-7)。

$$Z_n = (X + \sum_n P_i + \sum_{n-1} Q_i + R_n)/Y_n \tag{2-7}$$

至此,可得到不同使用阶段全寿命周期内的年均运维费用曲线,即图中技术经济效益曲线 C。通过试算分析发现,该曲线为上凹形曲线,即存在一个最小值(图中 O 点)。这个最小值的存在,说明路面工程通过定周期的罩面维护,理论上存在年均运维费用最小的技术经济最优化点。其对应的使用年限就是长寿命路面期望的结构安全寿命,这就是长寿命路面的含义。其数学表达为:当 $\min\{Z_n\}$ 时,求 Y_n。

当然,从图 2-16 曲线来看,超过 Y_n 年限后,路面仍可以使用,但是不满足 $\min\{Z_n\}$ 的条件。也就是说,从技术经济最优化角度看,长寿命路面并不是追求路面使用寿命无穷大,而是追求一个合理的寿命节点。

通过以上分析可知,影响 $\min\{Z_n\}$ 的因素有:①罩面周期;②初期建设费用;③日常养护费用;④罩面费用;⑤结构损伤临界状态标准;⑥表面功能维护临界标准等。其中表面功能维护临界标准与罩面周期、罩面费用等因素密切相关。而结构损伤临界状态标准和表面功能维护临界标准是根据路面的社会服务需求确定的,不论是长寿命路面,还是一般设计寿命的路面,这两个标准应该是不变的,唯一的区别在于长寿命路面的使用年限较长,能够实现 $\min\{Z_n\}$ 的目标。

总之,长寿命路面的寿命标准应是一个科学、严谨的推导,既涉及路面工程技术的研究,也涉及工程经济领域的研究。因此,长寿命路面的寿命标准不应是一个单纯的数值,而是与具体的结构形式、当地的经济发展水平、地方性材料特点等诸多因素有关的数值。由此可以理解为什么欧洲长寿命路面技术手册中没有规定具体寿命标准,而英国、美国可以针对全厚式沥青路面提出明确寿命。同样,对于我国常用的半刚性基层沥青路面结构,其长寿命路面标准也应不同于欧美国家的全厚式路面结构,当前提出的 50 年结构安全寿命和 15~20 年的表面功能寿命仅是借鉴欧美国家的参考值,随着我国长寿命路面技术研究的不断深入,终将会提出适用于我国半刚性基层沥青路面的长寿命技术标准。

此外,长寿命路面寿命是基于技术经济最优化的角度确定的。一般来说,路面服役性能水平与工程造价成正比,但是,当造价达到一定水平后,进一步增加工程造价(主要指材料单价)对于路面服役性能的提升并没有显著作用。况且,在现实工程中一味追求昂贵的筑路材料、修筑昂贵的沥青路面,并不一定有利于延长沥青路面的养护维修周期,其中还涉及具体的结构设计、材料设计以及施工控制等技术、管理问题。因此,长寿命路面并不是追求昂贵的路面,并不是造价越高,使用寿命越长。对此,本书将在后面的章节中详细讨论。

再者,通过以上介绍可以知道,长寿命路面不是不需要养护的路面,长寿命路面技术也不仅仅局限于新建工程。恰恰相反,采用合理的养护维修技术,延长养护维修周期(即表面功能寿命),是实现长寿命沥青路面技术目标的必要保障;同时,按照长寿命沥青路面的技术标准,将现有的传统沥青路面改建成长寿命路面,也具有较强的现实意义。因此,长寿命沥青路面技术是建设-养护一体化技术。

事实上,沥青路面建设与养护的技术本源是一致的:不仅都将面对相同的道路材料和结构形式,而且都将面对相同的科学探索、技术创新和工艺革新等问题。例如对于同一种沥青混合料(如SMA13),不论是用于新建工程的表面层,还是用于旧路维修罩面,其技术性能要求、使用损伤机理都是一样的;再如,在役沥青路面使用状态的评估和残余寿命的判断,不仅对于路面养护维修决策起到关键作用,而且也是验证新建工程设计方法可靠性的重要指标。

建设长寿命沥青路面是实现全寿命周期的技术经济最优化,其中包括建设期和养护维修周期。事实上,没有一种路面不经过养护就能够实现长寿命目标。建设与养护是实现长寿命路面目标相辅相成的两个方面,建造技术提升是基本条件,养护技术革新是必要保障。如上文介绍,当前我国20世纪90年代修建的高速公路,尽管有不少的结构安全寿命已超过当初的设计标准,有望实现既定50年的目标,但是大多存在养护罩面周期偏短的不足。有些代表性的高速公路在第一次养护罩面时,养护周期可以达到10年甚至15年,然而第二次罩面周期往往不足10年,有的仅有5年左右。这说明现有的养护技术还存在明显的短板,还不能适应长寿命沥青路面的技术要求。因此,在未来长寿命沥青路面技术体系研发过程中,耐久性的养护技术研发将是一个重要方向。

2.3 长寿命沥青路面技术面临的新挑战

长寿命路面最显著的特点是服役周期(即使用寿命)大幅度延长,那么,原有路面设计方法和建造技术是否仍然适用?超长服役周期条件下,道路结构和材料的服役性能演化规律是什么?这是长寿命沥青路面技术研发需要首先回答的问题。

图2-17为路面服役性能演化示意图,横坐标为累计轴载作用次数,纵坐标是服役性能水平。图中显示全寿命周期条件下路面服役性能的演化趋势,包括一般设计寿命周期(即现行规范规定的服役周期)和超长服役周期两个阶段。其中,曲线 AB 为服役性能在

一般设计周期内的演化示意曲线。现有设计方法中,一般通过对数或半对数模型,建立累计轴载作用次数与服役性能的线性关系模型,如图中的 AB 线段。当 AB 线段与 AB 曲线拟合比较接近,误差在容许范围之内时,说明按 AB 线段模型进行路面性能设计比较可靠。

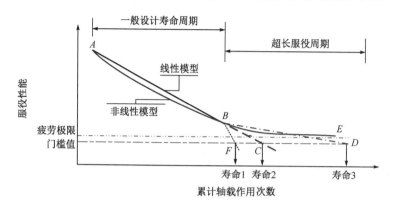

图 2-17 路面服役性能演化示意图

现在的问题是:当使用寿命延长时,在超长服役周期内,既有的 AB 线段模型是否仍然适用,是否可以有效外延?事实上,我国早期修建的半刚性基层结构的高速公路沥青路面大多数出现了这个问题,即这些高速公路的结构安全寿命已达到设计要求(即 B 点),且此时的结构安全性能仍高于设计要求(即高于图中的门槛值),路面结构还可以继续使用。那么,未来的路面性能该如何发展?还能使用多少年?

可以预计,在超长服役期间,服役性能的演化会出现三种趋势:一是服役性能急剧衰减,即图中 BF 线,得到图中的"寿命 1";二是服役性能仍按照原有的线性演化规律逐步衰减,即图中 BC 线,得到"寿命 2";三是服役性能的衰变规律逐步放缓,即图中 BD 线,得到"寿命 3"。对于第三种假设还存在一种情况,即尽管服役性能仍逐步衰减,但逐渐趋向于一个稳定值(即图中的疲劳极限),且这个值优于门槛值,则说明路面的结构安全寿命是"永久"的。

以上三种趋势是基于既有设计方法,对超长服役期间沥青路面服役性能发展的假设,是否符合实际工况还需要进一步的理论研究和实践验证。

2.3.1 长寿命沥青路面研究体系框架

长寿命沥青路面研究体系包括科学体系、设计体系和建造体系三个层次,见图 2-18。沥青路面工程虽然是一门应用技术,但也是一门以多学科交叉为基础的科学技术。科学在路面工程面前不再神秘。正如达尔文所指出的:"科学就是整理事实,从中发现规律,做出结论。"长寿命沥青路面的科学工作任务就是通过广泛的工程实践和长期的科学实验,发现客观事实,挖掘科学观测数据,探索长寿命服役条件下道路结构与材料服役性能的非线性演化规律及其内在机理。其中,超长服役周期、荷载与环境同时空耦合、结构与材料的非线性以及复杂力学解析是其中几个关键词。

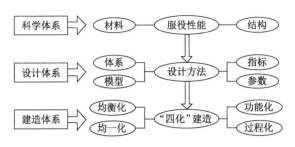

图 2-18 长寿命沥青路面技术体系

研发长寿命路面的技术途径是：基于科学问题探索，认知路面结构与材料长期性能演化的规律和机理；围绕力学体系、性能模型、设计指标和技术参数四个环节，完善既有设计体系和方法，构建满足长寿命使用需求的、可靠度较高的力学-经验设计方法；以设计-施工一体化为目标，形成结构设计功能化、材料设计均衡化、施工工艺均一化和质量控制过程化的长寿命沥青路面"四化"建造技术体系。

1）服役性能演化机理的研究框架

沥青路面服役性能是在时间尺度和空间尺度上同步演化的。时间尺度即服役周期，采用年份或累计轴载作用次数两个标度表示。空间尺度分为不同地域的空间变换和相同地域条件下路面结构的三维几何空间两种情况。地域的空间变换往往带来环境条件的改变。例如：修建在两个不同地域的相同路面结构，当交通荷载、道路材料、结构形式都相同时，地域环境的差异将决定两个路面结构服役性能的演化规律。另外，对于相同的地域条件，路面结构自身的三维空间状态也将导致结构内部不同位置的受荷状态和力学响应状态的差异。因此，空间尺度的描述是路面服役性能研究不可忽视的条件。

不论是相同地域还是不同地域，环境变化与荷载作用对服役性能的影响都是以相同的时间为坐标轴的，且是相互影响、相互耦合的，因此，在研究具体空间条件下路面结构的服役性能演化规律时，存在荷载与环境同时空耦合作用的外部边界条件。本书将在第 4 章进一步讨论此问题。

影响路面服役性能演化的内在因素是路面结构形式和材料品质。这里涉及两个概念：一个是服役性能的结构依赖性，另一个是路面材料的结构使役行为。服役性能的结构依赖性是指结构形式的差异导致路面服役性能演化规律的不同。例如：半刚性基层结构与柔性基层结构（包括厚沥青混凝土层结构等）是两种不同的路面结构形式，其服役性能特征具有显著差异，一个容易产生裂缝，另一个容易产生车辙，不能单纯用某一类结构的性能特征评价另一类结构服役性能的好坏。另外，路面结构是由各种材料组成的，材料的差异性是导致路面结构服役性能差异的主要原因。路面材料具有显著的非线性特征，材料性能与路面结构形式密切相关。当同一种沥青混合料用于半刚性基层和柔性基层路面的表面层时，表现的服役性能是不一样的；即使用于同一个结构，当使用的结构层位不同时，其服役性能也具有明显的差异。由此，提出了路面材料的结构使役行为问题。

服役性能的结构依赖性与路面材料的结构使役行为存在内在联系，前者表明结构是路面服役性能演化的内在因素，后者从材料角度揭示结构对服役性能影响的材料因素，两者的共同点在于"结构"，结构是研究路面服役性能和材料性能的桥梁。另外，研究服役性能的结构依赖性问题将引申出结构的功能化设计；研究材料的结构使役行为也将指导材料的均衡化设计和性能评价，对此，本书后面章节将分别详细讨论。

除荷载与环境、结构与材料因素外，沥青路面结构内部的力学响应状态也是研究服役性能演化的重要指标，即针对不同类型的服役性能指标，确定相应关键结构层的力学响应指标。一方面，这是沥青路面力学-经验设计方法区别于经验设计方法的主要特征；另一方面，这将有利于揭示路面服役性能演化的内在机理，路面服役性能的演化终将归结于受力状态的改变和力学响应水平。关于力学响应指标的确定方法，将在第4章中进行讨论。

综上所述，长寿命沥青路面服役性能演化机理的研究框架大致可分为四个层次，见图2-19。最下一层为基础层，主要开展长期性能定位观测与数据积累，将在下文专门阐述。在此基础上，首先开展荷载与环境同步耦合作用下外部因素对服役性能演化规律的影响的研究，构造演化模型；然后以材料的结构使役行为和服役性能的结构依赖性为核心，研究内在因素对服役性能演化规律的量化影响；最后通过路面力学解析，引入关键力学指标，揭示服役性能演化的力学机理，构建力学-经验体系的服役性能设计模型。图中右侧的符号和注释将在第4章范式模型中予以解释。

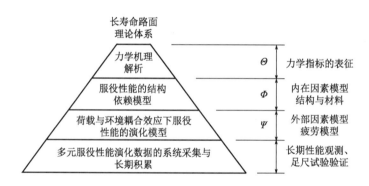

图 2-19 长寿命沥青路面研究的理论体系

2) 设计体系的革新

在深入研究以上沥青路面服役性能演化机理的基础上，将相关成果转化为长寿命沥青路面的设计体系和方法。目前，国内外沥青路面设计方法一般包括力学体系、性能模型、设计指标和参数体系四个模块，且采用线性、一维、定值和静态的模型体系。为了满足长寿命沥青路面的设计要求，提高设计的可靠性，减少冗余度，有必要对现有设计体系进行革新。

在力学体系方面。道路结构与材料的非线性问题是无法回避的，传统的小变形、线弹性的层状力学体系虽然有利于简化路面力学分析，便于工程使用，但是由此造成的力学体系误差也是客观存在的。对于长寿命沥青路面力学机理的分析,这种误差是否随着使用寿命的延长而逐渐增加,是值得关注的问题。另外,近些年国内外工程中发现一些传统线弹性模型难以解释的路面行为特征,如横向 T-D(自上而下)的荷载型裂缝、路面结构层的弯沉"跳跃"现象等。由此,研发非线性的路面力学分析模型是完善长寿命沥青路面设计方法的力学基础。同时,为了便于工程应用,简化复杂的非线性力学分析过程是必要的,以形成标准化和程序化的力学分析程序。

在性能模型方面。现有沥青路面设计方法中的性能模型主要有结构(层)疲劳模型、车辙模型、路基顶面压应变模型以及平整度模型等。这些模型都是基于标准环境状态下,单一荷载(以累计轴载作用次数表征)影响因素的性能预估模型,也就是"一维"模型。然而,影响路面服役性能演化的外部因素不仅仅是荷载作用次数,忽视一年四季环境周期性变化的影响,将大大降低服役性能预估模型的可靠性。北京足尺路面试验环道的长期跟踪观测数据表明,一年四季环境温度变化对结构的弯沉指标、车辙演化以及裂缝的产生都具有不可忽视的影响,建立荷载与环境同步耦合作用下多维度的性能模型,是健全长寿命沥青路面设计方法必不可少的研究工作。

在设计指标方面。现有的路面设计指标(如弯沉、应力或应变、累计轴载作用次数)都是一种定值型表达,并没有明确的概率水平或概率水平较低(如采用均值指标,概率水平仅为50%),从而导致路面设计的可靠性不清晰。对于土木工程而言,一切的工程判断都应基于相应的概率统计分析。对于长寿命路面也是如此。一般来说,使用寿命越长,工程可靠性要求越高。例如:对于设计年限15年、设计指标可靠度达到95%的路面工程,当使用寿命延长至50年时,工程可靠度则有可能降低到50%~70%。为了保障长寿命沥青路面设计的可靠性,建立概率化的设计指标体系是必要的。建立概率化的设计指标,首先要建立设计参数(如厚度、模量等)的统计指标体系,并根据不同的道路等级和交通水平进行分级。由于设计参数的统计指标(如变异系数)与施工质量均匀性密切相关,因此,建立概率化的设计指标,一方面能够提高路面设计的科学性和可靠性,另一方面能够强化设计与施工的紧密联系,促进设计-施工一体化进程。

在参数体系方面。沥青路面的设计参数主要有荷载参数、环境参数、结构层厚度以及相关材料的力学参数(包括回弹模量、泊松比、强度等)。传统路面设计中,这些参数大多是"静态"的,特别是路面材料的力学参数(如回弹模量)与路面结构受力状态无关。这与实际工程状态不符。在路面服役期间,不仅荷载、环境在不断发生变化,而且受到非线性因素影响,材料的力学参数也将随受力状态的改变而改变,因此,建立"动态"的参数体系将是长寿命沥青路面设计中的重要组成部分。主要表现为:采用荷载谱、温度谱的"动态"形式,替代当前通常使用的标准环境和荷载状态参数;构造路面材料力学参数的应力或应变依赖模型,从而提高性能预估模型的工程可靠性。

总之,按照力学-经验法的设计框架,长寿命沥青路面设计体系将围绕力学体系、模型体系、指标体系和参数体系四个模块开展变革研发,见图2-20。具体来说:从现有的小变形、线弹性层状力学体系转变为有限变形、非线性的层状体系;从标准环境、单一荷载条件下的一维演化模型逐步转变为荷载与环境同时空耦合状态下的多维度模型;从传统的定值型指标体系转变为概率型指标体系,提高设计的科学性和可靠性;设计参数从静态、定值的参数体系转化为反映材料的结构使役行为的动态体系。

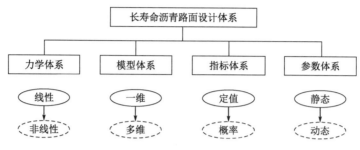

图 2-20　长寿命沥青路面设计体系革新

3) 建造体系的革新

在沥青路面技术体系中,设计与施工形成了一个闭环体系。一方面,针对使用需求,根据相关的理论、方法进行结构和材料设计,提出技术方案;另一方面,根据方案,按照一定的工艺操作流程和质量控制要求,进行施工建造。因此,在整个闭环体系内需要澄清两个问题:**一是设计的路面方案是否满足使用需求,二是建造的路面结构是否满足当初的设计要求。**

第一个问题属于设计理论和方法的范畴,上文已讨论。鉴于道路结构和材料自身的多样性、复杂性以及长期使用过程中荷载与环境作用的不确定性,现有的设计理论、方法和模型仅是对社会需求和实际工程状态的近似拟合。在长寿命沥青路面的研发过程中,仍面临着诸多科学和技术问题的挑战,仍需要进一步深化研究。

第二个问题,实际上是每个路面工程研究人员都希望能够清楚回答,却又难以回答的问题。早在 20 世纪 60 年代末,国际上对此针对性提出了所谓**"Paving the Gap"**的问题,即设计与施工脱节的问题。半个多世纪来,世界各国路面工程的科研与技术人员对此进行了大量研究和实践,希望能有效解决这个问题,但一直没有满意的答案。

例如:当一个路面工程建成以后,通过什么检测方法、检测指标能够证明已建工程满足当初的设计要求?这涉及设计理论模型与实际工程状态的差异性、理论设计与实际工程中材料性能的等效性、设计指标与施工控制指标的一致性,以及施工状态的变异性控制等多方面问题。

由于设计理论模型与实际工程状态之间的差异是客观存在的,因此,建成的实体工程与当初的设计状态之间存在系统性偏差,这种偏差的减小依赖于设计理论体系的逐步完善。另外,设计时的材料性能(如材料的回弹模量、高温性能)一般是通过室内中小尺度的模型试验测定的,与实际工程中的受力状态、环境条件是不一样的,同时材料具有显著的非线性,从而导致设计阶段与实际工程中的材料性能存在偏差,这种偏差可称为"性能偏差"。开展材料的结构使役行为研究的工程意义就是要修正或消除这个偏差。

再者,当前路面设计与施工质量控制指标之间亦存在明显的不一致。除结构层厚度指标外,常用的模量、泊松比、强度等材料设计指标和应力、应变等结构设计指标,并不是施工中的质量控制指标;而压实度、空隙率、油石比、级配等材料施工控制指标,以及弯沉等结构施工控制指标,也不是设计指标(我国 2017 版设计规范之前,弯沉曾作为设计指标,后来取消了)。同样由于材料和结构的非线性特征,这两类指标之间的关系是复杂的,并不存在对应关系,当施工控制指标满足技术要求时,并不意味着实体工程满足设计要求。这种偏差可称为"指标偏差"。

为了提高路面工程的可靠性,上文提出"设计指标"的概率化转变问题,同样,施工控制指标也存在相同的要求。尽管设计与施工存在指标上的差异,但这并不妨碍施工控制指标的概率化转型。随着路面设计方法的逐步完善,设计指标与施工控制指标将会逐步趋于一致,设计指标的概率水平将反映在施工质量控制的概率化要求上,反之,施工质量的概率水平将决定设计的可靠度水平。施工控制指标概率化评价的主要目标是降低施工变异水平。当前工程中普遍存在的大变异性问题,是导致整体工程质量不均匀,实际使用寿命与设计期望寿命相差较大的主要原因。这种偏差可称为"工程偏差"。

总之,当前沥青路面的建造技术体系仍存在系统偏差、性能偏差、指标偏差以及工程偏差等问题,其中既包括设计理论与方法问题,也涉及施工及其质量控制问题。也就是说,沥青路面的设计与施工脱节问题目前仍是客观存在的,直观表现为高冗余度的结构和材料设计与大变异性的施工状态之间的平衡。冗余度高表明结构和材料设计的安全储备高,当然也带来工程成本的增加。面对高冗余度的设计,实际施工过程中,如果变异性过大,施工质量的变异幅度超过高冗余度的安全储备,则导致工程寿命的大幅度减小;反之,如果能有效控制施工变异性,则工程寿命将会显著延长。

对于长寿命沥青路面工程,追求高冗余度的结构和材料设计并不是最佳的技术途径,基于技术经济最优化的原则,优化结构和材料设计,确定合理的冗余度范围,是沥青路面设计的主要目标。与此同时,革新施工工艺,强化质量管理,降低施工变异性,也将是沥青路面建造技术革新的主要目标。为了实现设计-施工一体化目标,将结构设计、材料设计、施工工艺和质量控制有机整合,形成四位一体的建造技术体系,将是长寿命沥青路面建造体系革新的主要方向。

2.3.2 足尺结构的长期观测与数据积累

在长寿命沥青路面技术体系的研发过程中,实体工程案例及其相应的长期观测数据积累是不可或缺的基础。正如爱因斯坦所说:"仅有纯粹逻辑性的思考并不能使我们产生经验世界的知识,所有实际的知识是从经验开始并以经验结束的。由纯粹逻辑性得到的那些命题实际上完全不存在。"当今世界上著名的沥青路面设计方法都是基于长期性能观测和试验研究的。

路面工程的科学实验一般分为微细观尺度试验、常规尺度试验、足尺结构试验、试验路观测试验以及实体工程验证试验等类型。微细观尺度试验和常规尺度试验主要是室内试验条件下的中小尺度的模型试验,主要是测定材料的各种技术性能,如设计方法中的材料强度、模量等指标。足尺结构试验一般指大尺度或超大尺度的模型试验,顾名思义,其模型尺寸与实体工程相同或相近。足尺结构试验分为室内或室外两种条件,当室外足尺试验的结构模型能够按照正常施工条件建造时,足尺结构试验就相当于试验路的观测试验。实体工程验证试验与试验路观测试验的主要区别在于试验规模的大小。实体工程验证一般是指一个具体的工程或者某一工程中的一个生产标段,该试验不仅可以研究结构或材料的服役性能,而且可以验证施工工艺和管理水平。足尺结构试验、试验路观测试验和实体工程验证试验与前两个试验的主要区别在于:从单纯的材料试验拓展到材料与结构的试验研究,是研究材料的结构使役行为以及服役性能结构依赖性的主要研究手段,是系统获取路面长期性能科学数据的主要途径,对于长寿命沥青路面技术研发尤为重要。

客观来说,由于长寿命路面的服役周期大幅度延长,系统获取全寿命周期的服役性能观测数据的难度也大大增加。因此,足尺结构试验分为两种:一种是正常荷载状态下的足尺试验,另一种是加速加载条件下的足尺试验。以下分别讨论。

1) 正常荷载状态下的足尺试验

一般来说,试验路观测试验和实体工程验证试验都属于正常荷载状态下的足尺试验,通过长期跟踪观测,获取路面结构与材料服役性能演化的系统信息。长期跟踪观测可大致分为三种情况:野外随机观测、野外定位跟踪观测和野外长期定位跟踪观测。野外随机观测是指不定时间、不定位置的随机性现场调研观测,重点采集路面某一服役阶段的服役性能信息,并不强调观测数据的延续性。野外定位跟踪观测强调观测点的固定和时间的连续性,指在一段时间内对路面服役性能进行连续观测,进而评价路面在观测期限内服役性能的变化情况。我国以往的野外观测往往是基于相关的科研项目而开展的,而科研项目又规定了明确的研究周期(如 3~5 年),因此,大多数的试验路观测试验和实体工程验证试验都属于野外定位跟踪观测。

为了适应长寿命路面技术的研发需要,开展持续的野外长期定位跟踪观测是必要的。由于观测周期的大幅度延长,需要建立比较完善的长期观测机制,摆脱单一科研项目的约束,形成一项长期的科研工作,并给予人员和经费的长期保障。

此外,为了充分发挥野外观测研究的优势,野外观测站点应呈网状分布,以系统采集、汇交不同地域环境、不同交通荷载状态下路面的服役性能信息,避免时空差异性导致的观测数据的孤岛化和离散性,以利于相应服役性能信息的横向比较。

需要指出的是,长期性能观测与通常的路况检测评价在观测周期、观测内容等方面存在显著的差异,是两类不同体系的观测/检测工作。路况检测评价一般是以"年"为周期的检测,长期性能观测则需要增加周期性检测的频率,一般一年至少 2 次;而且长期性能观测更强调依赖现代传感技术和物联网技术开展定位的实时监测。长期性能观测的内容不仅包括通常路况检测的路面表面状况的病害情况,而且需要实时监测路面结构内部的力学响应状态、环境状态(温度、湿度)以及交通荷载状态。

2)加速加载条件下的足尺试验

正常荷载状态下足尺试验的周期较长,对于长寿命路面研究而言,意味着至少持续观测 50 年,相应的试验成本和风险都比较大,因此产生了加速加载的试验方法。通过增加荷载的加载速度、加载频率或加载强度,缩短试验周期,以便能在较短的时间内获得全寿命周期的试验结果。这种试验统称为加速加载试验,一般可分为足尺环道加速加载试验和利用专用设备的加速加载试验(APT 试验)。

足尺路面试验环道是将研究用的各种路面结构,按照实际工程使用的道路材料、结构厚度和施工方法铺设在一个野外封闭的环形场地内(长度一般为 2~3km),然后采用多辆载重汽车进行反复加载,模拟实际道路的使用状态。目前世界上代表性的足尺路面试验环道有:美国的 AASHO 试验环道、MinRoad 试验环道、WestTrack 环道(西部环道)和 NCAT 环道,英国 TRL 的试验环道以及我国的 RIOHTrack 环道等。这些环道一般分为直线段和曲线段两部分:直线段作为设置主试验结构的路段;曲线段上汽车对路面的作用不同于一般道路上的行驶状态,因此,曲线段一般仅作为环道试验的联结线,或者作为特殊研究目的的试验段。

APT 加速加载试验是一种依托大型试验设备进行加速加载的试验,主要有三种方式。第一种是设备可移动的试验方式,如采用澳大利亚的 ALF,南非的 HVS、MLS 等大型 APT 设备,可在不同地区、不同路段上进行加速加载试验。第二种是设备不可移动,在室内修建直道或小型环道进行加速加载的试验方式,如重庆科研所的室内环道试验、长沙理工大学的直道试验。第三种是设备不可移动,在室外修筑环道或直道进行加速加载的试验方式,如法国交通发展规划和交通网络科技研究院(IFSTTAR)的南特环道试验、西班牙的环道试验和我国北京科技大学的环道试验。

与足尺环道加速加载试验相比,我国 APT 加速加载试验研究比较早,目前已成为世界上拥有 APT 试验设备较多的国家之一。为了获得与实际工程相近的试验结果,或者试验结果能够尽可能反映真实的工程状态,无论是足尺环道加速加载试验,还是 APT 试验,都应采用全尺寸的路面结构(即足尺结构)。这是为了避免上文提到的服役性能的结构依赖性和材料的结构使役行为两种因素对试验结果的影响。

3)正常加载与加速加载试验的比较

如上文所述,影响路面服役性能演化的主要外部因素是荷载与环境的同步耦合作用,因此,荷载和环境状态的模拟是足尺结构试验中首要考虑的问题。无疑,试验路观测试验和实体工程验证试验是满足荷载和环境状态的真实模拟要求的,但对于加速加载试验,这个问题则暴露出来了。

首先关于环境的模拟问题,客观来说,室内的加速加载试验是难以模拟的。在实际工程中，路面的环境状态不仅受到大气环境变化的影响，而且也受到路面结构自身温度场、湿度场等梯度分布的影响。实际观测表明，在不同的季节条件下，路面结构内部的环境分布梯度是不一样，在室内试验条件下是难以模拟的。因此，室内的加速加载试验一般是在某一特定环境下的结构和材料性能试验，与实际工程状态有较大区别。为了真实模拟实际工程环境，野外的加速加载试验是唯一的途径。

关于荷载模拟问题，分为两个方面。一是实车加载与设备加载的差异，这两种加载方式都可以实现目标轴重的加载，在轴重方面是等效的，不同之处在于设备加载往往是固定轮迹（或者有一定的横向移动），与实际车辆行驶过程中的轮迹随机分布是不一样的；同时，实际车辆行驶过程中的振动效应也是难以模拟的。因此，大型的环道试验都是采用实车加载模式。二是由于是加速加载，荷载的加载频率往往远远大于实际路面上的交通荷载。这既是加速加载试验的优势，也是不可忽视的问题。加载频率的增加，提高了试验效率，可以在较短的时间内获得路面结构全寿命周期荷载作用的使用效果。但这犹如人的过度劳累，单纯从荷载因素考虑，获得的服役性能疲劳寿命往往小于真实路面状态下的疲劳寿命。

但是，从荷载-环境耦合效应角度看，由于试验周期的大幅度压缩，环境变化对服役性能演化的影响程度减弱。例如：正常荷载状态下的长寿命路面试验需要经受50个年周期的环境变化影响，当采用加速加载试验时，10年完成试验，则仅经受了10个年周期的环境变化影响。因此，基于环道加速加载试验的结果，有必要结合试验路或实体工程的观测结果进行比较、修正。然而，不可否认，环道的加速加载试验是目前唯一能够在短时间内获得最接近于实际工况的性能演化规律的试验手段。

另外，野外加速加载试验的另一个优势在于能够系统、全面地采集路面结构全寿命周期内各种服役性能的演化数据。这类试验一般在专用的野外试验场内进行，有条件安装各类传感器，实时采集加载试验过程中的荷载、环境和结构内部的力学响应数据，并保证数据的有效传输、汇交；亦可定期（一般7~10d）采集各种服役性能的演化数据（如车辙、弯沉等），数据采集的可行性、可靠性得到有效保障。这是一般正常荷载状态观测试验难以实现的。

再者，野外足尺环道试验可以实现多种路面结构和材料同时空条件下的服役性能比较（一般可同时比较20~40个不同路面结构），与正常荷载状态观测试验和野外条件下的APT试验相比，试验效率大幅度提高，试验成本显著降低。

总之，尽管加速加载的足尺结构试验存在一些局限性，但是，对于沥青路面长期性能研究仍具有不可替代的作用，是从材料到结构、从短期试验到长期观测的重要桥梁。与室内多尺度试验和正常荷载状态下的足尺试验研究相结合，形成沥青路面结构和材料的完整试验研究体系，是长寿命沥青路面全寿命周期服役性能观测与研究的主要技术手段。

4）长期性能科学数据中心

长期性能的科学数据积累是长寿命沥青路面技术研发的基石。工程实践和科学实验的目的是获取路面结构和材料的性能演化数据，而设计理论和方法的创新来自科学观测数据的积累。美国20世纪80年代末总结AASHO试验路的成功经验时指出，系统、完整、可靠的试验及观测数据的积累是 AASHO 试验路的价值所在,也是其成功的基础。90年代中期以来,美国开展的路面长期使用性能研究,建立的路面长期性能数据库已成为该领域信息最完整、系统的数据库,支撑了多项具有行业领先水平的技术研发,包括 MEPDG 设计指南中的模型验证以及我国 2017 版沥青设计规范的修订。

对于长寿命沥青路面研究,长期性能科学观测数据的积累则更为重要。由于长寿命路面的服役周期大幅度延长,与之等尺度的服役性能演化数据积累目前还十分缺乏。长寿命沥青路面技术研发的竞争首先是科学数据积累的竞争,谁掌握数据,谁将具有话语权。北京环道加载试验的目的之一就是争取在世界上率先获取"亿级"加载水平下的多种结构沥青路面服役性能的演化数据,努力获得长寿命路面全寿命周期的服役性能演化规律。除此之外,开展不同地质和气候环境条件下沥青路面长期性能的野外科学观测,也是获取科学观测数据的重要手段。

建立科学数据中心,是实现长期性能科学数据有效积累和汇交的基础平台。科学数据的汇交不仅是验证观测数据真实性、可靠性的技术手段,也是最大效益发挥数据价值的技术平台。发达国家路面技术发展的成功经验已经证明:科学数据中心的建设对路面学科创新发展起到不可或缺的支撑作用。与路面设计理论研究、工程实践经验积累相比,我国在长期性能科学数据积累和数据中心平台建设方面,与国外先进水平相比仍存在较大的差距,这也将是我国开展长寿命沥青路面创新技术研发必须弥补的短板。

2.4 小结

本章主要回顾了我国沥青路面技术的发展历史,并探讨了长寿命沥青路面的基本概念,以及当前研发长寿命沥青路面技术面临的挑战。

基于历史的回顾可以看出,国家需求是沥青路面技术发展的源动力,不论是 20 世纪 60 年代推广渣油路面,80 年代研发适用于高等级公路建设的半刚性基层沥青路面结构,还是当前研发长寿命沥青路面技术,都是以国家交通发展战略为需求导向的。沥青路面虽然结构形式简单,但是由于路面材料和结构的多样性,在随机荷载、多变环境和复杂地质等多种因素的耦合作用下,沥青路面的服役性能演化规律是复杂的,以工程实践和科学实验为基础,开展长期系统的科学研究,是沥青路面技术研发的唯一途径。从科学的角度看,一方面,沥青路面的基本原理是共通的,充分学习国外先进技术和经验将有助于促进我国沥青路面技术的快速提升;另一方面,路面技术的应用需要与不同国家和地区的社会经济发展水平,以及交通荷载、自然环境相适应,立足我国实际情况,研发具有我国特色的长寿命沥青路面设计与建造技术将是我国沥青路面技术领域的主要任务。

总之,与传统的沥青路面技术相比,长寿命沥青路面不仅是在荷载、时间尺度上使用寿命"量"的增长,而且是将对现有设计理论、模型、方法产生"质"的变革的新一代路面技术体系。

3 从路面病害谈起

> **关键词：**
> 裂缝·水损坏·车辙·磨损·平整度·层间·承载能力

病害是沥青路面服役状态的一种表象。任何等级、任何质量的路面都会产生不同形式的病害，其主要区别在于病害的发展速度和严重程度不同。需要说明的是，长寿命路面也是有病害的，即服役性能的衰减。没有病害的路面是不真实的，是违背自然规律的。长寿命路面的目标是消除不正常的病害，延缓正常病害的发生时间，从而实现服役寿命的延长。

随着荷载作用次数的增加，沥青路面塑性变形的逐渐累积（即所谓的车辙）是一种正常的性能衰变，但如果车辙增长过快、过早，就不正常了，应予消除。产生这种非正常的病害的原因无外乎材料、结构和施工因素，至于荷载、气温等方面的因素，实际上是设计中应该考虑的，实质上还是设计问题。在实际工程中，极端荷载、气候（超出设计标准）导致的车辙是存在的，但也只是偶发现象，对于绝大多数情况，并不主要是它们造成的。再次说明，车辙本是沥青路面的一种正常病害，长寿命路面也会产生车辙。只是与一般路面相比，车辙发展缓慢，且程度较小。同样，长寿命路面也会产生裂缝，只是与一般路面相比，裂缝产生的速度和密度大幅度减缓或减小，从而减少对结构安全性的影响。

一般来说，根据表象形式，沥青路面的病害大致可分为五大类（图3-1）：一是裂缝，其中包括荷载、温度等不同因素引起的横向、纵向、网裂（或龟裂）和不规则裂缝；二是车辙，主要指轮迹带位置产生的竖向永久变形；三是平整度衰减，其中包括路表的坑槽、推移、唧浆、修补类的病害，也包括不均匀沉陷类的病害，与车辙相对应，平整度反映沿行车方向产生的路面永久变形程度；四是抗滑能力不足，主要表现为路表纹理深度或摩擦系数不足，路面泛油（或发亮）是其中一种典型现象；五是路面/轮胎噪声过大，其与抗滑类病害有类似之处，都属于沥青路面表面功能的病害，而且均与路面表面纹理深度和状态有关。

以上这五类病害亦可简单归结为路表裂缝、三维变形以及路表破损三大类。路表裂缝包括横向、纵向裂缝以及网裂和不规则裂缝等形态，这些裂缝虽然是通过路表的开裂表现出来的，但其成因却不仅仅在于表面层，而且形成裂缝的初始位置也并不一定在表面。路面结构的三维变形主要指竖直方向的变形，如沉陷；横向（垂直于行车方向）变形，如车辙和（路基）滑移变形；纵向（沿行车方向）变形，如平整度衰减。路表破损主要指除裂缝、变形外其他路面功能的病害损伤。

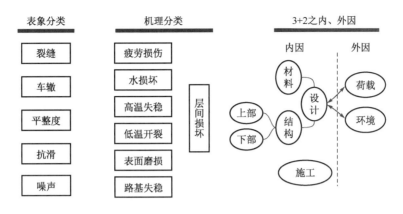

图 3-1 路面病害分类

另外,从成因角度分析,以上五类病害的成因是不同的,大多数情况下,对于同一种病害形式(如裂缝),其成因也是不同的,对此,下文将进行详细讨论。研究表明,这五类病害的成因大致可划分为七种情况。第一种为行车荷载反复作用引起的沥青路面疲劳损伤,第二种为动水压力引起的水损坏,第三种为高温、重载作用引起的沥青路面高温失稳,第四种为极端低温或快速降温引起的低温开裂,第五种为行车荷载反复作用导致的路面表面功能磨损,第六种为路基受毛细水或冻胀影响而引起的失稳类病害,第七种为路面结构内部各结构层之间连接不好引起的病害。

这七种情况引发的病害对于沥青路面使用寿命及其后期养护维修成本的影响程度是不同的,由此可归结为浅层病害和深层病害两大类。例如:高温失稳、低温开裂、表面功能磨损以及某些表面层的疲劳损伤一般属于浅层病害,对路面结构的整体承载能力损伤影响不大,在后期的养护维修中可通过罩面方式进行修复。路基失稳、层间结合破坏以及承载结构层的疲劳损伤则属于深层病害,这些病害的产生对于整体结构的安全性会产生不可逆的影响,只有通过结构开挖、补强进行维修,维修成本将大幅度增加。对于长寿命沥青路面来说,应消除深层病害,减轻浅层病害。

在实际工程中,这五种类型、七种情况引发的路面病害大致可归结为内因和外因两方面。内因是指路面结构自身因素导致的病害,又分为设计和施工两方面。而外因是指自然环境、交通环境"异常"变化导致的路面病害,如极高或极低温度的出现。需要指出的是,环境和荷载本身都是设计的重要边界条件,路面都是在一定的环境和荷载(包括所谓的重载、超载交通)条件下设计的。当荷载或环境因素导致路面病害时,一方面由于荷载或环境产生"异常"变化,超出了设计范围;另一方面是由于设计时对荷载或环境因素考虑不充分。前者可归结于外部因素,后者则属于设计内因。因此,不能单纯把气候环境和交通荷载作为导致路面病害的外部因素。

从设计角度看,荷载和环境因素考虑不充分主要体现在两方面。一方面是对全寿命周期内荷载和环境变化对路面服役性能的影响考虑不充分。例如,国内外统计分析表明,设计之初交通荷载预估值的变异系数一般为50%左右,明显大于其他主要设计参数(比结构层厚度的变异性大5~6倍,比材料回弹模量的变异性大1倍,比材料强度的变异性大2~3倍等)。但是在路面设计时,并没有充分考虑交通荷载变异性的影响,而是按照均值状态设计。再如,环境温度的变化对沥青混凝土力学性能的影响是显著的。在夏季炎热和冬季严寒时节,沥青混凝土的模量可相差1~2个数量级,但在沥青路面疲劳设计时仍仅选取一个标准温度进行分析。这两个案例都导致路面设计可靠性大大降低。

另一方面,在设计过程中,对荷载与环境同时空耦合效应考虑不充分。在路面服役期间,交通荷载对路面的作用是在一定环境条件下产生的,在相同荷载作用下,环境的差异导致路面产生不同程度的性能损伤,同样,相同环境下,不同荷载作用下也产生不同的路面病害。因此,从设计层面完善交通荷载与气候环境的边界条件,是消除或减轻路面病害、提高设计可靠性、延长使用寿命不可忽视的重要条件。

再者,结构与材料的设计缺陷是导致路面病害的重要内因。实际工程经验表明,路面病害往往是路面结构和材料的综合服役状态表现,并不完全是单纯某一方面的原因,为了消除或减轻病害,也需要从结构和材料两方面采取综合处治的技术方案。进行结构与材料服役机理研究,完善结构与材料的设计理论和方法,是消除或减轻路面病害的重要技术途径。

例如,沥青面层的坑槽病害一般认为是由于表面层沥青混合料的空隙率偏大,在行车荷载作用下产生较大的动水压力而导致的破坏。为了消除这个病害,改善表面层沥青混合料的级配,加强现场压实,严格控制现场空隙率,是主要的技术对策。但由于施工变异性等因素的影响,这个措施并不充分,还需要采取必要的结构保障措施,即在表面层下面设置改性沥青防水黏结层,加强层间的防水黏结功能。实际工程表明,采取这种结构-材料一体化措施后,可以有效解决路面坑槽的病害问题。

再例如,导致沥青路面车辙病害的因素既有沥青混合料自身的高温稳定性问题,也涉及沥青混凝土结构层厚度、面层与基层的结构组合、基层的刚度水平甚至路基的状态等结构因素。因此,要解决沥青路面的车辙问题,仅仅改善沥青混合料的高温稳定性是不够的,还需要从结构设计角度进行优化。

施工因素也是导致路面病害的主要内因。以往常常把施工当作产生路面病害的外部因素,但是从整个路面工程体系看,设计和施工是建造路面工程的两个阶段,施工水平往往对路面工程的最终质量起到决定性作用。因此,将施工因素归结为导致路面病害的内在因素而不是外部因素,是充分体现设计-施工一体化的技术思想。

施工导致的路面病害,一方面是由于施工工艺不合理产生的,如施工工期不合理,施工设备不完善,缺乏有效的质量监管等;另一方面的主要原因在于施工变异性较大,以及由此产生的质量控制问题。对于路面工程而言,各种类型的路面病害常常随机分布在路段的不同位置,这本身就反映出工程质量的不均匀性。图3-2为某一路段的服役性能曲线,由于路面工程的随机性,不同路段上的服役性能是不一样的,是随机变化的。在路面设计时,一般是在一个均值状态水平下,考虑一定的保证率,确定设计标准。但由于路面工程的变异性较大,实际路段某些位置的性能状态超出设计标准,从而导致路面病害的产生。此时,为了消除病害,一方面可进一步提高保证率,增加设计冗余度,但将导致建设成本的大幅增加,这未必是个合理方案;另一方面,加强施工管理,降低施工变异性,提高施工质量的均匀性,使局部位置的性能状态控制在既有保证率的设计水平以下,实现消除或减少路面病害的目的。显然,后者将是路面工程技术应追求的目标。

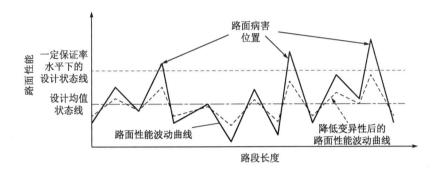

图 3-2 路面性能随机变化示意图

以上对沥青路面病害状态进行了简要描述,以下将对一些常见的路面病害现象进一步进行分析说明。

3.1 路面裂缝

裂缝是沥青路面最常见的一种病害形式。无论是国内常用的半刚性基层结构,还是国外常用的柔性基层结构,无论是严寒冰冷的北方,还是高温多雨的南方,都存在或多或少、不同形态的裂缝损伤。也正因为如此,路面裂缝产生的原因是复杂多样的。

从裂缝的表现形态来说,路面裂缝分为横向裂缝、纵向裂缝、网裂(或龟裂)和不规则裂缝四大类。横向裂缝是指垂直于行车方向的裂缝,其又分为贯通整个车道宽度的贯通式横向裂缝,和仅出现在轮迹带或行车道上的横向短裂缝两种。纵向裂缝是指平行于行车方向的裂缝,根据裂缝产生的位置,分为产生于行车道轮迹带上的纵向裂缝、施工纵向接缝位置处的纵向裂缝,以及靠近边坡位置的纵向裂缝三种情况。网裂(或龟裂)是指由横向、纵向和斜向裂缝交织而成的区域性裂缝,一般产生于轮迹带上。此外,路表还有一种形态不规则的裂缝,如沿路表面斜向发展的裂缝,或者是范围较大且间距较密(1~2m)的裂缝。

另外,从裂缝的发展路径看,可分为自上而下裂缝,即 TOP-DOWN 裂缝(简称 T-D 裂缝),以及自下而上裂缝,即 BOTTOM-UP 裂缝(简称 B-U 裂缝)。以上四种形态的裂缝都存在这两种发展路径,这取决于上述四种裂缝的成因。从而也说明,同一种形态的裂缝存在不同的成因。

再者,路面裂缝均可归结为荷载与环境耦合作用下,路面结构内部应力(或应变)分布不均而产生的开裂型破损。路面裂缝按形成机理可大致分为四大类:第一类是温度变化导致的温度裂缝;第二类是由于局部应力集中而产生的反射裂缝与对应裂缝;第三类是由于荷载与环境耦合效应而产生的疲劳损伤,称为荷载疲劳裂缝;第四类是由于路基不稳定而产生的裂缝。以下将简要讨论前三种裂缝,第四类裂缝将在下一节讨论。

3.1.1 温度裂缝

温度裂缝,顾名思义,是温度变化引起的裂缝,国内外学者和工程技术人员对此进行了大量研究,在此仅从工程角度对这类裂缝的特征进行简单描述。

对于整个路面结构体系,路表温度的变化最剧烈,因此温度裂缝主要产生于路表面,一般情况下是一种自上而下的裂缝。其次,温度变化引起的路面开裂可分为两种情况:一是冬季降温,由于沥青混凝土的低温收缩而产生的开裂,在极寒温度条件下,不仅仅是沥青面层,有时候基层、路基也会同步产生开裂;二是短时间内气温急剧变化,沥青面层内部产生瞬间温度应力集中,也会导致沥青路面开裂,也就是说,即使在没有负温的地区,也会存在温度裂缝。再者,温度裂缝一般为有规则、等间距的横向贯通型裂缝(行车道和超车道同时产生),其间距最小的有 8~10m;此外,在寒冷地区,由于某些原因,也会产生不规则形态的温度裂缝,包括横向、纵向甚至斜向裂缝,间距为 2~3m,形成大型块状的裂缝。第四,温度裂缝是一种非荷载型裂缝,一般情况下不会对路面整体结构的承载能力、使用性能产生明显影响,只要加强日常的灌缝养护即可。因此,从某种角度看,温度裂缝不属于路面病害,或者说是路面病害的中间形态,是沥青路面结构物理特性的一种表征,正如水泥混凝土路面需要设置板缝一样。第五,一般来说,温度裂缝与路面结构的整体刚度水平有关,刚度越大,越容易产生温度裂缝,但是从路面结构整体的耐久性角度看,提高路面结构的刚度是必要的,由此会导致一个矛盾。为了解决这个问题,需要从沥青路面结构的功能化设计和道路材料的均衡设计角度,完善沥青路面的耐久性设计。

3.1.2 反射裂缝与对应裂缝

反射裂缝和对应裂缝都是路面结构内部产生的裂缝引起的,如基层的开裂或者路基不均匀沉降,但这两种裂缝的发展方向截然相反,反射裂缝是自下而上(即 B-U 型)的裂缝,对应裂缝是自上而下(即 T-D 型)的裂缝。从裂缝的形态看,这两种裂缝具有相同或相似的表现形态,即横向等间距的贯通缝;但从裂缝的发展看,由于反射裂缝是自下而上发展的,当被观测到时,裂缝已从结构层(沥青面层)底部发展到表面,形成上下贯通的裂缝,而对应裂缝则未必扩展到结构层的底部,大多情况下仅存在于结构层的上半部分。需要指出的是,这两种裂缝与温度裂缝在形态上极为相似,在实际工程中常常混淆,需要结合裂缝产生的时机、结构形式以及钻芯检测等方法综合判别。

一般情况下，反射裂缝、对应裂缝与温度裂缝的区别在于基层是否存在与面层相同方向趋势的裂缝。如果基层存在与面层相同方向趋势的裂缝，那么面层的裂缝大概率为反射裂缝或对应裂缝；如果基层不存在与面层相同方向趋势的裂缝，那么面层的裂缝有可能是温度裂缝。由于在服役期间，路面裂缝随着荷载和环境的变化而不断发展变化，因此，观测判断裂缝的类型往往是在裂缝产生的初期阶段。例如：北京环道刚建成2个多月尚未进行加载试验，遭遇到极寒天气的影响，在3个沥青面层仅有12cm厚的半刚性基层结构试验路段上产生4条横向贯通缝，尽管此时基层也可能产生横向裂缝，但这4条裂缝应归于温度裂缝，而不应判断为反射裂缝或对应裂缝。

与温度裂缝类似，反射裂缝或对应裂缝一般属于非荷载型裂缝，即这种裂缝不是交通荷载疲劳引起的，但这种裂缝的发展是与交通荷载有关的。如果没有交通荷载的外力作用，即使基层存在开裂，裂缝也不会扩展到沥青面层表面，否则就成为温度裂缝或者温度疲劳裂缝。因此，北京环道早期产生的4条横向贯通缝是温度裂缝。

虽然反射裂缝或对应裂缝的发展与交通荷载有关，但仅局限于基层已产生开裂的局部位置，并不代表整体结构的疲劳损伤。事实上，我国许多半刚性基层沥青路面经常会发现这类裂缝，但路面的整体使用状态良好。对于反射裂缝和对应裂缝的关注，实际上是关注基层开裂的原因，以及是否会对路面结构耐久性产生影响，这主要是针对半刚性和刚性基层的沥青路面结构。

根据既有工程经验的总结，路面基层产生裂缝大致有以下情况：一是基层本身存在裂缝，如刚性基层上人为设置的裂缝，半刚性基层在施工期间产生的裂缝，旧路加铺罩面时原有路面存在的裂缝等；二是在路面使用期间，路基不均匀沉降导致的裂缝，特别对于半刚性基层路面，由于半刚性基层的变形适应性差，当自身刚度不足时，难以抵抗路基不均匀沉降导致的大变形而产生开裂；三是施工问题导致的薄弱位置，在使用期间逐步发展成裂缝，如摊铺机并行摊铺造成的纵向施工缝以及横向施工缝；四是路基边坡稳定性不足，产生滑移，造成纵向裂缝。此外，还有一种推论，就是在路面服役期间，由于半刚性基层的干湿条件变化、温度环境变化，半刚性基层先于沥青面层产生开裂。这个推论目前还没有充分的试验依据和实践证明。

以上介绍说明，反射裂缝或对应裂缝不一定全是横向裂缝，有时也表现为纵向裂缝。其中第二种情况引起的横向裂缝值得关注，它反映出路面整体结构的稳定性存在缺陷。在实际工程中，尽管对路基有比较高的质量要求，但在使用期间，受到降雨和地下水以及土质等因素的影响，路基实际的服役状态往往明显低于当初的设计标准（压实度一般仅为80%左右），从而造成路基承载能力不均匀的隐患，在行车荷载作用下路基易产生较大的不均匀变形，这对于变形适应性差的半刚性基层结构是不利的。当半刚性基层结构整体刚度不足时，会由于路基不均匀变形而产生开裂，这种现象在我国南方地区比较常见。为此，加强半刚性基层整体刚度是抵抗路基不均匀变形、减少开裂的有效措施。

另外,尽管反射裂缝和对应裂缝都是基层开裂直接引起的,但是区分这两种裂缝对于完善路面设计和养护维修方案是十分必要的。例如:当路表裂缝属于对应裂缝时,在路面中修罩面时,可以仅处治上面层后直接罩面,但如果是反射裂缝,中修罩面的处理方案则比较复杂,涉及整个沥青面层的处治对策。同时,当基层产生开裂缝时,沥青面层裂缝自上而下的发展与自下而上的发展反映出沥青面层不同的损伤机理,这对于完善沥青路面特别是长寿命沥青路面设计十分必要。

3.1.3 荷载疲劳裂缝

相较于前两类裂缝,第三类荷载疲劳裂缝是表征路面结构产生疲劳损伤的标志性病害,以网裂、龟裂为最终的表现形态,是路面设计中主要的控制性指标。然而,在实际工程中,如何从众多的裂缝形式中分辨出哪些属于疲劳裂缝则是一个难题。

根据我国半刚性基层结构沥青路面的使用经验,路面疲劳裂缝一般是从轮迹带上的纵向裂缝开始的,而且线弹性层状力学体系的分析表明,这个纵向裂缝首先产生于路面结构底部的半刚性材料结构层(即半刚性材料的底基层),是自下而上的开裂。之后,随着行车荷载的持续作用,纵向裂缝逐步延伸并向两侧扩展,在路表面形成网裂或龟裂。

另外,美国 NCAT 环道柔性基层、厚沥青混凝土层等结构的加速加载试验表明,路面的疲劳裂缝首先表现为路表的短而密的横向裂缝,随后发展产生纵向裂缝,最后形成网裂或龟裂。由此看来,尽管疲劳裂缝最终表现为网裂、龟裂,但是由于结构形式的不同,疲劳裂缝的发展过程是不一样的。

这里需要说明的是,疲劳裂缝最终表现为网裂、龟裂,但网裂、龟裂的产生并不意味着整个路面结构的疲劳破坏。这是因为沥青路面产生网裂、龟裂的原因不仅仅是整体结构的疲劳破坏,沥青面层自身的疲劳损伤也会产生这样的裂缝。我国实际工程中的调研发现:当把产生网裂、龟裂的沥青面层反开挖或钻芯时,沥青面层底部或半刚性基层表面位置产生严重松散,但半刚性基层中下部的整体性还十分完整。这说明路面结构仍具有足够的承载能力,路表面产生的网裂、龟裂是这些松散的结构层或夹层导致的,是沥青面层的疲劳破坏,产生松散的主要原因是水损坏或施工不当。因此,在实际工程中,不能因路面出现网裂、龟裂而简单地判别路面产生疲劳破坏,仍需要采用其他辅助手段(如弯沉盆检测、钻芯检测、探地雷达检测等)进一步判别。

近些年,随着沥青路面技术研究的深入,对沥青路面疲劳裂缝的表象和形成机理又有了新的认识。在一些重载交通的实体工程和试验路上发现沥青路面的疲劳裂缝并不一定是自下而上的,而是自上而下的。例如北京环道经受 7000 万次累计标准轴载的作用后,并没有产生纵向裂缝,而是在行车道轮迹带上产生了非等间距分布的横向裂缝。通过钻芯判定,这些裂缝都是自上而下发展的,大部分仅存在于上面层。这些裂缝随着荷载作用次数的增加逐步扩展,有的从一侧轮迹带扩展到另一侧轮迹带,有的左右轮迹带裂缝同时扩展,最终形成贯穿整个行车道的横向裂缝。首先,从裂缝发展的过程看出,这些横向裂缝既不是温度裂缝也不是反射裂缝或对应裂缝,而是一种荷载疲劳裂缝;其次,这种疲劳裂缝形态的发现,改变了对传统沥青路面特别是沥青面层内部疲劳损伤机理的认知。

传统的、自下而上的、以纵向裂缝为表征的初始疲劳状态,是基于线弹性层状力学体系理论而建立的整体性结构层层底弯拉疲劳破坏模式,而这种破坏模式无法解析环道表现出的自上而下的横向疲劳裂缝的形成机理。这意味着沥青路面疲劳破坏存在着另外一种新型损伤机理,初步推断,这种新型损伤机理与沥青路面非线性的行为特征有关,还有待进一步研究。

另外,这种"新型"的疲劳裂缝形态将给长寿命沥青路面技术体系的研发带来许多有价值的启示。首先,如果能够通过强化基层使疲劳裂缝从路表向下发展,那么只需要在适当时机对沥青面层进行翻新、维护,就可以保障沥青路面满足长寿命的使用期望,实现路面结构整体安全性与耐久性。

其次,对于沥青路面纵向疲劳裂缝有了新的认识——通过合理设计、严格施工,沥青路面的纵向裂缝是可以消除的,至少不再作为沥青路面结构疲劳损伤的标志。除路基边坡滑移、纵向施工接缝以及面层底部水冲刷等设计、施工因素外,沥青路面不再因为荷载的反复作用而产生结构性的纵向开裂,从而改变传统沥青路面结构的疲劳设计模型与指标。

再者,环道试验表明,沥青路面的疲劳开裂与另外一种疲劳损伤——永久变形(即车辙变形)存在"反"对应关系。即出现这种横向疲劳开裂的路段车辙较小,而没有出现横向开裂的路段车辙相对较大。关于车辙问题本书后面还会专门讨论。在此仅是表明,路面车辙与横向疲劳开裂存在一定关系,也预示着这种横向开裂与沥青面层的品质和受力状态有关,在修建长寿命沥青路面时,需要有效解决其中的矛盾关系。

此外,路基不稳定也是导致路面裂缝的主要原因,对此,将结合"水损坏"问题,在下节讨论。

3.2 水损坏

水损坏是沥青路面的一种主要病害类型。无论是沥青面层,还是基层或路基,不论是在北方寒冷冰冻地区,还是在南方高温多雨地区,都存在不同形式的水损坏。路面水损坏的病害表现形式多样,而且大多数路面病害的发展都与水损坏相关,有的涉及结构安全性的破坏,有的涉及表面功能的损伤。根据水损坏的形成机理和结构层部位,大致可分为产生于沥青面层和基层层位的路面上部结构的水损坏,以及发生在垫层、路基层位的路面下部结构的水损坏两种情况(图3-3)。

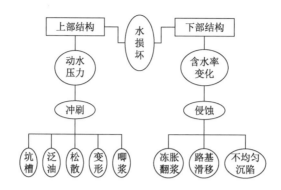

图 3-3　路面水损坏的逻辑框图

3.2.1　上部结构水损坏

上部结构水损坏的核心词是"冲刷",冲刷的来源是"动水压力",冲刷的条件是混合料内部存在空隙(包括裂缝),冲刷的位置为表面层、沥青混凝土面层内部以及半刚性基层顶面,由冲刷引起的典型病害表象有坑槽、泛油、松散、变形以及唧浆等。

为了保障沥青混合料良好的物理和力学性能,面层的沥青混合料内部都存在一定数量的空隙。因此,在服役期间,由于自然降雨等气候环境的影响,混合料内部存在一定的水分是难以避免的。需要指出的是,路面裂缝也可看作一种形式的空隙。这是水在路面结构内部存在的静态形式,本身并不会造成路面结构的水损坏。只有在行车荷载的作用下,"静态"水在空隙内产生运动,形成动水压力,才有可能造成路面结构的水损坏。因此,空隙、水和行车荷载是造成路面水损坏的三要素。

良好的材料和结构设计,严格的施工质量管理,使沥青路面具有一定的抗水损坏能力,也就是说,空隙、水和行车荷载并不是导致路面水损坏的充分条件,只有当这三个因素的耦合作用超出路面结构和材料自身的抗水损坏能力时,才会产生水损坏。例如:当沥青混合料内部的空隙率较大,内部存有较多水分,且水无法在空隙之间自由流动时,在行车荷载作用下,就会产生较大的动水压力,从而造成路面的水损坏。

坑槽是沥青路面常见的一种水损坏形式。这是由于在较大动水压力的作用下,表面层沥青混合料中裹覆在石料表面的沥青膜脱落,造成混合料松散而形成的。事实上,动水压力对沥青混凝土的冲刷还有三种病害表现:一是沥青路面的泛油,二是中下层沥青混凝土的松散,三是车辙变形。

通常情况下,沥青路面泛油是沥青混合料的油石比较大导致的,在实际病害调研中发现水冲刷也是导致路面泛油的诱因。在沥青混合料被冲刷过程中,沥青与矿料逐渐剥离,与此同时,剥离的沥青上移至沥青层表面形成泛油现象(有的称之为"表面发亮")。可以说,这种泛油现象是沥青面层遭受水损坏的初期现象,其进一步的发展取决于沥青的品质和交通荷载的水平。

当水对沥青面层的中、下层内部进行冲刷时,中、下层沥青混凝土内部会产生严重的松散现象。由于受到上面层的约束,一般不会产生坑槽或泛油现象,但中、下面层松散导致上面层受力状态不利,进而造成各种形态不规则的裂缝,如横向、纵向裂缝以及网裂或龟裂等。此时常常被误当作沥青路面的反射裂缝或者疲劳裂缝。

此外,沥青面层水损坏的另一种表现是车辙。这同样是由于在动水压力作用下,沥青混凝土中矿料之间的黏附、嵌挤能力减弱,造成沥青混凝土抗剪能力降低,从而在重交通荷载作用下产生车辙变形。这种现象在我国南方多雨地区比较常见。这是一种由于水损坏而产生的车辙病害,不同于一般的高温车辙病害。

常见的基层水损坏表现为唧浆。唧浆的产生往往意味着半刚性或刚性基层表面产生了较为严重的冲刷,特别是半刚性基层。唧浆的产生往往伴随着基层顶面 1~2cm 的松散,一般与中、下面层松散同时存在,但此时基层仍具有较好的整体性和承载能力。如不及时养护,唧浆可进一步发展为坑槽或不规则裂缝。

唧浆的产生意味着在唧浆位置的沥青混凝土结构层产生了上下连通的空隙。这种连通的空隙最直观地表现为上下贯通的裂缝,如反射裂缝等。但是,实际工程调研发现,唧浆不仅仅产生于裂缝位置,凡是沥青混凝土结构层空隙率较大的位置都可能产生唧浆。因此,不应把半刚性基层沥青路面的开裂等同于唧浆。

客观地说,对于水化反应形成的半刚性或刚性材料,抗水冲刷都存在一定的不足,正如水泥混凝土桥面板,尽管自身具有较高的强度,但如果没有有效的桥面防水处理,也会产生较严重的唧浆。因此,做好结构内部的防水措施,增设必要的功能层,是防止冲刷唧浆的有效措施。

沥青路面上部结构的水损坏还有一种隐性损伤是值得注意的,尽管没有明显的病害表现,如坑槽、松散、唧浆,但是结构内部水的存在导致各个结构层之间的结合状态减弱,造成整体结构受力状态的改变,上层结构层容易产生疲劳。因此,加强结构层内部的防水体系设计是消除上部结构水损坏的主要对策。

3.2.2 下部结构水损坏

下部结构水损坏的核心词是"侵蚀",侵蚀的主要来源是地下水(包括降雨、雪通过边坡、中央分隔带渗入的水),侵蚀的条件是环境变化和毛细水,侵蚀的位置是路基和垫层(也包括部分底基层),侵蚀的主要病害形式是冻胀翻浆、路基滑移、不均匀沉陷和路面裂缝,其原理是下部结构内部含水率变化导致的失稳性病害。除此之外,路基水损坏还与沥青路面的车辙、平整度衰变以及结构承载能力损伤有密切关联。

冻胀翻浆产生于冰冻气候地区的春融时节。路基内部固态水融化造成路基内部含水率急剧增大,强度大幅度下降。当路面基层刚度较弱时,在行车荷载作用下,路面结构产生冻胀翻浆。需要指出的是,20 世纪 80 年代后,我国大规模使用半刚性基层结构,特别是强度较高、质量较好的半刚性基层结构,冻胀翻浆病害已基本得到解决。

路基滑移常常发生在路基填方较高的路段或软土路基段。这是因为自然降雨或路基冻胀导致路基内部含水率增大,抗剪强度降低,在垂直于路线方向产生较严重的路基变形,表现形式一般为长距离的纵向裂缝,且裂缝宽度较大。

不均匀沉陷是指路基变形病害,不仅发生在高填方路段,在低填方路段甚至挖方路段也会产生。其核心问题也在于路基内部含水率过高,路基内部自身品质的变异性较大,在繁重的交通荷载作用下,路面产生不均匀的沉降变形。有时由于路基施工质量差,在轻荷载水平下也会产生不均匀沉降变形。其表现形式为纵向的、长波段的路面沉降,以及路面横坡的变化,有的甚至产生平坡或反坡,严重的会产生路面纵向开裂。

路面裂缝这里主要指横向裂缝。2010年前后对我国南方某省高速公路沥青路面横向裂缝调查发现,近50%的横向裂缝产生于高填方、填挖交界和构造物前后位置。由此说明,路面表面的横向裂缝与路基的稳定性有关,对于半刚性基层结构更是如此。半刚性基层结构的刚度大,但是变形适应性较差,当路基产生的纵向不均匀沉陷达到一定程度后,会引起半刚性基层的开裂,进而反射到沥青面层表面,可以看作路基不均匀沉陷引起的"反射裂缝"。

解决路基失稳的技术对策主要有:加强路基填筑的压实控制,设立合理的路基沉降期,换填不良路基材料,路基内部设置防水隔断层,上层路床采用石灰或水泥处治以及合理设置垫层等。

对于大多数工程,路基合理厚度的分层填筑、充分压实是保障路基稳定性的有效手段;当路基填筑较高或存在软基问题时,保障合理的路基沉降期是必不可少的技术对策;当路基土质较差、难以压实时,采用优质材料换填也是可选技术措施。

近些年,国内一些省份常常采用水泥、石灰等材料处治上路床以改善路基的稳定性,水泥或石灰的选择取决于路基土的品质。当考虑到路拌施工的特点时,由于水泥有初凝时间的限制,宜选择石灰。另外,处治路床的水泥、石灰剂量一般明显低于正常生产半刚性材料的剂量,因此,处治材料并不按照正常半刚性材料进行施工质量控制。至于处治深度,一方面取决于技术要求,另一方面取决于经济成本和工程可靠性。所谓的技术要求一般主要指路基顶面的弯沉水平,根据路面基层结构的不同刚度水平,确定不同的弯沉指标要求。同时,过高的弯沉指标是没有意义的(工程无法达到)。目前国内有些工程的处治深度达到80~120cm,从工程成本和实际工程效果来看,亦可采用增设1~2层的垫层(30~40cm)或增加1层半刚性基层结构的方法。

设置垫层是改善路基状态常用的技术手段。垫层主要由非整体性的碎石(或砾石)材料修筑,或者由低剂量的半刚性材料(称为处治材料)修筑,是一种重要的功能层。其主要功能是改善不良的路基状态对路面基层、面层稳定性和耐久性的影响。例如:在我国北方冰冻地区,垫层起到预防路基冻胀翻浆的作用;在南方潮湿多雨的软土地区,垫层起到改善天然路基稳定性的作用。因此,垫层往往也被称为路基改善层。此外,在设置垫层的同时,上路床材料进行换填、翻晒、复压是必要的工程措施。

需要指出的是,在我国现行规范体系中,路基设计规范并不包含垫层设计的内容,垫层设计归属于路面设计规范的内容。这种交叉现象并不利于完善垫层设计。在我国沥青路面结构设计中,垫层虽然是一个客观的结构层,但并没有单独的力学指标,不参与路面结构的安全设计和评估,而是作为路基的一部分,仅有一个表征路基质量的综合性指标(如弯沉)。这是目前路面下部结构设计不完善的一种表现。

另外,2007 年沙庆林院士在研究重载交通半刚性基层长寿命沥青路面结构时,提出在路基内部设置防水隔断层的技术对策,并在河北沿海高速公路秦皇岛试验路上首次实施。2015 年修建北京足尺路面试验环道时,在西侧 10 个沥青路面试验段的路基内部距路面顶面 2.0m 深度位置,采用双层土工布设置防水隔断层,取得良好的工程效果。

3.2.3　消除水损坏对策

通过以上分析可知,无论是上部结构还是下部结构的水损坏,"水"是主要诱因。但是在路面结构的服役过程中,水是难以避免的,且以固态、液态和气态三种不同形态存在。因此,为了消除路面水损坏,不能回避水存在的客观事实,而应采取有效的技术对策,实现最终的目标。事实上,水损坏是目前能够有效解决的、为数不多的路面病害之一。

基于既有的工程经验,消除路面水损坏的总体原则是"以防为主、以排为辅",针对上部和下部结构的冲刷和侵蚀,分别采取不同的对策。

首先,加强施工质量管理,保证沥青混凝土面层的密实性是解决路面上部结构水损坏最经济、最有效的措施。以往的工程案例中,曾出现为了追求平整度而忽视了压实度,造成路面过早出现大面积的坑槽病害。因此,在施工过程中,无论什么时候压实度都优先于平整度,应在保证压实度的前提下改善平整度,在忽视压实度的条件下,平整度是没有意义的。

其次,完善结构设计,设置防水黏结层。自 20 世纪末防水黏结层用于我国高速公路沥青路面工程以来,对消除沥青面层的坑槽、唧浆病害起到显著作用。设置防水黏结层是贯彻"以防为主"方针的具体体现之一。实践经验表明,在沥青混凝土层之间铺一定厚度的沥青膜,可以有效阻断"水"在结构层之间的自由流动,达到防治水损坏的目的。

对于一个三层铺设的沥青面层而言,防水黏结层主要设置于上、中面层之间以及下面层与半刚性(或刚性)基层之间。对于桥面铺装而言,桥面板与沥青混凝土铺装层之间必须要设置防水黏结层。此外,在下面层与半刚性(或刚性)基层之间或桥面板与沥青混凝土铺装层之间铺设超密实(空隙率 2% 左右)的超薄层(厚度 2~3cm)沥青混凝土层也是一个有效防水措施。

此外,设置垫层和在路基内部一定深度范围内设置防水隔断层,是解决路面下部结构水损坏的有效措施。

第三,优化排水设计。完善边沟和中央分隔带的排水功能是保障路面结构水稳定性的必要措施。这主要是防止集中降雨时路面结构附近雨水长时间聚集,形成较大的静水压力,从而造成对路面结构(特别是上部结构)的侵蚀。

第四,改进材料设计。这里涉及两方面问题:一是改善沥青混合料中矿料与沥青的黏附性问题,二是多空隙基层材料的使用问题。矿料与沥青的黏附性不足是导致沥青混凝土面层水损坏的直接内因,然而现有的技术规范体系中尚缺乏有效的、量化的评价指标。采用水泥或消石灰代替部分或全部(指水泥)矿粉是国际上公认的有效工程措施,在我国南方的一些工程应用中也表现出良好的效果。当沥青品质不理想时,综合使用抗剥落剂也是一个有效的对策。此外,在有条件的地方,采用碱性细集料代替中性、酸性的细集料,与硬度较高、耐磨性较好的粗集料复合使用,也是改善沥青混合料抗水损坏能力的有效措施。

另外,在结构内部设置多空隙的排水结构层并不是有效的技术对策。首先,国内外研究表明,对于同一类型混合料,空隙率增加将导致其承载能力、抗疲劳能力急剧衰减,不能为了排水而损伤路面结构承载能力的耐久性。其次,路面结构在长期使用过程中难免会产生纵向或横向变形,设置排水结构层并不能实现长期有效的排水功能,相反,结构的变形会造成结构内部积水,更容易导致水损坏。总之,从长期使用角度看,特别是对于长寿命路面,多空隙的排水结构层不是一个合理的选择。

3.3 车辙病害

车辙是指在行车荷载反复作用下沥青路面产生的不可恢复的塑性变形累积,其表现形式为行车道上垂直于形车方向的波浪状变形,是沥青路面的一种常见病害形式。

一般来说,在沥青路面的服役过程中,总是会产生或多或少、或轻或重的车辙变形。当车辙比较严重时,会在车辙位置形成积水,不仅影响行车舒适性,也会影响行车的安全性。同时,车辙变形导致沥青路面厚度的再分布,车辙位置的厚度减薄,诱发路面产生结构性破坏,如在车辙位置产生纵向的网裂带。因此,车辙是沥青路面一种特有的病害形式,不可能消除,但需要将其控制在一定的范围内。根据长寿命沥青路面的技术要求,车辙宜局限在沥青面层内部,特别是表面层,而不要延伸至基层及其以下。也就是说,应将车辙控制为路面表面功能型的病害,而不要发展为结构安全型的病害。

图3-4为沥青路面车辙表象及成因的逻辑框图。一般来说,沥青路面车辙分为压密变形和剪切变形两种形态。新铺设的沥青路面在初期使用过程中,都会产生一定的压密变形,这是沥青混合料的特性和施工因素引起的。沥青混合料铺设时的现场空隙率一般控制为6%~7%(密实型沥青混合料),经过一段时间的行车碾压后,混合料的现场空隙率可减小至4%左右。因此,压密变形可看作沥青路面正常的车辙状态。在沥青路面结构设计和病害分析中,主要关注的是沥青混凝土结构层剪切变形引起的车辙问题。一般情况下,剪切变形与压密变形的典型区别在于轮迹带两侧是否出现拱起变形。在有些工程中,沥青混凝土结构层过于软弱,或者车辆荷载过于繁重,导致沥青路面出现明显的"槽状"变形痕迹,这也是一种剪切破坏的车辙形态。

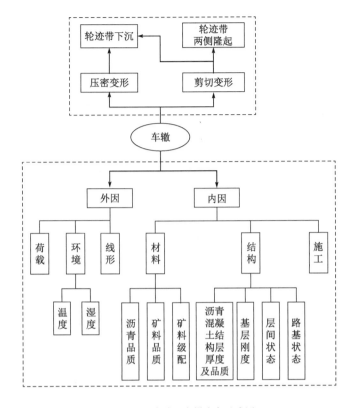

图 3-4　沥青路面车辙表象及成因

与其他路面病害一样,导致路面车辙的原因主要分为内因和外因。除荷载、环境因素外,导致路面车辙的另外一个外因是路线的几何线形因素。造成沥青路面车辙的内在因素主要分为材料设计因素、结构设计因素以及施工因素。这些因素的交织作用,导致不同地区、不同工程的车辙病害成因往往十分复杂,需要具体工程具体分析。以下将分别讨论这些因素对路面车辙的影响,并澄清一些对车辙成因的误解。

3.3.1　荷载、环境与线形

一般来说,荷载是导致路面车辙的主要因素之一,主要体现在三个场景。一是渠化交通导致的荷载集中,造成车辙。例如:在相同交通荷载水平下,高速公路往往比一般公路的车辙更突出,这主要是因为高速公路的渠化交通更为显著。二是特殊路段的行驶条件导致路面承受额外的、不利的荷载,造成车辙。例如:在红绿灯的交叉路口、城市道路的公交车站以及公路上的长大纵坡路段等,车辆制动或爬坡造成路面承受较大的水平荷载,导致容易产生显著的车辙。三是超重轴载、超大轮胎压力对路面车辙的影响。

环境的变化是路面形成车辙的催化剂。相同荷载作用下,车辙深度随温度的升高呈指数增加。值得注意的是,北京环道和美国 NCAT 环道试验检测表明,路面车辙并不是随荷载作用次数的增加而单调增长,而是随一年四季的气候环境变化呈现出波动增长规律,在秋冬季,尽管轴载作用次数增加,但路面车辙并没有明显增加,反而出现减小的现象。由此说明,路面车辙是荷载与环境温度同步耦合作用下产生的病害,温度因素是不可忽视的。

除温度外,湿度也是影响车辙的主要环境因素,这与上文讨论的水损坏密切相关。我国南方地区高速公路车辙发展检测表明,车辙发展最快的时间段并不是在夏季温度最高的时期,而往往是在大雨过后、温度回升时期。由此说明,高温、高湿的耦合状态是路面车辙发展最不利的环境条件。一方面,高温环境导致沥青混合料抗剪强度降低;另一方面,高湿环境导致混合料内部摩阻力和内摩擦角减小。因此,车辙是荷载-温度-湿度三者耦合作用的结果。

另外,路线几何线形是影响路面车辙发展的另一个不可忽视的因素。上文从荷载角度谈到了大纵坡竖曲线、小半径平曲线段都是容易产生车辙的路段,这同时也是几何线形不利状态对车辙影响的体现。其内在机理是线形的改变导致车辆行驶状态的改变,从而造成路面受力状态的改变,特别是水平应力的增加。值得指出的是,当路线从直线段进入曲线段时,曲率半径突然减小,也是导致路面车辙产生的线形因素。

3.3.2 材料因素

从材料角度看,路面车辙是材料自身抗剪强度不足的表现。表征材料抗剪强度的指标包括内聚力和内摩擦角。工程经验表明,压实度是影响沥青混合料内聚力、内摩擦角大小的最主要因素,这将在下文的施工因素中专门探讨。一般来说,沥青混合料由沥青和矿料两部分组成,因此,分析影响沥青混合料高温抗剪能力的材料因素也从这两方面入手,主要有沥青的黏度、沥青与矿料的黏附性以及矿料级配等。

沥青(包括改性沥青)是沥青混合料形成整体性的主要胶结材料,其主要路用性能体现在自身的内聚力(即黏度问题)和与矿料的黏附性两方面。上文介绍目前评价沥青性能的指标体系主要有针入度-软化点-延度指标体系、黏度指标体系和美国 SUPERPAVE 提出的 PG 分级体系。这三类指标体系主要是评价沥青的流变特性,尚缺乏评价沥青与矿料黏附性的有效指标。因此,在选择沥青改善混合料高温性能方面存在一些误区。例如:认为软化点越高的沥青,对改善混合料高温抗剪切能力越好。

适当提高沥青软化点有利于提高沥青混合料的高温抗剪切能力,但从沥青混合料总体路用性能角度看,并不是软化点越高越好。有些工程为了提高沥青混合料的高温性能,要求沥青软化点达到80℃以上,甚至90℃以上,是不可取的。一方面,软化点是常规尺度条件下的试验结果,而沥青与矿料拌和、碾压形成沥青混合料后,是以微米级(一般10微米左右)的薄膜形态存在的,常规尺度的软化点试验并不能全面反映此时沥青膜的高温性状。另一方面,试验和工程实践表明,当软化点过高时,往往导致沥青与矿料黏附性降低,反而不利于混合料高温抗剪切能力的提升。当前国内一些工程中经常反映使用高软化点的改性沥青后,混合料在胶轮碾压过程中出现石料表面沥青膜脱落的现象,这就是沥青与矿料黏附性不足的表现。

这里进一步说明沥青软化点评价问题。一般高软化点沥青(如达到70℃以上)都是改性沥青(如SBS改性沥青),不同的沥青采用相同软化点试验方法所表现出的状态是不同的。试验表明:普通重交沥青和改性沥青在进行软化点试验时,由于后者的内聚力较大,虽然钢球已脱离圆环,但并未迅速掉入杯底,其间温度仍在升高,此时测定的软化点存在虚高的现象。事实上,评价沥青高温性能的指标是黏度而不是软化点,单纯通过软化点高低表征黏度大小是不合理的。有些工程选择了高软化点沥青,同时又为了满足储存稳定性的要求,提高了针入度指标,形成所谓的"双高"(高软化点、高针入度)沥青。然而,针入度增加意味着沥青变"稀",这反而不利于改善沥青的高温性能,因此,这种"双高"沥青是没有工程价值的。事实上,对于工程常用的SBS改性沥青来说,软化点并不是可随意提高的。国内外研究表明,SBS改性剂与基质沥青混合、改性时,存在配伍性问题,也就是存在SBS的最佳剂量,由此对应改性沥青软化点的最佳值。若掺加过多的SBS改性剂,尽管改性沥青的软化点甚至黏度会大幅度提高,但整体沥青品质并不理想,也就失去了工程意义。

从黏附性角度看,尽管当前还没有有效评价沥青黏附性的技术手段,但是,不必追求过高软化点是一个有效的技术对策,可以实现沥青黏度与黏附性的一种平衡状态。试验研究表明,采用低针入度的普通沥青(如30号沥青)是改善沥青混合料高温性能的有效手段。这种沥青与通常使用的70号、90号沥青相比,针入度大幅度降低,软化点一般可提高10℃左右,黏度可增加一个数量级,更为重要的是,这种沥青在黏度大幅度提高的同时,与矿料的黏附性并未降低,反而有所提升。

另外,矿料品质和矿料级配对于改善沥青混合料高温性能的作用不可忽视。事实上,在我国绝大多数道路使用环境下,通过优化矿料级配设计,使用普通沥青或改性沥青是可以有效解决沥青混合料的高温稳定性问题的。有研究认为,矿料品质和矿料级配的优化对于改善沥青混合料高温性能的贡献率达到近70%,沥青仅占30%左右。

从力学角度看,矿料品质和矿料级配的改善对增大沥青混合料内摩擦角起到重要作用。矿料品质的影响主要来自矿料的硬度和棱角性(一般以破碎面表示),一般来说,硬度越高、破碎面越多,对于提高混合料的高温性能越有利。目前,国际上普遍公认采用粗集料、断级配、密实型的矿料级配对于改善沥青混合料高温性能是有利的,也是最经济、耐久的技术对策。关于粗集料断级配的特征上文已有介绍,这里不再赘言。除此之外,完善沥青混合料配合比设计,提高混合料的设计密度和压实标准,充分发挥粗集料断级配混合料的优势,是提高沥青混合料高温性能及耐久性的综合措施。

3.3.3 结构因素

沥青路面抗车辙,不仅仅与沥青混合料自身品质有关,而且与结构优化设计相关。沥青混凝土结构层厚度和品质、结构组合和基层刚度、层间结合状态以及路基状态等都是影响、改变和优化沥青混合料受力状态,提高抗车辙能力的主要结构因素。

1) 沥青混凝土结构层厚度和品质

沥青混凝土结构层厚还是薄,哪个更有利于沥青路面的抗车辙,是当前沥青路面结构设计中经常争论的问题。这里之所以称"沥青混凝土结构层"而不称沥青面层,是因为当沥青混凝土结构层厚度达到一定数值后,也包括沥青混凝土基层。在探讨这个问题之前,设定一个条件:不论沥青混凝土结构层厚还是薄,材料本身的抗车辙能力相同。这样使沥青路面产生车辙的原因集中于沥青混凝土层厚度。

设有 A、B 两个结构,A 结构为 12cm 沥青混凝土面层 + 20cm 水泥稳定碎石基层,B 结构为 12cm 沥青混凝土面层 + 20cm 沥青混凝土基层,这两个结构基层以下的材料、结构条件均相同。如何判断这两个结构在使用期间的车辙水平呢?

一般来说,沥青混合料是一种黏弹性材料,随着温度的升高,逐渐从高弹态向黏流态转变,其回弹模量逐渐降低,显然沥青混凝土结构层越厚,沥青面层越容易产生车辙。因此,直观上判断结构 A 的车辙小于结构 B。结构 B 的车辙不仅包括与结构 A 相同的 12cm 沥青混凝土面层产生的车辙,还包括 20cm 沥青混凝土基层产生的车辙。

另外,从这两个结构的受力状态的定性描述来看(假设这两个结构的层间结合状态完全相同),由于在高温条件下,水泥稳定碎石的模量远远大于一般的沥青混凝土,当这两个结构的下层结构完全相同时,意味着水泥稳定碎石基层将比沥青混凝土基层承担更大的荷载作用。根据能量守恒原理,结构 A 水泥稳定碎石基层上的沥青混凝土面层的荷载将小于结构 B 沥青混凝土基层上的沥青混凝土面层的内部荷载。这意味着,结构 A 的 12cm 沥青混凝土面层的车辙将小于结构 B 的 12cm 沥青混凝土面层的车辙。

但在实际工程中,水泥稳定碎石与沥青混凝土是物理、力学性能完全不同的两种材料,这直接导致层间状态的差异,进而改变 A、B 两个结构 12cm 沥青混凝土面层的受力状态,产生不同的车辙发展趋势。对于结构 A,由于水泥稳定碎石与沥青混凝土存在较大的物理力学性能差异,当两种材料组合叠加时,其层间结合状态不如结构 B(同品质的沥青混凝土层叠加),一般处于半连续、半滑动的状态,从而造成结构 A 的 12cm 沥青混凝土面层的受力状态较结构 B 更为恶劣,更容易产生车辙。这就是一些薄层铺装工程中容易产生推移车辙的原因。当然,推移车辙严格意义上讲并不属于一般的车辙问题,主要原因在于层间结合问题。但是对于没有产生明显推移现象的路段,层间结合不良,导致沥青面层受力状态恶化,是造成一般车辙病害不可忽视的诱因。

总之,沥青混凝土结构层厚度与车辙大小之间的关系受到多方面影响的制约,关于层间结合状态的不利影响问题,目前已有有效的工程措施给予处理。由此,总体上看,减小沥青混凝土结构层厚度对于减少路面车辙是有利的。

关于沥青混凝土品质对路面车辙的影响,往往是与沥青混凝土结构层厚度问题共生的。欧美国家提出全厚式沥青混凝土结构作为长寿命沥青路面的推荐结构之一,其关键技术节点在于高模量沥青混凝土结构层的使用。对于全厚式沥青混凝土结构,为了提高承载能力,也为了提高抗车辙能力,欧美国家推荐使用高模量沥青混凝土作为路面的主要结构层。一般来说,高模量沥青混凝土的模量比一般的沥青混凝土(包括 SBS 改性沥青混凝土)高 50% 以上,具有良好的力学性能以及优异的抗剪能力,因此,高模量沥青混凝土(采用低标号沥青生产)也是一种价廉物美的抗车辙型沥青混凝土。2009 年,北京长安街大修改造工程采用 30 号沥青生产高模量沥青混凝土,作为基层补强,用于公交车站、公交车道和红绿灯路口的车辙维修,取得了良好的工程效果。

这里还将进一步讨论一下中、下面层沥青混凝土的抗车辙问题,这是我国高速公路沥青路面车辙研究的一个特有问题。我国高速公路沥青路面厚度一般为 18cm 左右,分上、中、下三层铺设。当前的问题是:是上面层容易产生车辙,还是中面层容易产生车辙?

按照荷载逐层传递的原理,上层沥青混凝土承受的行车荷载作用大于中面层,并依次减小,同时在使用期间,夏季高温时,上层沥青混凝土的温度最高,受雨水侵蚀的危害最大,因此,从荷载与环境耦合作用的角度看,上层沥青混凝土比中、下面层更容易产生车辙。只有当上层沥青混凝土为超薄罩面(铺装厚度 2~2.5cm)时,由于铺装较薄,这层沥青混凝土不可能产生较大的车辙变形,此时,沥青面层产生车辙的主体将转移至中面层。

然而,在实际工程中,经常会发现正常铺装的沥青面层,中面层的沥青混凝土车辙变形大于上面层。同时,近 20 年来,国内不少专家采用线弹性的层状体系力学模型分析沥青面层内部的应力状态,发现自沥青面层顶部以下 6~8cm 的位置剪应力最大,这相当于中面层的位置,并以此提出中面层是沥青面层产生车辙的最不利位置,需要加强中面层的抗车辙能力,如使用改性沥青。

中面层车辙大于上面层的工程因素主要有:①中面层沥青混凝土的铺装厚度大于上面层,在评价上、中面层对整个沥青面层车辙影响时,不仅看绝对车辙深度,而且要看单位厚度的车辙变形。②一般工程中,中面层采用中粗粒式的沥青混合料,其施工质量的均匀性、原材料品质要求不如上面层细粒式的沥青混合料,而且在我国北方地区的工程中,常常采用铺设中面层后过冬的工艺流程,导致中面层过冬期间出现冻胀损伤,加速了中面层的损伤,这都导致中面层的抗剪切能力不如上面层。③在一般路面设计中,中面层沥青混合料的品质要求往往明显低于上面层,如上面层沥青混合料动稳定度要求是 4000~5000 次/mm,而中面层仅有 1000~2000 次/mm,过大的品质差异导致实体结构承受的行车荷载集中于中面层,造成中面层产生较大的车辙变形。

由此看来,导致中面层产生较大车辙的原因主要是设计施工不合理,可以通过完善材料设计、优化施工工艺给予有效解决。例如:通过优化级配设计,使用中低标号的普通沥青,使中面层混合料的动稳定度水平提升至 3000 次/mm,就可以有效减小中面层的车辙变形。

至于基于线弹性力学体系的分析结论,可能是一个巧合,因为沥青路面的车辙损伤是一个黏弹塑性问题,单纯的线弹性力学分析存在较大的误差。再者,单纯从计算的剪应力角度并不能直接评判车辙产生的可能性,还要根据三维应力状态综合分析。按照线弹性理论分析,确实中面层位置附近的剪应力最大,但这些位置处于三向受压状态,本身具有较强的抗剪能力,而沥青路面的表面位置尽管剪应力较小,但存在明显的拉应力,恰恰是产生剪切变形的潜在位置。

此外,从全寿命周期养护最优化的角度考虑,提高中、下面层沥青混合料的高温性能是有利的:一是有利于提高沥青混凝土结构层整体的抗车辙耐久性;二是将车辙产生的位置集中于上面层,待养护维修时,仅需处理上面层,而不必处理中面层或下面层,这样可大大节约养护费用。从力学角度看,中、下层沥青混合料高温稳定性的提高,意味着材料刚度的提高(橡胶沥青除外),将改善整体结构的承力能力。

2) 半刚性基层的强度与界面状态

从上文的分析看,当采用沥青混凝土基层时,使用高强度的高模量沥青混凝土有利于提高沥青路面结构的抗车辙能力。那么当采用半刚性材料基层时,提高半刚性基层强度是否有利于减小沥青面层的车辙呢?从荷载传递角度看,提高半刚性基层强度,整体路面结构逐渐形成承力体系结构,沥青面层主要处于压剪受力状态,对于抗车辙来说,将优于弯拉受力状态。因此,提高基层强度乃至整体基层的刚度,将有利于沥青路面抵抗车辙。其极端的工程案例是水泥混凝土的桥面铺装。广东中山的沙口大桥,沥青混凝土铺装4cm,至今使用年限20年;浙江杭州钱塘三桥,沥青混凝土铺装3cm,至今使用年限16年;河北曹妃甸重载跨海大桥,桥面铺装7cm,至今使用12年。这些工程均经受了长期的大交通量考验,没有产生明显车辙。由此说明,高强度的基层结构对于沥青面层抗车辙是有利的,混凝土桥面板的强度远远大于一般半刚性基层的强度。再者,采用水泥混凝土作为基层修筑沥青路面(如水泥路面加铺沥青路面工程)是一种典型的沥青路面结构形式,既然能够采用水泥混凝土作基层,为什么不能采用高强度的半刚性材料作基层?实践表明,半刚性基层沥青路面结构的主要病害形式并不是车辙问题。

事实上,半刚性基层沥青路面的车辙问题,除了沥青面层自身问题外,主要是沥青混凝土面层与半刚性基层的层间状态问题。若两者没有处在有效的结合状态,沥青面层内部极易产生较大的内应力,导致沥青面层的车辙病害。为了改善两者的结合状态,上文"层间结合状态"中指出:试验表明,提高半刚性基层的强度有利于提高层间的抗剪强度。其原理在于:半刚性材料的强度越高,在层间界面位置稳定碎石的能力越强,在行车荷载水平力作用下,抵抗水平荷载的能力越强、越持久,从而增加层间抗剪强度,实现层间的有效结合。

在实际工程中,当基层为水泥混凝土类材料时,具有足够的强度,此时可采用铣刨、拉毛、刻槽等方式,使基层表面形成稳固的粗糙状态,实现层间的有效结合。当基层为半刚性材料时,尽管提高了强度,但与水泥混凝土相比仍有显著差距,无法采用水泥混凝土的界面处理方式,此时需要利用半刚性材料自身的强度以及采用严格的清扫方式,使得半刚性基层表面"露骨",形成稳定的粗糙面,以实现层间的有效结合。在此基础上,再设置改性沥青防水黏结层或应力吸收沥青混凝土功能层是最有效的层间处理措施。

3) 路基状态

对于结构刚度较大的半刚性基层结构、组合式基层结构,路基状态对于沥青面层的车辙影响是不大的,因为如果路基变形或者不均匀沉陷通过半刚性基层结构或刚性基层结构直接反映到沥青面层的车辙变形,那么,半刚性基层结构或刚性基层结构已经破损开裂,此时讨论的已不再是车辙问题,而是整体结构的安全问题。

对于柔性基层结构、厚沥青混凝土结构、全厚式沥青混凝土结构或者刚度较小的半刚性基层结构,路基的强弱对沥青路面的车辙水平会产生一定的影响,对于柔性基层结构更是如此。因此,普遍使用柔性基层结构的欧美国家把路基顶面的压应变作为路面设计指标,一方面是控制整体结构的疲劳损伤,另一方面也是为了控制沥青面层的车辙病害。

这从另一侧面反映出在结构内部增设强度较高的半刚性材料结构层或刚性材料结构层的必要性。这种结构层的变形能力较差,起到变形隔断作用。沥青路面的车辙变形实际上是由半刚性结构层或刚性结构层以上的各个柔性结构层(包括沥青混凝土层和级配碎石层)的变形叠加的,与路基变形无关。而对于柔性基层结构,由于不存在隔断变形的半刚性结构层(或刚性结构层),或者半刚性材料层强度较弱,隔断变形能力不足,沥青路面车辙水平将受到路基竖向变形的影响。

3.3.4 施工因素

从施工角度看,各层混合料的压实状态是影响沥青路面车辙病害的主要指标。压实状态不满足技术要求,意味着混合料没有压实到预定的状态,材料的强度和抗剪切能力存在缺陷。因此,压实度越高,不论是材料自身,还是整体路面结构的抗剪切能力都会得到显著提升,对于沥青混合料和非整体性的级配碎石材料更是如此。

有些工程中反映,混合料施工过程中出现超压现象(压实度大于100%),担心石子被压碎,改变混合料性能。事实上,我国目前施工中采用的压实装备很少能够达到超压状态,压实度检测超过100%的现象绝大多数是试验检测方法不准确导致的,特别是混合料标准密度设定偏低。因此,在施工过程中需要进行充分的压实,以提高混合料的抗剪切能力。

3.4 路表磨损

路表磨损主要是指沥青路面表面功能损伤。严格来说,上文讨论的裂缝、水损坏和车辙也是路表功能损伤的表现形式,在此主要讨论沥青路面表面经过行车荷载反复作用和环境变化影响而导致的表面纹理的损伤。这类病害对服役性能的影响主要体现在路面抗滑性能的衰减和路面/轮胎噪声的增加。

沥青路面在行车荷载作用下的磨损一般表现为两种形态：一是粗集料的磨光，二是细集料的剥落。这两种磨损与表面层沥青混合料的矿料品质、级配构成以及沥青性能有关，同时这两种磨损导致的服役性能变化也与相关的技术指标有关。

3.4.1 路表磨损的材料因素

首先，关于矿料品质。沥青混合料由粗、细两种集料构成，粗集料在混合料中起骨架作用，同时为混合料提供一定的表面纹理，以保障车辆行驶的抗滑性能，因此，粗集料需要具备一定的耐磨性。一般工程中常常选用硬质、耐磨的石料（如玄武岩、辉绿岩等）作为表面层沥青混合料的粗集料。需要说明的是，玄武岩、辉绿岩属于中性石料，从沥青混合料抗水损坏能力角度看，并不是最佳选择，选择这类石料作为表面层粗集料是一种混合料均衡设计的优化选择。当然，如选择碱性石料（如石灰岩）作为表面层的粗集料，尽管抗水损坏能力提高，但耐磨性降低，此时需要通过优化矿料级配来改善表面层混合料的抗磨损性。再者，有些地区由于中性、碱性石料匮乏，从工程造价考虑，酸性的花岗岩石料也可以作为表面层粗集料使用，这种石料的耐磨性较好，但是与沥青的黏附性较差，为此需要采取一些辅助手段来改善混合料的抗水损坏能力。

另一方面，一般的硬质、耐磨石料都是中性或酸性石料，为了改善混合料的水稳定性，或者说，为了加强矿料与沥青的黏附性，避免被高速行驶的汽车轮胎带走，混合料中的细集料一般采用碱性石料（如石灰岩）。尽管石灰岩的耐磨性不如硬质石料，但作为细集料使用对保障混合料的整体稳定性能够起到良好作用，同时可有效减轻长期荷载作用下的细集料剥落问题，利大于弊。

其次，关于级配构成。表面层沥青混合料矿料级配的选择是影响路表磨损的另一个因素，其主要目的是增加表面层沥青混合料的纹理深度并提高耐久性。20世纪80年代末，在我国高速公路建设之初，由于缺乏经验，采用连续级配的密实型沥青混合料作为表面层，尽管混合料的密实性良好，其他技术性能也比较理想，但路面的纹理深度明显不足。直到20世纪90年代初，我国开始研究密实型的粗集料断级配沥青混合料来改善表面层的纹理深度，其中沙庆林倡导的SAC和从国外引进的SMA是两个典型代表。在1997年版设计规范中首次明确提出抗滑表层沥青混凝土的推荐级配（即AK级配）。

然而，我国当时在沥青混合料材料设计、结构设计以及施工工艺等方面还存在一些不完善的问题，导致这些材料工程应用初期出现了一些不该出现的病害，如坑槽、泛油、唧浆等。随后，在20世纪90年代后期我国公路行业爆发了沥青路面早期损坏的问题，导致我国沥青路面抗滑表层的研发应用暂时停滞，不少工程又直接采用传统的Ⅰ型密实型混合料作为"抗滑表层"。其实，当时的核心问题——表面层沥青混合料平整度与压实度的关系问题，是追求平整度导致压实度降低，造成混合料空隙率增加而导致早期损坏，而不是因为粗集料断级配沥青混合料的使用。近十多年来，各地结合实际情况，研发推广应用了多种形式的粗集料断级配沥青混合料(包括SMA),用于高速公路的表面层。

从抗磨损角度看,与连续级配相比,粗集料断级配混合料的优势在于道路表面存在足够多的粗集料,形成较深的表面纹理,从而为抗磨损提供了有利条件。国外有成功经验表明,当选择良好的间断级配时,使用石灰岩作为表面层粗集料也能保证混合料抗磨损的耐久性。

在粗集料断级配的基础上,为了适应高速公路大规模的养护维修需要,我国在20世纪末开始研发铺装厚度2~2.5cm的超薄抗滑表层沥青混凝土,取得良好效果,近些年在国内一些高速公路的养护罩面工程中成功使用。这里的超薄抗滑表层沥青混凝土是指细粒式、粗集料断级配、密实型的沥青混合料,其中细粒式是指混合料的公称最大粒径由原先的13.2mm减小到9.5mm或7.2mm,以减小铺装层厚度;粗集料断级配是指尽管混合料的公称最大粒径减小,但混合料中4.75mm以上的粗集料含量并没有减少,达到60%以上形成间断级配,以保障混合料有足够的纹理深度;密实型是指混合料的设计空隙率为5%~6%,以保障混合料具有良好的水稳定性。

第三,关于沥青性能。除矿料因素外,沥青品质是影响沥青混合料抗磨损性的另一个主要因素,主要反映在沥青与矿料的黏附性,特别是沥青自然老化导致沥青与矿料黏附性降低,造成细集料剥落,严重时粗集料也会剥落。然而,目前这方面的研究相对比较薄弱:一是缺乏有效的沥青自然老化性能的评价方法与指标,二是缺乏量化、可靠的沥青与矿料黏附性的评价方法与指标。工程实践表明,传统的水煮法仅适用于沥青与矿料的黏附性的定性评价,而且对于黏度较大的沥青缺乏有效手段。当前有些工程采用黏度较大沥青(如高黏度沥青)生产表面层沥青混合料,但是沥青黏度大并不代表沥青与矿料的黏附性好。因此,这方面的关键技术还有待深入研发。

3.4.2 关于抗滑性能的衰减

路表磨损是导致路面抗滑性能衰减的直接因素,但并不是所有路表磨损都造成抗滑性能衰减,这与抗滑性能的评价指标有关。

当前,评价路面抗滑性能的指标一般分为两类:一类是以检测路面与轮胎摩擦系数为代表的抗滑性能指标,如横向力系数、摩擦系数、摆值等;另一类是以检测路面纹理深度为代表的抗滑性能指标。这两类指标的检测原理不同,导致对沥青路面抗滑性能评价结论的不同。从摩擦系数角度看,沥青面层的纹理深度越小,路表面与试验试块的接触面积越大,测定的摩擦系数越大,反之则越小;从纹理深度角度看,纹理深度越大,则预示着路面的抗滑性能越好。由此可以判断,对于混合料中粗集料磨光类路表磨损,由于表面纹理深度降低,增加了轮胎与路表的接触面积,尽管粗集料磨光导致摩擦系数降低,但接触面积增大也将起到相反的作用;对于细集料剥落类的路表磨损,增加了表面纹理深度,减小了接触面积,当采用纹理深度指标评价抗滑性能时,是有利的,但采用摩擦系数类指标时,是不利的。

因此,在评价抗滑性能衰减时,需要选择适用的路面抗滑性能评价指标,特别是汽车在高速行驶状态下的抗滑性能评价,是值得探讨的问题。例如:欧美国家在高速公路表面铺设一层粗集料断级配的抗滑表层,如法国的 BBTM、SMA 和 OGFC 等。这类抗滑表层具有较深的表面纹理(特别是 OGFC),但在进行摩擦系数试验时,纹理深度的增加导致测试块与路面的接触面积显著减小(与一般密实型混合料相比),从而导致摩擦系数测量值降低,造成抗滑性能不理想的假象。其中一个有趣的现象是:OGFC 是国际上公认、国内推广使用的一种抗滑表层,但很少有摩擦系数指标对其进行评价,而是采用构造深度。

3.4.3 关于路面/轮胎噪声的衰减

不论是粗集料磨光,还是细集料剥落,路表磨损对于降低路面/轮胎噪声都是不利的。一般来说,降低路面/轮胎噪声主要有三种对策:一是多孔吸声降噪,如使用多空隙沥青混合料;二是通过声波漫反射实现降噪,如使用小粒径、粗集料断级配混合料,超薄沥青混合料;三是增加沥青混合料的黏弹特性或阻尼,实现降噪,如使用橡胶沥青混合料。不论哪种技术对策,当粗集料磨光后,增加了路面与轮胎的接触面积,同时增加了路面与轮胎的摩擦噪声;当细集料剥落后,尽管纹理深度增加,但是也增加了路面与轮胎摩擦噪声的混响效应,增加了路面/轮胎噪声。因此,路面降噪耐久性技术将是表面层沥青混合料研发的重点和难点。

3.5 平整度损伤

一般来说,平整度与车辙类似,均反映路面的变形状态,不同之处在于平整度反映沿着行车方向的竖向变形。平整度衰减不仅是多种病害损伤对行驶舒适性影响的综合反映,还与建设、养护技术水平有关。其主要涉及的病害类型有路面结构的不均匀沉陷、沥青面层的推移病害。另外,对裂缝及其他病害修补不及时或不完善,也是导致平整度衰减的主要因素之一。

路面结构的不均匀沉陷主要是路基失稳造成的,对此将在下节专门讨论。此外,沥青面层内部或半刚性基层顶面的水冲刷也会产生局部沉陷,导致平整度衰减,因此,这也是一种水损坏的表现。

推移是一种类似于车辙形态的病害,表现为沥青面层沿着行车方向的变形,同时常常伴有"波纹状"的横斜向裂缝。这种病害常常发生于较薄的沥青面层结构,包括桥面铺装结构。在行车荷载(特别是重交通荷载)作用下,沥青面层与基层之间产生滑移,由此产生沥青面层的推移。其主要成因在于沥青面层与基层之间的层间损坏。

路面坑槽也是导致路面平整度衰减的原因之一,但坑槽是沥青路面水损坏的一种形式。在实际工程中,坑槽修补质量往往是影响路面平整度水平的重要因素之一。与之类似的是沥青路面裂缝(特别是横向裂缝)的修补。一般来说,当沥青路面产生横向裂缝时,初期对平整度衰减没有明显的影响,但随着裂缝的扩展,或采用不适当的裂缝修补技术,往往会导致平整度的明显衰减。因此,改善沥青路面养护维修技术是提升路面平整度、耐久性不可忽视的方面。

在我国西北地区,由于盐碱和气候环境的影响,沥青路面半刚性基层时常发生横向的拱胀现象(类似于横向裂缝),从而导致平整度的快速衰减。对于这类病害,有的专家认为是半刚性基层强度过高引起的,提出降低强度。事实上,降低半刚性基层强度(如7d无侧限抗压强度不大于4MPa)确实可以有效减少拱胀现象,但根源不在于强度的高低,因为在我国非盐碱地区,半刚性基层强度更高(达到6MPa),气温也很高,但并没有产生这种拱胀现象。因此,这些地区产生拱胀现象的原因还值得进一步研究。

此外,在施工过程中摊铺和碾压工艺的不完善也是导致路面平整度不好或衰减过快的主要原因。在沥青路面摊铺过程中,影响沥青混凝土表面层平整度的主要因素,除了下承层平整度水平外,主要有摊铺施工中混合料的离析,温度不均匀,摊铺机运行不平稳(料斗装、卸料引起的撬动),压路机碾压不规范等方面。目前我国高速公路的平整度水平一般在0.6~0.7(均方差指标)之间。事实上,当平整度在0.8以下时,对于一般使用者的行车舒适性没有显著影响。当然,有些工程追求平整度更高的标准(如0.6以下),这关键要有效解决施工工艺问题。如21世纪初国内有些项目使用"转运车"摊铺沥青混合料,具有显著的平整度改善作用(一般可降低50%左右)。该设备主要改善沥青混合料摊铺过程中的混合料离析、温度不均、设备运行不稳等问题。

基于现有的经验,在没有显著改善工艺的前提下,追求过高的平整度指标是没有意义的,必定会损伤混合料的压实度,轻者导致平整度过快衰减,使用1年左右,平整度水平由0.6左右直接衰减至0.9~1.0,严重的将产生坑槽、唧浆等病害,在这方面我国已有不少的工程教训,应引以为戒。

另外,值得说明的是,通过北京环道试验发现了一个有趣的现象:沥青路面结构刚度较大、沥青面层较薄的路段,平整度IRI数值较大,而在相同施工条件下,结构刚度较弱、沥青面层较厚的路段,IRI数值则较小;同时,车辙较大的路段,IRI数值较小,而车辙较小的路段,IRI数值较大。这一方面可能真实反映了实际路段的平整度状态,另一方面也与当前平整度的测量方式有关。

当前平整度测量主要采用颠簸累计的方式,即记录车辆在行驶过程中颠簸的幅度和频率。当路面结构刚度较大、沥青面层较薄时,相同充气压力的轮胎在路面上的颠簸程度大于刚度较小、沥青面层较厚的结构。同时,平整度测量时,记录轮迹带位置的路面颠簸程度,并不反映轮迹带周边路面车辙变形的状态。环道车辙较大的试验路段一般是沥青面层较厚且刚度较小的路段,同时平整度测量又位于轮迹带位置,因此出现车辙较大路段平整度较小的现象。由此说明,沥青路面的结构形式是影响路面平整度大小不可忽视的因素。

3.6 路面的层间损坏

与以上沥青路面病害相比,沥青路面的层间破坏是一种隐性损伤,除推移外,大多数情况下并不直接表现出具体的病害,但是许多病害的成因都涉及结构内部的层间损伤,如水损坏、车辙、疲劳裂缝等。其主要原因在于:对于层状体系的路面结构,层间连续状态的损伤导致结构层局部受力的恶化,加速结构层的损伤。

图3-5为一个路面结构的示意图,该结构有3层沥青混凝土层,4层基层以及1层垫层,总共有9个结构层(含路基)。按照三层结构体系划分,各结构层之间的界面可分为两个层次:第一个层次包括面层与基层之间的界面,称为面-基界面,以及基层与路基之间的界面,称为基-路界面;第二个层次为面层或基层内部各结构层之间的界面。从结构受力角度看,越靠近表面的结构层,承受的外力越大,相关的界面受力影响也越大。因此,第一层次中的面层与基层之间的界面状态比基层与路基之间的界面状态更重要。

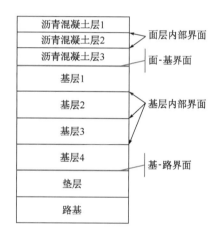

图3-5 路面层间界面示意图

另外,根据界面位置相邻结构层的材料类型,可分为同质材料间的层间结合和异质材料间的层间结合。所谓同质材料是指界面上下两个结构层的材料属于同一类型材料,如都是半刚性材料,或都是沥青混凝土材料;异质材料是指界面上下两个结构层的材料不属于同一类型材料。

对于我国常用的半刚性基层沥青路面,第一层次的面-基界面和基-路界面均为异质材料的层间结合问题,而第二层次的面层内部界面和基层内部界面则属于同质材料的层间结合问题。在实际工程中,同质材料的层间界面较异质材料的层间界面更容易处理。因此,半刚性基层沥青路面层间结合的重点和难点是面-基界面的处理问题。

需要指出的是,讨论结构层间的界面问题,目的是加强结构层之间的有效结合,形成结构的整体受力状态,因此,层间结合主要是针对整体性材料结构层而言的。当材料为非整体性材料时,或非整体性材料结构层与整体性材料结构层相结合时,不存在结构层之间的有效联结问题,一般处于滑动或半滑动状态,也就没有必要讨论界面问题。在实际工程中,对于采用级配碎石的柔性基层结构,或者使用级配碎石层的倒装式结构,沥青面层与级配碎石层之间、级配碎石层与半刚性基层之间的层间结合问题是这类结构设计中的一个技术难点。

3.6.1 层间状态的一般理论假设分析

在经典的弹性层状力学体系的沥青路面结构力学分析中,各结构层之间的结合状态一般分为完全连续和完全滑动两种状态,按轴对称模型,其层间界面边界条件的力学表达见式(3-1)和式(3-2)。

$$\begin{cases} \sigma_{Z_i}|_{Z=H_i} = \sigma_{Z_{i+1}}|_{Z=H_i} \\ \tau_{Zr_i}|_{Z=H_i} = \tau_{Zr_{i+1}}|_{Z=H_i} \\ u_i|_{Z=H_i} = u_{i+1}|_{Z=H_i} \\ w_i|_{Z=H_i} = w_{i+1}|_{Z=H_i} \end{cases} \tag{3-1}$$

$$\begin{cases} \sigma_{Z_i}|_{Z=H_i} = \sigma_{Z_{i+1}}|_{Z=H_i} \\ \tau_{Zr_i}|_{Z=H_i} = 0 \\ \tau_{Zr_{i+1}}|_{Z=H_i} = 0 \\ w_i|_{Z=H_i} = w_{i+1}|_{Z=H_i} \end{cases} \tag{3-2}$$

可以看出,完全连续与完全滑动状态下层间界面的力学状态的主要区别在于上、下结构层层间位置的剪应力和水平(竖向)变形两个力学指标。当完全连续时,剪应力相等,水平(竖向)变形相等;当完全滑动时,剪应力为零,水平(竖向)变形不相等。需要指出的是,这里的剪应力与上文提到的层间剪应力不同。这里的剪应力是指上、下结构层层间界面位置材料自身的剪应力,而上文提到的层间剪应力描述为上、下结构层界面位置材料水平方向的正应力差。这两类"剪应力"描述的层间界面的力学状态是不同。

【算例】 按照完全连续假设,计算某路面结构层间的应力应变状态。计算结构为一个7层体系结构(图3-6),其中面层为12cm,分两层铺筑,广义基层为4层半刚性材料,总厚度为80cm,其下为路基。该结构共涉及6个层间界面。计算采用标准的双圆均布荷载,分别计算两圆中心位置各个界面处的应力、应变和竖向变形,计算结果汇总于表3-1。从表中数据看出,按照完全连续假设,每个界面位置上层底面和下层顶面的竖向应力

（σ_Z）、水平应变（ε_X、ε_Y）和竖向变形（w）均相等。但是，除第3点和第5点外，其余各点的水平应力（σ_X、σ_Y）和竖向应变（ε_Z）均不相等。第3点、第5点相等的原因在于这两点上、下结构层为相同的材料，在力学计算时这两点的上、下结构层材料的模量和泊松比均相同。

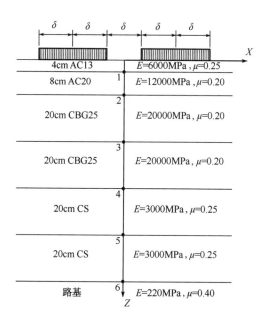

图3-6 结构示意图

完全连续状态，层间位置的应力、应变计算结果汇总 表3-1

计算点号	位置	σ_X (kPa)	σ_Y (kPa)	σ_Z (kPa)	ε_X ($\mu\varepsilon$)	ε_Y ($\mu\varepsilon$)	ε_Z ($\mu\varepsilon$)	w (mm)
1	上层底面	-93.48	-89.68	-34.32	-10.41	-9.62	1.91	0.05223
	下层顶面	-162.80	-154.90	-34.32	-10.41	-9.62	2.44	0.05224
2	上层底面	-146.00	-90.95	-176.40	-7.71	-2.21	-10.75	0.05185
	下层顶面	-213.90	-122.20	-176.40	-7.71	-2.21	-5.46	0.05185
3	上层底面	-5.22	18.37	-108.20	0.64	2.05	-5.54	0.05050
	下层顶面	-5.22	18.37	-108.20	0.64	2.05	-5.54	0.05050
4	上层底面	126.60	144.10	-27.05	5.16	6.21	-4.06	0.04964
	下层顶面	12.47	14.98	-27.05	5.16	6.21	-11.30	0.04964
5	上层底面	17.87	18.68	-10.68	5.29	5.63	-6.61	0.04794
	下层顶面	17.87	18.68	-10.68	5.29	5.63	-6.61	0.04794
6	上层底面	29.51	30.38	-4.48	7.68	8.04	-6.48	0.04671
	下层顶面	-0.13	-0.07	-4.48	7.68	8.04	-19.97	0.04671

注：表中带下划线数据表明在相同计算点位上层底面与下层顶面的应力、应变和变形相等。

这个计算结果说明几个问题：

(1) 完全连续是一个相对概念,并不意味着层间界面位置的所有应力、应变都能等效传递,在层间界面的水平方向仍存在不可忽视的应力差(或应变差),层间完全连续主要是指层间位置竖直方向(Z方向)的应力(或应变)、变形相等。

(2) 只有当两种品质完全相同的材料(模量、泊松比相同)的结构层相互叠加时,层间界面位置才有可能完全消除应力差和应变差,达到理想的完全连续状态。但这在实际工程中是很难实现的。也就是说,实体工程中的层间完全连续状态仍存在层间的应力差或应变差,只是相较于滑动状态,这种应力差或应变差的幅度减小而已。

(3) 从水平方向(X、Y方向)的应力、应变数值看,如果将完全连续状态时的界面位置上、下层水平应变相等称为应变连续,应力相等称为应力连续,那么,从现有的计算结果看,层间完全连续是指应变连续、应力不连续,即上、下层界面位置仍存在水平方向的应力差。当然也可以实现应力连续,那么此时水平方向将会产生应变差。关键在于,由于上、下结构层材料品质的不同,不可能同时实现应变连续和应力连续。

现在的问题在于:实际工程的层间界面连续,是应变连续还是应力连续？哪一种更合理？哪一种假设更有利于评价分析层间的损伤状态？对此,目前尚没有明确的答案。但有一点可以明确:即使在完全连续状态,这种应力差(或应变差)的存在仍将是导致层间破坏的潜在因素。

根据上文结构层受力状态分析可以初步推论,当上层结构层破坏以应变控制为主时,即该结构层材料脆性较大时(如半刚性材料),层间界面宜采用应力连续的模式；当上层结构层破坏以应力控制为主时,即该结构层材料脆性较小时(如沥青混合料),层间界面宜采用应变连续的模式。

3.6.2 实际层间状态的不确定性

在实际工程中,完全连续和完全滑动仅是路面结构力学分析时两种理想的极限层间状态。当两种整体性材料结构层叠加在一起时,期望层间为完全连续状态；当非整体性材料结构层叠加在一起,或非整体性材料结构层与整体性材料结构层叠加在一起时,则当作完全滑动状态。事实上,这两种极限状态在实际工程中并不存在。

对于一个具体结构,在荷载作用下路面各个结构层会产生相应的力学响应。此时,上层结构底面和下层结构顶面都将产生一个应力状态,当这两个应力状态满足层间连续的假设条件时,则认为这个界面处于完全连续状态。然而,在实际工程中,这个界面的力学状态是随机的、不确定的,其不仅受材料自身品质的影响,而且随环境温度的变化以及交通荷载的变化而改变。层间的界面状态是处于完全连续与完全滑动之间的某种状态。

上文谈到,只有当上、下两层结构的材料完全相同时,按照完全连续假设,在层间界面才不存在应力差和应变差。但是在实际工程中却不会如此。因为沥青路面在服役期间不仅承受着外力作用,而且承受着环境变化的周期作用,路面结构内部存在着梯度分布的环境场(一般指温度场和湿度场)。沥青混合料是一种温度敏感性材料,当两种完全相同的沥青混合料结构层相互叠加时,上、下两个结构层的温度场是不同的(存在温度梯度),因此,尽管这两个结构层沥青混合料的沥青、级配、油石比以及施工工艺都相同,但由于温度场不同,这两层沥青混合料的力学性能(模量、泊松比)也不会相同,从而结构层之间仍然会存在应力差或应变差。事实上,沥青路面结构内部的温度场随着气候环境的变化而随时发生改变,这就是环境因素导致的层间结合状态不确定的表现之一。

另外,结构层之间的结合状态是与受力状态密切相关的。当两片光滑的玻璃板叠放在一起时,两者是可以自由滑动的,可认为是完全滑动状态;当玻璃板两侧施加垂直压力时,两个玻璃板之间产生摩擦力,就不处于完全滑动状态,且摩擦力随着压力的增加而增大,使两个玻璃板之间处于近似完全连续的状态。事实上,当路面结构不受外力荷载作用时,层间结合与否对使用性能没有影响,只有当承受汽车荷载作用时,层间状态才有意义。因此,对于两种整体性材料叠加组合的结构,当不同荷载作用时(指垂直向下的轴重作用),层间结合状态将会改变。同时,对于非整体性材料结构层,如倒装式结构,当级配碎石层夹在沥青混凝土层与半刚性材料结构层之间时,级配碎石与沥青混凝土层、级配碎石与半刚性材料结构层之间的界面也并不是完全滑动状态,是与外力荷载的作用水平密切相关的。

再者,上文在力学计算时,对于相同材料组成的层间界面,两层材料的模量、泊松比等力学参数均取值相同。事实上,由于上、下两层材料的受力水平不同,即使是相同的材料也表现为不同的力学响应状态,即上、下两个结构层的材料模量和泊松比并不相等。对此下一章将专门论述。由此说明,按照现有层间完全连续的假设条件,即使是相同材料组成的层间界面也存在水平方向的应力差。

3.6.3 黏结还是嵌挤?层间状态的新思考

以上层间结合状态的力学状态评价是基于垂直荷载作用下的分析结论,在实际工程中,汽车行驶对路面的作用不仅有垂直向下的力,还存在水平推力,这两个方向的力对层间结合的影响是不同的。如上文所述,竖向荷载将有利于加强层间结合,而水平荷载将会弱化层间结合,至于哪种作用占上风,取决于这两个荷载作用的大小。例如:长大纵坡的爬坡路段往往容易产生车辙病害,这与水平荷载增大导致层间结合状态减弱有直接关系。

1) 黏结与嵌挤

在工程中,经常通过钻取芯样来描述层间结合的状态。例如:当沥青面层与半刚性基层的芯样能够黏结在一起完整取出时,往往被认为面层与基层处于有效黏结状态,然而,这仅仅是一个物理现象,并不能说明沥青面层与半刚性基层之间处于完全连续状态,更不能说明这个结合状态能够有效抵抗水平荷载的作用。

另外,为了评价界面之间的黏结能力,一般采用拉拔试验、斜剪试验和直剪试验三种试验手段。拉拔试验是通过测量界面处法向拉应力的大小,评价层与层之间的黏结程度;斜剪试验是在倾斜试件的上方施加垂直向下的荷载,测量试件界面产生滑动时的荷载大小,这个荷载水平通过分解得到界面滑动时的剪切荷载,即界面的抗剪强度;直剪试验是在平行于界面方向施加水平荷载,测量界面滑动时的荷载水平。

这三种试验虽然都是评价层间界面的"黏结"能力,但原理并不相同。拉拔试验测量界面法向的黏结能力,与界面两边材料的性能没有直接关系,在工程中可用于评价界面黏层材料的黏结能力。从斜剪试验的试验过程可以看出,斜剪试验测定的界面抗剪强度不仅与界面黏层材料品质有关,而且与竖向荷载水平有关,更主要是与界面两边的材料品质有关,特别是与界面的粗糙度有关。界面的粗糙度越大(而不仅仅是界面的黏结能力越强),界面的抗剪强度越大。同时,当界面两边材料的抗压强度越大时,界面的抗剪强度也越大。对于直剪试验,其荷载方向与拉拔试验垂直,因此其评价的层间界面状态主要与界面的粗糙程度有关,并不直接反映黏层材料的特性。当直剪试验过程中垂直于界面方向施加外力荷载时,界面的抗剪强度与斜剪试验的规律类似:外力荷载越大,抗剪强度越大,材料自身抗压强度越大,抗剪强度也越大。与斜剪试验不同的是,此时外力荷载与界面剪切荷载是相互独立的。

这三种界面状态试验也说明,在实际工程中描述界面状态存在两种方向的"黏结"能力:一个是界面的法向,一个是界面的切向。钻芯取样时上、下两个结构层能够同时取出,说明界面的法向黏结良好,但不能表明界面切向的黏结状态,或者说不能表明抗水平剪切能力的大小。对于实际工程而言,在水平移动荷载作用下,提高层间抗水平剪切荷载能力显得尤为重要,沥青路面常见的推移、车辙、单一结构层的疲劳等病害都与其直接相关。换一句话说,层间抗水平剪切能力是另一种更为重要的层间结合状态。

之所以要区分这两种层间结合状态,是因为在实际工程中存在两种不同的技术对策。改善界面法向黏结能力,主要是采用优质的黏层材料,而改善界面切向黏结能力则主要是提高界面的粗糙度和材料的强度。提高界面的粗糙度实际上是改善上、下结构层之间的嵌挤能力,从某种意义上讲,提高结构层之间的有效结合,最有效的措施是提高结构层界面的粗糙度。

2) 整体性材料层之间的结合

上文谈到,沥青路面整体性材料层之间存在同质材料的层间结合和异质材料的层间结合两种情况。对于同质材料的层间结合,由于上、下两层材料的类型相同、品质相近,在工程上可以实现比较有效的黏结。例如:上、下两层均为沥青混凝土时,可通过洒铺(改性)乳化沥青或热沥青实现黏结;上、下两层均为半刚性材料时,可通过洒铺水泥浆达到黏结的目的。但对于异质材料的层间结合,由于上、下两层材料的类型不同、品质相差较大,一种是有机类(沥青)的混合料,一种是无机类(水泥、石灰等)的混合料,目前尚没有经济耐用的黏结材料能使上、下两层有效黏结。然而,在实际工程中,这种界面往往是路面结构层间结合的薄弱位置(如沥青面层与半刚性基层或刚性基层之间),是导致路面整体结构损坏的主要原因之一。上文提到在钻芯取样时,尽管两层能够同时取出,但这种黏结是不稳定的,给人达到有效黏结的"错觉"。

为了解决异质材料的层间结合问题,需要提高层间的嵌挤能力。在实际工程中,加强层间结合的主要目的是抵抗行车荷载产生的水平剪应力,因此,加强上、下结构层层间的有效嵌挤作用,应是解决异质材料结构层层间结合问题的主要对策。如果将通过黏结材料实现的层间结合称为"软联结",那么可将通过层间嵌挤实现的层间结合称为"硬联结",如图3-7所示。对于异质材料的层间结合问题应采用"硬联结"的处理对策。基于这种思想,在实际工程中有不少这样的成功案例。某座超大跨径的水泥混凝土桥,受到恒载的限制,在水泥混凝土桥面板上只能铺设3~4cm厚的沥青混凝土铺装层,为此,对水泥混凝土桥面板进行粗糙化处理,增加水泥板面的表面纹理深度,然后洒铺改性沥青防水黏结层,再在摊铺沥青混凝土时加强碾压,最终这种薄层的桥面铺装经受了大交通荷载的作用,未产生层间滑移损坏。

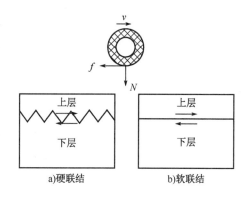

图3-7 层间硬联结与软联结

这个薄层桥面铺装成功的原因一是桥面板的粗糙化处理,二是洒铺了改性沥青防水黏结层,三是采用了较密实的沥青混合料,四在施工中加强了碾压,其中首要原因是桥面板的粗糙化处理。这个技术后来应用于多个特大型桥梁的铺装工程,均使用10年以上,取得成功。

现在的问题是,这个技术能否应用于正常路基段,在重载交通的半刚性基层上能否直接铺设3~4cm厚的沥青混凝土面层。实践表明鲜有成功的案例。其主要原因在于半刚性基层材料的强度明显小于水泥混凝土材料,导致沥青面层与半刚性基层之间粗糙界面的稳固程度不足,在长期、繁重的交通荷载作用下,容易损坏。一旦粗糙界面产生损坏,则意味着两层之间的嵌挤状态遭到破坏,就会产生推移等层间破坏现象。因此,半刚性基层的强度水平对于改善层间结合状态影响很大。高强度的半刚性基层有利于改善面层与基层的结合状态,这是提高半刚性材料强度的另一个主要工程意义。

由于半刚性材料与水泥混凝土材料品质上的差异,在实际工程中不可采用诸如铣刨、拉毛等表面粗糙化处理工艺,而是主要采用钢丝清扫车扫、大功率空气压缩机吹以及人工清扫等方式进行处理。由于水泥稳定级配碎石的早期强度高,细集料含量少,相对于二灰稳定碎石更容易清理,因此,水泥稳定级配碎石更宜铺筑上基层。事实上,基层表面的清扫过程也是对基层质量的考验。如果基层在清扫中出现松散,则说明基层质量不足。

路基段施工与桥面薄面层铺装的另一个不同点是:在路基段施工过程中,层间结合部位宜受到下承层水分蒸发的影响。受到地下水或降雨的影响,如果没有做好有效的隔水、排水措施,半刚性基层内部的含水率较高,当环境气温较高时,基层内的水汽逐渐上移,积聚在基层与改性沥青防水黏结层之间,导致层间产生滑移趋势,从而造成沥青混凝土结构层的损坏。由此说明,在设置改性沥青防水黏结层时,应特别注意基层的干燥情况,如基层比较潮湿,则不能施工此层。另外,加强基层自身的防、排水设计也十分重要。

总之,对于异质材料结构层之间的层间处理,除了采用改性沥青防水黏结层外,提高基层强度,强化材料层之间的粗糙化处理,提高层间界面的嵌挤能力,是改善层间结合的有效措施。

3) 整体性材料与非整体性材料的层间结合

在倒装式路面结构、柔性基层结构中,涉及级配碎石结构层与沥青混凝土层、半刚性材料结构层的层间结合问题,绝大多数路面结构的基-路界面也属于整体性材料结构层与路基土的层间结合问题。按照现有的设计理论,非整体性材料不承受拉应力或拉应变,整体性材料结构层与非整体性材料结构层之间不可能完全连续,一般设定为完全滑动状态。

但是,由于层厚、自重以及界面粗糙度等因素的影响,整体性材料结构层与非整体性材料结构层之间并不是完全滑动状态。当讨论半刚性材料底基层与垫层或路基之间的层间结合问题时,由于底基层及其上有70~80cm的结构层厚度,一方面,结构自重的影响导致底基层与垫层或路基之间存在一定的结合程度;另一方面,由于结构对应力的扩散效应,在这个位置的层间应力或应变已比较小了。因此,在结构力学分析时,假设两层之间完全滑动并不合理,"过于"不安全了。

对于沥青混凝土层与半刚性材料结构层之间设置级配碎石结构层的层间结合问题要慎重考虑:一是,级配碎石层位置设置较高,上面结构层的自重效应较小,外力产生的应力扩散还不充分;二是,连续与滑动状态的应力、应变分析结果差异较大,对沥青混凝土结构层疲劳寿命的评价影响较大。不可否认,当前一些工程在进行力学分析时,为了能通过结构验算,一般假设为完全连续的界面状态。这是偏不安全的假设,宜在完全连续和完全滑动之间选择一个中间状态进行力学分析。

3.7 承载能力损伤

承载能力损伤是指路面结构经过行车荷载反复作用之后产生的结构性疲劳破坏。这是一种最严重的路面病害,表明路面的结构安全寿命达到了极限。顾名思义,路面承载能力损伤是指路面承重结构层产生破坏而导致的损伤,一般指路面基层或路基的疲劳损伤。由于沥青面层的疲劳损伤并不影响整体结构的安全寿命,因此一般不属于承载能力损伤范畴。当然,这里对沥青面层的概念需要界定,并不是所有沥青混凝土层都是沥青面层,对此,在第4章中将专门讨论。与其他病害一样,沥青路面承载能力损伤的表象和机理是多元化的,本节对此进行简要探讨。

3.7.1 承载能力损伤的表象与判别

沥青路面承载能力损伤有多种表现形式,在实际工程中一般可归结为三种:一是路面结构的弯沉水平显著增加;二是路表产生明显的网裂、龟裂;三是路面出现严重的不均匀沉陷和路基滑移引起的纵向裂缝。对于第三种情况,由于是路基失稳引起的病害,自然归结为结构承载能力损伤的范畴。对于第一、第二种情况,涉及病害表象与病害机理的关系问题,常常需要具体工程具体分析,并结合其他辅助手段进行综合判别。另外需要说明的是,由于结构形式的不同,有些路面结构的疲劳损伤并不单纯表现为裂缝,而是反映为严重的车辙病害。

上文"路面裂缝"分析中说明,导致路面产生裂缝的因素是多元化的,有些裂缝是因为荷载疲劳产生的,有些裂缝是其他因素产生的;有些裂缝是由于基层疲劳破坏反映出来的,有些裂缝是沥青面层自身因素造成的,还有些裂缝是沥青面层与半刚性基层之间的层间破坏造成的。以往常常把路面轮迹带产生纵向裂缝当作结构承载能力损伤的初期阶段,之后,当纵向裂缝发展为较大范围的网裂、龟裂时,则认为路面承载能力产生破坏。然而,实际工程情况表明,无论是纵向裂缝,还是网裂、龟裂,并不一定代表面基层、路基产生结构性破坏。也就是说,路面的网裂、龟裂是路面承载能力损伤的必要条件,而不是充分条件。

因此,在实际工程中,需要充分调研实际情况,如路面结构和材料情况、施工情况、交通荷载与气候环境情况、路基和地质情况等,再结合路面裂缝表象,对其是否属于承载能力损伤进行综合判读。

除裂缝判读外,弯沉检测也是判别路面承载能力损伤的一个技术途径。20世纪40年代初,美国A. C. Benkelman发明了一种现场测量路面结构弯沉的试验设备,即现在广为熟知的贝克曼梁(简称BB)。通过这个设备可以检测路面各结构层在荷载作用下的回弹变形,并以此表征路面结构的承载能力大小。由于这种设备操作简单,力学原理清晰,产生不久就被广泛用于路面结构使用性能的评价。40年代中后期,加拿大采用BB进行了弯沉评定。随后在50年代初,美国WASHO试验环道也使用BB测量路面弯沉,评价路面承载能力的变化。直到如今,弯沉检测仍作为世界各国评价沥青路面结构整体承载能力的主要手段。

需要说明的是,业内对于采用弯沉指标表征结构承载能力水平还有不同的看法。1961年,Monismith在美国第31届道路年会上指出:"当路面弯沉作为沥青混凝土疲劳损伤的表征时,还需要考虑其他因素。但是,弯沉为进一步完善沥青路面疲劳开裂的设计提供了重要的支撑,例如沥青混凝土的疲劳研究、路基和基层材料在重复荷载作用下的回弹变形研究,以及多层弹性体系行为的理论研究的拓展等。同时,弯沉的测量评价与路面的现场性能和理论行为的预测有着非常重要的紧密联系。……弯沉检测将继续作为路面承载能力评价的手段,直到有更好的手段……"。这段话清楚地表明了弯沉指标在路面设计中的重要作用及其局限性。遗憾的是,经历半个多世纪,国内外至今仍没有找到能够替代弯沉检测评价路面承载能力的"更好的手段"。需要指出的是,Monismith的这些总结主要是针对柔性基层的沥青路面。

1962年,Huang教授在第一届国际沥青路面技术大会上总结AASHO试验路时,得出了与Monismith类似的看法:路面服役性能(以PSI指标衡量)与路面结构的厚度(相当于承载能力)没有必然的关系。同时,D. M. Bremister在这届会议上也指出:"……弯沉是路面性能的重要表征,因此弯沉测量的可靠性对于比较不同路面结构性能十分重要。此外,路面弯沉性能的评价为确定路面系统的现场模量提供了唯一满意的手段,为比较不同路面结构性能以及最终建立材料强度的设计标准和结构层厚度奠定了可靠和重要的基础。"

现在看来,导致这些不同观点的主要原因在于对路面结构承载能力损伤标准的认知不同,以及受路面服役性能的结构依赖性的影响。结构承载能力的损伤不应是某个结构层的疲劳破坏,而是整体结构的疲劳破坏,某个结构层的破坏并不一定导致整体结构承载能力的丧失。因此,采用弯沉指标反映整体结构的承载能力具有一定的合理性。另外,路面承载能力与其他服役性能之间没有必然的联系,弯沉数值小,并不意味着路面裂缝少或平整度好,采用单一的弯沉数值代替其他服役性能评价是不合理的,这反映出路面服役性能的多元化和复杂性。同时,由于沥青路面结构的非线性响应特征,弯沉指标存在结构依赖性。也就是说,不同类型结构的弯沉及其变化规律是不一样的(关于不同结构类型问题将在第4章讨论),不能单纯以弯沉数值的大小来评价结构承载能力的高低。一般来说,柔性基层结构、倒装式结构、厚沥青混凝土结构和全厚式沥青混凝土结构的弯沉指标大于半刚性基层、刚性基层路面结构;对于同一类型结构,由于材料品质、结构层厚度的不同,也有不同的弯沉水平。

因此,用于承载能力比较时,弯沉指标只适用于同一结构或同类结构的比较。例如:某半刚性基层结构和柔性基层结构的初期弯沉水平分别为12.5(0.01mm)和22(0.01mm),经过若干年使用后,这两个结构的弯沉分别达到20(0.01mm)和30(0.01mm),分别增加了

60%和36%。从弯沉的绝对指标看,半刚性基层结构小于柔性基层结构,半刚性基层结构的承载力优于柔性基层结构,但是,半刚性基层结构弯沉水平的增加幅度明显大于柔性基层,说明半刚性基层结构承载能力的衰变幅度大于柔性基层结构。

判断路面结构承载能力损伤的另一个手段是钻芯检测。由于路面病害成因的复杂性,无论是网裂、龟裂,还是弯沉增大,都无法直接确定路面基层是否产生结构性破坏,因为半刚性基层顶面产生冲刷或沥青混凝土层内部产生水损坏时,也会产生这两类现象,因此,需要进行钻芯抽检,判断路面结构弯沉增大和网裂、龟裂产生的内在原因。需要说明的是,钻芯检测是一种小样本的抽检试验,往往是针对网裂或弯沉较大路段进行有选择的钻芯。若选择10个网裂且弯沉较大的路段进行钻芯,其中8个芯样表明基层已经碎裂,则说明有这种病害表象的路段80%已产生结构性破坏,承载能力损伤;如果只有3个芯样的基层碎裂,则说明有这种病害表象的路段仅有30%产生结构性破坏,承载能力不足。

综上所述,结构承载能力损伤是结构内部损伤问题,具体的工程表象是复杂、多样的,在实体工程中,需要采用弯沉检测、裂缝判读和钻芯检测三个手段综合评价其损伤状态及范围。

3.7.2 弯沉指标的补充说明

如上文所述,自弯沉指标诞生以来,至今已有近80年的历史。尽管弯沉指标在评价路面结构承载能力方面仍存在一定的局限性,但其理论与实践相结合的优势是不可替代的。一方面可以通过力学模型方法计算路面结构的理论弯沉数值,另一方面亦可实际检测相应实体结构的实测弯沉值。因此,弯沉指标至今仍广泛用于沥青路面结构的工程评价和寿命评估。在此主要讨论弯沉的检测方法和评估问题。

1) FWD 与 BB 弯沉之间的差异

沥青路面弯沉检测发展至今,几经革新、完善,从适用于柔性基层结构的3.6m弯沉梁,发展到适用于半刚性基层结构的5.4m弯沉梁;从采用落锤式弯沉仪(FWD)测量弯沉,发展到采用自动弯沉仪车、激光弯沉仪车测量路表变形。弯沉测量方法已发生了显著的变化,与此同时,"弯沉"含义也逐渐发生变化。

传统的弯沉概念是指荷载作用后的路表回弹变形,这对应着路面力学体系中弹性变形的概念。因此以上这些检测手段测量的"弯沉"并不完全符合传统的弯沉含义,特别是自动弯沉仪车和激光弯沉仪车,受到车辆自重和测量方式的影响,这两种方法测量的"弯沉"实际上是荷载作用过程中某一阶段的变形,既不是回弹变形,也不是总变形。因此,这两种方法测量的"弯沉"仅可用于一般的路况评价,并不适用于路面结构承载能力的定量评价。

另外,由于沥青路面结构刚度的增大以及BB弯沉测量精度不足的影响,近些年在实际工程中反映出BB弯沉测量数值稳定性差的问题。BB弯沉的测量精度为0.01mm,一般半刚性基层沥青面层的弯沉值为0.1mm左右,测量误差的影响导致BB弯沉的变异系数较大(一般大于50%),失去了检测数据的统计意义。由此,目前普遍采用测量精度可达0.001mm的FWD弯沉代替BB弯沉。

然而,FWD弯沉与BB弯沉的概念有所不同。首先,FWD测量的是总变形,而不是回弹变形,但由于FWD荷载作用速度较快(一般为0.02s),在一定程度上弥补了理论上的缺陷,一般将FWD测量的总变形近似等同于回弹变形;同时,将FWD测量的弯沉称为动态弯沉,将BB测量的弯沉称为静态弯沉,相较于实际交通荷载状态,FWD弯沉更接近实际路面的变形状态。其次,BB是单点弯沉测量,FWD是路面多点变形测量,可以同时测量路表不同位置的竖向变形,得到所谓的"弯沉盆",一方面可全面反映路面结构承载能力水平,另一方面可进一步用于结构层模量的反演,因此,FWD弯沉的工程意义和科学意义明显优于BB弯沉。再者,FWD测量的荷载模式是单圆均布荷载,其中最大弯沉是荷载中心位置的变形,而BB测量的荷载模式是双圆均布荷载,测量的弯沉是间隙中心的变形,由于双圆荷载间隙位置存在剪胀效应,BB测量的弯沉并不一定是荷载作用范围内的路表最大回弹变形。总之,FWD弯沉与BB弯沉之间没有必然的关系,不同结构、不同环境下,两者的关系是不同的。

2) 承载能力衰减的评价

当一个路面结构的弯沉指标显著增加时,往往意味着该路面结构承载能力的显著衰减。我国2018年版《公路技术状况评定标准》中,提出路面结构强度系数(SSR)作为现实道路承载能力水平的评价指标(即路面结构强度指数PSSI)。SSR为路面弯沉标准值(即2006年版《公路沥青路面设计规范》中的设计弯沉值)与路面实测代表弯沉值的比值。这种评价思路是可取的,但具体的计算方法值得推敲。因为大量实际工程检测数据表明,实际路面结构建设初期的弯沉值往往明显小于设计弯沉值,以设计弯沉值作为评价实体结构承载能力衰变的参数,存在较大误差。

这主要有两方面原因:一是原有沥青路面设计方法中设计指标不匹配,二是既有沥青路面力学分析模型存在理论误差。对于前者,尽管弯沉是设计指标,但弯沉并不是设计的控制指标,实际工程的设计验算表明,半刚性底基层的层底弯拉应力常常是路面结构设计的控制指标,而此时的弯沉指标常常小于设计弯沉。对于后者,既有的沥青路面力学分析模型是弹性层状体系理论,与实际路面结构的力学响应状态仍存在一定的系统误差。另外,对于半刚性基层结构,受到半刚性材料强度增长的影响,在服役前几年,实体结构的弯沉并非随荷载作用次数的增加而增大,而会产生减小的趋势。因此,为了客观评价沥青路面承载能力的衰变规律,应采用服役初期的弯沉值作为路面弯沉的标准值。

另外,路面承载能力损伤是一个发展过程,在实际工程中存在残余寿命评价和临界状态判断两个关键节点。在路面使用过程中,承载能力不断衰变,表现出各种病害,但这些病害并不意味着路面承载能力完全丧失,因此需要评估路面的残余寿命。当残余寿命状态不满足当初的设计要求时,说明承载能力达到了临界状态,路面达到了使用寿命的终点。

由于路面结构形式的多样,目前路面残余寿命评估方法还处于研究阶段,还缺乏一整套可靠、实用的残余寿命评估理论体系和指标,大多仍采用经验方法判别。弯沉、网裂、钻芯是评价路面结构承载能力损伤及其临界状态的三个经验手段。需要说明的是,对于一个实体工程,往往不会全路段同时达到承载能力损伤的临界状态,常常是其中某一路段或某几个路段,因此需要采用概率统计的方法对整个路段的承载能力进行科学判断,采取合理的养护维修方式。在实际工程中经常出现"局部补强、整体罩面"的维修方式,就是基于这样的判断。

3.7.3 基层的疲劳损伤

沥青路面承载能力的损伤主要反映在基层和路基疲劳两方面。关于路基疲劳问题将在下一章讨论,本节主要讨论由半刚性材料、刚性材料、沥青混合料和非整体性级配碎石组成的基层结构的疲劳特征。

1) 半刚性材料和刚性材料结构层

半刚性材料、刚性材料是我国常用的基层材料,这类材料的特点是抗压强度远远大于弯拉强度,按照最不利原则,在结构中的疲劳损伤应采用弯拉模式。这类材料的结构损伤与具体的结构组合形式有关,涉及结构层的模量匹配问题。图3-8为工程中常见的三种半刚性材料和刚性材料结构层的基层组合模式。组合一为刚性材料基层与半刚性材料底基层的组合模式。由于基层与底基层之间的模量差小于底基层与土基之间的模量差,且基层与底基层之间可以采取有效的工程措施改善结合状态,而土基属于非整体性材料,与底基层之间黏结状态较差,因此,这个结构组合弯拉损伤的主要位置位于底基层底部。当底基层损坏后,刚性基层底部才会产生弯拉损伤。组合二为半刚性材料A作为基层,半刚性材料B作为底基层,其弯拉损伤过程同组合一。组合三为半刚性材料基层与非整体性的级配碎(砾)石底基层的组合,这种情况下弯拉损伤的位置在基层底部。

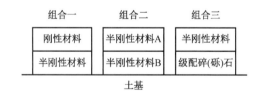

图3-8 (半)刚性基层组合形式

总之,这类材料的疲劳损伤往往是从最下层的半刚性材料开始的。当然,由于荷载扩散的影响,最下层承受的外力作用已大为减小,弯拉应力(或应变)已大大减小。由此产生一个平衡控制问题:最下层的半刚性材料层与下承层的模量差最大、层间结合状态最差,容易产生较大的弯拉应力(或应变);另一方面,传递到该结构层的外力荷载最小,产生的弯拉应力(或应变)响应最小。加强基层结构的整体刚度,使得最下层的弯拉应力

(或应变)响应水平进一步减小,或者加强路基的质量,减小最下层半刚性材料层与下承层的模量差,改善该层底部的弯拉应力(或应变)状态,都将有利于减小最下层半刚性材料层的疲劳损伤。

这层上面的半刚性材料层或刚性材料层的疲劳损伤模式则取决于层间的结合状态。如果能够实现有效结合,尽管上、下结构层之间存在一定的模量差,经结构理论计算,上层底面存在一定的弯拉应力,但数值较小,整体上仍处于压剪状态。只有当这层疲劳破坏后,材料模量大幅衰减,上层材料才由压剪转化为弯拉损伤状态。

2) 沥青混凝土层

与半刚性或刚性材料不同,在大多数使用环境下,沥青混合料具有良好的变形适应性,其抗压强度与弯拉强度的差异没有那么显著,因此在实际工程中,沥青混凝土一般存在压剪和弯拉两种损伤状态,这取决于沥青混凝土在实体结构中的组合方式和使用工况。

沥青混凝土在基层中使用时大致有三种情况(图3-9):一是沥青混凝土作基层,半刚性或刚性材料作底基层。我国高速公路三层铺筑的沥青面层(总厚度达到18cm及18cm以上)中的下面层沥青混凝土,实际可当作基层的一部分,即属于这种情况。此外,一些厚沥青混凝土结构,仍保留半刚性或刚性材料作基层、底基层时,也属于这种情况。对于这种情况,由于沥青混合料与(半)刚性材料的物理力学性能的差异,沥青混凝土层的弯拉或压剪损伤状态取决于沥青混凝土层的厚度和与(半)刚性材料结构层的层间结合状态。当沥青混凝土层较薄、层间结合状态良好时,沥青混凝土层一般处于压剪损伤状态;反之,则存在弯拉损伤。

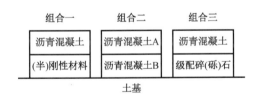

图3-9 含沥青混凝土的基层结构

第二种情况完全采用沥青混凝土作基层,即所谓的全厚式沥青混凝土结构。这与上文(半)刚性材料作基层的第二种组合类似,整体上处于弯拉损伤状态,且从下层沥青混凝土的底部产生破坏。当下层沥青混凝土还未产生破坏时,上层沥青混凝土主要处于压剪损伤状态。

第三种情况是沥青混凝土作基层,级配碎(砾)石作底基层,即所谓的柔性基层结构形式,同时也是厚沥青混凝土结构层的一种形式。在这种情况下,沥青混凝土层应处于弯拉损伤状态。

在路面结构设计中,沥青混合料与(半)刚性材料都属于整体性材料,都具有能够承受一定弯拉损伤的能力,而且压剪损伤条件下的疲劳寿命大于弯拉损伤。但是,沥青混合料是一种温度敏感性材料,在服役期间,其力学特性随着一年四季环境温度的变化而产生显著变化。在冬季低温时,沥青混合料出现脆性特征,变形适应性大大降低,抗压剪疲劳能力优于抗弯拉疲劳能力;在夏季高温时,则表现出显著的黏弹特性,在变形适应性增大的同时,抗压能力显著降低,抗弯拉疲劳能力优于抗压剪疲劳能力。

另外,沥青混合料和半刚性材料弯拉损伤的评判标准还有待商榷。目前国内外沥青路面疲劳设计模型中,沥青混合料采用应变控制模式,半刚性、刚性材料的疲劳模型一般采用弯拉应力控制模式。然而,从材料特性角度看,当采用应力控制指标评价时,偏刚性的材料(如半刚性材料)的疲劳特性好于偏柔性的材料(如沥青混合料);当采用应变指标控制时,则正好相反。也就是说,应变模式有利于沥青混合料疲劳性能评价,应力模式有利于半刚性、刚性材料疲劳寿命评价。因此,宜采用应变控制模式评价半刚性、刚性材料的疲劳性能,宜采用应力控制模式评价沥青混合料的疲劳性能。当然,最佳的方案是沥青混合料和半刚性、刚性材料均采用应变指标进行评价。

欧美国家提出全厚式沥青混凝土长寿命路面结构,设置了很厚的高模量沥青混凝土结构层,这种材料比一般沥青混合料的力学强度大幅增加,但同时变形适应性显著降低,力学特性接近半刚性材料,这与采用应力控制模式提高抗疲劳性能的原理相一致。至于欧美国家提出在高模量沥青混凝土层与路基之间设置一层富油的细粒式沥青混凝土应力吸收层,其设计理念与其说是改善高模量沥青混凝土层底的变形适应性,提高抗疲劳能力,不如说是改善高模量沥青混凝土层与路基的层间结合条件,提高路面结构整体抗疲劳能力。

3) 非整体性材料

这里的非整体性材料主要指级配碎(砾)石材料。对于非整体性材料结构层,尽管国内外设计规范中都不进行弯拉应力(或应变)等疲劳指标的验算,但并不意味着这种材料结构层不产生疲劳破坏。相反,在实体结构中,由于这种材料的力学强度明显低于整体性材料,其结构层的疲劳破坏往往先于其他整体材料性结构层,而且是其他结构层疲劳破坏的诱因。特别是这种材料结构层在路面结构内部时,使层间结合状态趋于不利状态,造成上部整体性材料结构层处于更不利的受力状态。这种材料结构层的疲劳以压剪损伤为主,其表现形式为局部的不均匀沉陷以及上承层网裂(龟裂)。

在实体工程中,级配碎(砾)石结构层一般有三种应用:一是铺设在(半)刚性材料结构层与沥青面层之间,作为应力吸收层,缓解半刚性材料结构层引起的反射裂缝或对应裂缝;二是铺设在整体性结构层下面作为一种稳定、排水的底基层使用(图3-8和图3-9中的第三种组合);三是作为隔水、稳定的垫层使用。在我国,为了防治冻胀翻浆病害,提高结构承载能力和耐久性,一般不采用全级配碎石的基层结构。

对于第一种情况,其关键问题在于沥青面层与级配碎石结构层的刚度匹配与层间结合。从设计原理上讲,这种结构组合形式的最大隐患在于大大增加了沥青面层底部的弯拉应力或应变,易产生疲劳损伤。为了解决这个问题,需要增加沥青面层的厚度,或者说是在沥青面层与级配碎石层之间增设一层沥青混凝土基层(或称所谓的沥青混凝土下面层)。但这样处理后,设置级配碎石层的目的也就不存在了,反而会增加车辙病害的隐患。尽管国外有些国家采用薄沥青面层下面铺设级配碎石结构层作为典型结构,但这与我国重载交通的使用环境不符。

对于第二种情况,上文已有论述,不再赘述。对于第三种情况,级配碎(砾)石层不属于广义基层范畴,属于路基的一部分,是我国目前高速公路建设中较为普遍使用的结构。在我国北方重冰冻地区,设置这层垫层可以防止地下毛细水的上升,防治冻融翻浆;在我国南方多雨地区,设置这层垫层起到隔断地下水对基层的侵蚀的作用,从而保证路基和基层的稳定。

总之,从长寿命路面基层耐久性的角度看,非整体性材料结构层并不适宜用于基层,用于垫层来保障路基稳定性,是一个不错的选择。

3.8 小结

以上介绍了沥青路面的多种病害形式,这些病害形式各异,机理不同,大致可分为两大类:一类是显性病害,另一类是隐性病害。显性病害是可以直接观测到的路面病害,如裂缝、车辙、表面磨损等。隐性病害是难以通过表面观测直接判断的病害,如层间损坏等。隐性病害发展到一定程度,最终将通过显性病害的形式表现出来。由此说明,沥青路面病害具有复杂性,单纯从表面的病害形式难以直接判断病害的成因,需要采取多种检测和评价手段,从多方面论证病害形成的可能原因。

一般来说,导致路面病害的原因可分为材料设计、结构设计及施工原因,至于荷载和环境因素,往往是路面病害产生的诱因,而不是直接原因。材料设计不合理、结构设计不完善,归根结底是路面设计理念和方法的问题,施工造成的病害表面上是施工工艺不合理、施工质量控制松懈,但根源在于施工管理上出现问题。为了建造长寿命沥青路面,深化沥青路面设计理论的研究和加强施工管理是两个重要抓手。同时,针对长寿命沥青路面双寿命的技术要求,消除影响结构安全寿命的病害,延缓影响表面功能寿命的病害的出现,是研发长寿命沥青路面设计与建造技术的主要目标。

4 宽刚度域结构的功能化设计

> 关键词：
> 宽刚度域·功能设计·性能模型·范式模型·可靠度设计

上章简要分析了沥青路面常见的病害类型和成因，指出结构设计、材料设计和施工技术的不完善是路面病害产生的三类因素。为了消除病害或延缓病害的发生，实现长寿命沥青路面的建设目标，本章及以下章节将分别从结构、材料和建造等三方面，探讨相关的技术问题。

沥青路面是个多层复合结构，可归结为沥青面层、广义基层（包括基层和底基层）和广义路基（包括垫层和路基）三层体系。其中，广义基层是由不同品质的路面材料按照不同组合方式叠加而成，具有显著的刚度差异，表现出不同的服役性能特征，又称为宽刚度域基层。这是路面结构设计的核心层，也是划分不同结构类型的依据，为此，本章将从这个角度讨论沥青路面结构的功能化设计问题。

服役性能演化模型是沥青路面服役功能的数学表达和结构设计的理论基础，是结构与材料、荷载与环境以及力学响应等多因素耦合的综合模型。基于不同的设计理念、工程经验和结构类型，国内外沥青路面设计方法提出了不同设计指标的性能演化模型（又称抗力模型）。尽管这些模型的表达方式有显著差异，但也有共性特征，由此，本章提出了三维度的服役性能演化模型的统一范式，并针对力学响应指标确定问题和荷载-环境耦合模型问题进行讨论。此外，本章还将简要讨论基于应力-抗力模式的沥青路面可靠度设计问题。

4.1 宽刚度域的结构体系

面对多样化的道路材料，根据不同的使用需求以及人们对沥青路面服役行为认知的变化，沥青路面产生多种不同形式的结构类型，主要有柔性基层结构、半刚性基层结构、组合式（或复合式）结构、厚沥青混凝土结构、全厚式沥青混凝土结构、倒装式基层结构六大类。在此基础上，当结构层厚度和材料品质发生变化时，实际工程中又会衍化出多种不同形式、不同品质的路面结构。从结构类型可以看出，广义基层的差异是划分这些结构的主要依据，也由此提出了宽刚度域基层沥青路面的结构体系。

4.1.1 宽刚度域的基层结构

图 4-1 为沥青路面广义基层常见的典型组合形式。工程上常用的基层和底基层铺筑材料组合成的广义基层大致共有 9 种类型,其中半刚性基层有 2 种(图中结构①和②),组合式基层有 3 种(图中结构③、④和⑦),倒装式基层有 1 种(图中结构⑤),柔性基层 2 种(图中结构⑥和⑧),厚沥青混凝土基层有 2 种(图中结构⑦和⑧)以及全厚式沥青混凝土结构 1 种(图中结构⑨)。

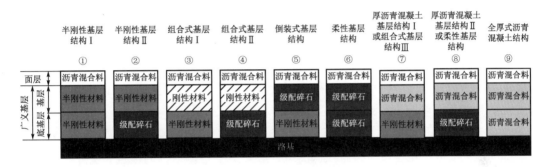

图 4-1 沥青路面广义基层常见组合形式

从这些广义基层的组成形式可以看出,除某些特殊的技术要求外(如结构⑤),其余结构有一个共同特点,即往往将品质较好、强度较高、造价较贵的材料铺设于结构的上层,这与路面结构的受力状态有关。上层结构承受的交通荷载更大,所以相应的技术要求也更高。此外,这些结构类型的名称主要是根据基层、底基层的材料品质和组合形式命名的,对此有几点说明:

(1)半刚性基层结构。需要指出:半刚性路面与半刚性基层路面是两种不同的路面结构。按照国际上的有关定义,半刚性基层路面是半刚性路面的一种,并不是所有的半刚性路面都是半刚性基层路面,只有将半刚性材料用于基层结构的才称为半刚性基层结构。如图 4-1 中的结构③、⑤和⑦属于半刚性结构,但不是半刚性基层结构。另外,近些年国内一些高速公路的沥青混凝土铺装层厚度达到 20~30cm,尽管其下面铺设半刚性材料作为基层,但也难以称之为半刚性基层结构,这涉及沥青面层的合理厚度问题(下文将专门讨论),这类结构归结于组合基层结构更为合适(图中结构⑦)。

(2)柔性基层结构。相对于半刚性路面的概念,柔性路面可以描述为,广义基层结构中没有半刚性、刚性材料结构层的路面结构,如图 4-1 中的结构⑥、⑧和⑨。在工程中,修筑柔性基层的材料大致分为整体性的沥青混合料和非整体性的级配碎(砾)石。当广义基层中包含沥青混合料时,又可称为厚沥青混凝土基层结构或全厚式沥青混凝土结构。需要说明,修筑广义基层的沥青混合料品质差异很大,当采用高模量沥青混合料时,在中低温条件下,其回弹模量接近甚至超过一些半刚性材料。当广义基层完全由非整体性级配碎石材料组成时(即图 4-1 中的结构⑥),相对于其他结构,其承载能力最弱,一般用于路基条件比较好,且干燥、少雨的地区。

（3）组合式基层结构(也称复合式基层结构)。组合式基层结构一般分为两类:一类是指广义基层的上层结构采用刚性材料(如水泥混凝土、贫混凝土、连续配筋混凝土)的结构,又称为刚性基层结构(如图4-1中的结构③、④),在实际工程中,水泥混凝土路面加铺沥青面层(俗称"白加黑")是这类结构的一个特殊情况。另一类是指图4-1中的结构⑦,即广义基层的上层结构为沥青混合料层,下层为半刚性材料结构层。

对于第一类组合式基层结构,由于刚性材料的模量远远大于半刚性材料和沥青混合料,整体路面结构的力学模型介于弹性层状体系的沥青路面模型和温克尔地基板体的水泥混凝土路面模型之间,可以看作是两类模型的组合体。在实际工程中,当水泥混凝土路面上加铺一定厚度的沥青混凝土面层(如10cm左右)后,尽管沥青混凝土面层主要是功能性作用,对整体结构的受力状态改善有限,但是由于沥青混凝土层的荷载扩散效应以及沥青混凝土自身的黏弹特性,水泥混凝土板(此时已转变为刚性基层)的受力状态已发生改变,已不能当作单纯的水泥混凝土路面来看待。

（4）倒装式基层结构的主要特征是在沥青混凝土面层与半刚性材料或刚性材料结构层之间,设置具有一定厚度且模量较低的结构层。由于整体结构的模量梯度并不是逐层降低的,因此称之为倒装式基层结构。在工程中设置这类结构的主要目的是防止或延缓半刚性材料层或刚性材料层的反射裂缝。根据倒装式基层结构概念,当结构⑦的半刚性材料的强度较高,且上层的沥青混合料为非高模量沥青混合料时,结构⑦也可称之为倒装式基层结构。由此,结构⑦是倒装式基层结构还是组合式基层结构,取决于沥青混合料和半刚性材料的品质,也就是取决于这两层材料的结构功能定位。

以上简单描述了目前国内外沥青路面各种典型结构形式,在实际工程中,由于结构层厚度和材料品质的变化,还将衍化出更多的结构形式。同时,由以上说明也可看出,这些结构的差异实质上是广义基层的组合与品质的差异。这些差异直接反映为广义基层刚度的差异。

在这些广义基层中,有的材料模量较大,达到几万兆帕,如半刚性材料、刚性材料;有的材料模量较小,仅有几百兆帕,如级配碎石;各类结构广义基层的材料模量差异可达1~2个数量级。另外,材料模量与相应结构层厚度组合表示为结构层的刚度,材料模量的差异导致各类广义基层的刚度存在很大差异。当以基层顶面弯沉指标表示广义基层的结构刚度时,有的基层顶面弯沉指标仅有5~8(0.01mm),有的基层顶面弯沉则为20~30(0.01mm),相差3~4倍。因此,沥青路面结构可以描述为宽刚度域基层的路面结构,简称宽刚度域路面结构。

提出宽刚度域基层路面结构的概念,主要是明确广义基层设计是沥青路面结构设计的核心,指导建立沥青路面结构设计的新体系,实现沥青路面结构的功能化设计。不同刚度的广义基层沥青路面具有不同的服役性能特征。例如,当广义基层刚度较大时,整体结构的承载能力较强,车辙深度较小,但往往容易产生裂缝;当广义基层刚度较小时,整体结构的承载能力较弱,不容易产生裂缝,但容易产生车辙。当然,广义基层的刚度大小并不完全决定沥青路面使用寿命的长短和服役性能的好坏,但是,广义基层刚度是提高沥青路面服役性能耐久性的关键要素和路面设计的核心。对于不同广义基层刚度的沥青路面,采取不同的技术对策可以达到相同的使用目标。同时,广义基层刚度的差异不仅影响自身的服役性能水平,而且对于面层、广义路基的服役性能及其技术要求也产生重要影响。

最后需要指出,广义基层的刚度是有方向性的。例如图4-1中的结构②和结构⑤,当这两个结构的半刚性材料和级配碎石材料的品质和厚度相同时,这两个结构的广义基层刚度是相等,但这两个结构的服役性能特征具有显著差异。因此,描述广义基层的刚度时,需要指明刚度的方向,这个方向是由交通荷载在结构中的传递方向决定的。例如,结构②广义基层中上层材料模量大于下层材料模量,与荷载传递方向相同,则该结构刚度为正刚度;结构⑤广义基层中上层材料模量小于下层材料模量,与荷载传递方向相反,则该结构刚度为负刚度。

4.1.2 沥青面层的厚度范围

从结构设计的功能化角度出发,不同广义基层结构的沥青混凝土面层可统一为单一的结构层。在实体结构中,沥青面层的主要功能是保护基层,改善车辆行驶的舒适性和安全性,此外,减少路面/轮胎噪声也是沥青面层的附加功能。从长寿命沥青路面的使用需求看,沥青面层的使用品质决定了养护周期寿命,长寿命沥青路面的养护维修仅针对沥青面层。

那么,沥青面层的合理厚度应该是多少呢?本书第2章介绍我国沥青路面技术发展过程中提到,根据"七五"和"八五"期间修筑的陕西西三试验路、河北正定试验路和吉林长农试验路的长期观测结果,沙庆林从沥青路面抗裂角度提出:12cm厚的沥青面层是半刚性基层沥青路面的合理厚度,并在2007年按此厚度修筑了重载交通半刚性基层长寿命沥青路面的试验路,之后,又先后在河北、内蒙古、广东修筑了长寿命沥青路面的实体工程和试验路。2015年,交通运输部公路科学研究院修筑北京环道时,又以此厚度作为长寿命沥青路面的试验路段之一,开展多种路面结构全寿命周期服役性能的比较试验。

需要说明的是,随着改性沥青的大规模使用,在路面结构中设置防水黏结层,以及半刚性基层品质的提升,针对我国不同地区的气候环境和交通荷载的差异,沥青面层的合理厚度可以控制为9~12cm,并分为2~3层铺筑。

当前我国高速公路沥青混凝土层的厚度一般为18cm,甚至更厚,但这不宜都设定为沥青面层,可进一步划分为两层,上层为沥青面层,下层为沥青混凝土基层。例如:某高速公路18cm沥青面层的组合为:上面层4cm,中面层6cm,下面层8cm。其合理的"面层"划分应为:沥青面层10cm(包括上面层4cm和下面层6cm),沥青混凝土基层(或上基层)8cm。再如,某高速公路沥青混凝土的结构层厚度为22cm,按4cm、6cm和12cm三层铺筑,则 4cm 为沥青面层的上面层,6cm 为沥青面层的下面层,12cm 为沥青混凝土基层(或上基层)。

这样划分是依据沥青面层的使用功能。在路面结构中,沥青面层主要是表面功能作用,过厚的沥青混凝土结构层已超出面层的功能需求,超出 12cm 厚度的沥青混凝土层,其表面功能作用已弱化,将逐步转化为结构承载作用。另外,根据长寿命路面的技术要求,当沥青路面表面功能损伤、维修时,其维修范围应是沥青面层而不是整个沥青混凝土结构层,否则将失去修建长寿命沥青路面的意义。当然,随着长寿命沥青路面修建技术的不断提升,沥青面层功能性维修的目标也应是沥青面层的上面层,而不涉及下面层。

为了优化沥青面层的使用功能,改善使用品质,并节约养护维修成本,可进一步完善沥青面层的结构组合设计。图 4-2 为 12cm 沥青面层的几种组合形式。图中结构①和②为两层铺装的常规组合形式,也是工程上常用的结构;结构③是一种功能化的铺装结构,其特点是采用超薄沥青混凝土的表面层铺装形式,大大降低了表面层沥青混凝土的铺装厚度,不仅可以提高沥青面层美观、舒适、安全的使用功能,也可显著降低沥青面层的路面/轮胎噪声,而且在今后的养护维修时,可仅针对这层结构进行铣刨、加铺,从而大大节约养护维修成本。

超薄沥青混凝土一般采用细粒式的沥青混合料。需要注意的是,这种混合料容易开裂,并不适用于寒冷地区,同时,对于重载交通使用环境,其抗滑性能磨损较快,使用存在一定的局限性。此外,超薄沥青混凝土也可使用开级配沥青混合料(即 OGFC)。对于没有负温地区,该结构的下面层宜使用高模量沥青混合料。

与结构③相比,图 4-2 中的结构④是一个变型。当面层下承层平整度较差时,将原有的一层铺装(下面层),改为两层铺装(中、下面层),以改善平整度。结构⑤主要是面向刚性基层结构,实践表明,为了延缓水泥板缝的反射,增设一层沥青混合料应力吸收层是有效的,当然也可用于高强度的半刚性基层上面。

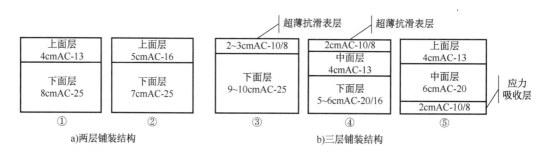

图 4-2 沥青面层层次划分示意图

由以上分析可知,沥青面层的铺装层数主要取决于沥青路面平整度要求以及施工合宜性。从现有的施工能力看,一次性摊铺 9~12cm 沥青混凝土层是没有问题的,但不利于改善沥青面层的平整度。基于国内现有的施工水平,无论是半刚性材料、刚性材料还是级配碎石作基层,其平整度水平都不太理想,均方差数值一般在 1.5~2.0,仅靠一层沥青混合料的摊铺是难以达到良好的平整度要求的(一般要求 0.6~0.7),因此,需要通过沥青混合料的逐层摊铺,逐渐改进、提升路面的平整度水平。根据我国目前沥青混合料的施工能力,铺设 2~3 层的沥青混合料即可达到理想的平整度水平。

最后需要指出,根据结构的功能化设计原理,不同层位沥青面层的沥青混合料技术要求是不同的,而且与广义基层的刚度水平有关。上面层沥青混合料除应具有良好的抗滑性能及耐久性外,当广义基层刚度较大时,还应具有良好的抗剪切能力,当广义基层刚度较小时,下面层宜采用高模量沥青混凝土,以提高沥青面层的抗变形能力,并辅助提升整体结构的承载能力。

4.1.3 沥青路面下部结构

与其他土木工程一样,沥青路面也可分为上部结构和下部结构两部分(图 4-3)。上部结构由面层和广义基层组成,下部结构为广义路基。划分上部和下部结构目的是强化路面结构的整体设计,明确上部结构和下部结构量化功能指标,促进路面结构的一体化设计,即所谓传统的"路基路面综合设计"。另外,我国现行的路面技术规范体系与上部、下部结构相对应,路面设计和施工规范对应着上部结构设计,路基设计和施工规范对应着下部结构设计。

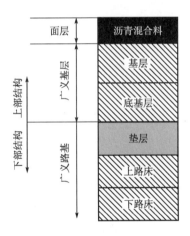

图 4-3　沥青路面上部、下部结构划分示意图

路面下部结构(指广义路基)包括垫层和路基两部分,路基又可分为上路床和下路床两部分。垫层的主要功能是:改善路基的稳定性,保障上部结构受力的均匀,提高整体路面结构的安全性和耐久性。

上文谈到,路基病害属于路面结构的深层病害,对于路面结构的安全寿命产生难以挽回的影响,在长寿命沥青路面设计中应避免这些病害的产生,保障路基的稳定性是长寿命路面设计的关键环节。

"强基、薄面、稳土基"曾是我国沥青路面设计与建造的技术原则,近些年,我国公路行业存在"强"路基与"稳"路基的讨论。一些工程强调路基顶面弯沉的设计要求达到120(0.01mm)或100(0.01mm)以内,明显高于一般高速公路150~180(0.01mm)的技术要求。事实上,路基质量的高低并不在于设计指标的要求,而在于实际的工程状态和长期服役期间的使用状态。

一些工程反映,在旱季或冬季路基交工时,路基顶面弯沉一般能够满足设计要求,具有较高的承载能力,但当上部结构开始施工时,受到自然降雨等因素影响,路基弯沉则大幅增加,承载能力急剧下降。再者,在路面结构服役期间,受到自然环境和地下水位的影响,路基内部的含水率存在一个"再平衡"的过程,已不是施工期间所要求的最佳含水率状态,而是逐渐趋向于"天然含水率"(平衡湿度)状态,由此导致路基压实状态和力学状态大幅度下降。例如某高速公路改建翻修时,测定路基的实际压实度一般仅有80%~85%左右,远远低于当初建设93%的压实度水平。因此,"强"路基要求的出发点是好的,但也需要考虑实际的工程情况。改善路基状态,保障路基的稳定性,应是路基设计和施工控制的首要要求。保证路基稳定性的主要措施有:做好路基的防排水设计,设置必要的垫层,再者,根据施工条件采用石灰或水泥处治路基上层结构。

需要指出,从保障路面结构整体安全性角度出发,广义路基的强度与广义基层的刚度之间存在一定的相关性和互补性。根据广义基层的刚度水平,确定广义路基的强度要求,当广义基层刚度较大时,广义路基的强度要求可适当降低,反之,则需要提高。这涉及沥青路面结构的传力体系和承力体系的受力特征问题,对此,本书下节将进行专门讨论。

可以判断,广义基层刚度大的路面结构具有更广泛的路基适应性。半刚性基层沥青路面普遍应用于我国不同地质条件和气候环境的公路建设,这不仅仅是因为这类路面结构的工程造价低,更主要的是因为这类结构具有广泛的路基适应性。半刚性基层结构的刚度较大,能够有效承受行车荷载的作用,减小超重荷载对于路基的影响,使得路基品质要求具有工程可实现性。在"十五""十一五"期间,我国先后开展了岩溶地区、沙漠戈壁地区、季冻地区、黄土地区、膨胀土地区、软土地区等诸多地质环境下沥青路面修筑技术的研究,半刚性基层沥青路面结构均作为主要的典型结构,也证明这类结构的广泛适应性。

当然,宽泛的半刚性基层结构并不是都具有广泛的路基适应性。上面介绍我国半刚性基层结构的组成形式和刚度水平也是在实践中逐步发展完善的,从早期的1层半刚性基层结构,发展到如今的4层半刚性基层结构;从水泥稳定碎石7d强度3MPa,逐步增强到6~7MPa,半刚性基层结构的刚度得到显著增强,从而使半刚性基层结构的工程可靠性和适应性得到显著提升。

4.1.4 承力体系与传力体系

沥青路面是由不同基层结构形式组成的宽刚度域基层结构,不同的基层刚度导致交通荷载在沥青路面内部产生不同的传播路径,由此造成路面结构不同的受力体系。沥青路面的受力体系一般可分为传力体系和承力体系两大类。受力体系的不同造成沥青路面不同的损伤状态或模式,进而导致沥青路面不同的疲劳损伤模式和寿命评估的临界标准。因此,选择合理的受力体系对于优化沥青路面结构设计、延长结构安全寿命具有指导意义。

1)沥青路面的承力与传力体系

当广义基层刚度较大时,广义基层是路面结构的主要承重层,外力荷载通过其传递到路基上的比例较小,路基的主要作用是保证路面上部结构的稳定性。当广义基层刚度较小时,广义基层只能承担部分的外力荷载,同时将相当一部分荷载传递到路基上,此时,路基不仅要保持上部结构的稳定,而且还要承担一部分的外力荷载。对于前者,可称为承力体系结构或称为刚性承载结构;对于后者,则称为传力体系结构或称为柔性承载结构。图4-4为承力体系和传力体系结构的示意图,图中斜线为外力荷载在结构内部传递的示意曲线。由图可以看出,对于传力体系结构,外力荷载的传递曲线延伸至下部结构;而对于承力体系结构,外力荷载的传递曲线终止于广义基层内部。

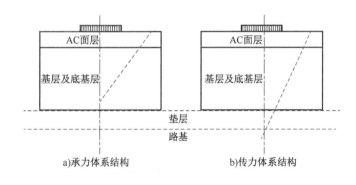

图4-4 沥青路面结构承力和传力体系示意图

划分沥青路面两类受力体系的主要目的是:明晰路面各主要结构层(面层、广义基层和广义路基)的服役需求,进一步完善结构的功能化设计。对于承力体系和传力体系结构,由于荷载传递的路径不同,这些结构层的服役功能需求是不一样的。

对于承力体系结构,由于广义基层刚度大,沥青面层的主要功能是保护基层和提供良好的行驶安全和舒适条件(如抗滑、平整、降噪),承载并不是主要的功能需求,同时沥青面层处于比较有利的压剪受力状态。另一方面,由于广义基层承担了大部分的外力荷载,大大减轻了广义路基的承载需求,在长期使用过程中,保证广义路基保持自身的稳定性,不产生不均匀沉陷和侧向滑移是首要要求。与之相比,对于传力体系结构,沥青面层和广义路基的功能需求将在此基础上叠加承受外力荷载作用的需求。也就是说,对于传力体系结构,由于广义基层的刚度较小,沥青面层的受力状态将由压剪状态转化为弯拉状态,而广义路基也需要具有良好的刚度状态,承担外力荷载。如图4-5所示,面对相同的使用需求(相同的交通荷载和气候、地质环境),无论是刚性承载的基层结构,还是柔性传力的基层结构,总体的承载能力要求是一致的。对于刚性承载结构,提高基层的承载能力及耐久性是首要考虑的问题;但对于柔性传力结构,由于自身的基层能力不足,为了保持等效的承载能力,强化路基的承载能力是必然的。

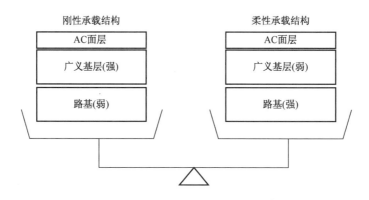

图 4-5　道路结构承载能力平衡原理

传力体系与承力体系结构的核心差异在于广义基层的刚度大小。当然,结合路面结构的受力特点,这个刚度主要指结构受压时的刚度。广义基层由各种路面材料结构层叠加而成,在从上而下的外力荷载作用下,存在压剪和弯拉两种损伤状态。对于大多数路面材料而言,其抗压能力远远大于弯拉能力,也就是说,期望组成广义基层的各个结构层处于受压状态,而不是处于弯拉状态(底层结构除外),这将有利于提高广义基层的耐久性,延长路面结构的安全寿命。

从材料特性和结构宏观受力角度看,对于承力体系结构,广义基层作为主要的承力结构层,其结构刚度远远大于沥青面层和广义路基,因此,可以推断得到,广义基层上面的沥青面层处于压剪损伤状态,广义基层最下面结构层处于弯拉损伤状态,而广义基层其余结构层损伤状态取决于相邻结构层之间的刚度差异,大多数情况下处于压剪损伤状态。对于传力体系结构,其广义基层的刚度明显小于承力体系结构,其上沥青面层将倾向于弯拉损伤状态,而且对于广义基层结构,不仅最下面结构层,而且其余结构层也都倾向于弯拉损伤状态。

从长寿命角度看,当沥青面层和广义基层(最下层除外)处于压剪损伤状态时,则意味着沥青路面结构安全寿命的大幅度延长,甚至达到所谓永久路面的目标;当处在弯拉损伤状态时,沥青路面结构安全寿命取决于相应弯拉应力、应变的大小,即存在所谓的弯拉疲劳极限问题。在"沥青路面结构安全寿命逐层累计假说"中,对沥青混合料和半刚性材料的疲劳极限问题进行了简要说明。总之,从路面结构的受力角度看,为了实现长寿命的技术目标,首先应使这些承重结构层尽量处于压剪状态;其次,当处于弯拉状态时,应使承重结构层材料处于疲劳极限的范围内;再者,当承重层材料的受力状态超出疲劳极限范围时,通过一些技术手段,尽量降低受力水平,延长疲劳寿命。

在实际工程中,面对多种形式的沥青路面结构,承力体系和传力体系结构并不是单纯根据结构类型而划分的。例如：并不是所有半刚性基层沥青路面都是承力体系结构，也不是所有厚沥青混凝土结构、全厚式 AC 结构都是传力体系结构，这取决于广义基层的材料品质和自身的刚度水平。另外，由于气候环境变化和路面结构服役性能衰变，沥青路面承力体系和传力体系结构是可以转化的。

如上文介绍的一些国家推荐的半刚性基层结构，由于半刚性基层结构的厚度较薄（如40cm以内），还不足以承受繁重的交通荷载作用。我国的一些工程经验表明，这种厚度范围内的半刚性基层结构，当路基稳定性较差或交通荷载较重时，半刚性基层容易产生弯拉疲劳破坏。这也就是为什么我国在20世纪90年代中期以后，各个地区高速公路沥青路面半刚性基层的厚度逐步由2层增加到3层的主要原因；同时，为了修建长寿命的半刚性基层沥青路面结构，半刚性材料结构层又由3层增加到4层，总厚度达到76～80cm。

除了厚度因素外，半刚性基层材料的自身强度水平也是保障这类结构实现承力体系的必要条件。近十多年来，有些工程为了消除半刚性基层结构的反射裂缝，提出了所谓低强度的半刚性基层材料，如低剂量的水泥稳定碎石材料。尽管整体的半刚性基层厚度较厚，达到60cm左右，但由于材料强度不足，整体的结构刚度并不大，也不能称之为承力体系结构。

从路面结构的功能化设计角度看，对于半刚性基层这类结构来说，半刚性材料强度与结构层刚度以及结构承载能力三者是一脉相承的。降低半刚性材料强度，将直接导致基层结构承载能力不足，造成整个路面结构过早地崩溃，失去修建这类结构所应具有的意义和价值。

另外，对于柔性类基层结构，如厚沥青混凝土结构、全厚式 AC 结构，由于作为基层的沥青混合料具有较强的温度敏感性，在夏季高温时，整体结构的刚度水平较低，在冬季低温时，沥青混合料的模量并不低于一般的半刚性材料。因此，这种结构在夏季可以看做传力体系结构，但在冬季时则可以看作承力体系结构。目前，欧美国家为了修建长寿命沥青路面，推荐修筑高模量沥青混凝土的基层，从力学体系角度看，实质上是提高中、高温条件下基层的刚度，将传力体系结构向承力体系结构转变。

总之，承力与传力体系结构的主要差别在于广义基层结构的刚度。承力体系的优势在于广义基层的刚度大，相当于在路面结构内部"造桥"，从而提高了路基的适应性，并使沥青面层的受力状态更合理（处于压剪损伤状态）。当然，客观上承力体系和传力体系的路面结构都可以实现等效的承载能力，都可以修建质量耐久的沥青路面结构，事实上，当前国际上大多数沥青路面结构也都是传力体系结构（以柔性基层结构为主），但是，从承载能力耐久性，结构使用的后期养护、维修角度看，承力体系结构更适用于长寿命路面的建设需求。

尽管半刚性基层是我国普遍使用的路面结构，但从材料强度、结构层厚度角度看，目前普遍使用的3层半刚性基层结构仍介于承力与传力体系之间。为了实现承力体系结构的长寿命目标，仍需要在两方面进一步改进：一是增加基层的整体刚度，包括基层具有足够的厚度,尽量减小基层底面的弯拉应力(或应变),使基层损伤由弯拉损伤向压剪损伤转变;二是保证路基的稳定性,适当提高强度,以减小与基层的刚度差。

以上简单讨论了沥青路面的承力体系和传力体系问题。在实际工程中,沥青路面的受力模式和损伤状态是比较复杂的,仍有一些问题需要深入分析,建立量化的评价体系。

2) 承力体系与"强基·薄面"

上文指出,"强基、薄面、稳土基"曾是我国半刚性基层沥青路面设计的重要原则,所谓的"强基"就是将半刚性基层结构(包括底基层)作为路面结构的主要承重结构层,并具有足够的刚度,以实现承力体系的结构力学要求。当然,从我国半刚性基层结构使用及发展情况看,并不是所有的半刚性基层结构都是承力体系结构,只有足够刚度的半刚性基层结构才属于承力体系结构;同时,承力体系结构也不一定都是半刚性基层结构,刚性基层结构、高模量沥青混凝土的组合结构也可成为承力体系结构。因此,是否为承力体系结构取决于广义基层的刚度水平,而不是材料的名称,"强基"是承力体系广义基层的技术要求。

此外,关于承力体系的"薄面层"的合理厚度及其力学损伤问题是值得探讨的。上文提到,对于承力体系结构,沥青面层的主要功能并不是承受荷载,而是改善行驶舒适性和安全性;但这并不意味着沥青面层不承受交通荷载的作用。事实上,我国常用的半刚性基层沥青路面的沥青面层在使用中出现疲劳开裂、车辙变形等力学损伤的现象是客观存在的。因此,对于承力体系结构,也需要考虑沥青面层的力学损伤问题,解析损伤机理,选择合理的沥青面层厚度,完善承力体系结构的沥青路面设计。

2003年和2007年,笔者先后承担广东中山105国道沙口大桥和浙江杭州钱塘江三桥的两座特大桥的旧桥改造桥面铺装任务。由于受旧桥恒载的限制,前者铺设了4cm沥青混凝土面层,后者铺设了3cm沥青混凝土面层。这两座桥至今使用状态良好,未产生坑槽、唧浆、推移、车辙等病害,也未进行罩面维修。

这两座桥的成功经验值得深刻反思,是否能照搬应用于路基段的路面结构?从铺装结构的受力体系看,桥面的沥青混凝土铺装层相当于一个薄面层,而桥梁的上部结构相当于一个承力体系的基层结构,因此整个铺装结构相当于一个承力体系的路面结构。与实体路面结构不同点在于,桥梁上部结构采用钢筋混凝土,整体结构的刚度和均匀性明显好于路面结构的基层。采用水泥混凝土或碾压贫混凝土基层的组合式路面结构,尽管其刚度较大,但板缝的存在也会影响薄层沥青混凝土铺装的耐久性。再者,桥面板的强度一般远高于半刚性基层(即使采用高强度的水泥稳定级配碎石,其抗压强度也远低于水泥混凝土),沥青混凝土铺装层与桥面板之间的层间结合能力远优于与半刚性材料层的结合能力。出于这两方面原因,薄层桥面铺装方案一般难以复制到路基段的沥青路面结构设计中。但是,这两座桥的成功经验证明了,承力体系沥青路面结构的设计思想是可行的,承力体系结构对于改善沥青路面使用品质,延长使用寿命是有利的。

借鉴桥面铺装的成果经验,在路基段,设计、修建承力体系的沥青路面结构需注意两方面问题：一是，除了提高广义基层的整体刚度水平外，上基层结构的强度和均匀性尤为关键；二是，选择薄沥青面层的合理厚度。

一般来说，当广义基层设置为四层高强度的半刚性材料结构层时，广义基层的整体刚度能够满足承力体系结构的技术需求，此时，上基层结构的强度和均匀性则显得尤为重要。当采用半刚性材料（如水泥稳定级配碎石）时，尽管此时 7d 无侧限抗压强度可达到 6~7MPa，但与水泥混凝土相比仍明显偏低，难以形成粗糙、稳固的层间界面状态。当仅铺设 3~5cm 厚的一层沥青面层时，在繁重的交通荷载作用下，层间界面的损伤将是这种铺装结构破坏的主要成因。为此，采用水泥混凝土上基层将会有效解决这个问题。然而，由于水泥混凝土基层存在板缝问题，一层沥青混凝土铺装容易产生反射裂缝，如果不能及时有效地封缝，雨水、灰尘渗入到板底，将导致水泥混凝土板的破坏。因此，当仅铺设一层沥青混凝土时，采用不设板缝的连续配筋混凝土作为上基层是一个比较稳妥的方案。

当然，对承力体系的"薄面层"铺装不局限于一层沥青混凝土铺装，上文讨论沥青面层厚度时，推荐的 9~12cm 沥青面层厚度也可称为薄面层。沥青面层厚度的增加，意味着沥青面层承担的荷载作用的比例增大，尽管与广义基层相比占比较小，而且以压应力为主，但沥青层内部受力的增加，将导致沥青面层产生车辙、开裂等形式的荷载型损伤。

【算例】 图 4-6 为一个刚度较大的半刚性基层结构，有三层半刚性材料结构层，相关技术参数（采用 2006 年版设计规范的模量体系）如图 4-6 所示。当在半刚性基层顶面分别铺设 3cm、4cm、5cm、6cm、8cm、10cm、12cm、14cm、16cm 的沥青面层时，按照完全连续的弹性层状体系模型，分别计算双圆荷载轮中心位置的沥青面层底部与半刚性基层顶面 x 和 y 方向应力差。并绘制相应的应力差变化曲线，见图 4-7。这个应力差分别表示垂直荷载作用下，x 与 y 方向的层间剪应力水平。需要说明，本算例采用的力学模型与沥青路面实际的受力状态存在一定的差异（如未考虑水平荷载作用），但作为经典的沥青路面力学模型，相应的计算结果对于分析沥青路面结构内部的力学状态仍具有一定的参考价值。

图 4-7 中显示出，随着沥青面层厚度的增加，x 和 y 方向的层间剪应力总体上呈现出逐渐减小的趋势，尽管 x 方向的层间剪应力在沥青面层厚度 5cm 时出现一个小的峰值。当沥青面层厚度由 1 层的 3~5cm 增加到 2 层 9~12cm 后，x 和 y 方向的层间剪应力分别由 23~27kPa、17~25kPa 减小到 15~19kPa 和 2~5kPa。层间剪应力的大幅度减小，说明增加沥青面层厚度对于改善沥青面层与半刚性基层之间的层间结合状态是有利的。

另外，该算例还计算了不同沥青面层厚度时，沥青面层顶面和底面的三向主应力差（图 4-8）和 Mises 等效应力差值以及面层底面的 Mises 等效应力（图 4-9），以反映不同厚度沥青面层内部的应力变化情况，进而表征沥青面层厚度变化对面层受荷水平的影响。

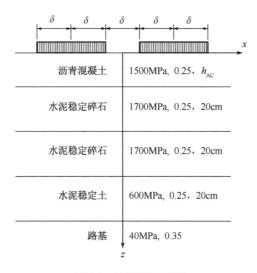

图 4-6 计算结构示意图

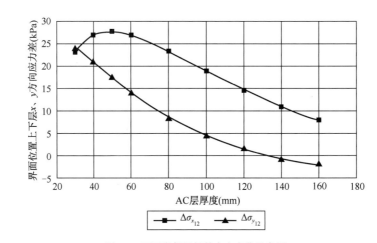

图 4-7 面层底部层间剪应力变化示意图

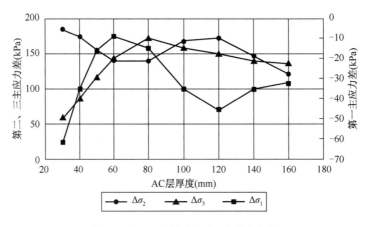

图 4-8 面层顶面和底面的三向主应力差

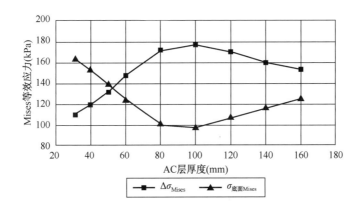

图 4-9 Mises 等效应力差值以及面层底面的 Mises 等效应力

由图 4-8 看出,不同方向主应力差值随沥青面层厚度增加的变化规律是不同的。从 Mises 等效应力的变化规律看出,随着沥青面层厚度的增加,当达到 10cm 左右时,面层底部的 Mises 等效应力达到最小值,与此同时,面层顶面和底面的 Mises 等效应力差值达到最大值,当厚度继续增加,面层底部的 Mises 等效应力又逐渐增加,而 Mises 等效应力差值逐渐减小。

由此看来,对于承力体系结构,沥青面层也承受一定的荷载作用,也会产生荷载作用下的疲劳损伤,只是与厚沥青混凝土结构或者传力体系结构的损伤原理有一定差异。当沥青面层很薄时(如一层沥青混凝土铺装),层间的结合状态是导致沥青面层破坏的主要力学成因;当沥青面层有一定厚度时(如 10~12cm),受荷载扩散的影响,层间结合的不利因素得到缓解,沥青面层内部的应力、应变状态将是导致压剪疲劳开裂的主要成因;当沥青面层厚度进一步增加时,车辙形式的压剪损伤将是沥青面层破坏的主要模式。当然,对于后者,沥青路面结构也将逐渐由承力体系向传力体系转变。

对此,北京环道 7000 万次的加载试验证明了这个现象。环道 19 种不同结构形式的沥青路面试验段,沥青混凝土结构层厚度分别为 12cm、16cm、18cm、24cm、28cm、36cm、48cm 和 52cm。环道加载试验至今,各个试验路段的结构弯沉(FWD 弯沉)不大于 0.18mm,仍小于我国重载交通沥青路面结构的设计弯沉,也未产生一般工程中常见的纵向裂缝和网裂,说明各个试验段仍具有良好的整体承载能力。当前,各试验路段的主要病害形式为行车道上横向的、自上而下的疲劳裂缝以及车辙。而且经过统计分析发现,这种横向裂缝主要集中在沥青混凝土层厚度不大于 18cm 的试验路段上,而这些路段上的车辙深度明显小于其他沥青混凝土层较厚的试验路段。由此说明,正常情况下,沥青面层的力学损伤存在自身的疲劳开裂和车辙变形两种形态,这两种形态力学损伤的发展趋势与沥青面层厚度有关。

另外,在承力体系结构的力学特性分析时,还应考虑交通荷载的分布特性以及道路材料的力学响应特性。交通荷载作用于路面结构,并在结构内部逐步向下扩散,位于路面结构上层的材料承受最大的荷载作用。另一方面,道路材料的力学响应特性存在显著的应力/应变依赖性,即同一种材料放置于路面结构的上层,与放置于路面结构的底基层,其所承受的外力荷载水平是不一样的,因此,其力学响应状态也是不一样的。这个力学响应状态可以采用回弹模量指标反映(道路材料回弹模量的应力/应变依赖性问题将在下一章讨论)。也就是说,相同材料、相同厚度的结构层,在相同荷载作用下,当放置于结构上层与结构下层时,结构层的刚度水平是不一样的,而且这种刚度水平的差异与材料的压剪或弯拉损伤模式有关。

由于承力体系的薄面层处于压剪损伤状态,对于整体性的沥青混凝土材料,在压剪损伤状态时,存在硬弹簧现象,即材料在产生压剪破坏前,随着应力或应变水平的增加,材料的回弹模量逐渐增大。因此,位于路面结构上层的沥青面层的受力水平大于下面各个结构层,从而导致薄面层的刚度较大。这是承力体系薄面层的一个特征。当为传力体系结构时,相同厚度的沥青面层由压剪损伤转化为弯拉损伤,而沥青混合料的力学响应特征由硬弹簧转变为软弹簧,回弹模量随荷载的增加而减小,由此,沥青面层的刚度将小于承力体系结构。

总之,沥青路面结构承载能力的损伤主要是广义基层结构的损伤,主要的影响因素是结构的整体刚度、组合形式以及各个结构层的受力模式,最终导致各个结构层材料的不同损伤模式。从长寿命路面的使用需求看,保证基层结构的足够的承载能力及其耐久性是必要条件。

4.2 功能设计与性能模型

上节提出了宽刚度域基层的沥青路面结构体系概念,描述了沥青面层、广义基层和广义路基的概念和功能需求。在此基础上,本节进一步讨论沥青路面结构的设计方法。

4.2.1 功能设计的模型体系

图4-10为沥青路面结构设计的逻辑框图。当前,国内外沥青路面设计大致分为两大类,一类是典型结构设计,另一类是性能模型设计。典型结构设计是根据已有的工程经验,按照交通荷载、路基状态以及道路等级等参数,以结构图谱的形式表达沥青路面的结构组合形式和材料类型。国际上著名的设计方法(或指南)一般都提供相应的典型路面结构图谱,如美国的 AASHTO 设计指南、MEPDG 设计指南和法国、南非的设计规范等。我国是在 20 世纪 90 年代初开始研究制定沥青路面的典型结构,目前国内许多省(区、市)按照不同地区、不同公路等级和交通荷载水平,提出了相应的典型结构,用于指导沥青路面设计。

典型结构设计方法的优势在于简便、易用。事实上,这些典型结构在推荐之前都已经过性能模型设计方法校验。推荐典型结构是为了简化设计流程,规避了烦琐的力学计算和模型验算工作,对于经验不足的设计者,起到良好的辅助、指导作用,提高设计可靠性。

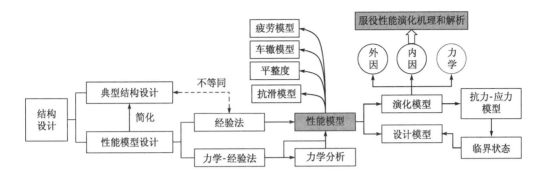

图 4-10 沥青路面结构设计的逻辑框图

然而,典型结构设计方法也存在一定的局限性。例如:典型结构设计一般仅给出某一结构层的厚度范围,如沥青面层 9~12cm,在具体的工程中,还需要进一步明确沥青面层厚度数值,为此,除经验判断外,还需要相应的性能模型验算。

1) 性能模型设计

性能模型设计是沥青路面设计的基础方法。其基本流程是:根据路面服役性能的要求,确定相应的性能指标,并构造设计模型,通过迭代验算,确定道路结构和材料的设计参数和技术指标。性能模型设计一般分为经验设计方法和力学-经验设计方法(又称半经验-半理论设计方法)两类。经验设计方法和力学-经验设计方法的区别在于设计模型的构造方法。需要指出,经验设计方法并不是典型结构设计,而是性能模型设计的一种方法。

经验设计方法的服役性能设计模型来自室内外试验数据的统计分析。目前,国际上代表性的经验设计方法是美国 AASHTO 设计指南。该方法采用现时服务能力指数(PSI)作为路面服役性能的综合性指标,并以此构建设计模型。式(4-1)为 PSI 指标表达式,式(4-2)和式(4-3)为相应设计模型的表达式。

$$\mathrm{PSI} = 5.03 - 1.91\lg(1 + \mathrm{SV}) - 0.01\sqrt{C + P} - 1.38\mathrm{RD}^2 \tag{4-1}$$

式中:SV——轮迹带纵断面的平均坡度方差;

　　C——网状裂缝的裂缝面积;

　　P——修补面积;

　　RD——平均车辙深度。

$$\lg N_{18} = 9.36\lg(\mathrm{SN} + 1) - 0.20 + \frac{\lg\left(\dfrac{\Delta \mathrm{PSI}}{4.2 - 1.5}\right)}{0.4 + \dfrac{1094}{(\mathrm{SN} + 1)^{5.19}}} + 2.32\lg E_{se} - 8.07 - \beta s_z \tag{4-2}$$

$$SN = a_1h_1 + a_2h_2m_2 + a_3h_3m_3 \tag{4-3}$$

式中：N_{18}——使用年限内累计标准轴载作用次数，以百万计；

ΔPSI——服务能力指数由初始状态下降到使用期末终端状态的变化量；

SN——路面结构数；

h_1、h_2、h_3——面层、基层、底基层的厚度（in，1in = 2.54cm）；

a_1、a_2、a_3——面层、基层和底基层的层位系数，为相应材料回弹模量的函数；

m_2、m_3——基层和底基层的排水系数，与排水质量有关；

E_{se}——路基有效回弹模量（psi，1psi = 6.97kPa）；

β——目标可靠指标；

s_z——包括交通预估和使用性能预估的总标准差。

从式（4-1）可以看出，服役性能 PSI 指标是路面平整度（SV）、裂缝（C）、修补（P）和车辙深度（RD）等路面状态的综合表达，但该指标并没有全面反映路面的病害类型或服役状态。基于上文的沥青路面病害分析可以判断，PSI 指标既不能准确反映沥青路面结构的疲劳损伤状态（因为网裂面积虽然与路面结构疲劳损伤相关，但并不必然相关），也不能准确反映沥青路面的表面功能状态（因为没有路表磨损状态的描述），该指标主要反映了车辆行驶舒适性的水平，并不适用于长寿命沥青路面设计的要求。为此，2000 年后，在 AASHTO 设计指南的基础上，美国研发提出新一代的力学-经验设计方法，即基于性能的力学-经验法，简称 MEPDG。

与经验设计方法相比，力学-经验设计方法的服役性能设计模型是在室内外试验数据的统计分析的基础上，将服役性能的演化过程与力学损伤机理有机结合，而形成的一类设计方法。该方法将某些工程或某一地域的工程经验，借助相关的力学手段提炼成共性规律，提高了设计模型的可靠性，同时也具有更为广泛的适用性。该方法形成于 20 世纪 60 年代，是目前世界各国主要的设计方法。1978 年，我国自主研发并颁布的第一部沥青路面设计规范（当时称为柔性路面设计规范）就是基于力学-经验法编写的。

由于力学分析方法的引入，沥青路面设计指标和模型更加全面，例如：美国 MEPDG 设计指南中，由原先 AASHTO 设计指南中单一的 PSI 指标，演变为沥青混凝土和水泥稳定碎石的疲劳指标和模型、沥青路面的车辙指标和模型、路基顶面压应变指标和模型以及平整度指标和模型等多性能指标。这些模型的具体表达将在下节中介绍。

同时也可看出，在力学-经验设计方法中，力学模型和分析方法尤为关键。目前，弹性层状力学体系是国际上普遍使用的沥青路面力学模型。该模型的力学体系成熟，计算方法较为简单，能够计算得到多层体系的理论精确解。然而，由于沥青路面结构和材料具有显著的非线性力学响应特征，既有的线弹性的层状体系力学模型存在系统性的误差，理论计算结果需要进行修正；另外，建立沥青路面非线性的层状力学体系目前仍存在一些理论上和实践上的瓶颈。因此，当前沥青路面力学分析中主要存在两个问题，一是线弹性力学解的修正问题，二是非线性力学模型的探索问题，本书下文将进一步探讨。

从以上分析可以看出,经验方法与力学-经验法的主要区别在于服役性能设计模型的构成方式不同。另外,在性能模型设计中,设计模型来自服役性能的演化模型,该演化模型反映了服役期间性能的演化规律。在构建服役性能演化模型的基础上,引入相应服役性能的设计指标,确定临界状态,构建抗力-应力模型,最终形成相应的设计模型。由于力学-经验法是多性能指标设计,存在不同性能指标设计结论不一致的问题,即不同设计指标确定的累计标准轴载作用次数不一致,因此,一般采用最小值原理确定设计结论。

再者,力学-经验设计方法是针对具体结构层进行设计,比经验设计方法的结构功能性更明确,与结构的功能化设计更加紧密。例如:提出的沥青混凝土层和半刚性材料结构层的抗疲劳设计模型,以及沥青混凝土层的抗车辙模型,都是针对沥青混凝土层和半刚性基层的使用功能。但由于设计指标的局限,力学-经验设计方法仅能完成部分的结构功能化设计的内容。

2) 模型体系

根据沥青路面的使用需求和典型的病害类型,确定沥青路面设计的性能指标,建立相应的性能模型,这是沥青路面性能模型体系构建的基本思路。一般来说,耐久、舒适、安全和环保是沥青路面四种主要的使用需求,分别对应沥青路面的承载能力、抗变形能力、抗滑能力以及降噪(环保)能力等四类服役性能。结合长寿命路面的双寿命设计体系,这些服役性能大致可归结为两大类:结构安全性能和表面使用功能。结构安全性能主要指广义基层和广义路基的承载能力耐久性,表面使用功能主要针对沥青面层使用品质和耐久性。表面使用功能又可分为路面变形和路表状态两个子类。一般来说,路面变形是针对沥青路面整体结构损伤状态,路表状态是针对沥青面层的表面性能需求,其中路面变形包括横向变形(车辙)和纵向变形(平整度),路表状态主要指路面的抗滑性能和降噪性能。至此,形成整个沥青路面的服役性能体系,见图4-11。

对应第3章有关路面病害的评述,发现有些病害(如裂缝、水损坏),并没有单独对应相应的服役性能和指标,这是因为某种路面服役性能的衰变往往是由多种病害成因导致的,路面病害与服役性能的评价并不是一一对应的。这些服役性能是从结构的服役功能角度进行划分的。

此外,从图4-11也可看出,对于同一个服役性能指标,有多种检测方法,存在多种评价指标。需要说明的是,由于路面服役性能的物理、力学机理的复杂性,每种性能检测方法都是基于一定的检测原理,都具有一定的合理性和条件性。但是,对于同一个服役性能指标,由于检查方法的不同,检测的数值是不同。当采用不同方法评价同一个服役性能时,应考评这些检测结果的相关性和一致性。

需要指出,鉴于沥青路面服役性能的复杂性,目前并不是所有服役性能都建立了相应的性能模型,如抗滑性能、降噪能力,仅有性能指标,还没有性能模型。本节将主要介绍承载能力、永久变形等两类服役性能的性能模型。

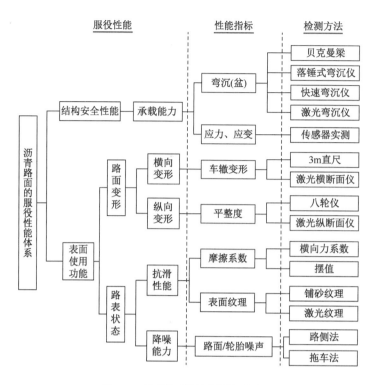

图 4-11 沥青路面服役性能体系框架图

4.2.2 承载能力评价指标及模型

国际上基于力学-经验的沥青路面设计方法中,承载能力的设计评价指标一般分为两大类。一类是以欧美国家为代表的沥青路面设计方法(如 AI 法、英国设计方法、法国设计方法),以及近些年美国提出的基于性能的力学经验法 MEPDG 设计方法,这些方法均采用沥青混凝土底部的弯拉应变、半刚性材料层底的弯拉应力以及路基顶面的压应变等指标进行路面结构承载能力的评价和设计。另一类是以东欧国家为代表的路面设计方法,一般采用弯沉指标作为主要设计指标,表征路面结构整体的回弹变形能力,并结合相应整体性结构层应力或应变指标。这里的"弯沉"概念是一个设计指标,而不仅仅是一个工程现象。2017 年以前,我国沥青路面设计方法采用这套体系,之后转向为欧美设计体系。

弯沉与应力/应变指标从不同角度反映沥青路面结构的承载能力水平。弯沉指标反映整体结构的承载能力,当弯沉指标增加到某一临界数值时,说明整体结构承载能力达到临界状态,结构的安全寿命终止。然而,如前文所述,无论用于检测评价,还是用于结构设计,弯沉指标存在明显的结构依赖性。即仅适用于同一类结构或同一结构之间承载能力的相互评价,不同类型路面结构的弯沉数值、演化规律和临界指标是不同,忽视这个条件,则必然导致弯沉指标的"异化"。这反映了弯沉指标评价结构承载能力的局限性。但是,与其他力学指标相比,弯沉的可实证性具有无法替代的优势,因此,采用弯沉指标作为承载能力评价的技术指标有其必然性和合理性,否则将导致结构设计与实际工程相脱节。与相应结构层的应力/应变验算有机结合,是完善弯沉指标体系的有效技术对策。

应力、应变指标反映结构中某些结构层的受力状态。对于同一种路面材料的结构层,不论用于哪种类型的结构,只要结构层的受力水平超出材料受力的极限状态,该结构层就产生相应的破坏,不受结构形式约束。这是这类指标优于弯沉指标的地方,但同时也产生两个技术难点:一是由于路面结构受力状态的复杂性,究竟结构层哪个位置的应力、应变指标是表征结构层疲劳损伤的控制指标;二是由于沥青路面是由多层材料组成的复合结构,当某一结构层的应力或应变指标达到临界数值时,仅说明该结构层产生破坏,并不意味着整体结构使用寿命的终结。例如:对于半刚性基层结构,当下层底基层的弯拉应力超过设计临界状态时,意味着底基层将产生破坏,然而并不意味着上层的底基层或基层也产生破坏。

基于现行的弹性层状力学体系,如何合理确定实体结构的弯沉、应力、应变等指标是值得重视的问题。在实际工程的力学分析和结构设计时,常常因为材料参数(如回弹模量)取值的不同,导致同一个路面结构存在多种的力学状态,从而降低了路面力学分析的客观性。需要指出的是,对于级配碎石结构层或刚性材料结构层,以及水损坏、路基滑移、不均匀沉陷等因素导致的路面结构承载能力损伤问题,目前尚未有效的性能评价指标。

以下将针对弯沉和应力/应变这两类指标的适用性问题以及国内外相关的性能模型进一步讨论。

1) 弯沉指标的承载能力评价

弯沉指标(BB弯沉)曾是我国沥青路面结构设计的一个核心指标,经过半个多世纪的发展,逐步完善,该指标指导了以高速公路为代表的我国沥青路面结构设计。以下简要回顾一下我国弯沉指标的发展过程。

新中国成立初期,我国主要参照苏联的路面设计方法,1958年颁布的设计规范基本上是沿用1954年苏联《柔性路面设计须知》的方法,以均匀体弹性理论为基础,采用单圆荷载模式,按极限相对变形为指标进行设计,见式(4-4)。

$$\lambda_k = \frac{l_k}{D} \quad (4-4)$$

式中:λ_k ——极限相对变形值;

l_k ——极限变形值;

D ——荷载圆直径。

在实际的使用过程中发现该公式存在问题,特别是设计指标容许相对变形值 λ 不合理。1964年前后,由于BB弯沉仪的全面推广,初步提出以标准汽车荷载下的容许弯沉值代替相对变形值 λ 的建议。1972年、1973年进行了全国容许弯沉值的调查,得出结论。

直到1978年柔性路面设计规范的颁布,正式采用双轮间隙中心的容许弯沉值l_r作为设计标准,见式(4-5)。容许弯沉值的概念是路面经汽车荷载作用达到设计标准的轴载作用次数后,路面进入临界状态时,在最不利季节测定的实际弯沉值。该公式推导时,综合分析调查结果并参照国际上室内疲劳试验的规律,确定指数为0.2;然后各地调查统计回归的结果,按照1倍标准差确定1.37的系数。需要指出的是,由于我国当时高级沥青路面(指沥青混凝土路面)很少,这些调查结果是针对沥青表面处治和沥青贯入与沥青碎石路面等中级沥青路面的;同时,当时我国高等级(高速、一级、二级)公路也很少,因此,这个公式中没有相应的公路等级参数。

$$l_r = \frac{1.37}{N^{0.2}} \cdot A_1 \tag{4-5}$$

式中:A_1——路面类型系数,沥青混凝土为1.0,沥青碎石或贯入为1.1,沥青表面处治为1.2,中级路面为1.4。

1986年规范修订时,针对上版规范弯沉指标的不足,在北京等地大交通量的城市主干路上进行容许弯沉值调查,并以城市主干路作为一级公路标准,参照美国AASHTO设计方法中主要干线最终耐用性指数$p_t = 2.5$的标准,重新对式(4-5)进行修正,并引入公路等级系数,见式(4-6)。与式(4-5)相比,弯沉公式中的系数由1.37调整为1.1。

$$l_r = \frac{1.1}{N^{0.2}} \cdot A_c \cdot A_s \tag{4-6}$$

式中:A_c——公路等级系数,高速公路为0.85,一级公路为1.0,二级公路为1.1,三、四级公路为1.2;

A_s——面层类型系数,沥青混凝土、热拌沥青碎石为1.0,沥青上拌下贯式、沥青贯入式、冷拌沥青碎(砾)石为1.1,沥青表面处治为1.2,粒料类面层为1.2。

随着20世纪80年代我国高等级公路半刚性基层结构的研究使用,特别是京津塘高速公路的修建,沙庆林提出了京津塘高速公路容许弯沉的设计模型[式(4-7)],这是我国首个针对高速公路提出的弯沉模型,具有较高的可靠性。对比式(4-6),该模型对指数系数和公式系数都进行了调整。

$$l_r = \frac{22}{N^{0.26}} \tag{4-7}$$

然而,在1997版沥青路面设计规范中,仍沿用了1986年版设计规范中0.2的指数系数,并将容许弯沉改为设计弯沉(l_d),设计模型公式见式(4-8);2006版设计规范沿用了1997版规范的公式,但对A_s、A_b系数的定义有所调整。容许弯沉表征使用期末路面结构容许的弯沉水平,设计弯沉是指建设初期的弯沉指标,因此,弯沉数值大幅度减小。

$$l_d = 600 N_e^{-0.2} A_c \cdot A_s \cdot A_b \tag{4-8}$$

式中:N_e——设计年限内一个车道累计当量轴次(次/车道);

A_c——公路等级系数,高速公路、一级公路为1.0,二级公路为1.1,三、四级公路为1.2;

A_s——面层类型系数,沥青混凝土面层为1.0,热拌沥青碎石、热化沥青碎石、上拌下贯或贯入式路面为1.1,沥青表面处治为1.2,中、低级路面为1.3;

A_b——基层类型系数,当半刚性基层、底基层总厚度等于或大于20cm时,为1.0;当半刚性基层和沥青面层之间设置等于或小于15cm的级配碎石层、沥青贯入碎石、沥青碎石的半刚性基层结构时,为1.0;柔性基层、底基层取1.6;当柔性基层厚度大于15cm,底基层为半刚性下卧层时,取1.6。

2006年版规范对A_s、A_b系数的定义为:

A_s——面层类型系数,沥青混凝土面层为1.0,热拌和冷拌沥青碎石、沥青贯入式路面(含上拌下贯式路面)、沥青表面处治为1.1;

A_b——路面结构类型系数,半刚性基层沥青路面为1.0,柔性基层沥青路面为1.6。

图4-12为以上4个容许(设计)弯沉与累计轴载作用次数的关系曲线比较图,其中相关参数按高速公路沥青路面取值。从图4-12中曲线的变化关系可以看出,由于1978年版、1986年版和1997年版(包括2006年版)的弯沉模型中累计轴载作用次数的指数均为0.2,因此这三条曲线是平行的,而京津塘公式的指数为0.26,大于0.2,因此该曲线中弯沉随荷载作用次数增加的衰减幅度明显大于其他三条曲线。

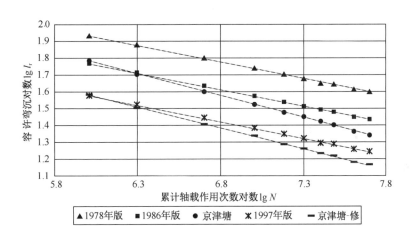

图4-12 不同容许(设计)弯沉曲线比较

再者,比较1978年版与1986年版曲线发现,在相同荷载作用次数条件下,1986年版曲线的弯沉数值明显小于1978年数值,说明1986年版规范考虑高等级公路的影响因素后,容许弯沉数值降低,承载能力要求明显提高。比较1986年版规范曲线和京津塘曲线发现,当荷载作用次数较大时,京津塘的弯沉数值小于1986年版规范数值,而且荷载作用次数越大,这个差异越大。说明京津塘的容许弯沉公式更适用于半刚性基层的高速公路沥青路面结构。

比较1986年版与1997年版的弯沉曲线可以发现,由于这两个弯沉的概念不同,1997年版规范的弯沉数值明显小于1986年版规范,弯沉对数值平均减小约13%。但是难以确认1997年版规范修订后，是否对路面承载能力的要求提高了。

按照图4-12中1986年版与1997年版的弯沉关系，对京津塘模型进行修正，得到图中"京津塘-修"曲线。由此看出，按照建设初期的弯沉指标要求，当荷载作用次数较大时，京津塘模型要求的路面承载能力大于1997年版规范要求的水平。

由以上介绍可以看出，弯沉指标是随我国公路建设发展的需要而不断完善的。早期的弯沉指标是针对中低等级公路和中级路面而制定的，随着我国高等级公路半刚性基层沥青路面的发展，弯沉指标不断修订而逐步完善。可以说，京津塘高速公路和1997年版以后的弯沉公式是针对半刚性基层结构使用特性而确定的，这样也就回应了欧美国家对于弯沉指标用于结构设计的疑虑。

除我国外，苏联、匈牙利、捷克和日本建立的弯沉与累计轴载作用次数的行为模型见式(4-9)~式(4-12)。

$$d = \frac{d_1}{1 + \lg N} \quad （苏联） \tag{4-9}$$

$$\lg d = a + b\lg N \quad （匈牙利） \tag{4-10}$$

式中：a——常数；

b——与基层结构形式有关的系数，为0.2~0.24。

$$\lg d = 0.85 - 0.16\lg N \quad （捷克） \tag{4-11}$$

$$\lg N = 0.179 d^2 - 1.117 d + C \quad （日本） \tag{4-12}$$

式中：N——累计轴载作用次数；

d——弯沉(mm)；

C——与道路等级有关的常数。

21世纪以来，我国高速公路沥青路面的结构形式多样化，特别是沥青混凝土结构层厚度的增加，导致原有弯沉指标的结构局限性日益凸显。2006年版规范考虑到路面基层形式的变化，提出：当为半刚性基层结构时，路面结构类型系数A_b取1.0；当为柔性基层结构时，取1.6。但这个规定过于宽泛，不利于实际工程的设计使用。按照这个规定，在相同荷载使用条件下，当采用柔性基层后，路面结构的弯沉指标要求就可以比半刚性基层结构放大60%，这显然不符合实际情况。而且可用于柔性基层的材料类型很多，品质差异也很大，不能用一个单一的1.6系数概而论之。

面对多元化的路面结构形式，弯沉指标的发展存在两个趋势，一是放弃弯沉指标，二是完善原有的弯沉指标。放弃弯沉指标意味着缺少一个可以反映路面结构承载能力的技术指标，而且目前尚没有一个更好的替代指标，更主要的是导致路面设计与实际工程的质量控制之间缺少一个有价值的桥梁，导致设计与施工脱节。因此，完善弯沉指标是必然的选择。

近年来，随着长寿命沥青路面设计技术的发展，对于长寿命沥青路面弯沉指标又有了新的认知。按照长寿命的技术要求，为了确保结构安全寿命的显著提升，路面结构的弯沉指标将会大幅度降低。以往一般高速公路设计弯沉的指标为 20(0.01mm) 左右,但按照长寿命路面标准则需要减小到 10(0.01mm) 左右。北京环道的 19 种路面结构形式的试验路段的交工弯沉均达到这个水平,这些试验路段经过 7000 万次标准轴载作用,至今仍未产生明显的结构损伤破坏。

其次,由于弯沉指标的大幅度减小,沥青路面弯沉的非线性特征则更加显著。直观地反映在半刚性基层结构上,当采用高强度半刚性基层结构时,加铺一层沥青混凝土层后,路面结构的弯沉不但没有减小,反而有所增大。这种弯沉反常现象反映出高强度基层结构的弯沉非线性特征,这方面问题还有待进一步研究。

再者,同样由于弯沉指标的大幅度减小,为了保证实际工程的弯沉的测量精度和可靠性,需要改进现有弯沉的测量方法,需要采用 FWD 弯沉代替 BB 弯沉。但是,由于两类弯沉存在原理上的差异,需要修正既有的设计(容许)弯沉模型,对此还有待进一步深入研究。

2) F 综合修正系数

与设计(容许)弯沉指标相对应的是路面结构的实际弯沉指标。设计(容许)弯沉值是表征路面结构达到设计标准临界状态时的弯沉值;而实际弯沉则反映路面结构在标准荷载作用下所能产生的弯沉水平。在弯沉指标的设计体系中,当实际弯沉不大于临界弯沉值时,则路面结构的弯沉水平满足设计要求,见式(4-13)。

$$l_r \text{ 或 } l_d \geq l_s \tag{4-13}$$

实际弯沉首先是根据沥青路面力学模型,针对设计结构计算得到该结构的理论弯沉值。由此产生一个问题,理论弯沉是否与真实路面结构的实际弯沉相等?

对此,我国在制定 1978 年版设计规范时发现,由于土基和路面材料并不是线弹性体,按线弹性层状体系计算的理论弯沉值与实际工程测量的弯沉值存在差异。为此,提出了 F 综合修正系数模型,基本模型表达见式(4-14),从中看出,该系数与土基模量、实测弯沉值相关。为了简化计算,将式中 m、n 统一为一个指数,并引进标准车型参数(p、δ),得到 F 综合修正系数的标准模型,见式(4-15)。

$$F = a^1 \cdot l_s^m \cdot E_0^n \tag{4-14}$$

$$F = \frac{l_s}{l_e} = A \cdot \left(\frac{l_s \cdot E_0}{2p\delta}\right)^B \tag{4-15}$$

之后,根据内蒙古自治区巴彦淖尔市五原县、甘肃省定西市、江苏省徐州市睢宁县等地石灰试验路的整层试验材料,以及全国各地大型承载板分层测定的资料,进行统计分析,最终得到 F 综合修正系数的表达式,见式(4-16)。

$$F = A_F \left(\frac{E_0 l_r}{2p\delta}\right)^{0.38} \tag{4-16}$$

式中:A_F —— F 综合修正的荷载系数,Bzz-100 为 1.47,Bzz-60 为 1.5;

E_0 —— 土基回弹模量(MPa)。

1997年以后我国沥青路面设计统一采用 Bzz-100 为标准荷载,因此,以后规范中不再有荷载系数这一概念,而采用统一参数。此外,1997年设计规范采用设计弯沉代替容许弯沉,因此对 F 综合修正系数进行了适当调整,见式(4-17)。该模型一致沿用到2006年版的设计规范。

$$F = 1.63 \left(\frac{l_s}{2000\delta}\right)^{0.38} \left(\frac{E_0}{p}\right)^{0.36} \tag{4-17}$$

式中:l_s——路表实际弯沉值(0.01mm),在临界状态时,$l_s = l_d$;

p、δ——标准车型的轮胎接地压强(MPa)和当量圆半径(cm);

E_0——土基抗压回弹模量值(MPa)。

从式(4-17)可以看出,调整后的 F 综合修正系数模型,A 值由1.47增加到1.63,同时将 B 值分为两个数值,0.38和0.36,回归到初始基本模型,见式(4-14)。

需要指出,式(4-16)和式(4-17)的概率水平或者说是保证率水平均为50%。沙庆林在京津塘高速公路设计时,以1986年版的 F 综合修正系数公式为基础,分别提出了概率水平90%和95%的公式系数,90% 为 $A = 1.72$,$B = 0.38$;95% 为 $A = 1.81$,$B = 0.38$。在"八五"期间,沙庆林、王旭东在国家攻关项目"高等级公路沥青路面典型结构研究"中,结合陕西西安试验路、河北正定试验路、吉林长农试验路和同济大学广深珠试验路的有关调研数据,进一步提出了 F 综合修正系数概率水平50%、90%和95%下的公式系数,50%下,$A = 1.40$,$B = 0.42$;90% 下,$A = 1.75$,$B = 0.42$;95% 下,$A = 1.87$,$B = 0.42$。

另外,根据式(4-17),推导出式(4-18)。说明除荷载因素外,影响理论弯沉与实测弯沉差异的主要因素是土基模量。

$$令 A = 1.63 \left(\frac{1}{2000\delta}\right)^{0.38} \left(\frac{1}{p}\right)^{0.36}$$

则

$$l_s = A \cdot l_e \cdot l_s^{0.38} \cdot E_0^{0.36} \quad l_s = (A \cdot l_e \cdot E_0^{0.36})^{\frac{1}{0.62}} \tag{4-18}$$

从弯沉原理上看,土基模量的影响是可以理解的,弹性层状体系理论计算表明,土基模量的大小对整体路面结构弯沉数值的影响非常显著。然而实际工程现象表明,对于不同类型的结构,土基模量对于实测弯沉数值的影响是不同的,例如:对于传力体系结构,土基模量对于弯沉的影响是显著的,而对于承力体系结构,这个影响则大幅度减小。同时,根据现有的研究分析发现,对于承力体系结构,理论计算的弯沉与实测弯沉之间的误差明显大于传力体系结构,说明,对于承力体系结构,为了修正两个弯沉之间的差异,仅仅考虑土基模量是不够的。这方面研究还有待深入。

最后需要说明的是,以上这些弯沉都是采用贝克曼梁弯沉检测得到的,是"静态"的弯沉指标,对于当前普遍使用的 FWD 弯沉尚没有相应的模型公式。

3) 弯拉应力指标的设计模型

我国2017年以前的沥青路面设计方法中,各整体性结构层的应力验算一直是路面设计中的重要组成部分。但之所以将弯沉指标称之为设计指标,而应力指标称之为验算指标,可能主要有两方面原因。一是,结构层应力(或应变)计算涉及多层弹性层状体系的计算问题。我国 1978 年版设计规范的力学模型仍以双层体系为基础,直到 1986 年版设计规范才拓展到三层体系,因此,1986 年版规范才明确提出整体性结构层的拉应力验算指标问题。到 1997 年版规范修订时,多层体系的路面力学计算问题彻底解决,尽管仍将应力计算作为验算指标,但是在实际的结构设计中,应力指标也与弯沉指标处于同等地位。二是,尽管结构内部的应力(或应变)指标可以通过力学计算得到,但是在实际工程中难以测量,也就是说无法验证理论计算的结果是否与实际工程状态相符。按照力学等效的原理,既然按照同一个力学体系计算的弯沉指标需要修正(指 F 综合修正系数),那么计算的应力(或应变)指标也应该进行修正,但是如何修正仍是至今没有得到有效解决的问题。这也是目前,国内外采用应力或应变指标进行路面结构设计时主要的技术瓶颈。

现首先简单回顾一下我国弯沉设计体系下的应力指标设计模型。在 2017 版设计规范之前,我国一直采用弯拉应力指标验算沥青混凝土层底和半刚性材料层底的疲劳损伤。式(4-19)和式(4-20)分别为 1986 年版和 1997 年版的容许弯拉应力(σ_r)计算模型。这两个模型的表达形式是一样的,主要的区别在于:1986 年版中的强度指标(S)为梁式弯拉强度,1997 年版中的强度指标(σ_{SP})为圆柱形试件的劈裂强度,由此,两版规范中不同材料层的 K_S 系数计算公式有所不同。2006 年版规范中弯拉应力计算公式基本与 1997 年版规范一致。

$$\sigma_r = \frac{S}{K_S} \tag{4-19}$$

对于沥青混凝土面层:$K_S = \dfrac{0.12}{A_C} N_e^{0.2}$

对于整体性基层:$K_S = \dfrac{0.40}{A_C} N_e^{0.1}$

$$\sigma_r = \frac{\sigma_{SP}}{K_S} \tag{4-20}$$

对于沥青混凝土面层:$K_S = \dfrac{0.09 A_a}{A_C} N_e^{0.22}$

对于无机结合料稳定集料类:$K_S = \dfrac{0.35}{A_C} N_e^{0.11}$

对于无机结合料稳定细粒土类:$K_S = \dfrac{0.45}{A_C} N_e^{0.11}$

与弯沉指标类似,弯拉应力指标的设计模型表达式见式(4-21)。式中,σ_s 为小变形线弹性层状力学体系的计算结果。与弯沉指标不同的是,应力指标设计模型中没有类似的"F 综合修正系数",主要的原因在于缺乏实体结构中应力的实测数值。

$$\sigma_r \geq \sigma_s \tag{4-21}$$

2017 年版设计规范参照美国 MEPDG 设计指南,对应力疲劳设计模型体系进行了较大调整:采用应变指标代替应力指标验算沥青混凝土层的疲劳损伤,对于无机结合料稳定层,其疲劳开裂仍采用应力指标,但计算模型修订为式(4-22)。

$$N_{f2} = k_a k_{T2}^{-1} 10^{a - b\frac{\sigma_t}{R_s} + k_c - 0.57\beta} \tag{4-22}$$

式中:N_{f2}——无机结合料稳定层的疲劳开裂寿命(轴次);
  k_a、k_{T2}——分别为季节性冻土地区调整系数和温度调整系数,按照规范取值;
  R_s——无机结合料稳定类材料的弯拉强度(MPa);
  a、b——疲劳试验回归参数,参照规范说明;
  β——目标可靠指标,按规范规定取值;
  σ_t——无机结合料稳定层的层底拉应力(MPa),根据弹性层状体系理论计算;
  k_c——现场综合修正系数,按式(4-23)确定。

$$k_c = c_1 e^{c_2(h_a + h_b)} + c_3 \tag{4-23}$$

式中:c_1、c_2、c_3——试验参数;
  h_a、h_b——分别为沥青混合料层和计算点以上无机结合料稳定层厚度。

将式(4-22)转化为式(4-24)的表达形式,这样与上文式(4-20)或式(4-21)的表达形式类似。

$$\sigma_t = -\frac{R_s}{b}\left[\lg\left(\frac{N_{f2} \cdot k_{T2}}{k_a}\right) + 0.57\beta - k_c - a\right] \tag{4-24}$$

式(4-25)和式(4-26)分别为美国 MEPDG 设计指南提出的水泥处治基层疲劳设计模型和法国沥青路面设计规范提出的无机结合料材料层层底拉应力容许值的计算公式。

$$\lg(N_{f\text{-CTB}}) = \frac{k_{c1}\beta_{c1} + \frac{\sigma_t}{M_R}}{k_{c2}\beta_{c2}} \tag{4-25}$$

式中:$N_{f\text{-CTB}}$——荷载作用次数;
  σ_t——层底拉应力(psi);
  M_R——28d 压缩模量(psi);
  k_{c1}、k_{c2}——总的修正系数,$k_{c1} = 0.972$,$k_{c2} = 0.0825$;
  β_{c1}、β_{c2}——总的标定常数,$\beta_{c1} = 1.0$,$\beta_{c2} = 1.0$。

$$\sigma_{t,ad} = \sigma_{t,ad}(\text{NE}) k_r k_d k_c k_s \tag{4-26}$$

式中:$\sigma_{t,ad}$——无机结合料材料层层底拉应力容许值;
  k_r——风险系数(业主方给定),可在 Alize 计算软件中查表得到或根据公式计算;
  k_c——模型修正系数;
  k_s——路基的承载能力系数;

k_d——基层连续性影响因子,用于 T4 时的处治碎石或水泥混凝土取 1/1.25,用于 T2 或 T3 时的处治碎石和砂砾取 1,T2、T3、T4 表示不同的交通荷载;

$\sigma_{t,ad}(NE)$——360d 龄期试件,对应于 NE 次弯曲疲劳试验的破坏应力。

根据疲劳定律,可以写成式(4-27):

$$\sigma_{t,ad}(NE) = \sigma_6 \left(\frac{NE}{10^6}\right)^b \tag{4-27}$$

式中:σ_6——10℃、25Hz、100 万次疲劳时的应变值;

b——疲劳直线斜率。

综合以上国内外应力疲劳的设计模型可以看出,不同应力模型根据不同工程经验、适用范围提出一系列的修正参数,但实际路面结构的应力状态验证仍是一个普遍的短板。

4) 弯拉应变指标的设计模型

早在 20 世纪 60 年代,欧美国家就采用弯拉应变作为沥青路面结构设计中沥青混凝土结构层的主要疲劳指标。我国在 2017 年版设计规范修订时,也将沥青混凝土结构层疲劳模型中的弯拉应力指标替换为弯拉应变指标。至于采用应力指标还是应变指标评价沥青混凝土结构层疲劳性能,目前还有不同的认识。因此,采用弯拉应力或弯拉应变构建疲劳模型本身并不存在孰优孰劣的问题,关键在于模型本身的可靠性。

式(4-28)为我国 2017 年版设计规范提出的沥青混合料层疲劳开裂验算模型。通过推导,也可得到以应变 ε_a 为因变量的表达式。

$$N_{fl} = 6.32 \times 10^{15.96 - 0.29\beta} k_a k_b k_{T1}^{-1} \left(\frac{1}{\varepsilon_a}\right)^{3.97} \left(\frac{1}{E_a}\right)^{1.58} (VFA)^{2.72} \tag{4-28}$$

式中:N_{fl}——沥青混合料层疲劳开裂寿命(轴次);

β——目标可靠指标;

E_a——沥青混合料 20℃时的动态压缩模量(MPa);

VFA——沥青混合料的沥青饱和度(%),根据混合料设计结果或按规范确定;

k_{T1}——温度调整系数,按规范确定;

ε_a——沥青混合料层层底拉应变(10^{-6}),按弹性层状体系理论计算;

k_a——季节性冻土地区调整系数;

k_b——疲劳加载模式系数,按式(4-29)计算:

$$k_b = \left[\frac{1 + 0.3 E_a^{0.43} (VFA)^{-0.85} e^{0.024 h_a - 5.41}}{1 + e^{0.024 h_a - 5.41}}\right]^{3.33} \tag{4-29}$$

式中:h_a——沥青混合料层厚度(mm)。

式(4-30)为美国 MEPDG 设计指南提出的沥青混凝土疲劳模型,式中的修正系数采用 2020 年的修正值。式(4-35)为法国设计规范中提出的沥青混凝土层底拉应变容许值的计算模型。

$$N_{f\text{-}HMA} = k_{fl}(C)(C_H)\beta_{fl}(\varepsilon_t)^{k_{f2}\beta_{f2}}(E_{HMA})^{k_{f3}\beta_{f3}} \tag{4-30}$$

式中：$N_{\text{f-HMA}}$ ——荷载作用次数；

ε_t ——层底拉应变；

E_{HMA} ——动态压缩模量（psi）；

$k_{f1}、k_{f2}、k_{f3}$ ——总的修正系数，$k_{f1}=3.75, k_{f2}=2.87, k_{f3}=1.46$；

$\beta_{f1}、\beta_{f2}、\beta_{f3}$ ——总的标定常数，β_{f1} 的数值根据沥青层厚度决定，$\beta_{f2}=1.38, \beta_{f3}=0.88$；

C_H ——基于裂缝发展的厚度修正系数。

B-U 裂缝：
$$C_H = \frac{1}{0.000398 + \frac{0.003602}{1+e^{11.02-3.49H_{AC}}}} \tag{4-31}$$

T-D 裂缝：
$$C_H = \frac{1}{0.01 + \frac{1200}{1+e^{15.676-2.8186H_{AC}}}} \tag{4-32}$$

$$C = 10^M \tag{4-33}$$

$$M = 4.84 \left(\frac{V_{\text{be}}}{V_a + V_{\text{be}}} - 0.69 \right) \tag{4-34}$$

$$\varepsilon_{t,\text{ad}} = \varepsilon(\text{NE}, \theta_{\text{eq}}, f) k_r k_c k_s \tag{4-35}$$

式中： $\varepsilon_{t,\text{ad}}$ ——沥青基层层底拉应变容许值；

k_r ——风险系数（业主方给定），可在 Alize 计算软件中查表得到或根据公式计算；

k_c ——模型修正系数，沥青基层取 1.3，沥青混凝土取 1.1，高模量沥青混凝土取 1.0；

k_s ——路基的承载能力系数；

$\varepsilon(\text{NE}, \theta_{\text{eq}}, f)$ ——在规定温度 θ_{eq} 和频率 f 下，试件在 NE 次之后断裂，其概率为 50%，根据疲劳定律，可以写成下式：

$$\varepsilon(\text{NE}, \theta_{\text{eq}}, f) = \varepsilon_6 \left(\frac{\text{NE}}{10^6} \right)^b \sqrt{\frac{E(10\text{℃})}{E(T_{\text{eq}})}} \tag{4-36}$$

式中：ε_6 ——10℃、25Hz、100 万次疲劳时的应变值；

b ——疲劳直线斜率；

T_{eq} ——等效温度；

$E(10\text{℃})$ ——10℃模量；

$E(T_{\text{eq}})$ ——等效温度时的模量。

以上介绍了弯沉、弯拉应力和弯拉应变三类指标评价路面承载能力的疲劳设计模型。由此看出，尽管这三类指标的模型公式有明显的区别，但是这些模型的基本表达模式是相同的，可以统一表达为容许（或设计）弯沉、应力和应变与实际弯沉、应力和应变的比较。同时，容许（或设计）弯沉、应力和应变都有比较完善的经验公式表达，实际弯沉、应力和应变则是以线弹性的层状力学体系计算为基础确定的。主要的差异在于实际弯沉存在相应的修正模型，而应力、应变指标则没有，这与上文谈到的弯沉指标具有可实证性的特点有关,因此,应力、应变指标的修正问题将是今后沥青路面疲劳设计模型研究中的主要问题之一。

另外,从应力、应变疲劳模型公式的表达形式看,对于同一种材料(均为沥青混合料,或均为半刚性材料),不同国家的疲劳模型表达式也存在明显的差异。事实上,对于同一种材料,当用于同一类结构、同一个结构层位时,其疲劳损伤状态应该是一样的。但是,疲劳模型表达形式的差异,反映出不同设计方法对于材料疲劳损伤的机理认知是不一样的,相关的试验方法与技术参数取值(如材料模量)也不一样的,为此,有必要对路面材料在实体结构中的疲劳损伤机理问题进一步研究、澄清。

再者,从这些设计方法(指南)的应力、应变疲劳模型中还可看出一个共同点,即:半刚性材料采用应力指标的疲劳模型,沥青混合料采用应变指标的疲劳模型。但其中的原因并不清晰,为什么同样在结构层中处于弯拉疲劳损伤,半刚性材料和沥青混合料却采用两个不同的力学指标,而且关键在于,采用应力或应变评价材料的疲劳性能并不等效。对于强度较高的材料(如半刚性材料),采用应力指标评价更能反映其疲劳性能的优势,即:在应力水平下,强度越高疲劳寿命越大;但这类材料往往变形适应性较差,从工程角度看,采用应变指标评价疲劳性能则更为安全。同理,大多数沥青混合料抗变形能力优于承载能力,采用应力指标的疲劳模型似乎更合理,特别对于用于基层的高模量沥青混合料和用于面层的沥青混合料,其受力状态、使用需求不同,不应都采用相同的力学指标。对于这些疑问,为了避免应力或应变指标的不完备性,建立基于应变能指标疲劳模型,将是今后沥青路面疲劳设计模型的发展趋势。

总之,确定路面结构内部的应力、应变状态,对理论计算的应力、应变指标进行修正,是当前完善既有疲劳设计模型的首要任务。由此仍需要借助弯沉指标,通过弯沉指标修正模型,以及实体工程和试验路的长期定位观测,研究应力或应变指标的修正模型,完善相应的设计模型。

4.2.3 永久变形的评价指标及模型

对应永久变形的损伤形式,车辙和平整度是评价沥青路面永久变形的两个指标。另外,欧美国家针对柔性基层结构的抗永久变形能力,提出了路基顶面的压应变(或压应力)指标。

1) 沥青路面车辙设计模型

沥青路面抗车辙能力的原理模型见式(4-37),当沥青混凝土自身的抗剪强度$[\tau]$大于承受的最大剪应力τ_{max}时,不会产生剪切破坏,即不产生车辙。对于实体结构,与上文疲劳模型中的应力、应变指标一样,难以确定沥青混凝土内部真实的剪应力水平,只能得到相应理论模型的计算数值;而且,式中的抗剪强度也仅是通过室内中小尺度模型试验得到材料自身的抗剪强度,而不是材料在实体结构三维受力状态下的抗剪强度。因此,式(4-37)一般可用于评价单纯材料的抗剪切破坏,当用于评价材料在结构中的抗剪切破坏时,还存在诸多的技术难点。

$$\tau_{\max} \leqslant [\tau] \tag{4-37}$$

美国 MEPDG 设计指南首次提出了路面结构中沥青混凝土层永久变形量的计算模型,见式(4-38)。值得注意的是,式(4-38)首先表达了沥青混凝土层的垂直塑性变形[$\Delta_{p(AC)}$]、轴向塑性应变[$\varepsilon_{p(AC)}$]和沥青混凝土层厚度的关系,之后,根据三轴试验得到的轴向塑性应变与弹性应变试验关系模型,见式(4-39),进而转变为垂直塑性变形[$\Delta_{p(AC)}$]与沥青混凝土弹性应变[$\varepsilon_{p(AC)}$]的关系模型,其中包含有试验温度 T 和荷载重复作用次数 N 等关键参数。

$$\Delta_{p(AC)} = \varepsilon_{p(AC)} h_{AC} = \beta_{1r} k_z \varepsilon_{r(AC)} 10^{k_{1r}} n^{k_{3r}\beta_{3r}} T^{k_{2r}\beta_{2r}} \tag{4-38}$$

式中:$\Delta_{p(AC)}$——累计永久变形/塑性垂直变形(in);

$\varepsilon_{p(AC)}$——累计永久/塑性轴向应变;

$\varepsilon_{r(AC)}$——理论计算的弹性应变;

h_{AC}——沥青混凝土层厚度(in);

n——累计轴载作用次数;

T——路面温度(℉);

k_z——深度系数;

$k_{1r}、k_{2r}、k_{3r}$——密实型沥青混合料的试验室偏差修正系数,$k_{1r} = -2.45, k_{2r} = 3.01, k_{3r} = 0.22$;

$\beta_{1r}、\beta_{2r}、\beta_{3r}$——现场标定系数,$\beta_{1r} = 0.40, \beta_{2r} = 0.52, \beta_{3r} = 1.36$。

$$\frac{\varepsilon_p}{\varepsilon_r} = \beta_{1r} \cdot a \cdot T^{\beta_{2r} \cdot b} \cdot N^{\beta_{3r} \cdot c} \tag{4-39}$$

借鉴 MEPDG 的思路,我国 2017 年版沥青路面设计规范提出了新的车辙设计模型,见式(4-40)和式(4-41)。式(4-40)为各个沥青混凝土层永久变形(R_{ai})的累积计算公式,式(4-41)为各层沥青混凝土永久变形的计算公式。

$$R_a = \sum_{i=1}^{n} R_{ai} \tag{4-40}$$

$$R_{ai} = 2.31 \times 10^{-8} k_{Ri} T_{pef}^{2.93} p_i^{1.80} N_{e3}^{0.48} (h_i/h_0) R_{0i} \tag{4-41}$$

式中:R_a——沥青混合料层永久变形量(mm);

R_{ai}——第 i 分层永久变形量(mm);

n——分层数;

T_{pef}——沥青混合料层永久变形等效温度(℃),按规范取值;

N_{e3}——设计使用年限内或通车至首次针对车辙维修的期限内,设计车道上当量设计轴载累计作用次数,按规范取值;

h_i——第 i 分层厚度(mm);

h_0——车辙试验试件的厚度(mm);

R_{0i} ——第 i 分层沥青混合料在试验温度为60℃,压强为0.7MPa,加载次数为2520次时,车辙试验永久变形量(mm);

p_i ——沥青混合料第 i 分层顶面竖向压应力(MPa),根据弹性层状体系理论计算;

k_{Ri} ——综合修正系数,按规范式(4-42)~式(4-44)计算。

$$k_{Ri} = (d_1 + d_2 \cdot z_i) \cdot 0.9731^{z_i} \tag{4-42}$$

$$d_1 = -1.35 \times 10^{-4} h_a^2 + 8.18 \times 10^{-2} h_a - 14.50 \tag{4-43}$$

$$d_2 = 8.78 \times 10^{-7} h_a^2 - 1.50 \times 10^{-3} h_a + 0.90 \tag{4-44}$$

式中:z_i ——沥青混合料层第 i 分层深度(mm),第一分层取为15mm,其他分层为路表距分层重点的深度;

h_a ——沥青混合料层厚度(mm),h_a 大于200mm时,取200mm。

对比MEPDG永久变形计算公式[式(4-38)],我国沥青路面永久变形计算公式有几个显著的差异:

(1)MEPDG公式中采用应变指标,我国采用压应力指标(p_i),由于沥青路面具有显著非线性特征,实体结构中这两个指标并不等效。

(2)MEPDG公式是基于三轴试验得到的经验公式推导的,我国是以车辙试验为基础推导的,两者相互独立。

我国2017年版设计规范根据不同的基层类型和公路等级,规定了相应的数值,见表4-1。对于表中具体的永久变形数值的合理性,不作评论,还有待于实际工程的验证,但对于表中规定数值的规律性,值得商榷。表中规定高速公路、一级公路的永久变形小于二级、三级公路的要求是可以理解的,但是半刚性基层、刚性基层(组合式结构)沥青路面的容许永久变形数值大于其他基层结构的沥青路面的要求是值得探讨的。

沥青混合料层容许永久变形量(mm)　　　　表4-1

基层类型	沥青混合料层容许永久变形量	
	高速公路、一级公路	二级、三级公路
无机结合料稳定类基层、水泥混凝土基层和底基层为无机结合料稳定类	15	20
其他基层	10	15

2)路基顶面竖向压应变

对于路基变形的控制,国内外设计规范中一般采用路基顶面的竖向压应变指标(早在20世纪60年代,英国设计方法曾提出将路基顶面的压应力作为路面设计指标之一,后来又改为路基顶面的压应变指标。)。式(4-45)是我国2017年版设计规范提出的容许压应变的计算公式,式(4-46)为美国MEPDG提出的路基永久变形的计算公式,式(4-50)和式(4-51)为法国设计规范中提出的路基顶面压应变的计算公式。

$$[\varepsilon_z] = 1.25 \times 10^{4-0.1\beta} (k_{T3}N_{e4})^{-0.21} \quad (4\text{-}45)$$

式中：$[\varepsilon_z]$ ——路基顶面容许竖向压应变(10^{-6})；

β ——目标可靠指标，根据公路等级，按规范取值；

N_{e4} ——设计使用年限内设计车道上的当量设计轴载累计作用次数，按规范计算；

k_{T3} ——温度调整系数，按规范取值。

$$\Delta_{p(\text{soil})} = \beta_{s1} k_{s1} \varepsilon_v h_{\text{soil}} \left(\frac{\varepsilon_0}{\varepsilon_r}\right) e^{-\left(\frac{\rho}{n}\right)^\beta} \quad (4\text{-}46)$$

式中：$\Delta_{p(\text{soil})}$ ——土基永久变形；

n ——累计荷载作用次数；

ε_0 ——重复荷载永久变形试验的截距；

ε_r ——试验室测量回弹应变；

ε_v ——理论计算的平均垂直弹性应变；

h_{soil} ——无结合料层厚度；

k_{s1} ——标定系数，对于级配碎石基层和粗粒式土为0.965，对于砂性土为0.635，对于细粒式土为0.675；

β_{s1} ——取$\beta_{s1} = 1.0$。

$$\lg \beta = -0.61119 - 0.017638 W_c \quad (4\text{-}47)$$

$$\rho = 10^9 \left[\frac{C_o}{1-(10^9)^\beta}\right]^{\frac{1}{\beta}} \quad (4\text{-}48)$$

$$C_o = \ln\left(\frac{a_1 M_r^{b_1}}{a_9 M_r^{b_9}}\right) = 0.0075 \quad (4\text{-}49)$$

式中：W_c ——含水率(%)；

M_r ——无结合料层回弹模量(psi)；

a_1、a_9 ——回归系数，$a_1 = 0.15$，$a_9 = 20.0$；

b_1、b_9 ——回归系数，$b_1 = 0$，$b_9 = 0$。

交通中等和较大的路面($T \geq T_3$)

$$\varepsilon_{z,ad} = 0.012 (\text{NE})^{-0.222} \quad (4\text{-}50)$$

交通较小的路面($T < T_3$)

$$\varepsilon_{z,ad} = 0.016 (\text{NE})^{-0.222} \quad (4\text{-}51)$$

顾名思义，路基顶面压应变指标反映了路基的承载能力，同时，对于柔性基层结构，该指标也可以反映沥青路面结构整体的抗永久变形能力。另外，与上文评价承载能力的应力、应变指标一样，不同设计方法(指南)的路基顶面压应变指标的表达式有明显差异，也同样存在理论计算应变指标的修正问题。

3) 平整度模型

平整度是路面沿行车方向的纵向变形状态,与车辙反映的横向变形状态不同,并不是一种单一因素的力学损伤,而是一种反映行车舒适性的综合性指标,因此,大多数力学-经验设计方法并没有相应的设计模型表达式,而是以一个临界值表征平整度的容许范围。这类似于美国 AASHTO 设计指南中的现实服务能力指数(PSI)的概念,见式(4-1)。

美国 MEPDG 设计指南首次建立了平整度指标模型,见式(4-52)(用于沥青路面)和式(4-54)(用于水泥路面加铺沥青面层的路面)。

$$IRI = IRI_0 + C_1(RD) + C_2(FC_{Total}) + C_3(TC) + C_4(SF) \tag{4-52}$$

式中: IRI_0——施工后初始 IRI;

RD——平均车辙深度(in);

FC_{Total}——疲劳裂缝面积占总车道面积的百分比;

TC——横向裂缝长度(ft/mi);

C_1、C_2、C_3、C_4——标定系数,$C_1 = 40.0$,$C_2 = 400$,$C_3 = 0.008$,$C_4 = 0.015$;

SF——现场系数。

$$SF = Age^{1.5} \left\{ \ln\left[(Precip+1)(FI+1)p_{0.02}\right] + \ln\left[(Precip+1)(PI+1)\right]p_{0.075} \right\} \tag{4-53}$$

式中:Age——路面使用年限;

Precip——年平均降雨量(in);

FI——年平均冰冻指数(℉·d);

PI——土壤塑性指数(%);

$p_{0.02}$——0.02mm 通过率;

$p_{0.075}$——0.075mm 通过率。

$$IRI = IRI_0 + PCC\,C_1(RD) + PCC\,C_2(FC_{Total}) + PCC\,C_3(TC) + PCC\,C_4(SF) \tag{4-54}$$

式中:$PCC\,C_1$、$PCC\,C_2$、$PCC\,C_3$、$PCC\,C_4$——标定系数,$PCC\,C_1 = 40.8$,$PCC\,C_2 = 0.575$,$PCC\,C_3 = 0.0014$,$PCC\,C_4 = 0.00825$。

与 AASHTO 设计指南中 PSI 指标比较,这两个公式的 IRI 指标的共同点是都考虑了车辙深度和网状疲劳裂缝的因素,不同点是:

(1)IRI 公式考虑了使用初期的平整度水平,并增加了横向裂缝对平整度的影响,取消了修补面积的影响。

(2)IRI 公式增加了使用年限、气候环境以及路基品质等方面的影响因素,即 SF 系数。

从全面性角度看,IRI 公式考虑的因素更加全面,但同时也产生对于该公式的可靠性和实用性的担忧。特别是 SF 系数考虑因素过于烦琐,存在工程可靠性不足的隐患。

此外,对于 IRI 公式中考虑车辙深度指标问题有所不解。对于实际路面结构,IRI 的变形方向与车辙变形方向不同（相互垂直），路面产生车辙并不意味着 IRI 指标的增加。北京环道试验检测发现，车辙大的路段往往 IRI 指标较小，因此，将车辙深度作为影响 IRI 大小的正因素似乎不妥。

4.3 范式模型及可靠度设计

以上介绍了沥青路面几种典型的服役性能设计模型，从这些模型可以看出，无论是以弯沉、应力、应变还是车辙指标为核心的模型，都包含累计标准轴载作用次数这个参数，由此，这些模型可看作是这些性能指标的演化模型，而且，从模型参数的构成看，这些模型具有一些共同的特点。从原理上讲，不论是承载能力，还是车辙变形，都是表征沥青路面在长期服役期间性能演化的技术指标，同根同源，只是角度不同、参数不同，因此，表征这些性能演化的模型应存在共性特征，由此提出模型的统一范式问题。

4.3.1 服役性能演化的范式模型

所谓的范式模型，是指服役性能演化的标准模型。将 1997 年版沥青混凝土层弯拉应力验算公式[式(4-20)]进行如下变换，得式(4-55)。

令 $\sigma_r = \sigma_s$

$$N_e = \left(\frac{A_c}{0.09A_a}\right)^{\frac{1}{0.22}} \cdot \sigma_{sp}^{\frac{1}{0.22}} \cdot \left(\frac{1}{\sigma_s}\right)^{\frac{1}{0.22}} \tag{4-55}$$

与 2017 年版应变指标的疲劳设计模型[式(4-28)]对比可以发现，这两个公式具有类似的表达形式：

(1) 力学参数：应力 σ_s 或应变 ε_a。

(2) 荷载参数：沥青混合料层疲劳开裂寿命（轴次），N_e 或 N_{fl}。

(3) 材料参数：式(4-55)为劈裂强度 σ_{sp}，式(4-28)为动态压缩模量 E_a 和沥青混合料饱和度 VFA。

(4) 结构参数：式(4-28)为沥青混合料层厚度 h_a，式(4-55)没有相应的结构参数。

(5) 环境参数：式(4-28)包括温度调整系数 k_{Tl} 和季节性冻土地区调整系数 k_a，式(4-55)没有相应的环境参数；但两个模型中的材料参数都是在标准温度下测定的。

(6) 统计概率参数：式(4-28)包括目标可靠指标 β；此外，两个模型中都包括相应的统计参数或经验参数，如式(4-55)中的 A_c、A_a。

对比 4.2.2 和 4.2.3 节中其他服役性能的演化模型，可以发现，构造演化模型的相关参数均可划分为以上 6 类，即荷载参数、环境参数、材料参数、结构参数、力学参数和统计概率参数。

由此可以判断，服役性能演化模型是由三个维度的参数组成。第一维度参数是荷载和环境参数，或称为外部因素参数；第二维度参数是材料和结构参数，或称为内部因素参数;第三维度参数主要指相应的力学指标,或称为机理因素。至于统计概率参数,属于设计可靠度范畴,将在下文专门讨论。

1) 范式模型的表达

基于以上分析,可以形成沥青路面服役性能演化的范式模型表达式,见式(4-56)。该模型由三部分组成:一是内因模型,即路面结构 H 与材料 A 因素,用符号 Φ 表示,见式(4-57);二是外因模型,即荷载 F 与环境 T 的同步耦合因素,用符号 Ψ 表示,见式(4-58);三是力学因素,用符号 Θ 表示,见式(4-59)。式中"·""$\otimes$"表示各因素、物理量之间的某种数学关系;$\sum_i \sum_j (*)$表示空间尺度和时间尺度上的累计。

$$\xi = \sum_i \sum_j (\Phi \cdot \Psi \cdot \Theta) \tag{4-56}$$

其中:

$$\Phi = A \otimes H \tag{4-57}$$

$$\Psi = F \otimes T \tag{4-58}$$

$$\Theta = \{\sigma, \varepsilon\} \tag{4-59}$$

关于范式模型的说明如下:

(1)基于力学-经验法,内因模型、外因模型和力学指标是服役性能演化模型的三个基本模型,当取消力学指标时,则退化为经验法的服役性能演化模型,如式(4-2)所示模型。这三个基本模型之间理论上存在一定的相关性:对于一个具体的路面结构,根据结构与材料的内因模型和荷载与环境的外因模型,可以确定结构的力学指标,同样,根据力学指标和荷载与环境的外因模型,也可反推结构与材料的内因模型。然而,目前路面力学分析存在局限,因此范式模型需要综合考虑这三方面因素,并通过海量的数据分析,建立三者的经验模型关系。

(2)结构和材料是导致路面服役性能演化的内在因素,但是结构和材料参数是多样化的,引入过多的参数反而降低服役性能模型的可靠性,因此,需针对具体的服役性能指标,筛选影响显著的结构或材料性能参数,构造内因模型。

(3)既有服役性能的外因模型一般是标准环境条件下,构建的单一荷载因素(以标准轴载累计作用次数表示)模型,并没有考虑环境变化及其与荷载耦合状态的影响,由此导致外因模型的可靠度较低。为此,需要建立荷载与环境同时空耦合状态下的外因模型,其中环境因素主要指温度和湿度,具体体现为年周期性的荷载谱与环境谱的耦合。

(4)引入力学指标有助于揭示服役性能演化的力学机理,提高服役性能模型的可靠度和适用性。但是由于沥青路面结构力学响应的非线性,选择合理的路面力学模型,对于准确确定力学指标则显得尤为重要。

(5)在全寿命周期内,路面服役性能演化在时间尺度和空间尺度上存在累积效应。时间尺度的累计包括服役期间路面结构和材料性能衰变的时间累积,以及荷载和环境耦合作用的时间累计。对于前者,由于这方面的衰变规律比较复杂,在设计中往往采用某一服役阶段的状态近似代替,如采用服役初期的结构厚度和材料性能指标作为服役期间性能衰变过程中的不变量。对于后者,不仅考虑服役期间荷载在时间尺度上的累计,即所谓的累计轴载作用次数,而且考虑同时空条件下环境变化的年周期性累计(因为环境变化是以"年"为周期的)。例如:同样是荷载作用 100 万次,夏季高温条件和冬季低温条件对路面服役性能的影响是不同的。

空间尺度累计主要是指沥青路面各层服役性能的逐层累计。沥青路面是一个多层体系的复合结构,在荷载与环境耦合作用下,对于同一类型服役性能,每层结构的损伤是不同的,而沥青路面服役性能的损伤(不论是结构的疲劳损伤,还是路面的车辙变形)是各个结构层"逐层"累计的结果。

至此,在服役性能演化范式模型中,提出空间尺度和时间尺度上的累计。同时也可看出,这种累计不同于传统的 Minner 疲劳损伤的线性累计概念。

2)服役性能的结构依赖性

在上文 2.3.1 中曾提出,由于路面结构类型的不同,在相同荷载和环境作用下,沥青路面产生不同的力学响应特征,进而导致不同的服役性能水平,即所谓的服役性能的结构依赖性。本章上文谈到,沥青路面是一种宽刚度域基层的层状体系结构,基层刚度的差异产生不同的沥青路面结构类型,也产生服役性能的不同规律。因此,在构建服役性能模型时,应充分考虑结构的差异性。

事实上,不同国家或地区沥青路面设计规范中提出的服役性能模型都是针对本国或地区常用路面结构。例如:欧美国家使用的柔性基层结构和我国的半刚性基层结构,在车辙、弯沉、裂缝等服役性能的水平及其演化规律方面存在显著的差异,直接套用美国 MEP-DG 设计指南中性能模型评估我国沥青路面的服役性能,或者采用我国设计规范(2006 年版)评估欧美国家的沥青路面,都是不合适的。再如:北京环道七大类、19 种不同结构形式的沥青路面,经过长期的加载试验后,表现出不同的服役性能特征,有的结构裂缝比较突出,有的结构车辙比较显著,有的结构弯沉比较小。当采用现行设计规范的服役性能模型对这些结构统一进行评估、拟合时,会发现有的路面状态较为良好,但评分数值比较低;同时有的路段外观质量较差,但评分数值较高。因此,忽视路面结构类型的差异,将导致服役性能模型适用范围的局限。

由此,服役性能模型构建存在两个技术思路,一是针对每一类型结构建立各自的服役性能模型体系,二是尽可能考虑结构影响因素,建立适用范围更广的服役性能模型。前者是目前普遍使用的技术路线,因为每个国家或地区都有各自常用的路面结构形式,积累了丰富的工程经验和试验数据,可以有效地构建相应的服役性能模型。存在的问题是,当遇到不同类型路面结构时,往往不自觉地采用一种类型结构的服役性能模型评价另一种类型的路面结构,导致评价结论的偏差;或者,采用两种类型路面结构性能模型分别进行评价,但是评价结论往往难以横向比较。

当采用后者方案,建立适用于不同类型路面结构的性能模型时,模型的适用范围拓宽,便于不同类型路面结构的优化选择,但目前存在一些技术性的困难,例如:缺乏充分的、可比性的不同类型路面结构服役性能的观测数据。通过力学机理分析,探寻不同类型路面结构力学响应特征的内在关系,进而建立具有一定普适性的服役性能模型,是一个可探索的途径。但这需要突破目前路面力学机理分析中的一些理论和技术瓶颈,即所谓的"材料的结构使役行为"问题。路面服役性能的结构依赖性实质上是路面材料在不同结构中服役行为差异性的表现,即材料的结构使役行为是导致服役性能结构依赖性的内在原因。材料的结构使役行为问题将在下一章进行讨论。

由此,为了建立适用范围更广的服役性能模型,内因模型、外因模型和力学指标这三个基本模型并不是等价的,有两个技术路线。一是,通过结构和材料的内因模型描述不同类型结构服役性能的差异性,与线弹性力学指标和外因模型构建的单一类型结构的服役性能模型相组合,实现不同类型结构服役性能模型统一表达。二是,从力学机理分析入手,确定不同类型路面结构的力学响应特征,然后与内因模型和外因模型构建的单一类型结构的服役性能模型相组合,实现不同类型结构服役性能模型统一表达。

总之,在提高每一类型路面结构服役性能模型可靠性的前提下,研发具有更广泛适用性的服役性能模型体系,应是本领域研发的主要方向,更广泛、系统的科学数据积累和路面力学体系的发展将是其主要的技术支撑。

3) 从经验模型到物理模型

从服役性能原理角度看,沥青路面各种服役性能的表现是一种物理现象的表征,应具有明确的物理含义,例如:车辙是路面竖向变形的深度,疲劳是荷载作用的次数,因此,服役性能模型等号右边与左边计算结果的物理含义应该一致,即左、右两边的物理量量纲应该一致。然而,从以上各种类型的服役性能模型介绍可以看出,既有服役性能模型公式等号两边的物理量的量纲不一致。

以式(4-28)的沥青混合料层疲劳模型为例,模型等号左边 N_{fl} 的单位是"轴次",按基本物理量单位可转换为时间 $[T]$。模型右边各个参数的单位,k_a、k_b、k_{Tl}、ε_a 和 VFA,无量纲;E_a 的单位是 MPa,量纲是 $[ML^{-1}T^{-2}]$。显然,模型等号两边的量纲不相同。

物理量量纲的不一致,说明这些性能模型是一个基于数学统计的试验模型或经验模型,而不是具有明确科学含义的物理模型。不论是国内还是国外,由于是经验模型,那么这些服役性能的可靠性来自大量科学实验数据的拟合和校验,而这恰恰是目前所欠缺的。同时,由于服役性能的复杂性,在经验模型的构造过程中,难免存在相关的参数选取和系数确定的重叠、冗余甚至遗漏,对此本身需要一个严谨的筛选过程。例如:沥青混合料疲劳模型中(式4-28),除了有应变、模量指标外,还引入饱和度 VFA 指标,尽管室内疲劳试验(应变控制)表明,VFA 指标变化对疲劳寿命有一定影响,但是在沥青混合料众多的体积指标中,VFA 并不是,也不应该是对其疲劳性能最敏感的指标,因此,疲劳模型中引入这个指标并不合理,这是经验模型构建中存在的一个代表性问题。

为此,服役性能模型由经验模型向物理模型转变,将是未来发展的方向。这将有助于提升服役性能模型的科学性和可靠性,也有助于进一步揭示服役性能演化的衰变机理。关于这方面研究还有待于进一步完善。

4.3.2 力学分析与耦合模型的探讨

上文在范式模型中指出,服役性能模型包括荷载和环境、材料和结构以及力学指标等三个维度的指标模型,这三类指标既相互独立,又存在一定的相关性。本节将主要讨论力学指标确定和外因耦合模型的构建问题。

1) 力学指标确定的新思路

沥青路面结构设计、使用性能评估以及性能损伤机理解析过程中,路面结构中应力、应变的确定是一个关键技术指标。当前,沥青路面普遍采用小变形、线弹性的层状力学体系模型(简称线弹性模型)进行力学分析,其主要特点在于:与沥青路面表象化的结构形式高度相似,力学体系成熟,参数(模量、泊松比和厚度)易于测定,计算过程简单,能够得到精确的理论解。然而,该力学模型解析实际沥青路面的服役行为时,仍存在明显的局限性。

例如:沥青路面的车辙损伤是一种典型的非线性病害,采用线弹性模型的力学指标显然是不合适的;再如:实际工程表明,采用半刚性材料结构层铺设沥青路面时,实测弯沉值将会产生"跳跃"现象,这也是既有线弹性模型无法解释的;再者,采用线弹性理论反演具有显著非线性的实测弯沉盆,计算结构层回弹模量是目前反算研究中的主要技术瓶颈;又如:近些年,随着长寿命沥青路面技术研究的深入,发现沥青路面表面产生自上而下的荷载型疲劳裂缝,这与传统沥青路面设计的层底弯拉疲劳损伤有本质区别,是线弹性模型无法解释的;此外,上文所述的道路材料的结构使役行为和服役性能的结构依赖性,也是沥青路面服役性能非线性的典型特征。因此,为了完善长寿命沥青路面设计理论,提高设计模型的可靠性和科学性,开展沥青路面非线性层状力学体系研究是必要的。

从线性到非线性是沥青路面力学体系的一个进步,但也将面临诸多挑战,例如,沥青路面服役期间的广义荷载问题、道路材料的非线性本构问题、结构的几何非线性问题、结构层之间的界面状态问题等。另外,受现有条件的限制,沥青路面非线性的层状体系力学分析大多采用有限元计算方法,没有精确的理论解,计算结果的可靠性有待验证。为此,为了推进沥青路面非线性力学体系的发展,保证研究成果的可靠性和实用性,当前宜采用有限目标的原则,在现有的线弹性模型基础上,逐步引入非线性因素,开展相关服役性能非线性演化机理研究。

不论怎样,确定沥青路面内部的"真实"力学状态,是路面力学分析的核心目标。如上所述,由于现有力学手段的局限,直接计算得到相关结果还存在一定困难,为此提出三条途径相互校验的方法,确定结构内部的力学状态。途径一是路面力学正分析,途径二是结构响应反分析,途径三是通过传感器实际检测。

(1) 正分析

正分析是指：基于某一路面结构力学模型，根据材料和结构参数（如模量、泊松比、厚度）计算相关力学指标（如应力、应变）的过程，其中，力学模型的确定和参数的选择是两个基本条件。

沥青路面常用的模型是小变形、线弹性的层状体系力学模型，该模型的优点在于力学体系成熟，可以得到精确理论解，是目前国内外沥青路面设计方法中普遍采用的模型。但是该模型边界条件过于理想化，外力条件问题、力学响应混沌问题、层间结合状态问题以及结构体力问题等目前尚未得到有效解决，难以反映路面材料和结构的非线性特征，计算的结果与实际工程状态有较大的差异，存在一定的系统性误差，仅是一种实际工程状态的"近似"理论模拟。例如：我国1978年版设计规范，为了修正理论弯沉与实体工程测量弯沉之间的误差，提出了 F 综合修正系数模型；对于相同模型计算的应力或应变指标，理论上也应存在相应的修正模型。

参数的选择不仅涉及力学解析的可靠性问题，也涉及计算结果唯一性问题。当前材料的模量取值是基于线弹性或线黏弹性原理确定的弹性模量或复模量，是一种"静态"的模量，其数值与材料在结构中的受力状态无关，不反映材料的非线性力学响应特性，并不适用于非线性状态下的沥青路面结构力学分析。这种模量取值的一种非正常的直观表现为，由于材料模量与受力状态无关，结构力学分析时，在相同外力荷载作用下，因不同计算人员选择的模量不同，导致同一个结构有多种不同受力状态，造成路面力学解析的不唯一。

对此，下一章将根据材料的结构使役行为原理，采用回弹响应模量代替以往的弹性模量或复模量，建立材料回弹响应模量的应力（或应变）依赖模型，依据材料在结构中的受力状态，确定其模量数值。由此，在路面力学分析时，结构的力学响应状态不再受材料模量取值的影响，而是通过迭代计算，结构的力学响应状态与材料的回弹模量同时输出，为解决道路材料模量和力学响应状态的唯一性问题探索了一个有效途径。

(2) 反分析

反分析是指根据实体结构的力学响应状态，反演某些力学参数或者解析服役性能演化机理的过程。基于FWD弯沉盆的结构层模量反演是一个代表性反分析问题。自20世纪70年代开始，国际上开展了该问题的广泛研究，随着我国高等级公路建设的发展，20世纪80年代末期，我国也开展相关的研究。目前国外常用的是三层体系的反演算法，四层体系因受到结构差异性、非线性力学响应规律等诸多因素的影响，反算结果还不稳定。然而三层体系的划分，并不能满足实际工程多层路面结构反演分析的需求，因此，需要进一步完善多层体系弯沉盆反算方法的研究。

该问题的实质是对沥青路面非线性变形响应的反分析。尽管FWD冲击荷载的作用时间很短，测定的路表变形（即弯沉盆）可近似相当于回弹变形，但是这个路表变形仍包含着路面结构诸多非线性特征，例如：温度引起的黏弹性响应、材料的结构使役行为响应、结构的几何非线性响应,以及层间结合和惯性体力问题等。另一方面,鉴于目前的技术能力,在反分析过程中仍将依赖线弹性的层状力学体系,由此产生采用线弹性理论解析非线性响应现象的矛盾,当结构层次划分越多时,这个矛盾越突出。

为了解决这个问题,从服役性能的结构依赖性角度出发,针对不同类型结构弯沉盆的几何特性,多目标的优化求解是一条有效的途径。基于这个原理,本研发团队提出了一种四层体系弯沉盆模量反算方法,经北京环道19种结构、10万多个实测弯沉盆的反算验证,该方法具有较为稳定的反算结果和实用性。需要指出,由于力学模型没有改变,这种反算方法主要解决了4层体系模量反算的实用性问题,对于具体结构层材料的模量反算数值仍存在与一般结构设计模量取值差异较大的现象。例如:土基模量一般为300MPa左右,明显高于土基设计时的模量;对于冬季弯沉盆反算时,沥青混凝土面层的反算模量可以达到100000MPa左右,明显高于设计规范中的模量数值等。

对于这种"异常"现象的解释是:这反映了线弹性体系下材料非线性响应回弹模量的"标准"化或"归一"化,即反算的模量包括非线性响应特征的线弹性响应模量,反算数值的异常是非线性响应造成的。如果能够建立完善的沥青路面非线性力学体系,那么模量反算的"异常"数值将有可能趋于"正常"。

但是,尽管如此,通过反算得到的材料响应模量进行应力、应变计算,兼容了传统路面结构理论计算中的一些理论问题,力学分析结果"更接近"于实际的状态,这是其优势所在。这是因为:与正分析相比,沥青路面反分析是从实际工程的服役状态出发,首先面对的是服役行为的混沌性问题,而不是既定的理论模型及其合理性问题。这里"混沌"是指荷载和环境的耦合因素造成的沥青路面力学行为的不确定性。另外,在反分析过程中,虽然不可避免地使用到既定的弹性力学模型,也将遇到正分析所涉及的非线性问题,但是两者有所不同。因为反分析是针对FWD冲击荷载的瞬间受力状态,采用弹性模型近似解析这种受力状态有一定的合理性,只是反算的模量与一般的设计模量可能存在较大的差异。

总之,反分析的难度大于正分析,但反分析的价值也大于正分析。对于现阶段的模量反算问题的研究有几个初步结论可供参考:

一是,基于服役性能的结构依赖性原理,针对不同结构类型建立反算模型。弯沉盆也是路面服役性能的一种表现,不同结构类型弯沉盆的几何特性是不一样。分别建立不同的反算模型,减小结构差异对反算结果可靠性的影响。

二是,需要对反算模型的稳定性进行考评。考评的方法包括:反算结果的稳定性,相同结构不同测点的弯沉盆反算结果的变异性应控制在一定范围;反算的模量变化规律不仅应符合环境影响规律,而且符合材料的结构使役行为特征。

三是,反算的路基模量是反映交通荷载、材料性能、环境条件以及结构体力耦合影响下的综合模量。

四是,受限于现有FWD弯沉盆测量手段的局限,对于薄面层、刚性组合结构、级配碎石层的模量反演存在异常。

(3) 传感器监测

采用传感器技术监测沥青路面结构内部的应力应变数值,争取获得沥青路面结构真实的力学响应状态,是近几十年来国内外沥青路面技术研究常用的技术手段。然而,由于路面材料是一种由多尺度粒料材料混合、胶结、压实而形成的非均质、各向异性材料,受传感器尺度效应、荷载随机分布和环境变化的影响,获得路面结构真实的力学响应状态并不是件容易的事,甚至是不可能。传感器测量的数值反映的是某一个区域内平均的应力或应变状态,与理论计算中某一个"点"的应力或应变数值并不一致。因此,即使传感器测量准确,但其测量结果也是有条件的,与理论计算结果之间存在一定的统计关系,起到相互校验的作用,但不可能相等。另外,由于传感器测量的试验成本较高,仅适用于一些试验路段,难以大规模推广,并不适用于实际工程大规模力学状态的监测。

(4) 三种方法的比较与综合应用

综上所述,正分析、反分析和实际结构的传感器监测三种方法各有优势,但也存在难以回避的理论和实践瓶颈。正分析的优势在于:基于材料的结构使役行为原理,解决路面力学计算的唯一性问题,可以得到相对可靠,且唯一的理论解;不足在于:结构非线性响应的不充分性,主要是结构体力、几何非线性以及层间界面状态等因素还未充分考虑,计算结果存在系统误差。反分析的优势在于:基于实际弯沉盆的反演,反算结果更接近于实际工程状态,初步获得在役路面结构受力状态的评价手段,具有广泛适用性;不足在于:仅限于4层结构体系,且受到结构组合形式的影响,对于特殊结构仍存在不稳定的问题。实际结构的传感器监测的优势在于:有获得路面结构实际的力学响应状态的能力;不足在于:观测成本高,是面测量而非点测量,再者,传感器埋设对原有结构状态有干扰,导致测量结果不准确等问题。

因此,目前看来,以上三种方法都无法独立用于确定实际路面结构内部的力学状态。通过实际路面结构受力响应的反演分析,确定结构层材料的力学状态,再与传感器实测结果和既有理论分析结果相互校验,是解决当前路面结构力学状态合理确定问题的主要的技术途径。

从以上分析可以看出,沥青路面非线性行为的解析是正分析和反分析中面临的共同瓶颈,现阶段还难以破解。开展"正、反分析相互校验"实质是验证理论分析的可靠性,在不确定的路面力学体系中寻找一个相对可靠的力学解析。事实上,基于现有的力学基础,沥青路面的正分析与反分析的结论不可能相等,存在差异是必然的,只是期望对于具体的结构类型,两者的差异能够具有统计上的良好相关性。所谓的"相互校验"就是建立两个分析结果之间的可靠统计模型。这里"具体的结构类型"是根据服役性能的结构依赖性原理,不同类型路面结构的正、反分析的相互关系也存在显著的差异,建立适用于所有沥青路面结构的正、反分析校验模型还不具备条件。

再者,正、反分析结果的相互校验是以实测力学响应数据为依据的。因此,正、反分析的相互校验不仅是正、反力学分析结果之间的校验,更是正分析结果与实测力学响应数值之间的校验,反分析结果与实测力学响应数值之间的校验。当然,实测力学响应数据自身也存在测量方法、测量精度等方面因素的影响,其间也存在一些复杂的数据处理过程,但是,实测力学响应数据的可靠获取是正、反分析相互校验的必要条件。

基于以上方法,本研究团队针对北京环道23个断面传感器布设中心位置测定不同荷载水平下的弯沉盆数据,进行结构层模量反演,并计算结构层相应位置的应力、应变数值。基于这个计算结果(即反算再正算的计算结果),与理论力学分析、实测的平均应力、应变数据进行比较分析,得到了良好的统计关系,说明这种方法的可行性。

2) 荷载-环境耦合模型

在沥青路面长期服役期间,交通荷载与自然环境作用是导致服役性能衰变的两个主要外因。关于交通荷载方面的研究,国内外已有比较成熟的研究成果,包括荷载接地形状、荷载分布状态、荷载作用时间,以及荷载换算方法和荷载作用次数等,交通荷载已成为现行沥青路面设计方法中主要的荷载标准。式(4-60)为目前国内外设计方法中交通轴载换算的通用形式,不同国家的标准轴载 P 和换算系数 b 有所不同。

$$N_{\text{ESAL}} = \sum_{i=1}^{K} C_1 C_2 n_i \left(\frac{P_i}{P}\right)^b \tag{4-60}$$

环境荷载主要是指路面结构内部温度、湿度变化而引起的内应力,如温度变化引起的温度应力,湿度变化引起的基质吸力。相较于交通荷载,环境荷载的研究仍处于"静态"荷载水平,即采用标准环境状态代替整个服役期间环境的周期性波动状态。例如,在进行结构疲劳和车辙分析时,常常采用标准温度状态下的材料模量或性能指标进行计算,并没有考虑一年四季环境温度变化对材料模量或性能指标的影响,从而导致相应的分析结果与实际工程状态存在较大的差异。

图4-13为RIOHTrack环道2019—2021年6类结构(倒装类结构除外)FWD弯沉变化曲线(弯沉未经温度修正)。可以看出,这些路面结构的弯沉随年周期环境温度的变化,呈现出显著的波动现象,其中,年周期波动的弯沉最大值与最小值的比值达到2.0~2.5;与此同时,也可看出,随着荷载作用次数的增加,各类结构每年的平均弯沉水平也略有增长,但增长的幅度远小于年周期的波动幅度。由此说明,路面结构弯沉的变化不仅与荷载作用次数有关,而且与环境温度的年周期变化密切相关,可以说,现阶段环境温度变化对弯沉的影响远大于荷载作用次数。

图4-14为RIOHTrack环道各类试验路段加载以来,平均车辙的发展变化曲线。总体上看,随着荷载作用次数的增加,各类试验路段的车辙逐渐增加,同时也发现,在车辙增长的过程中出现波动现象,在2017—2021年的5个夏季高温时节之后出现一个峰值,随后车辙略有减小,在来年开春之后再逐渐增加。对此,美国NCAT环道试验也发现类似的情况(图4-15)。由此说明,路面车辙的变化不仅与荷载作用次数增加、温度升高有关,而且与环境温度降低有关。

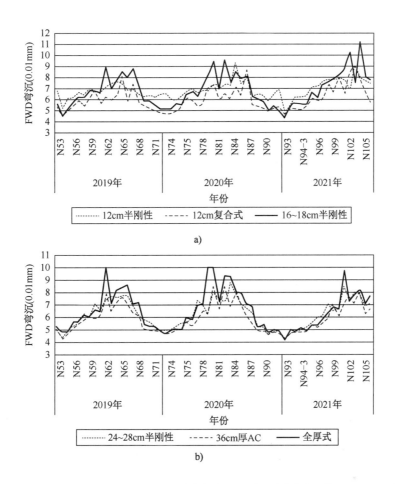

图 4-13 RIOHTrack 环道 6 类结构(倒装类结构除外)FWD 弯沉变化曲线比较(2019—2021 年)

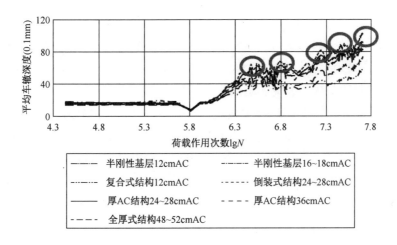

图 4-14 RIOHTrack 环道各类试验段平均车辙发展规律

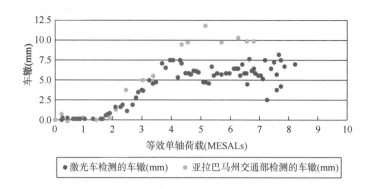

图 4-15　美国 NCAT 环道试验车辙发展曲线

这两个实例说明,在沥青路面服役性能的演化过程中,荷载与环境(温度)的同时空耦合效应是客观存在的。路面服役性能在承受荷载作用的疲劳过程中,也承受着环境变化(如温度变化)引起的环境疲劳作用。描述环境作用的时间尺度宜采用自然环境变化的"年"周期。因此,为了准确描述服役期间沥青路面的荷载与环境作用响应规律,建立荷载与环境耦合模型,见图 4-16。

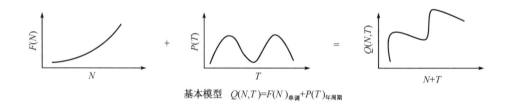

图 4-16　荷载与环境耦合模型示意图

图 4-16 中,$F(N)$ 为单纯荷载作用下的服役性能影响曲线,国内外既有性能模型一般不考虑环境温度的变化,而是采用标准温度(或当量温度),因此采用 $F(N)$ 曲线构造服役性能的演化模型。当考虑荷载与环境同时空耦合作用时,根据环境温度年周期变化规律,建立环境温度对服役性能的影响曲线,即 $P(T)$。$F(N)$ 与 $P(T)$ 曲线叠加,形成荷载与环境耦合条件下的服役性能影响曲线,即 $Q(N,T)$。

此外,对于一些非整体性材料(如级配碎石、土基材料),环境湿度的变化对其服役性能的影响也是显著的。与环境温度变化类似,在正常使用条件下,湿度变化也呈现出年周期的变化规律,时间尺度按年计算。按图 4-16 形式,构造湿度对服役性能的影响曲线,即 $R(H)$,形成交通荷载、环境温度和湿度共同耦合作用下,服役性能的演化模型,见式(4-61)。

$$Q'(N,T,H) = F(N) + P(T) + R(H) \tag{4-61}$$

需要指出,在沥青路面服役期间承受的荷载,不仅包括交通荷载,也包括结构自重影响产生的结构体力作用。一般对路面结构力学分析时,并不考虑结构体力的影响,但在实际工程中,随着沥青路面结构厚度的增加,结构自重对路面下部结构(垫层、路基)的受力影响将越来越显著,不可忽略。与交通荷载不同,结构体力是由结构形式决定的,与结构层位有关,与时间无关,在整个服役期间可认为是一个恒定荷载,记为 $F_0(h)$,则式(4-61)可表示为式(4-62)。

$$Q''(N,T,H,F_0) = F(N) + P(T) + R(H) + F_0(h) \tag{4-62}$$

一般来说,结构体力的存在对于非整体性材料层的受力状态改善是有利的,从三维受力角度看,体力的增大相当于增加了材料受力的围压,提高了抗变形能力。例如,在弯沉盆回弹模量反算研究中,常常会发现路基模量的反算结果往往大于设计值,这就是结构体力引起的。

将交通荷载、结构体力和环境(温度和湿度)荷载相互叠加,可统称为结构承受的广义荷载。广义荷载具有耦合性和差异性。耦合性是指:在沥青路面的服役过程中,这三种荷载相互交织、同时空作用于沥青路面结构和材料。差异性是指:这三种荷载在路面不同的服役阶段对路面服役性能的影响是不同的,例如:由于季节环境的不同,有时交通荷载起到主要作用,有时环境荷载起到主要作用,而且对于不同结构层位,结构体力的作用是不同的。再者,对于不同的服役性能,这三种荷载引起的衰变影响程度是不同的,例如沥青路面的疲劳与车辙问题所关注的荷载因素是不同的。

广义荷载之间的耦合模式需要结合实际观测数据进行分析、判断。一般情况下,分为线性耦合和非线性耦合两类,线性耦合就是各个耦合因子之间的线性叠加。在北京环道的研究过程中,针对车辙和弯沉演化过程中交通荷载与环境温度的耦合模式进行了初步探讨。一个是线性耦合[式(4-63)、式(4-64)],另一个是非线性耦合[式(4-65)、式(4-66)]。线性耦合是将交通荷载和温度荷载线性叠加,非线性耦合是在线性耦合的基础上,考虑交通荷载与温度荷载之间的相互作用,引入一个乘积项。

模型一

$$RD = a \cdot \lg N + b \cdot \sin(c \cdot T) + d \tag{4-63}$$

模型二

$$RD = a \cdot (\lg N)^b + c \cdot \sin(d \cdot T) + e \tag{4-64}$$

模型三

$$RD = a \cdot \lg N + b \cdot \sin(c \cdot T) + d \cdot \lg N \cdot \sin(c \cdot T) + e \tag{4-65}$$

模型四

$$RD = a \cdot (\lg N)^b + c \cdot \sin(d \cdot T) + e \cdot \lg N \cdot \sin(d \cdot T) + f \tag{4-66}$$

图 4-17 为这两种叠加模式得到相关系数的统计柱状图,由此可以看出,非线性叠加模型的相关系数明显高于线性叠加。说明在交通荷载与环境荷载耦合过程中,两者之间存在相互作用的关系。

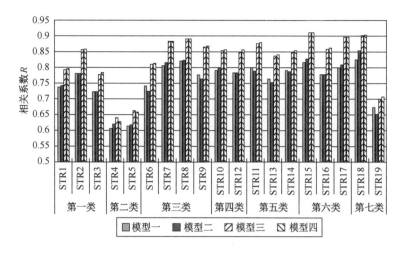

图 4-17　4 个耦合模型的拟合相关系数

4.3.3　应力-抗力模式与可靠度设计

1) 应力-抗力模式

严格来说,服役性能演化模型仅是路面设计体系中的一个组成部分,与此同时,还需要确定相应服役性能损坏的临界状态,从而形成完整的服役性能设计模型。一般来说,服役性能设计模型包括服役性能的"应力"模型和"抗力"模型两部分。应力(S)是指路面结构在荷载作用下产生的服役性能响应,即引起服役性能失效的负荷;抗力(R)是指路面结构抵抗服役性能衰变的能力,这取决于路面结构与材料自身的品质。服役性能的演化模型就是抗力模型。

抗力不小于应力是服役性能设计模型的基本形式,见式(4-67),应力等于抗力的状态是服役性能设计的临界状态。

$$R \geqslant S \tag{4-67}$$

以弯沉设计指标为例,设计(容许)弯沉(l_r 或 l_d)是设计体系中的应力指标,反映相应道路等级、交通荷载水平下,沥青路面所应达到的弯沉水平;实际弯沉(l_s)是设计体系中的抗力指标,即设计道路结构所能达到的弯沉水平。弯沉水平越大,表明结构承载能力越小,按照式(4-67)的表达形式,弯沉指标的应力-抗力模式的表达式见式(4-68)。

$$l_s \leqslant l_r \text{ 或 } l_d \tag{4-68}$$

同理,2017 年以前,在我国设计规范提出的弯拉应力指标的设计模型中,实际弯拉应力(σ_s)是抗力指标,容许弯拉应力(σ_r)是应力指标,其应力-抗力模式的表达式见式(4-69)。

$$\sigma_s \leqslant \sigma_r \tag{4-69}$$

2017 年版设计规范的疲劳设计模型表达形式发生改变,将累计轴载作用次数作为设计模型中的因变量,与美国 MEPDG 设计指南一致。由此,该设计模型的抗力指标为模型计算的累计轴载作用次数,如式(4-22)中的 N_{f2}、式(4-25)中的 $N_{f\text{-}CTB}$、式(4-28)中的 N_{f1} 和式(4-30)中的 $N_{f\text{-}HMA}$;应力指标为满足服役性能要求的累计轴载作用次数$[N_f]$。统一的表达形式见式(4-70)。

$$N_{fi} \geq [N_f] \qquad (4\text{-}70)$$

式中:N_{fi}——相当于 N_{f1}、N_{f2}、$N_{f\text{-}HMA}$ 或 $N_{f\text{-}CTB}$。

通过数学推导,也可将式(4-22)、式(4-25)、式(4-28)和式(4-30)转变为以应力或应变为因变量的表达式,见式(4-24),则应力-抗力模式的表达式同式(4-69)。车辙指标和路基顶面压应变指标设计模型的应力-抗力模式的表达式,同上推之。

基于以上的分析、推导可以看出,无论哪个服役性能指标的设计模型都可以采用应力-抗力模式进行表达。同时,对于不同形式的服役性能设计模型,其应力和抗力的表达形式是不同的。当采用力学指标表征服役性能时(如弯沉、弯拉应力和路基顶面压应变),其抗力指标一般采用路面结构的力学分析结果。除我国以往实际弯沉包含 F 综合修正系数外,这些抗力指标均直接采用力学分析的理论计算结果,而应力指标则是通过室内外试验建立的经验模型(如容许弯沉公式)或某一个定值。当采用物理或工程指标表征服役性能时(如我国 2017 年版设计规范和美国 MEPDG 的疲劳、车辙模型),抗力指标采用经验模型表达,包括力学分析的力学指标(应力或应变);而应力指标采用设计规定的物理量或工程指标定值,如累计轴载作用次数或车辙深度。

另外,除上文讨论的平整度指标模型外,其余服役性能指标的设计模型均可采用力学指标表示,见式(4-68)和式(4-69),这是力学-经验设计方法的一个特点。由此,为了完善沥青路面的设计模型,在抗力指标方面,今后研究的主要任务为完善、建立力学分析计算结果的修正模型。由于非线性力学特性影响,既有的线弹性力学模型计算结果的误差是客观存在的,理论计算的应力、应变结果不等于实际结构的应力、应变状态。在应力指标方面,建立更为可靠的、以相关力学指标表征为目标的经验模型将是今后研究的重点工作。这将依赖于足尺路面结构长期性能的科学观测和充分的数据积累。另外,这里的力学指标是指实际路面结构服役性能达到临界状态时的力学状态指标。

2) 可靠度设计

上文介绍的我国 2017 年版设计规范和美国 MEPDG 设计指南的服役性能模型中,都有一个可靠度指标 β,以保障性能设计的可靠性。然而这并不真正意义上的工程可靠指标,仅相当于一个人为设定的安全系数。根据定义,工程可靠度是指"在规定的条件和规定的时间内完成预定功能的概率"。基于上文应力-抗力模式的定义,工程可靠度表示为:

$$R = P(R \geq S) \qquad (4\text{-}71)$$

式中:R——可靠度;
$P(\cdot)$——概率。

按照可靠度设计的标准,式(4-68)~式(4-70)设计模型则依次表示为:

$$R_l = P(l_s \leq l_r \text{ 或 } l_d) \tag{4-72}$$

$$R_\sigma = P(\sigma_s \leq \sigma_r) \tag{4-73}$$

$$R_N = P(N_{fi} \geq [N_f]) \tag{4-74}$$

另外,根据道路等级和工程的重要性,确定相应设计指标的可靠度标准。例如,高速公路的设计可靠度要求不低于95%,则式(4-72)表示为:

$$P(l_s \leq l_r \text{ 或 } l_d) \geq 0.95 \tag{4-75}$$

计算上述公式时,需要已知应力、抗力指标的概率分布特征参数,如均值、方差、概率分布。而确定应力、抗力指标的概率分布特征参数则需要获得应力、抗力模型中相关参数的概率分布特征。以2017年版设计规范疲劳设计模型[式(4-28)]为例进行说明。

计算可靠度时,需要确定抗力 N_{fi} 和应力 $[N_f]$ 的概率分布特征参数。N_{fi} 的概率分布特征参数由式(4-28)中的沥青混合料动态压缩模量 E_a、沥青混合料饱和度 VFA 和沥青混合料层层底拉应变 ε_a 的概率分布特征决定。其中 ε_a 由弹性层状体系计算得到,其概率分布特征又是由组成路面结构的各个结构层厚度、材料回弹模量、泊松比等概率分布特征参数决定的,这将涉及比较复杂的计算过程。在"八五"期间,国内科研工作者对此进行了比较深入的研究,对于这类问题(不仅仅是计算应变,也包括应力、弯沉等指标)提出了三种计算方法,一是通过蒙特卡洛模拟方法进行海量计算,二是采用偏微分方程方法计算,三是将应变、应力和弯沉的计算公式显式化。应力 $[N_f]$ 的概率分布特征则是通过实际工程的交通量调查进行确定。

当确定结构抗力和应力的概率分布特征参数,且均符合正态分布时,可采用一次二阶矩模型计算相关设计模型的可靠度(R)和可靠度指标(β),有关公式见式(4-76)~式(4-78)。

$$\beta = \frac{\mu_R - \mu_S}{\sqrt{\sigma_R^2 + \sigma_S^2}} \tag{4-76}$$

或者:

$$\beta = \frac{K - 1}{\sqrt{K^2 C_{v_R}^2 + C_{v_S}^2}} \qquad K = \frac{\mu_R}{\mu_S} \tag{4-77}$$

$$R = \Phi(\beta) \tag{4-78}$$

式中:μ_R、σ_R、C_{v_R}——分别为抗力的均值、标准差和变异系数;
μ_S、σ_S、C_{v_S}——分别为应力的均值、标准差和变异系数。

从以上公式表达看出,路面工程可靠度不仅取决于抗力与应力均值的比值,而且取决于抗力和应力的变异系数。抗力与应力均值的比值一般是由材料、结构设计时相关参数的均值水平决定的,可理解为设计的强度储备;而变异系数是由使用环境和施工工艺水平所决定的,如材料模量、强度、结构层厚度等的变异系数取决于实际工程的施工水平。因此,从某种角度看,可靠度设计实际上是设计-施工一体化问题,改进施工工艺水平,降低施工过程中的变异性是提高工程可靠度,延长使用寿命的有效措施。

例如：当 $K=1$ 时，$\beta=0$，$R=50\%$。这意味着，当结构的应力均值与抗力均值相等时，结构的可靠度仅为 50%，也就是说，当一个路面结构按使用寿命 50 年设计时，仅有 50% 的可能性实现设计目标。这显然对长寿命路面设计是没有意义的。

当 $K=1.2$ 时，即当结构的抗力均值相当于应力均值的 1.2 倍时，根据抗力、应力不同的变异系数，可以得到不同的工程可靠度。以弯沉指标为例，一般情况下交通荷载的变异系数为 50%，按照设计弯沉计算公式可以推得，设计弯沉（容许弯沉）的变异系数为 10%，即 $C_{v_R}=0.1$，则根据式（4-77）可以计算得到不同实际弯沉变异水平（C_{v_S}）下的结构可靠度指标 β。当 $C_{v_S}=0.1$ 时，$\beta=1.280$，$R=89.97\%$；当 $C_{v_S}=0.3$ 时，$\beta=0.619$，$R=73.24\%$；当 $C_{v_S}=0.6$ 时，$\beta=0.327$，$R=62.93\%$。也就是说，当实际弯沉变异水平从 0.3 减小到 0.1 时，可靠度指标近乎增加 1 倍，可靠度提高 22.8%；而增加到 0.6 时，可靠度指标又近乎减小 1 倍，可靠度降低 14.1%。由此可以看出，降低施工变异系数，对提高工程可靠度的影响是十分显著的。

图 4-18 为不同 K 值条件下，实测弯沉变异系数 C_{v_S} 与可靠度指标 β 的关系曲线。从图中可以看出，在相同可靠度指标的要求下，实测弯沉变异系数越大，对应的 K 值越大。K 值越大，说明设计弯沉与实际弯沉的均值比值越大，即结构的强度储备越多，然而，强度储备过多，意味着工程造价的大幅度增加。因此，为达到相同的可靠度要求，一味增加 K 值并不是最佳的技术选择，相反，提高工程质量的均匀性，降低实际弯沉的变异系数，应是最佳的技术对策。因此，有效控制、降低施工变异水平也符合技术经济最优化的建造原则。

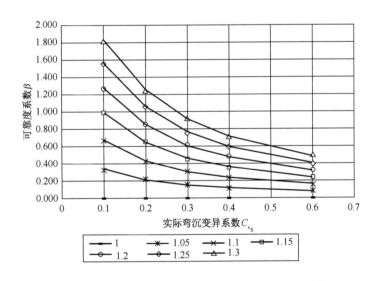

图 4-18　不同 K 值和 C_{v_S} 条件下，弯沉指标的可靠度系数曲线

总之，引入可靠度设计概念，实际上是通过"变异系数"指标，将沥青路面的理论设计与实际工程的建设情况建立有机的联系。从某种意义上讲，路面的可靠度设计就是施工工艺设计，是实现设计-施工一体化的措施之一。

4.4 小结

本章主要从沥青路面的结构功能和服役性能模型两方面,讨论了沥青路面结构的功能化设计问题,得到了以下认知:

(1)沥青路面是一种宽刚度域基层结构的层状体系,广义基层设计是沥青路面结构设计的核心内容。不同的广义基层刚度决定了沥青路面不同的受力体系,并由此可将沥青路面划分为承力体系结构和传力体系结构。对于重载交通使用条件下的长寿命沥青路面,宜选择承力体系结构。

(2)功能设计是长寿命沥青路面结构优化设计的出发点。在实体结构中,每一个结构层都应有明确的使用功能。针对长寿命沥青路面使用需求,沥青混凝土面层品质决定了表面功能的使用寿命,广义基层和广义路基的技术水平决定了路面结构的安全寿命。同时,良好的层间结合状态是实现结构层功能的必要保障。

(3)沥青路面结构的功能化设计体现为结构层的性能设计。建立科学、可靠的服役性演化模型需要大量的工程实践和科学实验数据积累,合理的力学分析将有助于揭示服役性能的演化机理,力学-经验法仍将是长寿命沥青路面结构设计的主要方法。

(4)尽管沥青路面服役性能演化模型有多种不同的表达方式,但综合而言,均可归结为内因(结构与材料)、外因(荷载与环境)和力学指标的三维度范式模型,对于长寿命沥青路面设计,荷载与环境的同时空耦合模型和路面结构内部力学指标的合理确定将是重点的研发方向。结构与材料内因影响的分析研究,将基于材料的结构使役行为和服役性能的结构依赖性等科学问题的探索,同时也将表征于荷载与环境同步耦合作用下的力学指标的确定。

(5)沥青路面结构可靠度设计并不是确定结构的安全系数,而是与工程实践紧密结合的概率设计,是实现设计-施工一体化的具体表现。

5 材料的使役行为与均衡化设计

> **关键词：**
> 多样性·指标体系·使役行为·均衡化设计

延续上一章沥青路面结构功能化设计的讨论，本章将着重讨论路面材料的结构使役行为和均衡化设计的有关问题。一般来说，工程需求决定了道路结构性能，结构性能决定了各个结构层的混合料性能，而混合料性能要求决定了原材料的技术标准，既反映出路面材料与结构的因果关系，也反映出混合料与原材料的逻辑关系。从本书第 3 章可以看出，材料设计是延缓或消除路面病害的关键环节之一，主要体现在原材料选择和混合料配合比设计两方面。

在实际工程中，用于修筑沥青路面的原材料大多来自天然地材或工业废弃物，以及一些普通的工业材料，就地取材，充分利用地方性材料，是路面工程选材的基本原则，因此，完善混合料配合比设计，变废为宝，是路面材料设计的技术核心，而不是单纯地选择所谓的"优质"材料。

由于筑路用混合料是一种以非均质矿料颗粒为主体，通过胶结、压实而成的混合物，不仅自身具有非均质和各向异性特征，而且在实体工程服役期间，受结构形式、结构层位等条件的约束，也表现出显著的结构使役行为，其中包括服役性能的结构使役行为以及力学响应的结构使役行为。这里的结构使役行为是指结构因素导致的路面材料非线性的行为特征，本章将对此进行初步讨论。

另一方面，面对混合料多元化的服役性能需求和复杂的服役行为特征，开展混合料均衡设计是建设技术可靠、工艺可行、经济合理的长寿命沥青路面工程的重要措施之一。混合料均衡设计包括原材料与混合料性能的均衡，材料设计与结构设计的均衡以及材料多元使用性能的均衡三层含义，其目标是：充分、合理使用地方性材料，综合提高混合料的技术性能，满足结构层的功能需求。其中，原材料与混合料性能的匹配，混合料设计理念与方法革新等是混合料均衡设计的主要技术节点，同时，材料的结构使役行为研究也将是实现混合料均衡化设计的理论基础。本章将以沥青混合料和半刚性材料为例，探讨混合料的均衡设计问题。

5.1 材料的多样性和指标体系

图 5-1 为沥青路面的典型路面材料汇总,包括原材料和混合料。按是否具有胶结能力,原材料可以大致分为胶结类和非胶结类原材料。按照混合料中的重量比,绝大多数原材料属于非胶结类材料,主要是碎石、砂砾、砂、土等,这些材料自身不具有凝结效应的特征。当没有胶结料存在时,这些材料与一定比例的水混合,经过反复压实,形成满足一定路用性能要求的结构层。

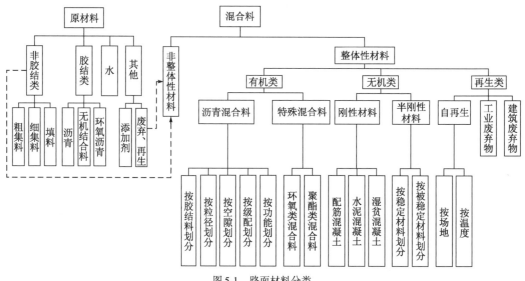

图 5-1 路面材料分类

胶结类材料是指具有一定"自凝"效应的材料,在水化或压实作用下,可与其他材料胶结形成具有一定整体性的材料。胶结类材料质量占混合料总质量一般不超过 20%,尽管含量较少,但往往对混合料的最终性能起到决定性作用。胶结性材料一般可分为有机胶结类材料和无机胶结类材料。有机胶结类材料一般指各种标号、品质的沥青类材料(包括乳化沥青),这些材料与其他材料(砂石类材料)混合、压实,形成整体性材料;无机胶结类材料一般指水泥、石灰、粉煤灰等材料通过水化反应,形成的整体性材料。此外,还有一类化工产品,通过化学反应,与砂石材料形成胶结,如环氧沥青。

除以上两大类通用的原材料外,还有一些材料可作为修筑沥青路面的原材料。一是经过加过、整理后的工业废弃物(如钢渣、矿渣、废轮胎等)和建筑废弃物(如建筑垃圾等),事实上,大多数路面材料本身也是一种修筑路面的材料,即路面材料可再生使用。二是用量少(一般不超过混合料总质量的 1%)、作用显著的添加剂类材料,代表性的有改性沥青中的各种改性剂、混合料中的各类纤维以及废胎胶粉等。

水是一种"特殊"的筑路材料,是一种"具有胶结性"的非胶结材料。一方面,在水分子的作用和影响下,碎石、砂砾、砂、土等材料的压实性能得到改善,使这些材料满足相应的性能要求;另一方面,水是无机胶结材料产生胶结性能的必要条件。

以在实体结构中能否形成整体性结构层独立受力为标准,将混合料分为整体性材料和非整体性材料。所谓"独立受力"是指这种混合料修筑的结构层能够承受弯拉荷载作用,在结构疲劳设计时,需要验算弯拉应力或弯拉应变的疲劳效应。非整体性材料就是上文提到的,由非胶结类材料与水组成的混合料。为了提升路面结构耐久性和安全性,工程中使用的大多数混合料为整体性材料。

根据胶结材料的不同,整体性材料可分为以沥青为代表的有机类整体性材料,以水泥、石灰为代表的无机类整体性材料,以及再生类整体性材料。工程中使用再生类材料修筑结构层时,往往会掺加一定比例的水泥或沥青类材料,使其成为整体性材料,但由于掺加剂量较少,或再生材料自身品质差异大,再生类混合料的整体性往往低于传统的整体性材料(如弯拉强度较低),这是这类整体性材料的一个特点。

有机类整体性材料和无机类整体性材料是目前工程中普遍使用的混合料,由于工程需求不同,原材料的品质差异以及混合料构成方式不同,这些混合料又衍生出多种不同功能和力学性能的混合料类型。以下章节将进行简要介绍。

5.1.1 几种典型原材料

本节将主要讨论沥青、无机结合料、集料与填料以及添加剂4种原材料的类型和技术性能。

1) 沥青

路面工程中使用的沥青可分为石油沥青、天然沥青、改性沥青、乳化沥青、人造沥青、煤沥青以及环氧沥青等。

(1) 道路用沥青

石油沥青是石油提炼过程中的副产品,是目前路面工程中使用最为广泛的一种沥青。根据针入度大小,石油沥青一般可分为三大类:一类是针入度大于90(0.1mm)的较稀的沥青,常用于寒冷地区,以减少沥青路面的温度裂缝;第二类是90号、70号和50号沥青,这是我国道路建设使用较为普遍的石油沥青;第三类是针入度小于50(0.1mm)的沥青(如30号、20号沥青),这是一类低标号沥青,生产沥青的混合料具有较高的模量(又称为高模量沥青混合料),具有良好的抗车辙和承载能力,欧美国家推荐这种沥青混合料用于长寿命沥青路面的基层铺筑材料。此外,在实际工程选择石油沥青时,不仅要看沥青的标号,更要关注沥青的生产厂家和油源。油源决定了沥青的品质,生产厂家决定了沥青质量及其稳定性。

顾名思义,天然沥青是天然形成的沥青,是石油在自然界长期受地壳挤压并与空气、水接触逐渐变化而形成的,以天然形态存在的石油沥青,常见的有天然湖沥青和岩沥青。天然沥青早在19世纪中叶就用于修筑沥青路面,是最早用于道路建设的沥青产品。由于在其形成的历史过程中,与黏土和水混杂,需经精制,方可与石油沥青掺混使用,因此早期天然沥青的使用并不成功,直到近半个多世纪来才在一些工程中得到有效利用。

煤沥青或渣油沥青是与石油沥青相对的另一种道路沥青,是煤炭生产加工过程中的一种副产品。在20世纪80年代以前,由于石油资源匮乏,我国曾大量使用这种沥青修筑道路。与石油沥青相比,这种沥青生产混合料的低温抗裂性能、高温抗变形能力较差,因此,随着高等级公路的修建,20世纪80年代以后,我国不再使用这种沥青修筑高等级道路。另外,这种沥青具有良好的渗透性,往往是工程中透层油的最佳选择。

改性沥青是在石油沥青、天然沥青和煤沥青的基础上,通过掺加某种添加剂或者改进某种工艺,改善原有沥青的品质,提高路用性能的沥青。其中添加剂又称为改性剂。根据改性剂品种的不同,常用的改性沥青大致可分为SBS改性沥青、SBR改性沥青、PE(废塑料类)改性沥青和橡胶改性沥青等几类。一般来说,SBR改性沥青具有良好的低温性能,PE改性沥青具有良好的高温性能,SBS改性沥青兼具高温和低温性能的改善;橡胶沥青是一种"改性"沥青,其中的改性材料是废胎胶粉。在对沥青改性时,废胎胶粉自身不会"溶解",不会与沥青分子形成稳定的官能团,属于一种物理-化学改性。此外,对于同一种改性沥青,由于改性剂添加量不同,辅助添加剂的品种不同,改性沥青的品质将有显著差异。再者,生产改性沥青时,基质沥青(普通沥青)与改性剂之间都存在一定的配伍性,不是一种改性剂适用于所有普通沥青,或者所有的普通沥青都适合进行改性。

石油沥青、天然沥青、煤沥青和改性沥青通常统称为道路沥青。乳化沥青是将道路沥青与乳化剂在一定工艺下混合,生成水包油或油包水的液态沥青,从而使得通常在高温下使用的道路沥青也可以在常温条件下使用,或者与冷、潮湿的集料一起使用。乳化沥青分为阳离子乳化沥青、阴离子乳化沥青和非离子乳化沥青,常用于沥青路面的黏层和透层,也用于生产温拌、冷拌的沥青混合料。

环氧沥青是一种特殊的沥青,其生产的沥青混合料具有较大的刚度,其力学特征更接近半刚性材料,温度敏感性较低,常用于钢桥面等特殊构造物的铺装。人造沥青是人为加工的一种类似于沥青的材料,常用于彩色沥青路面的生产使用。

(2)沥青指标体系简评

道路沥青是一种非牛顿流体(即其剪应力与剪切应变率之间不是线性关系的流体),作为沥青混合料中的胶结材料,主要有两方面作用:一是将松散的集料相互黏结,在压实作用下形成一个整体;二是自身也具有一定的力学强度和稳定性(如黏度),为沥青混合料的路用性能发挥一定作用。因此,评价沥青品质的指标体系大致分为两类:一是反映沥青内聚力水平的指标,如黏度;二是反映沥青与矿料之间黏附能力的指标,如黏附性。

目前国内外评价道路沥青品质的指标体系大约有三类:一是针入度-软化点(延度)体系,二是黏度体系,三是美国SUPERPAVE提出的PG分级体系。前两类已有近百年的历史,第三类形成于20世纪90年代。特别是针入度-软化点指标体系,经过近百年的不断完善,目前已成为世界上使用最广泛的道路沥青指标体系,我国从20世纪80年代制定道路沥青指标体系以来,也一直采用这个指标体系。针入度和软化点的试验方法简单,易于工地检测,这两个指标相互配合,可以有效控制沥青的黏度水平。黏度指标体系主要用于改性沥青的性能评价(如橡胶沥青),但是黏度试验受沥青中非沥青材料的影响较大,如橡胶沥青中的胶粉、天然沥青中的"矿粉",因此,黏度指标体系具有较强的条件性。PG分级指标体系是美国SUPERPAVE研究的成果之一,其指标体系的合理性还有待工程实践的进一步验证。不论哪种指标体系,其共性特征均以评价沥青黏度品质为核心。

相较而言,评价沥青与矿料的黏附性的指标发展缓慢,目前仍普遍采用20世纪四五十年代提出的"水煮法",这是一种定性评价沥青与矿料黏附性的方法,对于一些改性沥青并不适用,反而引起误导。例如:黏度较大的改性沥青在水煮的过程中,尽管与石料表面已经脱离,但由于沥青自身黏度问题,并没有产生剥落,因此从试验现象角度看,石料表面的沥青没有剥落,相当于黏附等级5级,但实质上,沥青已与脱离石料,导致黏附性评价错误。另外,在改性沥青混合料施工过程中,胶轮碾压后,原本黑色的表面出现发黄的现象,仔细观察发现是石料表面的改性沥青膜被胶轮揉搓掉了,这也反映出沥青与石料黏附性不理想。

近二十年来,国内外一些专家学者试图通过界面力学的原理,开展沥青与矿料黏附性的量化评价指标研究,然而由于沥青本身的多样性和非牛顿流体特征,这方面研究的实用性成果还不完善。总之,当前道路沥青评价指标体系的发展是不平衡的。

除了黏度、黏附性外,安全性指标(如闪点)、低温性能指标(如脆点、低温延度)、含蜡量指标、密度指标和抗老化性指标也是沥青指标体系中常见的指标。这些指标一般与沥青的油源品质、生产工艺密切相关。因此,在工程实践选择沥青时,往往首先关注油源品质、沥青生产厂家与工艺,其次才看具体的指标。

2) 无机结合料

工程上常用的无机结合料主要指水泥、石灰、粉煤灰等材料,还包括具有一定活性的工业废渣。

路面工程使用的水泥品种比较广泛,包括普通硅酸盐水泥、矿渣水泥等,根据施工工艺要求,宜选择缓凝水泥。除水泥混凝土等刚性材料施工外,一般宜采用32.5号或42.5号水泥。

石灰是我国最早用于道路建设的无机结合料,是高温煅烧石灰石的产物,其中的有效钙镁含量是评价石灰品质的核心指标。我国规范根据石灰中的钙镁含量,将石灰分为4级(Ⅰ、Ⅱ、Ⅲ级和等外灰),当用于修筑基层、底基层时,要求使用Ⅲ级及其以上的石灰;当用于路基处治或修筑垫层时,可以使用等外灰。在工程中存在生石灰与消石灰(熟石灰)的区分,生石灰的主要成分是氧化钙(CaO),属于氧化物,熟石灰的主要成分是氢氧化钙$[Ca(OH)_2]$属于碱性材料。生石灰加水能够生成熟石灰,其间会产生剧烈放热的现象,因此,为了保障工程质量,在工程中需要加水使生石灰在使用前充分消解,变成熟石灰。此外,熟石灰在沥青路面工程中的另一个典型应用是代替部分的矿粉填料,增强集料与沥青的黏附性,生产沥青混合料。

粉煤灰是一种工业废渣,在路面工程上使用属于废物再生利用,在我国高速公路建设初期曾是无偿使用,所以得到广泛的应用。后来由于国家工业政策的调整,粉煤灰越来越少,加之原材料费用上涨,目前粉煤灰在我国公路建设中使用的比例逐渐降低。粉煤灰在工程中使用时,细度和含水率是两个重要指标。粉煤灰自身的密度较小、细度较大,容易"扬尘",导致生产过程中的污染较大,为此常常加水饱和,然而这又导致混合料生产过程中含水率难以控制。为此,合理控制粉煤灰中含水率水平是正常使用粉煤灰的首要条件。关于粉煤灰的细度问题,粉煤灰越细,与混合料拌和后的反应越充分,但也容易造成"扬尘"或含水率偏高的工艺问题;当粉煤灰较粗时,导致反应效能减弱,粉煤灰添加剂量增加的问题。但从"变废为宝"充分消耗工业废弃物的角度看,在工艺条件允许的情况下,过细或过粗的粉煤灰都可以通过完善的配合比设计加以利用。

需要指出的是,与水泥不同,石灰、粉煤灰是两种缓凝型的无机结合料材料,在与被稳定材料形成具有一定强度的混合料过程中,需要较长的时间,且具有一定的自愈性。

3) 集料与填料

按质量计算,集料是修筑沥青路面的主要材料(占80%～95%)。集料主要指碎石、破碎砾石或天然砾石等。按品质要求,用于生产沥青混合料的集料优于生产级配碎(砾)石(用于铺设基层)的集料,优于用于生产半刚性材料的集料,优于铺设碎(砾)石垫层的集料。

按照工程习惯,以4.75mm为分界点,集料分为粗集料和细集料两大类。粗集料的力学强度(如压碎值)、颗粒形状(如针片状、破碎面)对混合料的路用性能具有较大的影响;粗集料的密度、吸水率等物理指标对混合料胶结料含量有较大影响,特别对于沥青混合料的油石比,无机结合料稳定材料的含水率。细集料的主要品质指标是含泥量和有机质含量。

用于生产集料的石料品质是多样的,按照酸碱性一般划分为酸性集料、碱性集料和中性集料三大类。在工程中,只要压碎值满足要求,这些石料均可当作生产筑路混合料的集料材料使用,当压碎值不满足要求时,需要通过混合料配合比试验和性能评价,确定石料是否可以使用。

当用于沥青路面上面层混合料时,粗集料一般选择硬度较大、耐磨性较好的中性石料,同时,颗粒形状、针片状颗粒含量也是重要衡量指标。另外,根据地方性材料特点,通过完善的优化设计,酸性石料(如花岗岩)、碱性石料(如石灰岩)也可以用作上面层沥青混合料的粗集料使用。在一些工程中,为了改善上面层沥青混合料的水稳定性,常常利用中性、酸性粗集料硬度高、耐磨性好的特点,以及碱性细集料与沥青裹覆性能好的优势,将两者综合使用,达到良好路用性能的要求。

另外,在工程中有时会遇到一种表面空隙较多的粗集料,这种集料的吸水率一般较高,导致沥青混合料的油石比增加,或半刚性材料的含水率增加。此时,应根据当地原材料情况,本着就地取材的原则,通过完善的配合比优化设计,决定这种材料是否可以使用。

顾名思义,填料就是填充混合料空隙的材料。无论是半刚性材料,还是沥青混合料,空隙大小对混合料的力学性能和耐久性具有直接影响,空隙越大,力学强度越低,耐久性越差。在工程中,填料一般分为矿物填料(如矿粉)和纤维填料两大类。需要指出的是,填料在混合料中填充空隙的同时,增加了集料的比表面积,有利于增强胶结料与集料之间结合的稳定性。但是,如果填料含量过多,吸附了过多的胶结料,反而不利于混合料自身路用性能的改善,因此,存在一个填料合理剂量的问题。

矿粉是工程上常用于沥青混合料的矿物填料,一般采用憎水性的中性或碱性石料加工而成。0.075mm 以下的粒径含量是矿粉的主要技术指标,含量越高,矿粉细度越大,工程效果越好。工程粗、细集料中往往含有部分 0.075mm 以下的粉料,且难以剔除干净,因此矿粉通常与这些粉料混合使用。对于无机结合料稳定中、粗粒料,由于自身级配中 0.075mm 粉料的含量要求较少,且混合料的强度形成原理不同于沥青混合料,因此,在实际工程中一般不需要添加矿粉,而是利用粗、细集料中 0.075mm 以下的粉料作为填料。为了改善半刚性材料的品质,当解决半刚性材料生产工艺问题后,采用矿粉替代当前半刚性材料中品质不稳定的粉料,是一个值得研究的课题。

木质素纤维是生产沥青玛蹄脂碎石混合料的一种纤维类填料,其对沥青的吸附能力明显高于矿物填料,对于粗集料含量高,且细集料较少的沥青混合料,其主要作用就是吸附沥青,在矿料表面形成较厚的沥青胶浆膜,填充矿料骨架间的空隙,保证混合料的密实状态。

4) 添加剂

为了改善沥青混合料的路用性能,在实际工程中常常掺加一些添加剂。按添加剂功能划分,可分为沥青改性添加剂、混合料改性添加剂、纤维类添加剂、特殊工艺类添加剂等。根据工程需要,有时掺加一种添加剂,有时同时添加多种添加剂。

按添加工艺划分,添加剂可分为内掺式添加剂和外掺式添加剂。内掺式添加剂是指添加剂与胶结料先预拌混合均匀,再与集料拌和的添加剂,沥青改性添加剂一般属于这类添加剂。外掺式添加剂是指与胶结料、集料(包括填料)同时拌和生产混合料的添加剂,混合料改性添加剂、纤维类添加剂、特殊工艺类添加剂一般属于这类添加剂。不论是内掺式还是外掺式添加剂,拌和均匀和稳定是添加剂掺加的首要条件。

纤维类添加剂主要指化学纤维、矿物纤维(如玄武岩纤维),不包括上文提到的木质素纤维。这些纤维的吸水率显著低于木质素纤维,掺入混合料的目的不是为了吸收更多的沥青,而是直接改善混合料的某些路用性能。

混合料改性添加剂主要有抗车辙剂、高模量剂、高黏度剂等,废胎橡胶粉也是一种改性剂类的添加剂。由于这类添加剂与沥青的作用时间较短,一般并不能完全融于沥青中,有一部分残留物作为粒径较大的填料填充于矿料结构中,形成干涉效应。因此,当使用这些添加剂生产沥青混合料时,需要适当调整矿料级配,常常采用粗集料断级配。

特殊工艺类添加剂主要指生产再生混合料、温拌沥青混合料时所掺加的再生剂和温拌剂。

5.1.2 沥青混合料

沥青混合料是沥青路面最主要的修筑材料,是一种具有显著温度敏感性的非线黏弹性材料,可铺设于沥青路面上部结构的各个层位。在结构设计中,沥青混合料虽然与半刚性材料、刚性材料都属于整体性材料,但物理、力学性能具有显著的差异,是一种柔性的整体性材料。

在实际工程中,按照不同的标准,沥青混合料可划分成不同类型。按胶结料类型划分,分为普通沥青混合料、改性沥青混合料、橡胶沥青混合料等;按混合料中集料公称最大粒径划分,分为粗粒式沥青混合料、中粒式沥青混合料、细粒式沥青混合料以及沥青砂;按照混合料密实程度划分,分为密实型沥青混合料、开级配沥青混合料[如多空隙沥青混合料(PAC)、开级配磨耗层(OGFC)]和半开级配沥青混合料;按照混合料级配类型划分,分为连续型级配沥青混合料和间断级配沥青混合料,间断级配又可分为粗集料断级配和细集料断级配两种;按铺装厚度划分,分为一般厚度的沥青混凝土、薄层沥青混凝土、超薄沥青混凝土和极薄沥青混凝土;按照拌和、压实温度划分,分为热拌沥青混合料、温拌沥青混合料、冷拌沥青混合料。此外,还有根据不同使用功能需求提出的一些专用沥青混合料,如用于钢桥面铺装的环氧沥青混凝土和浇注式沥青混凝土,用于提高沥青混凝土结构层的抗车辙能力和承载能力的高模量沥青混合料,用于延缓反射裂缝和提高沥青混凝土底层抗疲劳性的抗疲劳沥青混合料(也有称应力吸收层沥青混合料),以及使用再生材料的再生沥青混合料等。

从结构角度看,根据结构受力和使用环境的不同,除环氧类、浇筑类沥青混凝土外,沥青混合料又大致可分为以下五大类。

第一类是用于上面层的密实型沥青混合料。这类沥青混合料的抗滑性能是第一位的,是保证沥青路面具有良好行车安全性的前提条件。与此同时,由于这类沥青混合料直接暴露在大气环境下,气象环境、水环境最为复杂,因此,这类混合料也要具备良好的高温稳定性、低温抗裂性和抗水损坏能力。另外,国内外 T-D 裂缝研究的最新成果表明,这种沥青混合料也应具有良好的抗疲劳能力。总之,这类沥青混合料的技术中要求是所有沥青混合料中要求最高的,也正因为如此,在长寿命沥青路面技术体系中,这类沥青混合料在整个服役期间允许有若干次的罩面维修。

第二类是用于中下面层的沥青混合料(包括基层)。这类沥青混合料的使用环境比第一类大为改善,也不需要提供抗滑性能,因此,这类混合料的技术要求比较单一:密实防水、抗车辙,当用于底面层(直接与半刚性、刚性材料层或非整体性材料层相接触的结构层)时,还应具备一定的抗疲劳能力。也正因为如此,在实际工程中,这类沥青混合料的沥青和矿料品质要求往往低于第一类混合料。

第三类是用于抗疲劳的应力吸收层混合料。这是 21 世纪以来,特别是欧美长寿命沥青路面技术发展以来,产生的一种细粒式、富油型、超密实的沥青混合料。顾名思义,其主要作用是抗疲劳,主要用于厚沥青混凝土层底部。这种混合料的特点是变形适应性较强,因此,在我国半刚性基层路面结构和水泥混凝土路面加铺沥青面层的工程中,也常用于半刚性基层和水泥混凝土层的上面,起到延缓反射裂缝的作用。

第四类是常用于养护罩面的超薄细粒式沥青混合料(也可直接铺设上面层)。这种混合料是 20 世纪 70 年代末、80 年代初法国发明的,目前已被世界各国广泛使用,主要用于高速公路的罩面维修工程。顾名思义,这种沥青混合料的铺装厚度较薄,一般为 2 ~ 2.5cm,可大大节约罩面养护成本,同时也决定了这类沥青混合料的公称最大粒径不应大于 10mm。因此,如何保证良好的抗滑性能及耐久性是这类沥青混合料设计的首要技术难点。另外,由于铺装厚度薄,这类沥青混合料的高温性能要求不高,而抗水损坏能力则主要依靠设置防水黏结层的结构措施予以保障。

第五类是用于排水路面的多空隙沥青混合料。这是一种与以上四种混合料体积状态完全不同的沥青混合料,属于开级配的沥青混合料,空隙率为 15% ~ 25%。这种混合料的优势在于排水能力强、水稳定性好,当用于上面层时,具有良好的降低路面/轮胎噪声的效果,以及降低雨天行车水雾,保障行车安全的效果。这种混合料的缺陷在于力学强度不足、抗疲劳能力不高,因此,为了发挥这种混合料技术优势,需要与其他结构层和功能层配合使用。

近二十年来,随着我国沥青路面技术的发展,高模量沥青混合料、多空隙沥青混合料、超薄沥青混合料在我国路面工程界引起广泛关注,通过试验路和实体工程的验证、应用与完善,逐步实现本土化,并应用于我国道路建设中,取得良好效果,以下简要介绍。

1)高模量沥青混合料

高模量沥青混合料是 20 世纪 70 年代末法国发明的一种力学性能强、耐久性好,可减薄沥青混凝土层厚度的优质沥青混合料,欧美国家将这种混合料用于长寿命的全厚式沥青路面的柔性基层,以提高路面结构的承载能力。我国是在 21 世纪初开始研发使用。顾名思义,这种沥青混合料的模量高于一般沥青混合料,具有更好的承载能力和抗车辙能力,这种沥青混合料主要用于沥青面层的中下层或者基层,例如:沙庆林首次将这种混合料用于半刚性基层长寿命沥青路面的下面层。国内外生产高模量沥青混合料的主要技术对策有三种:一是使用低标号沥青,如 20 号、30 号沥青;二是掺加一定比例的天然沥青,如湖沥青、岩沥青;三是使用高黏度的改性沥青,如掺加高模量剂。这三种技术对策在我国工程上均有使用,相较而言,第一种方案可直接使用成品沥青,不需要增加其他的施工环节,工艺操作简单、可靠,且工程造价最低,是法国发明高模量沥青混合料的经典方案,也是欧美国家长寿命沥青路面推荐的主要方案。

目前,我国采用低标号沥青生产高模量沥青混合料面临的主要技术问题在于低标号沥青的延度指标问题。延度是评价沥青低温性能的指标,也是我国评价沥青品质的主要指标之一。但是对于低标号沥青而言,这个指标有些多余,反而适得其反。一来,低标号沥青主要用于路面结构的中下面层和基层,此时的温度变化已比较平缓,对沥青混合料低温性能的影响大大减弱;二来,沥青的延度性能与黏度性能之间一直存在矛盾(指普通沥青)——黏度大、延度小,黏度小、延度大,在实际工程中存在技术选择问题。如果侧重于提高混合料的模量和高温稳定性,则必然选择黏度大的沥青,此时就需要放弃对延度的要求。2009 年,北京长安街大修工程为了解决公交车道和路口的车辙问题,选择了延度为 0 的 30 号沥青修筑高模量沥青混凝土基层(其上为 2 层改性沥青混凝土),取得了良好的工程效果,证明当初的技术选择是正确的。事实上,欧洲低标号沥青的指标中也没有延度指标要求。

根据原油品质,当前生产低标号沥青主要有直馏、氧化和调和三种工艺。前两种工艺可以生产出质量较为稳定的高黏度、低延度的低标号沥青,适用于生产高模量沥青混合料。但调和工艺生产的低标号沥青延度较大,并不适用于生产高模量沥青混合料。

从混合料性能角度看,高模量沥青混合料主要优势在于承载能力强(高模量)、抗车辙以及抗疲劳。使用这种混合料提高路面结构的承载能力是容易理解的,与此同时,大量使用这种混合料作为路面结构的主要结构层,将面临高温抗车辙的问题。事实上,欧美国家推荐的长寿命全厚式沥青混凝土结构已经回答了这个问题,高模量沥青混合料也是一种优良的抗车辙型沥青混合料。关于抗疲劳问题则需要进一步讨论。

一方面,按照法国设计方法,高模量沥青混合料的油石比明显高于一般沥青混合料,富油系数和中、细粒式连续级配是法国高模量沥青混合料的两个主要特点。其主要目的是改善混合料应变控制模式下的疲劳特性。按法国设计要求,高模量沥青混合料疲劳试验的应变水平为 $130\mu\varepsilon$,明显高于一般沥青混合料的 $100\mu\varepsilon$。另一方面,按照欧美国家推荐的长寿命路面结构设计原理,在较厚的高模量沥青混合料结构层下面又设置了一层富油的细粒式沥青混合料的抗疲劳层,说明,高模量沥青混合料结构层作为主要的路面结构承重层,具有良好的应力控制模式下的抗疲劳性能,但应变控制模式下疲劳性能并不理想,因此,设置抗疲劳层,以弥补应变控制模式下的整体结构疲劳性能的不足。这与上文疲劳性能模型讨论时,半刚性材料采用应力指标还是应变指标评价疲劳性能是类似的问题。

对此,我国的低标号沥青高模量混合料与法国设计方法相比有较大的不同。首先我国高模量沥青混合料主要用于半刚性结构,无论是用于中、下面层,还是基层,其下都有一层或几层半刚性材料结构层,因此,不必考虑应变模式下的抗疲劳问题。其次,我国高模量沥青混合料主要采用粗粒式的、粗集料断级配沥青混合料,如 AC20、AC25,不人为规定富油系数,而是按照正常的设计方法确定油石比,但由于低标号沥青的黏度较大,对于相同级配的混合料,其油石比仍将比 70 号或 90 号沥青的混合料增加约 0.5%(绝对值)。因此,我国低标号沥青的高模量混合料不仅模量高于法国同类材料 20%~30%,而且高温稳定性优异、应力控制模式下的抗疲劳性能优异。

2) 多空隙沥青混合料

多空隙沥青混合料是一种特殊的功能型沥青混合料。一般来说,混合料越密实,耐久性越好。但在一些特殊的使用环境下,需要放弃混合料的密实性要求,以换取改善其他的使用功能。例如,为了改善降雨条件下路面的行车安全,或者降低路面/轮胎之间的行车噪声,可采用多空隙沥青混合料铺筑路面面层。

当然,这种混合料使用性能的耐久性仍是主要关注的问题。其耐久性表现为力学性能和使用功能(排水、降噪)耐久性两个方面。国内外研究表明,这种混合料的空隙率较大,导致其疲劳性能比一般密实性混合料降低50%左右,因此,这种混合料主要用于沥青路面的表面功能层,即上面层,或者上、中面层(即所谓的双层排水结构),而不能用于沥青路面的承重结构层,如下面层或基层。当用于上面层时,铺装厚度宜较薄,相当于超薄层的铺装厚度,形成所谓的开级配磨耗层(OGFC)。再者,这种混合料的空隙率较大,在使用期间受到轮胎和自然环境的污染,容易造成堵孔,丧失排水和降噪的功能。根据日本经验,这种混合料的表面层一般5~6年就需要进行"清孔"养护。因此,对这种混合料的使用环境有一定要求,如降雨量较大、自然环境良好、风沙较少的地区。

为了改善这种混合料路面的排水效果,欧洲在20世纪90年代初提出了双层排水结构,我国在20世纪末在高速公路上铺设了试验路,取得了良好效果。这种结构是铺设两层多空隙沥青混合料,上层混合料的粒径小于下层,公称最大粒径一般不大于10mm,空隙率水平也小于下层,同时上层混合料的铺装厚度较薄(2~3cm)。

显然,这种混合料的矿料结构是骨架结构,为了提高骨架结构的强度,多空隙混合料的矿料品质要求高于其他沥青混合料。由于混合料的空隙率较大,骨架结构的稳定性不足,当重型荷载碾压时,骨架容易变形,表现为混合料的空隙率降低。因此,这种混合料一般不适用于重载交通环境,只适用于中、轻交通。

为了提高这种混合料的力学性能,国外有些国家(如日本)和我国近些年的工程,常常采用高黏度沥青作为胶结料,也有一些国家采用一般的SBS改性沥青、橡胶沥青甚至普通沥青生产这种混合料。这一切最终取决于多空隙沥青混合料的交通荷载条件。

3) 超薄沥青混合料

超薄沥青混合料也是20世纪70年代法国研发并首先用于高速公路罩面养护的一种薄层铺装的沥青混合料。之后,先后被美国、英国、澳大利亚、南非等国进一步改进、推广使用。我国于20世纪90年代后期引入,并用于城市道路和高速公路的养护维修。2001年,交通部专门立项开展"超薄层沥青混凝土面层技术研究",自主研发了以多碎石沥青混合料为基础的细粒式沥青混合料用于超薄罩面,并先后在山东、河北、四川、贵州、广东、北京的多条公路建设中修建了试验路或实体工程,取得了良好效果。

这种混合料具有粒径小、铺装厚度薄、抗滑性能好、有一定的降噪效果、外观均匀美观等特点。其内在的逻辑关系为:为了节约养护成本,减薄罩面厚度(与一般的4~5cm罩面工程相比);厚度的减薄导致混合料公称最大粒径的减小,形成细粒式的超薄沥青混合料;混合料粒径的减小使得混合料铺筑的均匀性好、美观舒适、降低维修造价。但另一方面也产生如何解决细粒式沥青混合料的抗滑性能,以及如何防治超薄层铺筑的脱落等问题,这是超薄沥青混合料设计的核心问题和技术难点。

一般而言,超薄沥青混合料的铺装厚度为2~2.5cm,因此,混合料的公称最大粒径不应大于10mm,欧美有使用8mm或6mm的。超薄沥青混合料一般分为密实型和开级配两种。开级配即所谓的开级配磨耗层(OGFC),具有良好的抗滑性能,但是,为了提高超薄沥青混合料的耐久性,大多采用密实型的混合料。同时,为了满足抗滑性能,特别是构造深度指标的要求,超薄沥青混合料一般采用粗集料断级配的矿料结构,如法国的超薄沥青混合料、欧美使用的细粒式SMA以及我国研发的SAC型超薄沥青混合料等。

近些年的研究表明,在相同空隙率条件下,混合料的公称最大粒径越小,其水稳定性越好,由此推广至细粒式的超薄沥青混合料。在保证相同的水稳定性条件下,超薄沥青混合料的设计空隙率可适当放宽。如一般AC13混合料设计空隙率4%,现场空隙率约6%,在相同的水稳定性前提下,超薄沥青混合料的设计空隙率可以设定为5%~6%,现场空隙率可控制在8%左右。这样可以有效改善混合料的抗滑性能。

需要指出的是,密实型的超薄沥青混合料铺筑的路面也是一种耐久型的低噪声沥青路面,尽管其初期的降噪效果不如多空隙沥青混合料,但是不受风沙堵孔等环境因素影响,而且矿料结构的力学性能显著优于相同粒径的多空隙沥青混合料,因此,具有良好的降噪耐久性。

尽管超薄沥青混合料起源于沥青路面的罩面工程,但是由于这种混合料铺装厚度薄,并不能有效解决旧路已有的车辙、裂缝等病害问题。因此使用这种沥青混合料是有条件的,该混合料不适用于已产生严重车辙、裂缝的路段,对于有轻微车辙、裂缝的路段,也需要对旧路进行必要的处理。当然,超薄沥青混合料不仅适用于旧路罩面,也可用于新路建设,作为沥青路面功能化设计的典型案例。

此外,为了保证超薄沥青混合料的耐久性,防止超薄层铺筑的脱落,无论是新路还是旧路使用时,在超薄沥青混合料层下面洒铺一层改性沥青防水黏结层是必要的。

5.1.3 半刚性材料

半刚性材料是我国道路建设中另一种广泛使用的筑路材料,这与我国采用半刚性基层沥青路面结构形式密切相关。半刚性材料是通过无机结合料与碎(砾)石、砂、土的水化作用形成的整体性材料,在材料强度形成过程中受到环境温度、湿度以及龄期等因素的影响。

常用的半刚性材料主要分为两大类:一是无机结合料稳定中粗粒料,即无机结合料稳定碎(砾)石;二是无机结合料稳定细粒料,即无机结合料稳定土、砂、石屑、砂砾土等。这些材料用于路面结构内部主要的承重结构层,整体性、承重能力是半刚性材料的基本技术要求,由此,半刚性材料的密实性、强度水平是满足承载能力及其耐久性使用要求的基本保障。与沥青混合料一样,当空隙增加后,半刚性材料的强度和疲劳寿命都将随之衰减,因此,密实性是衡量半刚性材料品质的基本条件,特别是无机结合料稳定中粗粒料。此外,收缩性低、抗冲刷能力强,也是半刚性材料使用性能的要求之一。一般情况下,无机结合料稳定细粒料的收缩性较大、抗冲刷能力较弱,因此,即使在满足强度要求的前提下,也只能用于路面结构的底基层,我国有些地区甚至采用无机结合料稳定中粗粒料取代无机结合料稳定细粒料,作为底基层使用。

根据无机结合料种类的不同,我国工程常用的半刚性材料主要分为:水泥稳定类材料、石灰稳定类材料以及综合稳定类材料(包括石灰粉煤灰综合稳定和水泥粉煤灰综合稳定)。这些材料的强度形成机理类似,主要的区别在于强度的形成过程,水泥稳定类材料的强度形成较快,利于保障施工进度,且生产工艺较为简单,利于大规模机械化生产,同时,我国是世界水泥生产的大国,水泥造价较低,因此,水泥稳定类材料是我国目前公路建设中使用最广泛的半刚性材料。石灰稳定类和综合稳定类材料的强度增长较慢,但强度增长慢并不意味着长期的强度低,事实上,许多工程表明,二灰稳定类材料(石灰粉煤灰综合稳定材料)的长期强度优于水泥稳定类材料。我国早期高等级公路建设时,曾广泛使用二灰稳定类材料,后来由于粉煤灰供应减小,水泥产量增加,逐渐采用水泥稳定类材料代替二灰稳定类材料。近些年,一些地方存在局部的粉煤灰供应,同时,为了提高半刚性材料的早期强度,有些地方开始使用水泥粉煤灰综合稳定材料代替单纯使用水泥稳定类材料或二灰稳定类材料。

1) 水泥稳定类材料

水泥稳定类材料是我国目前公路建设中使用最为广泛的一种非沥青混合料材料。在实际工程中按照被稳定材料的粒径,可分为水泥稳定碎(砾)石类材料和水泥稳定土(包括石屑、砂、土、碎石土、砾石土等)。

以往的研究表明,水泥稳定碎(砾)石具有良好的抗冲刷性和抗温度收缩、干湿收缩的特性,常用于沥青路面的基层,在有些工程中,当地碎石供应充足,也用于底基层。虽然水泥稳定碎(砾)石与沥青混合料有相近的胶结料含量,也要求有良好的矿料级配,但这两种材料的级配原理显著不同。由于沥青自身强度较低,在沥青混合料中主要起到柔性胶结的作用,为了提高混合料自身的强度和服役性能耐久性,需要强化矿料结构的骨架特性,因此,沥青混合料级配设计中强调骨架密实结构。而水泥稳定碎(砾)石材料的力学性能主要来自水泥的水化反应,水泥在混合料中起到刚性的胶结作用,因此,对于矿料级配的要求不如沥青混合料迫切,更主要的是,水泥稳定碎(砾)石的矿料级配中 0.075mm 的含量较低,一般只有骨架密实型沥青混合料级配的 $1/3 \sim 1/2$,无法形成所谓的"骨架密实"结构——要么是骨架而不密实,要么密实而非骨架。

需要指出的是:密实性是用作基层的水泥稳定碎(砾)石的基本属性。因为,与沥青混合料类似,混合料的空隙率增加将导致其强度、抗疲劳性能的衰减,违背了水泥稳定碎

(砾)石设计的基本原则。因此,对于水泥稳定碎(砾)石并不追求,也不存在所谓的骨架密实结构,在保证混合料密实的前提下,进行级配优化,尽可能多地使用碎(砾)石,以改善混合料的收缩性能和力学性能。

不追求骨架密实结构,不等于不进行级配优化。恰恰相反,完善的级配设计可以在较低的水泥剂量下,提升混合料的力学性能,同时有利于降低混合料的温缩和干缩性能,减少裂缝的产生。事实上,作为我国使用最广泛的半刚性材料以及国道主干线路面结构的主要承重材料,目前水泥稳定碎(砾)石的级配选择和控制是比较粗糙的,一些路面病害产生的原因多源于此。强化级配设计和施工控制迫在眉睫。因此,在2015年版的基层施工细则中,专门提出了水泥稳定级配碎(砾)石。

强度高低、水泥剂量多少是水泥稳定碎(砾)石设计中比较敏感的问题。在工程中,为了避免或减少裂缝问题,常常习惯性规定水泥的上限,降低强度水平。这是一个误解。水泥稳定碎(砾)石的强度取决于实际工程的需要。研究表明,对于同一类材料,抗压强度的大小与材料的模量、弯拉强度等设计指标呈正比关系,为保证路面结构耐久性,提高水泥稳定碎(砾)石的强度是必然的。当强度增加到一定程度后,水泥稳定碎(砾)石就成为碾压贫混凝土。至于强度增加引起的收缩裂缝问题(包括干缩和温缩)则需要从另一个角度看待,就像水泥混凝土虽然需要切缝,但仍是一种非常优质的路面材料。当然,水泥稳定碎(砾)石的强度水平还远达不到水泥混凝土的水平,其裂缝问题可以通过施工工艺的改善和结构功能层的设置得到有效控制。

至于水泥剂量问题,基于现有拌和设备的能力,根据以往的工程经验,存在一个下限剂量要求,以保障混合料拌和时能够拌和均匀,一般为3%,但并不存在上限要求。实际工程中,水泥剂量的多少取决于混合料技术性能的需要。这里需要强调,提高水泥稳定碎(砾)石的力学性能,不仅仅依赖于提高水泥剂量,更重要的是优化混合料的矿料级配。

水泥稳定土主要用于路面的底基层。需要指出的是,如果仅仅通过强度指标衡量,有些水泥稳定土的强度能够达到水泥稳定碎(砾)石的水平,而且密实性好,但并不能用于基层。主要的原因在于这种材料的细集料含量较高,抗冲刷性较差,而且更容易开裂。推而广之,目前一些工程上采用各种固化剂材料修筑路面结构的基层并不是个最优选择,主要原因也在于抗冲刷性问题。

2) 石灰稳定类材料

单纯用石灰稳定修筑基层的情况并不多,主要用于修筑底基层或稳定路基。作为被稳定材料主要是素土。与水泥类稳定材料相比,石灰稳定类材料的强度增长比较缓慢,但从长期来看,石灰稳定类材料也具有良好的力学性能。

在实际工程中,石灰稳定类与水泥稳定类材料,对于被稳定材料存在一定的互补效应。当被稳定材料塑性指数比较高时,适用于石灰稳定,当塑性指数比较低时,适用于水泥稳定。

3) 综合稳定类材料

石灰粉煤灰和水泥粉煤灰综合稳定是我国两种典型的复合稳定类材料。20世纪末，我国高速公路建设刚刚起步阶段，从经济角度考虑，不少省(区、市)采用石灰粉煤灰稳定类材料代替水泥稳定类材料修筑路面基层和底基层。"七五""八五"期间大量的室内外试验研究表明，从长期的使用性能看，二灰稳定类材料的物理、力学性能并不劣于水泥稳定类材料，因此，我国推荐的半刚性基层沥青路面的基层材料包括水泥稳定碎(砾)石和二灰碎(砾)石两种。

这两种材料相比，二灰稳定类材料的强度增长较慢，在实际施工过程中往往是基层强度还没有完全形成就开始上承层施工。二灰碎(砾)石材料中二灰的比例远远高于水泥稳定碎(砾)石材料中的水泥剂量，达到20%~30%，导致混合料中的细集料含量较高，难以处理沥青面层与二灰碎(砾)石基层之间的层间界面，这是这种材料用于基层的不利因素。另外，生产二灰稳定材料的施工工艺比水泥稳定类复杂，不仅需要控制粉煤灰的含水率，而且要充分消解、筛分石灰，同时施工期间的环境污染问题也比较突出。因此，随着我国经济的发展、水泥价格的下降以及粉煤灰资源的减少，二灰稳定类材料(特别是二灰碎石)使用越来越少。

但并不是二灰稳定材料不再适用于我国高速公路建设了。事实上，通过长期的跟踪观测发现，我国吉林、北京等省(区、市)二灰稳定类材料的长期强度是很好的，而且二灰类材料与石灰稳定类材料一样，存在一定的自愈性，优于水泥稳定类材料，有利于路面承载能力的长期稳定。目前，如何解决沥青面层与二灰碎石基层之间的层间结合以及施工环保问题是关键。

水泥粉煤灰稳定类材料主要是水泥粉煤灰稳定碎(砾)石，是21世纪开始在我国一些省(区、市)推广使用的半刚性材料。主要原因是当地石灰供应困难，又有一定量的粉煤灰，因此，采用水泥替代石灰，生产水泥粉煤灰稳定材料。从工艺角度看，水泥粉煤灰稳定材料易于二灰稳定材料。从技术性能看，这种材料将兼顾水泥稳定类早期强度较高的优势和二灰类材料长期性能好的特点。然而，由于我国这方面的实践经验还不充分，水泥粉煤灰稳定碎(砾)石的长期路用性能还有待于进一步的观测、研究。

5.1.4 原材料与混合料的指标体系

面对多样化的原材料和混合料类型，为了规范化使用分别制定了相应的技术指标体系。基于工程实践验证和相关的试验研究，目前，几乎每种原材料或混合料都制定了较为详尽的技术指标体系和相应要求。本节对这些技术指标的共性特征进行简单梳理，发现无论是原材料还是混合料，现象学指标是当前主要的技术指标。这既反映出路面材料的复杂性，也表明现有的技术指标体系还有待进一步完善，特别对于混合料，仍存在室内试验技术指标与实际工程需求，材料设计指标与施工质量控制指标之间的不一致、不确定等问题。

1) 原材料的指标框架

一般来说,描述原材料品质的技术指标大致可分为四大类:物理指标、力学指标、化学指标和现象学指标。物理指标主要指表征原材料物理性能的指标,如评价集料品质的密度、吸水率指标,评价沥青品质的密度、闪点指标等;力学指标指表征原材料力学性能的指标,如评价集料品质的压碎值指标,评价沥青品质的黏度指标,评价纤维的强度指标等;化学指标指表征原材料化学性能的指标,如评价生产混合料时产生化学反应的原材料(水泥、石灰、粉煤灰)中化学成分的指标等。

鉴于原材料的复杂性,在工程中更多使用现象学指标。现象学指标是指没有严格物理、力学和化学含义,根据实际工程需求,通过特定的模型试验测定的性能指标。例如:评价沥青品质的针入度、软化点和延度等指标并不直接反映沥青的物理、力学和化学特性,但却反映沥青在实际工程中的技术特性。再如,评价粗集料品质的针片状指标、磨光值、磨耗值指标也是一样。大量现象学指标的存在既反映出原材料性能的复杂性,也反映出路面技术的复杂性,说明目前还难以用经典基础科学的手段全面评价原材料的技术性能。

2) 混合料的指标框架

与原材料不同,混合料性能是基于一定几何形状和尺寸条件下的试验评价,因此,描述混合料的技术指标分为物理、力学、体积和现象学四类。混合料指标体系中没有化学指标,一方面是由于现有的相关研究还不够深入,大多采用物理、力学指标替代化学指标,例如:半刚性材料的强度形成是一个化学过程,但在实际工程中常常采用不同龄期、养生条件下的强度指标反映这个化学过程;另一方面,由于组成路面结构的各种混合料之间一般不产生化学作用,仅是不同材料结构层之间的物理叠加。

与原材料不同,混合料指标体系中增加了体积指标,这不仅是由于混合料性能评价是基于一定几何形态的试验对象,更是因为目前国内外混合料设计方法主要是体积法设计[美国工程兵旋转压实设计方法(GTM)除外]。在混合料设计过程中需要明确相关的体积状态,如压实度水平、空隙率水平等,这些体积指标是评价其他性能的基本条件。不仅如此,在施工过程中,体积指标也是主要的施工质量控制指标,可以说,体积指标是混合料在设计阶段和施工阶段建立紧密关联的"桥梁性"指标。

混合料的物理指标主要有收缩性能指标等;力学指标主要有不同荷载状态下的强度和模量指标等;混合料现象学性能的代表性指标主要有高温性能指标、抗水损坏能力指标、抗疲劳性能指标等。与原材料指标类似,在具体的设计规范和指南中,混合料现象学指标远远多于具有明确基础科学概念的物理指标和力学指标。在实际工程中,混合料现象学指标是评价混合料能否用于实际工程的核心指标,因为这些指标与实际工程的性能需求更加接近。如果将体积指标当作混合料性能的条件性指标,那么物理指标、力学指标和现象学指标则是混合料性能的实质性指标。

需要指出的是，混合料现象学指标虽然接近路用性能需求，但不等同于路用性能水平。因为这些现象学指标都是基于一定标准模型、标准条件下测定的指标，是一个模型指标（或者称为"室内性能指标"）。当模型尺寸、试验条件改变时，同一种混合料的性能指标会产生较大的变化。另外，混合料在实际工程中表现出的性能状态，不仅与材料自身的室内性能指标有关，而且与结构形式、使用环境有关，这在室内条件下是难以模拟的。事实上，国内外现有技术规范或指南中混合料的室内性能指标与实际工程的路用性能之间都存在一定的差异。减小这种差异，提高这两类指标的相关性和一致性，是评价混合料性能指标是否合理、可靠的关键，也是完善混合料性能指标体系所追求的目标。

与现象学指标一样，混合料的物理、力学指标也是通过标准试件尺寸构建的模型试验获得的。这些指标虽然具有明确的物理、力学意义，但由于路面材料的非均质和非线性，这些指标也具有明显的条件性。同样，由于路面材料路用性能的复杂性，目前还不能用一个或几个物理、力学指标直接反映相关的路用性能，因此，在现阶段混合料的指标体系中，物理、力学指标与现象学指标还是分别独立存在。

另外，从工程角度看，混合料技术指标又可分为设计指标和施工控制指标两类。设计指标是指在结构设计时所使用的材料性能指标，一般主要是力学指标，如模量、弯拉强度等；施工控制指标是指施工期间控制混合料生产质量的指标，主要是体积、现象学指标以及短龄期的力学指标（如7d无侧限抗压强度）等。需要指出，尽管在路面设计时提出沥青混合料的动稳定度等指标要求，但这些指标仅仅是描述混合料的某些技术性能，在结构设计时并没有直接用于结构的力学计算分析，因此不能当作设计指标。

从指标内容看，这是两个相互独立的指标体系，两者并不存在必然的关系（这并不正常），例如：设计时采用了10000MPa模量的沥青混合料，但在施工过程中，难以通过油石比、空隙率以及稳定度、流值等指标确定施工时的混合料模量能否满足当初的设计要求。也就是说，当工程建好以后，通过施工控制指标的检测并不能直接证明工程是否符合当初的设计要求，从而导致设计与施工之间的脱节。

为了解决这一问题，研究并建立混合料力学指标与其他性能指标之间的关系将是一个有效的技术途径，这里的力学指标不仅是室内模型试验获得的力学性能，更主要是混合料在实体路面结构中的力学性能，即涉及下节讨论的材料的结构使役行为问题。在设计阶段，物理、力学、体积和现象学四类指标都可以通过室内试验方法获得，在工程中，这四类指标也可以通过现场取样（主要是钻芯取样），按照室内试验条件进行测定，但是，其中的主要差别在于设计与工程阶段试验时边界条件的不同，从而导致混合料试验状态的不同，进而造成试验性能的差异，特别是高温性能、水稳定性等现象学指标的差异。其主要的原因在于混合料的非线性力学行为及其服役性能演化规律还有待破解。揭示混合料的非线性力学行为机理，建立反映混合料非线性特征的力学指标体系，将是解决混合料设计指标和施工控制指标相互脱节的理论基础。

3) 沥青混合料性能的指标体系

根据不同的设计理念和工程经验,不同的设计方法有不同的沥青混合料性能评价体系,比较有代表性的是法国沥青混合料设计方法以及美国 SUPERPAVE 设计方法。法国设计方法中提出了四级性能评价体系:第一级为旋转压实试验和水稳定性试验,第二级为混合料的高温性能评价,第三级为混合料模量指标的测定,第四级为混合料的疲劳性能评价。基于道路等级和沥青混合料重要性,选择不同等级的沥青混合料性能评价,等级越高,混合料的性能要求也越高。在进行高等级性能评价时,首先需要进行低等级的评价。

事实上,根据不同的工程情况,我国沥青混合料也有相应的性能评价体系,一般可分为三级。第一级为基础层,即所有沥青混合料都需要检测相关的体积指标(如空隙率)以及马歇尔稳定度和流值。稳定度、流值是混合料的基本力学参数,对于连续型级配混合料,这两个指标与混合料的高温稳定性有一定关系;但是对于粗集料断级配混合料,这两个指标则没有什么工程意义,如 SMA,常表现出稳定度较小而流值较大的不正常现象。

第二级一般用于高等级公路沥青混合料的性能评价,主要有高温性能试验、水稳定性试验(包括残留稳定度和冻融劈裂试验)、低温性能试验。通过二十多年工程经验的总结,目前高温性能和水稳定性的相关试验方法和评价指标已逐渐完善,尽管仍属于材料室内试验性能的评价范畴,但对于实体工程也基本上有一定的指导作用。相较而言,混合料低温性能的评价还有待完善和工程实践的验证。

第三级主要是针对重载交通及其以上等级的高速公路和重要道路建设。沥青混合料性能评价的内容增加疲劳试验和回弹模量、弯拉强度等力学试验。增加力学指标的试验评价主要是为了完善路面结构的设计方法,在路面结构力学计算和服役性能评价时,采用实测的力学参数,而不是套用规范中的推荐数值,使设计结果更符合实际工程情况。至于混合料的疲劳试验,目前有规范的试验方法,但没有明确的技术指标,还有待于完善。

随着沥青混合料设计技术的发展,产生了多种评价混合料性能的试验方法和相关技术指标,除以上性能试验方法外,还有评价沥青混合料抗反射裂缝的试验方法、评价沥青混合料中低温条件下变形适应性的试验方法等。特别是,同一种混合料性能有多种试验评价方法,例如:目前国内外评价沥青混合料高温性能的试验方法有七八种,包括我国的车辙试验方法、美国 APA 试验方法、法国轮辙试验方法、汉堡车辙试验方法、SPT 流数试验方法、复模量评价方法、马歇尔稳定度试验方法等,然而,对于不同沥青混合料,这些方法的评价结论并不一致,有些还相互矛盾,采用这些方法对这些试验进行评价后,反而难以做出决断。又如,据了解,目前美国不同研究单位提出了十余种评价沥青混合料低温性能的试验方法,哪种方法和指标更可靠仍在论证之中。再如,目前评价沥青混合料疲劳性能的试验方法也很多,有一维荷载状态,也有二维荷载状态,有拉伸,有弯曲,也有压缩状态,还有相同荷载状态不同试件尺寸的疲劳试验,但是哪种试验方法能够符合沥青混合料在实际路面结构中的疲劳损伤状态,还有不同的看法。试验方法的多样性反映出实体工程中沥青混合料服役性能的复杂性。事实上,沥青混合料设计方法的先进性与否并不在于性能评价内容的多少,而在于性能评价具体指标的合理性和可靠性,以及在实际工程中是否具有可操作性。

5.2 材料的结构使役行为初探

材料的结构使役行为是路面材料行为研究的一个新领域,对于揭示不同尺度非线性材料的行为规律,完善长寿命路面的设计理论与方法具有指导意义。当前这方面研究还刚刚起步,有些方法手段还不够完善,相关交叉学科的技术支撑还不够充分,本节将首先从概念上描述路面材料的结构使役行为问题,然后结合混合料的矿料级配设计和材料回弹模量,探讨结构使役行为思想在实际工程中的应用。

5.2.1 路面材料的结构使役行为

1) 概念的描述

材料的结构使役行为是指路面材料在不同结构,或相同结构不同位置条件下的服役行为特征(规律)。这里的"使役"是一个动词,表征结构因素导致的材料服役性能变化。一般来说,路面材料的性能研究分为材料自身的行为研究和材料与结构相互影响的行为研究两个层次。对于前者,相关研究比较广泛,大多采用标准尺度的模型试验,由于材料自身的非线性以及试验条件约束和尺寸效应,常常导致同一指标评价结论的不一致性,反映出材料品质评价的不确定性和复杂性。

事实上,尽管路面材料性能具有多样性和复杂性,但在一个具体的结构和使用环境中,其服役性能则将表现出规律性的行为特征。例如:某种沥青混合料尽管可以有诸多单元的黏弹性模型表征其黏弹性,也可以有诸多标准条件下的高温、低温、水稳定性、疲劳以及力学性能指标,但是,当其用于沥青路面的某个层位时或用于某个具体结构时,其服役性能需求将由这个结构或者层位所决定、固化,其服役性能的演化规律也将是明确的。这是开展路面材料的结构使役行为研究的初衷。

材料的结构使役行为中的"结构"是一个广义的概念,既包括原材料在混合料结构中的行为规律,也包括混合料在路面结构中的行为规律。以沥青为例,在工程中通常采用常规尺度的试验条件评价沥青性能(如针入度、软化点、延度),然而,在混合料中,沥青以微米级厚度的薄膜裹覆在矿料表面,沥青品质不仅与自身的性能有关,而且与矿料品质、矿料结构以及压实工艺等诸多因素有关,也就是说,混合料中的沥青性能受混合料的结构因素影响,表现为结构的使役行为。再例如,矿料是沥青混合料中的主集料,但矿料在混合料中的性能并不仅仅由矿料自身的压碎值、针片状、吸水率等性能影响,更主要是由矿料级配和压实工艺等因素决定的。当矿料品质存在不足时,良好的矿料级配,充分的压实工艺,仍可以生产出良好的混合料,这就是矿料的结构使役行为的一种表现。

另外,混合料的结构使役行为在实体工程中的表现也是多方面的。例如:同一种沥青混合料在相同的使用环境下,当用于某些结构,表现为容易产生车辙;当用于另一类结构则表现为横向裂缝;当用于表面层时,其主要的性能需求是抗滑、抗剪切;当用于基层时,主要的性能需求是抗车辙、抗疲劳。导致路面材料产生结构使役行为的原因在于材料的非均质和非线性。在相同的荷载与自然环境下,同一种材料在不同结构、不同结构层位的受力状态是不同的,由此产生不同的力学行为和服役性能特征;另一方面,尽管结构形式不同,但总体的服役性能需求是等效的,由此导致相同材料的服役性能需求是不同的。

材料行为研究的对象是材料本身,而材料的结构使役行为的研究对象是材料与结构,更准确地说是从结构的角度研究材料。从某种意义上讲,对于非线性的路面材料,研究材料在实体结构中的性能比材料自身性能更有意义,可以更科学、准确地揭示路面材料在实体结构中的行为特征,解决当前材料技术指标与实际需求相偏离的问题,提供更合理、可靠的材料性能的指标体系,同时,也将有利于促进新一代路面材料的研发,完善路面服役性能的设计模型,提高设计可靠性,实现结构-材料设计一体化。

当前,开展材料的结构使役行为研究的主要难点在于如何获得材料在实际结构中的使用性能。直接从实体结构中获得材料路用性能的检测方法和技术指标并不多。常用的典型方法是分层评定方法,即在道路施工期间或者建成以后通过反开挖的方式,逐层评价各层结构的力学性能,如承载板试验、弯沉试验等,进而得出各层材料在结构中的力学状态(一般是各层材料的响应模量)。然而这种试验的工程量大,获得的试验信息也比较少,还不能充分获得材料在结构中的服役行为信息。为此,开展足尺结构的模型试验以及相关力学响应特征的反分析研究,将是获得材料在实际结构中真实使用状态的主要途径,对此,上一章中已讨论,在此不再赘述。

2) 材料的结构性能

材料的结构性能是指材料在某一结构状态下表现出来的性能,是材料的结构使役行为的宏观表现。一般来说,材料性能可分为模型性能和工程性能两大类。模型性能是指通过不同试验模型,按标准测试环境和规范受力状态下评定的材料性能;工程性能是根据实际工况确定的材料应该满足的技术性能。材料的模型性能具有多样性和不确定性,不同的试验模型可以得出不同的性能指标,对于同一类的性能指标,由于模型条件的不同而不同;而材料的工程性能往往具有唯一性,当一个工程的使用环境(包括荷载和自然环境)和结构形式确定后,材料的工程性能也随之确定。一般所说的材料性能就是指材料的模型性能,而材料的结构性能则近似为材料的工程性能,以下的一些工程案例可以进一步说明,在实际工程中材料性能与材料的结构性能之间的不同。

【案例1】 某种沥青混合料的动稳定度为3000次/mm,在一般情况下并不适用于重载交通的使用环境。然而,2003年我国南方某省重载交通的国道改建项目中,在一座水泥混凝土特大桥上铺设4cm厚的这种沥青混合料,至今未产生车辙等病害,表现出优异的抗高温性能耐久性。由此说明,实际工程中的沥青混合料高温性能,不仅与材料自身的高温性能有关,而且与铺装结构形式有关。

【案例2】 某沥青混合料的油石比较高,高温性能较差,但具有良好的变形适应性,当用于上面层时,容易产生车辙等病害,但用于厚沥青混凝土结构层底部时,则当作良好的抗疲劳层。这既反映出不同结构层位的使用功能需求不同,更反映出相同混合料在不同结构条件下表现出不同的性能特征。

【案例3】 我国南方某高速公路的路基状态较差,为此设置了4层高强度的半刚性基层,水泥稳定碎石的7d强度达到6MPa。在施工期间,由于忽视了养生管理,基层表面出现了大面积的不规则裂缝,之后铺设了2层12cm的沥青混凝土面层,并设置了双层改性沥青防水黏结层。使用后,原有基层裂缝并未反射到沥青面层表面,相反,由于整体基层刚度的提高,该路段并未产生相邻路段的纵向、斜向等裂缝。由此说明,材料的工程性能与结构紧密联系,通过完善的结构设计,可以扬长避短,充分发挥材料的技术优势。

【案例4】 为了改善沥青面层的抗滑性能,一些工程常常使用粗集料断级配沥青混合料作为表面层,同时采用渗水试验评价表面层沥青混合料的密实程度和抗水损坏能力。当在表面层沥青混凝土下面设置一层改性沥青防水黏结层,这层沥青混凝土只要摊铺碾压均匀、压实度满足要求,渗一些水也无妨,反而有利于抗滑性能及其耐久性的改善。由此进一步说明,评价混合料的工程性能不能单纯从材料自身角度出发,还应考虑结构情况。

【案例5】 在一些工程中,为了保障沥青混合料的高温稳定性,常常习惯采用当地夏季路面最高温度作为确定沥青软化点指标的标准,选择软化点达到80℃及其以上的沥青。然而,沥青在混合料中以微米级厚度的薄膜状态存在,其软化点高低对混合料高温性能影响并不显著,相反,高温状态下矿料结构的稳定性将起到关键作用。由此说明,混合料的结构特征也会对原材料性能评价产生影响。

从以上案例可以看出,在实际工程中,材料的工程性能表现不仅与材料自身性能水平有关,而且与结构状态密切相关。一方面路面材料具有显著的非线性特征,其性能表现是多方面的,在实际工程中,受使用环境和结构因素的影响,其性能需求往往是不平衡的。另一方面,通过结构的优化设计可以有效弥补材料某些性能的不足,充分发挥其技术优势,并在保障工程可靠性的前提下,实现路面材料的合理选材,降低工程造价。因此,在实际工程中,材料的结构性能是显著的,为了充分、合理使用路面材料,研究材料的结构性能是必要的,其目的在于推进材料性能的评价体系从模型性能向工程性能转变,实现结构-材料一体化设计。

材料的结构性能研究涉及到材料的自身性能(模型性能)、材料的结构特征以及工程结构特征等方面。关于材料的模型性能,5.1节中已与讨论,不再赘述。关于材料的结构特征问题,将在下节沥青混合料和半刚性材料的矿料结构(即矿料级配)中进行了讨论,除此之外,沥青、水泥等胶结料在混合料中的分布特征及规律,也属于该研究范畴,涉及到微、细观的研究领域,可参考有关的研究文献和著作。关于工程结构问题,在第4章中从宽刚度域基层角度讨论了沥青路面的结构特征,并介绍了有关服役性能演化模型和设计模型的表达式。理论上讲,这些模型中各种表达材料性能的参数应该是材料的结构性能参数,如材料模量,对此,将在5.2.3节中讨论。

5.2.2 矿料级配的构成

矿料级配是描述混合料中不同粒径大小矿料(其中包括粗、细集料和填料)的组成方式。矿料级配的优化是混合料配合比设计的关键一步,有利于更广地使用地方性材料,例如采用石灰岩、花岗岩石料作为上面层沥青混合料的粗集料,采用吸水率大的石料生产沥青混合料;也有利于提高混合料的综合路用性能,实现高、低温性能均衡性,以及抗滑性能与水稳定性的平衡等;更有利于提高再生沥青混合料的利用率;对于半刚性材料,还有利于减小高强度条件下的收缩裂缝。

一般来说,混合料中矿料级配有两种存在形态,一种是天然级配形态,另一种是人工合成的级配形态。天然级配是指矿料自然形成的级配形式,一般用于细粒材料,如路基土、无机结合料稳定细粒料(水泥稳定土、水泥稳定砂、水泥稳定石屑等),或者品质要求不高的中粗粒材料,如用于垫层的天然砂砾等。

为了确保工程质量,大多数混合料都是采用人工合成的矿料级配,如所有沥青混合料和绝大多数无机结合料稳定中、粗粒料[如水泥稳定碎(砾)石]。目前,国内外主要有两种人工合成级配的原理:一是最大密度曲线原理,二是次级填充形成骨架结构原理。前者形成连续级配,后者构成间断级配。近三十多年来,为了提高沥青混合料的高温性能,间断级配应用较为广泛,例如SMA、SAC等。无论是连续级配还是间断级配,除特殊使用功能需求外,保障混合料的密实性,提高其强度和耐久性是混合料级配设计的前提条件。

1) 连续性级配简介

连续性级配构成的理论依据是最大密度曲线。根据该理论,集料颗粒按粒度大小,有规律地组合排列、粗细搭配,可以得到密度最大、空隙率最小的混合料;混合料的级配曲线越接近抛物线,则其密度越大。国内外典型的连续级配构成方法有:N法、K法和I法。

N法即所谓的泰波 A. N法,根据最大密度原则提出按式(5-1)模型构成级配曲线。通常情况下 $n = 0.3 \sim 0.7$;当 $n = 0.5$,为富勒曲线;日本推荐 $n = 0.35 \sim 0.45$;美国以 $n = 0.45$ 作为标准级配依据。

$$P_i = 100 (d_i/D)^n \tag{5-1}$$

式中:P_i——孔径为 d_i 的筛孔通过百分率(%);

d_i——孔径(mm);

D——混合料公称最大粒径(mm)。

K法即苏联提出的控制筛余量递减系数方法,其基本公式见式(5-2)。同济大学主张

$k=0.7\sim0.8$ 较为合理;在我国南方 $k=0.7$ 为好,北方 $k=0.75$ 为好,$k>0.8$ 时容易产生车辙。

$$P_x = 1 - \frac{k^x - 1}{k^y - 1} \tag{5-2}$$

式中: $y = 3.32\lg(D/0.004)$;

$x = 3.32\lg(D/d)$;

k ——矿料分级重量递减系数;

d ——孔径(mm);

x ——矿料分档数目。

I法是同济大学林绣贤教授70年代初提出的级配构成方法,以通过百分率的递减率 i 为参数,基本公式见式(5-3)。研究表明: $i = 0.7\sim0.8$ 为合理范围。$i>0.8$ 细料偏多; $i<0.7$ 容易透水。$i=0.75$ 为最佳。

$$P_x = 100 \times i^x \tag{5-3}$$

式中: $x = 3.32\lg(D/d)$;

i ——通过百分率递减系数;

d ——孔径(mm);

D ——混合料公称最大粒径(mm)。

以公称最大粒径为16mm为代表,采用以上三种方法,分别构成相应的级配曲线(见表5-1)并绘制关键筛孔4.75mm和0.075mm通过率的比较图(见图5-2)。由图表看出当 n 为0.5左右,i 为0.7左右,k 为0.7左右时,所构成的混合料级配基本相当,也是我国规范中连续性AC-16级配使用的级配范围。

三种模型连续级配的比较(AC-16)　　　表5-1

方法	参数取值	以下各个筛孔(mm)通过率(%)										
		19	16	13.2	9.5	4.75	2.36	1.18	0.6	0.3	0.15	0.075
N法	$n=0.3$	100.0	95.0	89.6	81.2	66.0	53.5	43.4	35.5	28.8	23.4	19.0
	$n=0.4$	100.0	93.4	86.4	75.8	57.4	43.4	32.9	25.1	19.0	14.4	10.9
	$n=0.5$	100.0	91.8	83.4	70.7	50.0	35.2	24.9	17.8	12.6	8.9	6.3
	$n=0.6$	100.0	90.2	80.4	66.0	43.5	28.6	18.9	12.6	8.3	5.5	3.6
	$n=0.7$	100.0	88.7	77.5	61.6	37.9	23.2	14.3	8.9	5.5	3.4	2.1
	$n=0.45$	100.0	92.6	84.9	73.2	53.6	39.1	28.6	21.1	15.5	11.3	8.3
I法	$i=0.7$	100.0	91.5	82.9	70.0	49.0	34.2	24.0	16.9	11.8	8.3	5.8
	$i=0.75$	100.0	93.1	86.0	75.0	56.3	42.1	31.5	23.9	17.9	13.4	10.1
	$i=0.8$	100.0	94.6	88.9	80.0	64.0	51.1	40.9	32.9	26.3	21.1	16.9
K法	$k=0.7$	100.0	91.4	82.7	69.6	48.3	33.3	22.9	15.7	10.6	7.0	4.5
	$k=0.75$	100.0	92.9	85.5	74.2	54.8	40.2	29.3	21.3	15.2	10.6	7.1
	$k=0.8$	100.0	94.2	88.1	78.5	61.3	47.5	36.5	27.9	20.8	15.2	10.7

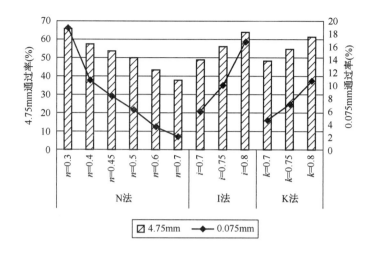

图 5-2 三种连续级配曲线的比较

连续性级配混合料一般具有良好的密实性(当按密实型混合料设计时)和施工合宜性,当然这种类型级配的混合料并不全都是密实的,根据指数的不同也可构建出开级配或者半开级配的混合料曲线。当然,由于级配曲线构成方式的局限,这种级配混合料在保证密实的前提下,混合料中粗集料(一般指 4.75mm 以上的碎石含量)往往比较少,粗集料不能形成有效的嵌挤作用,从而导致混合料的高温抗变形能力往往不足。

同时,也正因为粗集料含量较少,当用作表面层时,路面的抗滑性能往往不足。我国某条早期修建的高速公路,上面层采用连续型级配混合料,建成以后几何线性、承载能力、平整度水平等各项指标都不错,唯独抗滑性能不能满足要求。在 20 世纪 90 年代中后期,我国一些高速公路为了减少水损坏,上面层仍是用连续型级配,同样导致抗滑性能的不足。需要指出的是,路面抗滑性是保障行车安全的基本要求,也是表面层沥青混合料设计的首要功能。

2) 关于 SUPERPAVE 级配

近三十多年来,国内外对传统的连续性级配进行深入的研究和改良,具有代表性的是美国 SUPERPAVE 级配。尽管很多人将 SUPERPAVE 级配称为间断级配,但是该级配构成原理仍是最大密实曲线,因此,该级配仍应属于连续型级配,只是为了保证沥青混合料具有良好的高温性能等技术要求,在最初的级配构成中,放弃了采用固定级配曲线的方法,而是提出了 7 个"控制点"和 1 个"限制区"来控制级配设计,从而形成了所谓"S"形曲线,如图 5-3 所示。该图以公称最大粒径为 12.5mm 混合料为例,说明了"控制点"和"限制区"的概念。

这一改变的初衷是为了给设计者以更大的设计灵活性,可以根据所采用集料的来源、形状特征合理地优化设计沥青混合料,以获得最佳的路用性能。

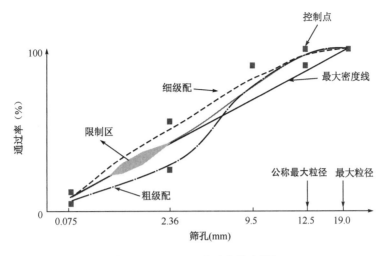

图 5-3 SUPERPAVE 级配曲线示意图

SUPERPAVE 级配设计方法提出以后，关于"限制区"的合理性引起广泛争论。当初设置"限制区"的目的是避免细集料中砂的用量过多，但是在实践中发现，由于采用的石料和试验、施工条件不同，往往出现通过"限制区"级配的混合料性能好于未通过限制区级配的混合料。国内外研究机构针对这一问题的先后开展研究表明："限制区"的意义需要客观理性的评价，不应该一味地苛求，只要沥青混合料满足体积指标及使用性能需求，"限制区"的要求是不必要的。

3) 贝雷法级配设计

间断级配设计原理是通过"次级填充"的方法，减小相邻粒级矿料在混合料压实过程中的干涉效应，以实现高粗集料含量条件下混合料的密实程度，从而改善混合料的路用性能。代表性设计方法有贝雷法级配设计、SMA 的级配设计、SAC 的级配设计以及"三控制点双曲线"的级配设计。

贝雷法是由美国伊利诺伊斯州交通局的 Robert Bailey 先生提出的。这套方法的初衷是提高沥青混合料的抗车辙性能高和抗老化性能。该方法是一种沥青混合料级配优选方法，并不包含最佳沥青含量的确定原则。因此，这是一种沥青混合料的级配设计方法，而不是沥青混合料的设计方法。

贝雷法设计提出了"嵌挤程度"设计参数，描述混合料级配的嵌挤能力，以保障混合料良好的抗车辙能力。同时，该设计方法强调混合料必须有足够的 VMA 以容纳沥青，以便沥青混合料在具有良好的骨架结构以抵抗车辙的同时，有足够的沥青膜厚度以保证耐久性。

贝雷法设计的基本内容包括体积法设计级配曲线和级配曲线分析评价两部分。该方法认为沥青混合料由骨架和骨架填充两个部分构成。以集料合成体积参数的实测为基础，根据最终沥青混合料的"嵌挤"程度及工艺水平要求，确定级配中粗集料和细集料的比例。

贝雷法与传统方法中对粗、细集料的分界筛孔的定义不同,它是由混合料的公称最大粒径决定,也被称为第一控制筛孔(PCS),通常选择 0.22 倍的公称最大粒径临近筛孔尺寸作为粗细集料的分界点。

0.22 因子确定方法如下:当集料颗粒全为圆形时,达到嵌挤状态的第一控制筛孔尺寸与公称最大粒径之比为 0.155,当集料颗粒全为方形时,这个比值为 0.289,由于集料颗粒不可能全为圆形和方形,因此取二者的均值 0.22 为比例因子。虽然 0.22 不能完全准确地反映所有沥青混合料的情况,但分析表明比例因子在 0.18~0.28 这个范围对级配影响不大。

根据前述确定的粗集料分界点,分别按照标准试验方法测定粗集料的松方密度和捣实密度作为基本参数。贝雷法认为:松方密度是粗集料形成嵌挤状态的下限值,捣实密度是粗集料形成嵌挤状态的上限值,通常是松方密度是的 1.1 倍。设计者应该根据自身的需求选择一个"嵌挤"程度作为设计目标。

起填充作用的细集料在混合料中基本处于捣实状态,因此设计中采用捣实密度作为设计值,试验方法参照 AASHTO T-19 方法。

为了方便计算,Bailey 法开发一个计算程序,使设计者可以通过改变输入值快速地修改级配曲线。其步骤如下:

①选择一个合适的粗集料合成密度值;②计算选择密度下的粗集料空隙;③确定填充粗集料空隙的细集料数量;④采用每种集料的密度,决定总质量并计算出每档集料的通过率;⑤根据细集料中所含的粗集料数量以及粗集料中所含的细集料数量计算误差,调整级配;⑥如果采用矿粉和回收矿粉,调整细集料用量;⑦确定级配曲线;⑧合成级配曲线分析评价。

根据前面的步骤,可以确定满足使用要求的级配曲线,进一步应对级配的合理性进行验证。Bailey 法提出采用如下三个参数来评价级配的合理性:

CA(Coarse Aggregate Ratio)反映粗集料不同粒径部分的组成情况:

$$CA = \frac{半筛孔通过率 - 第一控制筛孔通过率}{100 - 半筛孔通过率} \tag{5-4}$$

FA_c(Coarse Portion of Fine Aggregate)反映细集料中的粗砂部分比例:

$$FA_c = \frac{第二控制筛孔通过率}{第一控制筛孔通过率} \tag{5-5}$$

FA_f(Fine Portion of Fine Aggregate)反映细集料中细砂部分比例:

$$FA_f = \frac{第三控制筛孔通过率}{第二控制筛孔通过率} \tag{5-6}$$

式中,第二、第三控制筛孔分别为第一控制筛孔和第二控制筛孔的 0.22 倍。

对于上述三个参数 Bailey 法给出了相应的合理范围,但是在实践过程中,由于级配类型、集料形状特征的差异,合理范围将存在较大波动。

4) SMA 级配特点分析

SMA(Stone mastic asphalt)起源于20世纪60年代的德国,至1984年德国交通部门正式制定了一个SMA路面的设计及施工规范,SMA路面结构形式基本得以完善。这种新型的路面结构先后在德国和欧洲其他一些国家逐渐被推广、运用。90年代初,美国公路界在欧洲学习考察后,于1991年、1992年开始研究、推广SMA沥青混合料。1995年,美国亚特兰大市为举办奥运会对公路网进行改建和新建,全部采用了SMA做路面。我国于1994年在首都机场高速公路上首次大规模铺设SMA路面。

SMA是一种以沥青、矿粉及纤维稳定剂组成的沥青玛蹄脂结合料,填充于间断级配的矿料骨架中。其组成特征主要包括两个方面:①含量较多的粗集料互相嵌锁,形成高稳定性(抗变形能力强)的结构骨架;②细集料矿粉、沥青和纤维稳定剂组成的沥青玛蹄脂将骨架胶结一起,并填充骨架空隙,使混合料有较好的柔性及耐久性。

表5-2为我国现行规范中规定的SMA混合料的级配范围,从级配构成角度看,SMA是一种典型的粗集料断级配密实型混合料。其级配特点可概括为"三多一少",即粗集料多、矿粉多、沥青多、细集料少。具体讲:①SMA是一种间断级配的沥青混合料,4.75mm以上的粗集料比例高达70%~80%,矿粉的用量达8%~13%("粉胶比"超出通常值1.2的限制)。由此形成的间断级配,很少使用细集料。②为加入较多的沥青,一方面增加矿粉用量,同时使用纤维作为稳定剂。③沥青用量较多,在国外一般高达6.5%~7%,但在国内考虑到高温性能的要求,一般为6%左右,但这仍比一般沥青混凝土的沥青含量高20%左右。此外,这种混合料的黏结性要求高,并希望选用针入度小、软化点高、温度稳定性好的沥青(最好采用改性沥青)。

SMA 沥青混合料矿料级配范围 表5-2

级配类型		通过下列筛孔(mm)的质量百分率(%)									
		26.5	19	16	13.2	9.5	4.75	2.36	1.18	0.6	0.3	0.15	0.075
中粒式	SMA-20	100	90~100	72~92	62~82	40~55	18~30	13~22	12~20	10~16	9~14	8~13	8~12
	SMA-16	—	100	90~100	65~85	45~65	20~32	15~24	14~22	12~18	10~15	9~14	8~12
细粒式	SMA-13	—	—	100	90~100	50~75	20~34	15~26	14~24	12~20	10~16	9~15	8~12
	SMA-10	—	—	—	100	90~100	28~60	20~32	14~26	12~22	10~18	9~16	8~13

在SMA级配设计和选择时,关键要处理好矿料间隙率VMA和空隙率VV的关系。矿料间隙率较小时,当采用较高的矿粉含量和沥青时,混合料的空隙率过小,饱和度偏高,摊铺的混合料容易泛油;当矿料间隙率过大时,则容易导致混合料空隙率偏大,造成渗水。此时,若通过增加沥青、矿粉的手段降低空隙率,则导致混合料的高温性能不足。矿料间隙率的合理选择,主要因素在于混合料中4.75mm以上碎石含量的高低、碎石颗粒的形状以及细集料的特性。在实际工程中,需要根据当地石料情况进行大量的级配比选,选择最佳的SMA级配规律。

5) SAC 沥青混合料级配构成方法

20世纪80年代,为了改善沥青路面抗滑性能不足的问题,在上文 I 法连续级配的基础上,提出了空隙率较大的半开级配,作为抗滑表层沥青混合料的级配(即86版设计规范中的AK级配)。与密实型混合料相比,这种混合料增加了碎石含量,同时降低了矿粉含量,空隙率水平一般在6%~10%之间,尽管提高表面层的纹理深度,但耐久性不足。1997年版沥青路面设计规范虽然进行了适当调整,但仍沿用了半开型的AK级配,导致一些高速公路建成不久就出现了以坑槽为代表的早期损坏现象。因此,这种级配在之后的规范修订中被取消。

与此同时,在80年代后期,沙庆林开始研发一种基于断级配设计思想的密实型、多碎石沥青混合料(SAC)。其主要技术思路是:在4.75mm设置间断点,在增加粗集料含量、降低细集料含量的同时,适当增加矿粉含量,形成密实型的粗集料断级配混合料。该混合料首先应用于济青高速公路、京石高速公路等沥青混凝土表面层,在20世纪90年代中期,正式提出了多碎石沥青混凝土的概念,并在长吉、沪宁、石安、安新等高速公路建设中广泛使用。在20世纪90年代后期,沿用多碎石型沥青混凝土的构成原理,由表面层逐渐扩展到中面层、下面层混合料,并由此研发出适合于高速公路养护工程使用的超薄沥青混凝土。2000年,先后在济青高速公路试验路、京沪高速公路试验路上使用。21世纪初,我国开始大规模推广橡胶沥青混凝土,这种混凝土的矿料级配也是基于多碎石沥青混凝土发展而来的。当前,长寿命沥青路面研究方兴未艾,为了提高沥青路面的耐久性,沥青混合料的矿料级配也推荐采用多碎石沥青混合料。

与连续型级配相比,SAC沥青混合料的级配特点是"两多、两少",即粗集料含量多、矿粉含量多、细集料含量少、沥青用量少。相较于SMA级配混合料,SAC混合料的粗集料明显高于连续级配,但略少于SMA;细集料含量明显少于连续级配,但略多于SMA;矿粉含量高于连续级配,但略少于SMA;沥青用量明显少于SMA。这是因为SAC混合料中没有掺加纤维,难以稳定较高的沥青含量。SAC可以说成是一种没有纤维的SMA。

表5-3中比较了几种具有代表性的混合料中的碎石含量,由此看出,当以4.75mm作为粗、细集料分界点时,SMA、SAC和OGFC的碎石含量明显高于连续级配的AC混合料和SUPERPAVE级配。当以2.36mm作为粗、细集料分界点时,SMA、SAC和OGFC的碎石含量也明显高于连续级配的AC混合料,SUPERPAVE级配介于两者之间。

不同级配混合料碎石含量比较 表5-3

级配	AC-10L	AC-10G	SUP-10	SMA-10	SAC-10	OGFC-10
>4.75mm	2.5%	29%	38.5%	71%	65%	80%
>2.36mm	42.5%	46%	60.5%	77%	72.5%	84.5%

需要说明,这种混合料具有良好的密实性和抗滑性能,特别是构造深度指标可以至少提高0.2~0.3mm。但同时由于级配调整,粗集料明显增加,导致混合料对沥青用量的敏

感性增大,因此对施工设备和工艺要求比较高。早期应用的一些工程由于不能有效控制混合料的级配和沥青用量,路面出现早期泛油现象,经过近二十年的工程实践应用与完善,如今已形成较为成熟的配套工艺。

SAC 混合料的级配构成方法比较灵活,主要有 VCA 计算-验证法、双曲线模型构造法以及最小 VCA_{DRC} 法等三种方法。

(1) VCA 计算-验证法

这是沙庆林 2000 年前后提出的 SAC 沥青混合料两阶段配合比设计方法。这是一种基于原材料矿料特点的配合比设计方法。第一阶段对原材料进行检验,称 VCA_{DRF} 方法,第二阶段对沥青混凝土试件进行检验,称 VCA_{AC} 方法。这两个方法的基本原理都是粗集料骨架间的孔隙率恰好被细集料、填料、沥青的体积填满,同时保留部分空气率(如 2% ~ 4%)为依据。

其中第一阶段 VCA_{DRF} 方法:

$$\begin{cases} \left(\dfrac{P_{ca}}{GCA_{DRC}}\right) \times (VCA_{DRC} - V_a) = \dfrac{P_{fa}}{G_{b,fa}} + \dfrac{P_{fi}}{G_{a,fi}} + \dfrac{P_B}{G_B} & (5\text{-}7) \\ P_{ca} + P_{fa} + P_{fi} + P_B = 100\% & (5\text{-}8) \end{cases}$$

式中: GCA_{DRC}、VCA_{DRC}——分别为粗集料的干捣实密度(g/cm^3)和干捣实粗集料的空隙率(%),两者的相互关系为:

$$VCA_{DRC} = \left(1 - \dfrac{GCA_{DRC}}{G_{b,ca}}\right) \tag{5-9}$$

P_{ca}、P_{fa}、P_{fi}、P_B——分别为混合料中粗集料、细集料、矿粉和沥青的含量(%);

$G_{b,ca}$、$G_{b,fa}$、$G_{a,fi}$、G_B——分别为粗集料、细集料的毛体积密度,矿粉的视密度和沥青密度;

V_a——混合料的空隙率,需预定的值,通常为 3% ~ 4%。

这种通过粗集料构建混合料骨架,然后通过细集料、矿粉和沥青逐级填充孔隙的混合料级配构成方法最早由张肖宁于 20 世纪 90 年代中期首先提出。两者的主要区别在于:本方法在各档集料的体积指标计算中采用混合料的毛体积密度代替原来的视密度(又称表观密度),使计算结果更加合理。

这种设计方法总体设计思想简单、易懂,但也有一些问题需要进一步完善。主要问题有:①计算结果的不唯一性或者主观性;②忽视了细集料对粗集料的干涉作用以及细集料本身的空隙率水平。

根据级配构成公式,从数学角度,粗集料、细集料、矿粉以及沥青含量是需要计算的四个未知数,但是只有两个独立的公式,显然,不可能有唯一的计算结果。在设计时,需要固定其中两个未知数(如矿粉、沥青的含量),计算另外两个未知数(如粗集料、细集料的含量)而这两个未知数的人为设定,需要设计人员有一定的工程经验,否则难以计算出合理的级配构成。

从公式可以看出,本公式成立的条件是细集料填充粗集料形成的矿料间隙(或称孔隙),但是细集料并不是密实的,本身存在孔隙,在公式计算中并没有考虑这个因素,是一个理论缺陷。同时,根据工程经验,粗、细集料之间不是单纯的填充关系,必然存在一定程度的干涉作用,而这个干涉作用如何在级配设计中准确反映,也是值得思考的问题。

第二阶段 VCA_{AC} 方法:检验沥青混凝土是否属于骨架密实结构,其基本方程为:

$$VCA_{AC} = VOLFA_{AC} + VOLFI_{AC} + VOLB_{AC} + V_a \tag{5-10}$$

或:

$$VCA_{AC} = \frac{MFA_{AC}}{G_{b,fa}} + \frac{MFI_{AC}}{G_{a,fi}} + \frac{M_B}{G_B} + V_a \tag{5-11}$$

$$VCA_{AC} = 1 - \frac{MCA_{AC}}{G_{b,ca}} \tag{5-12}$$

式中: VCA_{AC} ——沥青混合料中粗集料的间隙率;

MCA_{AC}、MFA_{AC}、MFI_{AC}、M_B ——分别为混合料中粗集料、细集料、矿粉和沥青的质量;

$VOLFA_{AC}$、$VOLFI_{AC}$、$VOLB_{AC}$ ——分别为细集料、矿粉和沥青的体积。

(2)双曲线模型构造法

该方法是根据间断级配的原理,分别采用两条曲线(即粗集料级配曲线和细集料级配曲线)合成整个混合料的级配曲线(见图5-4)。采用这种方法构造间断级配曲线时,首先需要在级配曲线坐标中确定三个控制点,即0.075mm 及其通过率、公称最大粒径及其通过率和级配间断点及其通过率。级配曲线坐标是指横坐标为级配粒径(一般采用对数坐标),纵坐标为通过率。0.075mm 通过率也就是级配中矿粉的含量,根据经验确定;公称最大粒径通过率一般设定为95%~100%,为了保证混合料的均匀性宜设定为100%。间断点即为粗细集料的分界点,对于公称最大粒径不小于9.5mm 的混合料,间断点设定为4.75mm;为了形成良好的粗集料断级配,间断点的通过率一般不小于65%,也就是说混合料中的粗集料含量不低于65%。间断点最终的通过率数值将根据混合料体积指标分析和工程需求加以确定。

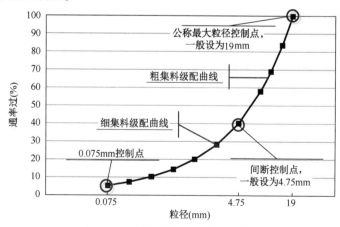

图5-4 双曲线模型的间断级配示意图

当这三个控制点确定以后,分别构建一条粗集料级配曲线(公称最大粒径到 4.75mm),和一条细集料级配曲线(4.75mm 到 0.075mm),从而形成一个完整的断级配曲线,间断曲线的数学模型见式(5-13)。因此,这种间断级配构成方法称为"三控制点、双曲线"构成方法,简称"双曲线模型"构成法。

$$G(D,i) = G_c(D_c,i_c) + G_f(D_f,i_f) \tag{5-13}$$

式中:$G(\cdot)$、$G_c(\cdot)$、$G_f(\cdot)$——分别为级配曲线模型、粗集料级配曲线模型和细集料级配曲线模型;

D、D_c、D_f——各档矿料粒径尺寸;

i、i_c、i_f——各档矿料的通过率。

理论上讲,在两个控制点之间可以按照任意规律构建无数条曲线。现可提供三种简单的数学模型构建级配曲线,见式(5-14)~式(5-16)。

幂函数模型:

$$y = a \cdot x^b \tag{5-14}$$

指数函数模型:

$$y = a \cdot e^{bx} \tag{5-15}$$

对数函数模型:

$$y = a \cdot \ln(x) + b \tag{5-16}$$

式中,均有两个待定参数 a 和 b;y 为各粒径的通过率;x 为各粒径的孔径(mm)。

这三种模型尽管可以有相同的控制点,但是由于矿料中各档粒径的比例关系不同,构建的矿料级配具有明显的路用性能差异。试验分析表明,对数函数的粗集料级配比幂函数偏细,而指数函数的粗集料级配比幂函数偏粗,这三种曲线模型基本上涵盖了实际矿料的级配变化范围,见图 5-5。

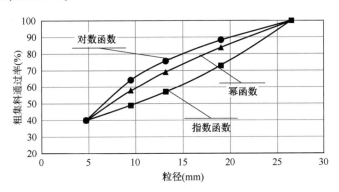

图 5-5 不同曲线模型的级配比较

【算例】 对于 16 型混合料,采用幂函数模型。

第一步:间断点和控制点确定。

设:4.75mm 通过率 30%;0.075mm 通过率 6%;16mm 通过率 95%。

第二步:根据以上控制点确定粗集料级配曲线方程组和细集料级配曲线方程组。

粗集料级配曲线方程组：$\begin{cases} 95\% = a_1 \times 16^{b_1} \\ 30\% = a_1 \times 4.75^{b_1} \end{cases}$

细集料级配曲线方程组：$\begin{cases} 30\% = a_2 \times 16^{b_2} \\ 6\% = a_2 \times 4.75^{b_2} \end{cases}$

第三步：解方程组得到：$a_1 = 0.0684$，$b_1 = 0.9491$；$a_2 = 0.1639$，$b_2 = 0.3880$。从而得到粗集料级配曲线为：$y = 0.0684x^{0.9491}$；细集料级配曲线：$y = 0.1639x^{0.3880}$。

第四步：根据这两个级配曲线构成整个粗集料断级配曲线，见表 5-4。图 5-6 为连续型级配 AC-16、间断级配 SMA-16 和 SAC-16 的级配曲线比较图。

AC-16 型间断级配　　　　　　　表 5-4

筛孔(mm)	19	16	13.2	9.5	4.75	2.36	1.18	0.6	0.3	0.15	0.075
通过率(%)	100	95	79	58	30	23	17	13	10	8	6

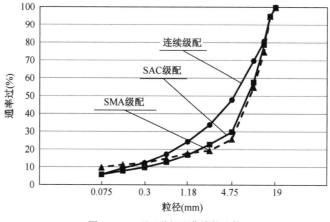

图 5-6　16 型三种级配曲线的比较

从以上推导看，双曲线模型构造法实际上是分别提出粗细集料颗粒间的比例关系，并通过间断点，控制整个级配的间断特性。一般来说，对于间断级配，当间断点确定后，各个粒径粗集料的比例关系对整个级配的技术性能影响很大。由于粗集料的粒径级数较多，如 20 型混合料粗集料的粒径有 4.75mm、9.5mm、13.2mm 和 19mm，探讨不同粒径之间粗集料的最佳比例关系（即使粗集料矿料间隙率最小的不同粒径的比例关系）比较困难，为此，本方法提出了三种曲线模型，以简化确定粗集料各个粒径的比例关系，并在实际工程中应用验证，取得良好效果。当然也可采用其他的曲线模型。

对于细粒式沥青混合料，粗集料一般仅有 2 个粒径，则可以采用试验的方法确定这 2 个粒径粗集料的最佳比例关系，即下文介绍的"最小 VCA_{DRC} 构造法"。

(3) 最小 VCA_{DRC} 构造法

这是一种适用于细粒式沥青混合料（公称最大粒径不大于 13.2mm）的间断级配构成方法。以下以某工程 AC-13 型混合料粗集料级配设计为例，介绍这种方法。

AC-13混合料的粗集料分为两档:4.75~9.5mm和9.5~13.2mm,分别设定这两档粗集料的不同比例关系,并进行掺配,通过捣实VCA试验,以矿料间隙率最小为指标,确定这两档碎石的最佳比例关系。

表5-5为某工程4.75~9.5mm和9.5~13.2mm两档粗集料不同比例关系时,捣实VCA的试验结果汇总,图5-7为相应的散点图。表中9.5~13.2mm为8,4.75~9.5mm为2,意味着,将粗集料分为10等份,其中13.2~9.5mm占8份,9.5~4.75mm占2份,其余以此类推。

AC-13粗集料捣实VCA试验结果汇总(不同比例关系下) 表5-5

9.5~13.2mm 比例	10	8	6	4	2	0
4.75~9.5mm 比例	0	2	4	6	8	10
矿料密度(g/cm³)	2.8428	2.8405	2.8382	2.8359	2.8337	2.8314
捣实密度(g/cm³)	1.709	1.746	1.753	1.733	1.710	1.680
VCA$_{DRC}$(%)	39.90	38.52	38.24	38.91	39.66	40.66

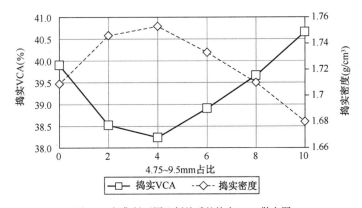

图5-7 粗集料不同比例关系的捣实VCA散点图

根据图表数据可以看出,当4.75~9.5mm占比为4,即9.5~13.2mm:4.75~9.5mm=6:4时,捣实矿料的密度最大,捣实VCA数值最小,也就是说,此时两档粗集料处于最佳的紧密状态。由此,AC-13混合料的两档粗集料的比例关系确定为6:4,相应的粗集料VCA$_{DRC}$=38.24%。

需要指出的是,以上捣实试验是将矿料严格筛分以后,单一粒径状态下的试验结果,但是实际矿料中存在超粒径含量。对于该工程试验检测表明9.5~13.2mm的矿料中,大于13.2mm的矿料有4.3%,小于9.5mm的矿料有16.7%,也就是说该档矿料中9.5~13.2mm的比例仅为79%;4.75~9.5mm档中大于4.75mm为73.7%。为此,需要将9.5~13.2mm与4.75~9.5mm理论上的比例关系,转化为实际工程的比例关系。

设:9.5~13.2mm矿料的工程含量为X,4.75~9.5mm矿料的工程含量为Y。

则:$0.833X/(0.167X+0.737Y)=6/4$。

由此可以解出$X/Y=1.87$。

即 9.5~13.2mm 与 4.75~9.5mm 的工程比例关系为 1.87。

考虑 4.75~9.5mm 中小于 4.75mm 的含量达到 26.3%，即所有粗集料中小于 4.75mm 的含量为 26.3%/(1+1.87)=9.16%，计算不同碎石含量级配所对应的实际粗集料含量如下。

当 4.75mm 通过率为 35% 时，混合料中实际粗集料为：65%/(1-9.16%)=71.6%，即：9.5~13.2mm 和 4.75~9.5mm 两档料总含量约 72%；当 4.75mm 通过率为 30% 时，混合料中实际粗集料为：70%/(1-9.16%)=75.0%，即 9.5~13.2mm 和 4.75~9.5mm 两档料总含量约 75%；其余类推。

另外设定 AC-13 型混合料中 0.075mm 通过率为 7%。由此可以确定 4.75mm 不同通过率时各种 AC-13 型混合料的级配掺配比例，见表 5-6。表中细集料采用 0~2.36mm 的石灰岩，按细集料天然级配进行掺配。由表中数据看出，尽管三种 AC-13 混合料 4.75mm 通过率不同，但是 9.5~13.2mm 与 4.75~9.5mm 的比例基本为 1.44，接近理论期望的 1.5(6/4)。

不同级配 AC-13 的目标级配曲线　　　表 5-6

目标级配	下列各个筛孔(mm)的通过率(%)									
	16	13.2	9.5	4.75	2.36	1.18	0.6	0.3	0.15	0.075
AC-13-65	100.0	98.0	60.6	34.8	25.4	17.7	13.4	9.9	8.8	7.1
AC-13-70	100.0	97.9	58.1	30.3	21.2	15.3	12.0	9.4	8.5	7.0
AC-13-75	100.0	97.7	54.7	24.9	16.3	12.5	10.5	9.0	8.4	7.3

6) 半刚性材料的级配设计

这里主要指无机结合料稳定中、粗粒料的矿料级配，特别是水泥稳定碎(砾)石的矿料级配。与沥青混合料不同，无机结合料稳定中、粗粒料的路用性能主要取决于无机结合料(包括水泥、粉煤灰、石灰等)的水化反应，无机结合料在混合料中不仅起到填充作用(这点类似于沥青在沥青混合料中的作用)，而且起到化学增强作用，因此这类混合料的矿料级配作用不同于沥青混合料。但是，大量的工程实践和试验研究表明，无机结合料稳定中、粗粒料的矿料级配作用也是不可忽视的，主要有两方面：一是保障混合料的密实性，对于路面结构中主要的承重结构层材料，混合料的密实性是保障结构层耐久性的基本条件；二是在保障密实性的前提下，混合料中尽可能含有较多的粗集料(即碎石)，以改善混合料的温度收缩和干湿收缩特性。

另外，与沥青混合料不同，无机结合料稳定中、粗粒料中的无机结合料含量波动幅度较大，由此对于矿料级配的构成产生较大影响。一般来说，水泥粉煤灰稳定材料、石灰粉煤灰稳定材料中，无机结合料的含量较高，一般为 15%~20%，而水泥稳定类材料[指水泥稳定碎(砾)石]中水泥的剂量比较少，一般不超过 7%。因此，在保障混合料密实性的前提下，后者混合料中粗集料含量一般少于前者。

再者，水泥稳定碎(砾)不存在沥青混合料级配中所谓的骨架密实型结构。这是因为这类材料的强度形成原理不同于沥青混合料,原材料的组成比例并不满足构成骨架密实结构的条件。例如:水泥稳定碎(砾)材料中的水泥剂量较少,且0.075mm以下的粉料(相当于矿粉)含量较低,一般仅相当于骨架密实型沥青混合料SMA的一半,不足以填充由粗集料骨架结构形成的空隙。对于水泥粉煤灰或石灰粉煤灰综合稳定类材料,从细集料填充角度分析,有可能形成骨架密实结构,但这方面相关成果比较少,值得进一步研究。

需要指出,对于无机结合料稳定材料,适当增加碎石含量(粗集料含量),对改善混合料的路用性能是有利的,特别是减少温度收缩和干湿收缩。因此,在保障密实前提下,增加碎石含量是无机结合料稳定中、粗粒料级配设计的基本原则。

2005年前后,沙庆林院士提出了水泥稳定碎(砾)石混合料的级配构成方法和验证方法。该级配的上限是采用富勒(Fuller)公式计算得到的,为一条连续式密级配曲线,曲线的公式见式(5-17);级配下限为粗集料断级配曲线,间断点为4.75mm,通过率为36%。并指出:在这个级配范围内,混合料存在一个强度不敏感区域。也就是说,混合料的强度水平比较稳定,受级配变化的影响比较小。在实际工程中,如果将设计的矿料级配设定在该级配范围内,将有助于减少矿料级配的变化对混合料强度的影响。

$$P_{di} = \left(\frac{d_i}{D_{max}}\right)^{0.5} \tag{5-17}$$

另外,在2015年版《公路路面基层施工技术细则》修订过程中,交通运输部公路科学研究院按照上文"双曲线模型构造法",构造4.75mm通过率从25%~50%(每5%一级)不同级配的水泥稳定碎石混合料,通过重型击实试验、强度试验、模量试验以及干缩试验等一系列的试验分析,比较研究不同碎石含量条件下水泥稳定碎(砾)石混合料技术性能,进而推荐了具有广泛适用性的合理级配范围。

具体试验数据请参见《〈公路路面基层施工技术细则〉实施手册》。该试验的主要结论为:从体积指标看,随着混合料中碎石含量的增加,混合料存在一个最佳的碎石含量范围,一般为55%~65%之间,即4.75mm通过率为35%~45%之间,此时混合料的最大干密度最大,最佳含水率最小;与之对应,此时混合料的力学性能处于最佳状态,即强度和模量指标处于最大值区间;与此同时,混合料具有较低的干缩系数和干缩应变,为减少材料的开裂创造有利条件。

5.2.3 材料的回弹模量

上文讨论了混合料的矿料级配和材料的结构性能等问题,这些都是材料的结构使役行为的一些宏观表象,反映出材料结构和工程结构对混合料性能的影响。本节将从材料的模量角度,讨论材料力学性能的结构使役行为。在材料与结构的行为机理分析过程中,材料模量都是其中一个重要的力学参数。上一章讨论沥青路面宽刚度域基层结构时指出,基层刚度的不同是导致不同类型沥青路面服役性能差异的主要原因,而组成基层的材料模量是确定基层刚度的主要指标之一。

一般来说,模量是材料应力与应变的比值,既是反映材料力学响应特征的参数,也是反映材料应力、应变响应规律的指标。然而,由于路面材料(指混合料)是由多种不同粒径大小的颗粒状材料混合、胶结、碾压而成的多相复合材料,具有显著的各向异性和非线性特征,那么可以推知,路面材料模量与其他材料性能一样,也存在相应的结构行为特征。对此,本节将进行相关的讨论。

1) 弹性模量与复模量

多年以来,小变形、线弹性的层状力学体系作为沥青路面经典的力学分析模型,用来解析沥青路面结构和材料的力学行为和特征,为适应该模型,将路面材料假定为各向同性的均质弹性体,采用弹性模量的概念描述路面材料的模量。这个假定的"合理性"在于:当沥青路面承受行驶汽车荷载的瞬时作用时,各结构层内部将产生瞬时的响应应力和响应应变,由于荷载作用时间较短,产生的响应应力和应变的数值相对于材料破坏的极限值较小,且是可恢复的,由此,这个应力、应变被认为是符合线弹性规律的弹性应力和弹性应变,并计算相应的弹性模量。

然而,路面材料毕竟是各向异性的非均质材料,采用弹性模量概念进行道路结构和材料的力学分析存在两个问题需要解决:一是如何确定路面材料的弹性模量;二是道路结构和材料疲劳损伤的问题。

(1) 材料弹性模量的不确定性

在实际工程中,路面材料处于三维的受力状态,且受力状态随着交通荷载和环境的变化而改变,因此,难以在实际工程中直接测定材料的模量。为此,路面材料的模量一般是通过室内的模型试验,在标准的试验条件下测定的。

然而,由于路面材料固有的非线性特征,同一种材料在不同的试件模型尺寸、不同的荷载模式、不同的试验条件下,模量的试验结果是不同的。目前,路面材料模量试验的荷载模式大致可分为一维受力状态的单轴压缩、单轴拉伸和弯曲(包括三分点弯曲和梯形梁两点弯曲)试验,二维受力状态的劈裂试验以及三维受力状态的三轴压缩或拉伸试验,见图5-8。对于同一种路面材料,这些不同荷载模式测定的材料模量是不同的,且数值相差较大,那么,选择哪种荷载模式的试验结果作为路面材料的模量一直是路面工程界争论的问题。

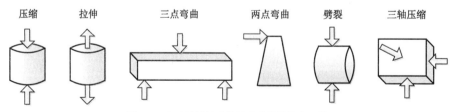

图 5-8 路面材料回弹模量试验荷载状态比较

我国1986年版柔性路面设计规范中曾规定:当计算结构弯沉指标时,采用材料的抗压模量;当计算结构层的弯拉应力指标时,采用材料弯拉模量。这样造成同一种材料,在同一个受荷条件下存在两个模量的问题。为此,在1997年版沥青路面设计规范修订时,修正了这个问题,统一采用材料的抗压模量。由于当时的试验条件限制,这些抗压模量都是采用近似静态荷载条件下的试验方法测定的,包括沥青混合料和半刚性材料。在2017年版沥青路面设计规范修订时,为了与欧美设计规范中材料模量的取值相同或相近,采用动态试验方法代替以往的静态试验方法测定沥青混合料的模量,由此,沥青混合料的模量修订为压缩状态下的复模量,而半刚性材料模量的试验方法虽然仍采用静态压缩荷载模式,但改变了试验过程中的应变测量方法,由"顶面法"改为"侧面法",由测量回弹应变改为测量试件压缩过程中的总应变。由此看出,几十年来我国沥青路面材料的模量试验方法、取值方法都发生了较大的变化,其主要的目的是使路面材料的模量取值更接近于路面结构的实际受力状态,力学分析的结果更接近于实际情况。

然而,从世界范围看,关于路面材料的模量试验方法至今仍未统一。例如:对于沥青混合料而言,法国采用梯形梁动态两点弯曲试验,取30微应变条件下的荷载状态确定材料的模量;而美国MEPDG设计指南中,采用动态压缩试验方法,取70微应变左右的荷载状态确定材料的模量;近些年来美国有些专家提出,采用动态拉伸试验测定材料的模量更加合理。由此说明,路面材料的模量试验方法和取值问题仍是一个有待深入研究的问题,这主要是受路面材料非线性特性影响。

据了解,美国一些大学的试验室,为了规避材料非线性的影响,在模量试验过程中,首先需要测定材料的应力-应变响应的线性区间,然后在这个区间内进行材料的模量试验。然而,这种试验方法对试验设备的测量精度要求较高。同时,对于大多数沥青混合料,在常温条件下线弹性阶段的应力或应变水平较小,与实际路面结构的受力状态存在一定差异。

总之,路面材料模量试验方法的不确定、多样化导致路面结构力学分析时模量取值的不确定。同一种材料存在多个模量取值,最终导致同一路面结构力学分析结果的不确定。

(2)材料的疲劳损伤与复模量

按照上文弹性模量的概念,意味着道路结构和材料在服役期间都处于线弹性状态,那么,在长期的周期性荷载作用下,路面材料不会产生能量损耗,也就不会产生疲劳损伤,那么道路结构也就不应产生疲劳破坏,道路结构的寿命将是永久的。这显然与实际工程情况不符,说明小变形、线弹性层状体系模型用于沥青路面结构力学分析存在一定的理论局限性。

为此,采用动态复模量概念替代弹性模量是一个有效的技术对策。复模量是描述黏弹性材料应力-应变关系的力学指标,与弹性模量概念有相似之处,也有明显的区分。弹性模量和复模量都是在一个荷载周期作用下,应力与可恢复应变,或者可恢复应力与应变的比值。对于弹性模量,"可恢复"是瞬间的,与时间、频率无关;而对于复模量,"可恢复"是与时间、频率相关的,反映了材料的黏弹特性。另外,这两个模量都是与应力或应变水平无关的指标,是材料的固有属性。

式(5-18)为材料弹性模量的定义式。该定义式表明,材料的弹性模量是通过应力和应变数值计算得到,但有趣的是,该定义式并不表明,材料的模量与应力或应变大小相关。

$$E = \frac{\sigma}{\varepsilon} \tag{5-18}$$

式(5-19)为材料复模量的定义式。与弹性模量定义式(5-18)相比,复模量定义式中引入时间因子 t,考虑到时间对材料黏性的影响。

$$E(t) = \frac{\sigma(t)}{\varepsilon(t)} \tag{5-19}$$

复模量的物理意义是交变应力(或应变)下应变(或应力)的响应,表示为式(5-20),式中 ω 为荷载频率,δ 为滞后的相位角,σ_0、ε_0 分别为应力、应变的幅值。根据式(5-20),采用复数形式表达复模量 $E^*(i\omega)$,见式(5-21),其中 $E_1(\omega)$ 为实模量或存储模量,$E_2(\omega)$ 为虚模量或损耗模量,并取复模量的模计算复模量的数值,见式(5-22),按照式(5-23)计算相位角。

$$\sigma(t) = \sigma_0 e^{i\omega t} \varepsilon(t) = \varepsilon_0 e^{i\omega t + \delta} \tag{5-20}$$

$$E^*(i\omega) = E_1(\omega) + iE_2(\omega) \tag{5-21}$$

$$|E^*| = \sqrt{E_1^2 + E_2^2} = \frac{\sigma_0}{\varepsilon_0} \tag{5-22}$$

$$\tan\delta = \frac{E_2}{E_1} \tag{5-23}$$

采用材料的复模量替代原来的弹性模量,可以有效解释上文提到的材料疲劳损伤的问题。复模量包括材料的存储模量和损耗模量两部分,前者反映材料的弹性特征,后者反映材料的黏性特征,即能量损耗,从而反映出材料在重复荷载作用下存在着一定程度的能量损耗,即疲劳性能。

需要指出,不仅沥青混合料存在黏弹特性,所有路面材料都存在不同程度的黏弹特性,包括半刚性材料、刚性材料和非整体性材料,也就是说,所有路面材料都存在复模量(与荷载大小有关)。路面材料的黏弹特性可以通过重复荷载试验的应力-应变的滞回曲线形式判定。滞回曲线的存在是材料黏性的直观反映,在相同荷载水平和频率下,滞回曲线面积越大,材料黏性越大。半刚性材料滞回曲线面积大小不仅与材料自身的品质(如材料强度)有关,而且与荷载水平的大小、荷载作用时间(试验频率)等因素有关。

然而,采用复模量仍存在上文提到的不确定性问题,核心问题在于,这个复模量反映材料的线黏弹特性,虽然与荷载频率、试验温度有关,但与荷载振幅无关。即在相同的荷载频率和试验温度的条件下,不同荷载振幅下测定的材料复模量是相同的。

2)材料非线性与回弹响应模量

通过以上描述可以看出,模量既是材料力学性能的一个指标,同时反映了荷载作用下材料的应力-应变之间的关系。

在重复荷载作用下,路面材料存在弹性、黏性、塑性三种变形状态。弹性与塑性都是描述荷载作用后(或卸载后),材料的变形特征,前者是可恢复的,后者是不可恢复的,且都与时间无关。弹性的变形恢复是瞬时的,塑性变形的不可恢复是永久的。黏性与这两类变形的区别在于,材料的变形恢复是与时间有关的。在卸载的瞬间,材料存在残余变形,当这个残余变形随着时间的延长而逐渐恢复时,反映出材料的黏性特征。从某种意义上讲,黏性是弹性与塑性的中间阶段,有时候,由于残余变形的恢复时间较长,在试验过程中误将一部分可恢复的残余变形误当作材料的塑性变形。

本节界定的材料非线性是指材料模量与相应的应力、应变水平具有相关性。一般来说,黏性、塑形、黏弹性、弹塑性、黏弹塑性都属于材料的非线弹性问题,但非线弹性问题并不等同于非线性问题。当材料的力学性质表现为线弹性和理想黏性组合时,称为线性黏弹材料,属于非线弹性问题。理想黏性(牛顿流体)的表达见式(5-24)。式中 τ 为剪应力,$\dot{\gamma}$ 为剪应变速率;η 为黏性系数,即黏度,是与(剪)应力、(剪)应变速率无关的常数,类似于弹性模量 E。这种线性黏弹材料在重复交变荷载作用下的模量表征即上文的复模量,并继承了线弹性和理想黏性材料的共同特性,即复模量大小与应力或应变水平无关。

$$\tau = \eta\dot{\gamma} \text{ 或 } \sigma = \eta\dot{\varepsilon} \tag{5-24}$$

因此,线性黏弹材料虽然属于非线弹性问题,但并不是本节所关注的非线性问题。例如:沥青是一种典型的非牛顿流体,并不满足式(5-24)的要求,当应力改变时,黏度 η 也会发生改变,即黏度与应力水平具有相关性。因此,由沥青组成的沥青混合料是一种非线黏弹性材料,沥青混合料的复模量大小与应力或应变水平有关,沥青混合料具有非线性。

材料是否具有非线性,主要是依据材料的应力-应变曲线的特征来判断。材料的模量试验一般采用逐级加载模式,可以得到不同应力(或应力振幅)与回弹应变(或应变振幅)的关系曲线。这种关系曲线一般有三种形式,见图5-9。第一种形式如图中曲线Ⅰ,此时应力与应变呈正比例关系,应力与应变的比值是一个常数,与应力或应变的大小无关,即所谓的弹性模量或复模量。第二种形式如图中曲线Ⅱ,随着应力增加,材料回弹应变起初增长较为缓慢,随后迅速增大,即出现"软化"现象;第三种形式如图中曲线Ⅲ,随着应力增加,材料回弹应变起初增加较快,随后逐渐减小,即出现"硬化"现象。对于后两种情况,应力与应变的比值不再是常数,由此计算的模量(或复模量)是与应力或应变大小有关的函数,即材料具有非线性。大量的室内试验表明,常用的路面材料在正常的试验荷载范围内都具有这种"非线性"。

由此,有必要对路面材料的模量概念进行重新界定。传统的基于线弹性模型的弹性模

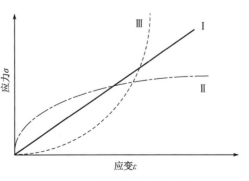

图5-9 三种回弹应力-应变关系

量或基于线黏弹性模型的复模量,并不适用于表述非均质、各向异性的路面材料模量。采用"回弹响应模量"概念代替原有的弹性模量或复模量更为合理。其中"回弹"反映模量计算中使用的应变是路面材料在行车荷载加载-卸载作用周期内的可恢复应变,其中包括弹性的恢复应变和黏性的恢复应变,而不是加-卸载周期内材料的总应变,由此保障采用弹性层状体系进行力学分析时理论上的合理性。

"响应"说明材料模量是行车荷载作用时的一种反映参数。当有荷载作用时,材料表现出抵抗荷载作用的能力,模量是这种能力的一种体现;反之,当没有荷载作用时,材料没有表现出抵抗荷载作用的能力,此时讨论模量是没有意义的,材料的模量可以是任意值。总之,材料模量是与作用荷载密切相关的参数。

3) 回弹响应模量的依赖模型

以上说明,现有路面材料的模量体系是按照线性模型概念构造的,包括线弹性和线黏弹性,主要特征在于模量与应力(或应变)无关。但对于非线性的路面材料,这个"线性"假设需要突破,即路面材料的模量与所承受应力(或应变)有关,其不再是材料自身的固有属性,而是一个与受力大小相关的参数。为了区分传统的弹性模量或复模量概念,这个模量概念表述为材料的回弹响应模量(简称响应模量)。

这里仍沿用"回弹"概念,表示模量计算过程中仍采用一个荷载周期作用下材料的回弹应力或者回弹应变,从而在原理上仍可沿用现有的弹性层状力学体系进行力学分析。这里的"响应"表示这里的模量是材料在实体结构中一种受力状态的反应(包括荷载水平的大小),而不单纯是材料的属性。因此,这个模量也可以看作材料在结构中的响应模量,是材料的结构使役行为的一种表现。

总之,引入材料的回弹响应模量,将传统的、与应力(或应变)无关的"静态"的弹性模量或复模量,转变为与应力(或应变)相关的"动态"模量。这里的"动态"不是指动态荷载,而是一种响应应力(或应变)的过程。回弹响应模量的含义是:路面材料在某一确定使用环境下,材料的力学响应特性。当使用环境采用应力或应变指标表示时,路面材料的回弹响应模量是与应力或应变状态相关的函数,而不是某一具体的数值,见式(5-25)或式(5-26)。与式(5-22)相比,这个函数表达式中增加了表征应力(σ_0)或应变(ε_0)水平的指标,这个函数实质上反映了路面材料回弹响应模量的应力(或应变)依赖特性。

$$E(t,\sigma_0) = \frac{\sigma(t)}{\varepsilon(t,\sigma_0)} \tag{5-25}$$

$$E(t,\varepsilon_0) = \frac{\sigma(t,\varepsilon_0)}{\varepsilon(t)} \tag{5-26}$$

图 5-10 为路面材料的回弹响应模量的原理图。该图以四层体系沥青路面结构为例,传统路面结构力学分析时,不论结构受力状态如何,各层材料模量均取用一个固定的数值,如图中的 E_1^c、E_2^c、E_3^c 和 E_0^c。这种计算方法存在的问题上文已说明。现按照回弹响应模量的概念,在确定材料模量数值时,首先需要确定各层材料的受力状态以及相应材料

的回弹响应模量的应力(或应变)依赖模型,然后,两者结合,最终确定各层材料的回弹响应模量,即图中的 E_1^H、E_2^H、E_3^H 和 E_0^H。

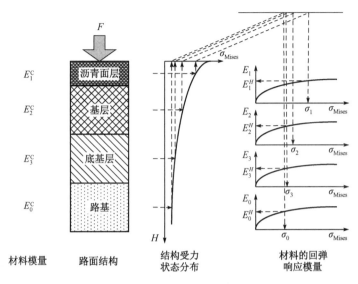

图5-10 材料的回弹响应模量原理示意图

这里有一个问题,在确定材料回弹响应模量数值时,需要已知材料在结构中的受力状态,而确定受力状态,又需要已知材料的回弹响应模量。因此,这里存在一个试算、迭代的过程。通过计算表明,这个迭代过程是收敛的。在这个计算过程中,最终同时输出材料的回弹响应模量和结构的受力状态。另外,路面材料的回弹响应模量的应力(或应变)依赖模型一般是通过室内一维或者二维试验获得的,而路面结构计算得到的是材料的三维受力状态。为此,采用 Mises 等效应力(或应变)的原理,将室内试验的应力(应变)状态与实体结构内部应力(应变)转化为 Mises 等效应力(或应变),并建立等效关系。

这样,材料的回弹响应模量不仅与受荷状态有关,而且与结构形式有关。对于同一种材料,由于在结构中的层位不同,或者用于不同组合形式的结构,其回弹响应模量是不同的。此外,当受荷状态不同时,同一种路面材料的回弹响应模量的应力(或应变)依赖模型是不同的,由此产生材料回弹响应模量的应力(或应变)依赖模型的选择问题。

大量的试验分析表明,根据路面材料的特性,不同损伤状态下的回弹模量应力(或应变)依赖模型可分为两大类。一类是随着应力或应变水平增加,回弹响应模量逐渐增加的硬弹簧模型,另一种是随着应力或应变水平增加,回弹响应模量逐渐减小的软弹簧模型,见图5-11。对于整体性材料(无论是沥青混合料还是半刚性材料),当在拉伸(包括三轴状态)或弯曲受力状态下,产生弯拉损伤时,回弹模量的应力(或应变)依赖模型为软弹簧模型;当在压缩(包括三轴状态)受力状态下,产生压剪损伤时,回弹模量的应力(或应变)依赖模型为硬弹簧模型。对于非整体性材料,由于不具有内聚性的整体性效应,不存在弯拉损伤状态,在三轴压缩试验时,尽管产生压剪损伤,但其回弹模量的应力(或应变)依赖模型为软弹簧模型。

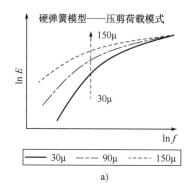 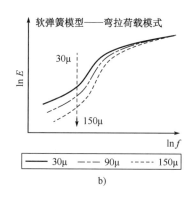

图 5-11 路面材料的硬弹簧和软弹簧模型试验曲线示意图

这里说明几点：

①对于二维劈裂试验，沿着荷载方向的 y 轴回弹模量（E_y）为硬弹簧模型，而垂直于荷载方向的 x 轴回弹模量（E_x）为软弹簧模型，综合 x、y 方向的劈裂模量倾向于软弹簧模量，这是因为垂直于荷载的 x 轴方向是劈裂试验最不利的破坏方向。

②对于三轴试验，存在偏应力（σ_d）和围压应力（σ_3）两个应力指标，回弹模量的应力依赖模型是指回弹模量与偏应力的关系模型，对于围压应力可转化为材料自身的强度指标。无疑，围压应力越大，材料的自身强度越大，在相同偏应力条件下，回弹模量也越大，这符合硬弹簧模式。但是三轴试验实际上是测量偏应力状态下的回弹模量，因此，将围压应力转化为材料的自身强度有一定的合理性，也可以简化三轴试验回弹模量的应力依赖模型，便于结构力学分析使用。

③对于沥青混合料复模量的应变依赖模型的构建问题。一般路面材料的回弹模量试验采用分级加载的模式，无论是半刚性材料的单轴压缩试验，还是非整体性材料的三轴试验。但对于沥青混合料复模量试验，一般采用标准应变状态下的加载模式，如美国 SPT 压缩动态复模量试验的应变范围控制为 $60 \sim 90 \mu\varepsilon$，法国梯形梁动态复模量试验的标准应变为 $30 \mu\varepsilon$。然后进行不同温度和荷载频率的"扫描"，得到相应温度、频率下的复模量数值，最后根据黏弹性材料的时温等效原理，构造沥青混合料复模量的主曲线模型[见式(5-27)]。

$$E^* = E_0^* + \alpha_T(T - T_0) \tag{5-27}$$

为了构建沥青混合料复模量的应变依赖模型，在此基础上，引入相应的应变水平参量，见式(5-28)。沥青混合料复模量的表达形式由二维的主曲线转化为三维空间的主曲面。应变指标的引入，将沥青混合料复模量的线性黏弹问题转变为非线黏弹性问题。

$$E^* = E_0^* + \alpha_T(T - T_0) + \alpha_\varepsilon(\varepsilon - \varepsilon_0) \tag{5-28}$$

至此，简单讨论了由路面材料的非线性问题引出材料回弹模量的应力（或应变）依赖模型问题，以下为几种典型路面材料回弹模量的应力（或应变）依赖模型的表达形式。

①沥青混合料(压剪与弯拉状态):

$$\lg(|E^*|) = a \cdot e^{c \cdot \varepsilon} + \frac{a \cdot e^{b \cdot \varepsilon} - a \cdot e^{c \cdot \varepsilon}}{1 + e^{(T-x_0)/dx}} \quad (5-29)$$

式中:E^*——沥青混合料压缩或弯拉动态模量(MPa);

ε——应变;

T——温度(℃);

a、b、c——与模量有关的回归系数;

x_0、dx——与曲线形状有关的回归系数。

②半刚性材料(压剪状态):

$$E_p = E_p(\sigma, R_p) = a \cdot R_p^c \cdot (\sigma + 1)^b \quad (5-30)$$

式中:E_p——半刚性材料压缩回弹模量(MPa);

σ——应力(MPa);

R_p——半刚性材料规定龄期无侧限抗压强度(MPa);

a、b、c——回归系数,当 $\sigma = 0$ 时,$a = 0$。

③半刚性材料(弯拉状态):

$$E_t = E_t(\sigma, R_t) = a \cdot \sigma^2 + b \cdot \sigma + c \cdot R_t \quad (5-31)$$

式中:E_t——半刚性材料弯拉模量(MPa);

σ——应力(MPa);

R_t——半刚性材料规定龄期弯拉强度(MPa);

a、b、c——回归系数,当 $\sigma = 0$ 时,$c = 0$。

④非整体性材料(压剪状态):

$$E_s = K_1 \left(\frac{\sigma_d}{p_a} + 1\right)^{K_2} \left(\frac{a \cdot R_s^b}{p_a}\right)^{K_3} \quad (5-32)$$

式中: E_s——非整体性材料三轴压缩回弹模量(MPa);

R_s——非整体性材料三轴压缩强度(MPa);

σ_d——偏应力(MPa),$\sigma_d = \sigma_1 - \sigma_3$;

σ_1——正应力(MPa);

σ_3——围压(MPa);

p_a——标准大气压(MPa),计算中取 0.1013MPa;

K_1、K_2、K_3、a、b——回归系数。

4)响应泊松比

泊松比是指材料在单向受拉或受压时,横向正应变与轴向正应变绝对值的比值,也叫横向变形系数,它是反映材料横向变形的弹性常数。在经典的弹性力学中,泊松比与模量一样,是弹性材料的固有属性。在通常的沥青路面力学分析中,沥青混凝土和半刚性材料的泊松比一般设定为 0.25~0.2,级配碎石材料一般为 0.3~0.25,土基材料一般为 0.35。一般来说,对于同一类型材料,强度越高,泊松比越小。例如强度 5MPa 的水泥稳定碎石的泊松比小于 3MPa 的水泥稳定碎石;40℃ 时的沥青混合料泊松比大于 20℃ 时的沥青混合料。

但如上文所述,非线性路面材料的回弹模量存在应力(或应变)依赖性,那么可以推断,路面材料的泊松比也将不再是一个固定不变的常数,也存在应力(或应变)依赖性,因此,泊松比的概念将拓展为非线性的响应参数,称为响应泊松比。

张晨晨博士针对北京环道 20 余种沥青混合料,在进行动态荷载作用下单轴压缩、单轴拉伸、三分点弯曲和劈裂试验的回弹响应模量测定时,同时测定试件竖向和径向的应变,计算出不同回弹模量时相应的泊松比。图 5-12 为这四种荷载状态下试验的示意图。图 5-13 为相应回弹响应模量(复模量)与泊松比的散点关系图。

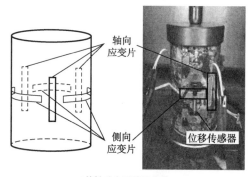

a) 单轴动态压缩及拉伸

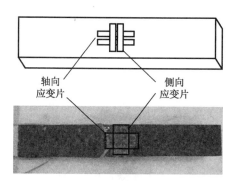

b) 四点动态弯拉

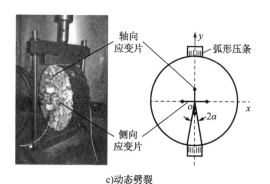

c) 动态劈裂

图 5-12 四种荷载状态下泊松比试验示意图

由图中散点的变化趋势可以看出,尽管荷载状态不同,泊松比与回弹响应模量的散点关系有所不同,但均可按式(5-33)做出表示两者的关系模型,且具有良好的相关性。

$$\mu = a + b \cdot e^{-kE^*} \tag{5-33}$$

式中:μ——泊松比;

E^*——动态荷载作用下的回弹响应模量;

a、b、k——回归系数。

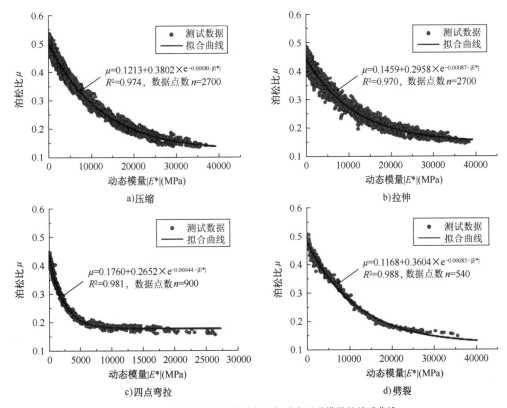

图 5-13　四种荷载状态下的泊松比与动态回弹模量的关系曲线

至此,得到统计意义上的沥青混合料泊松比与回弹响应模量的关系模型。根据回弹响应模量的应力(应变)依赖特性可以推知,沥青混合料的泊松比也具有相应的应力(应变)依赖特性。进而亦可进一步推断,其他路面材料的泊松比也存在应力(应变)依赖特性。

5.3　材料设计的均衡化

在实际工程中,服役性能的需求是多元化的,对于一种材料,同时满足多种性能需求往往是比较困难的,在经济上也未必是合理的。同时,由于使用条件的约束,这些服役性能要求往往是不平衡的,有的强调抗滑性能,有的强调高温稳定性,有的强调抗疲劳能力,有的则强调强度的高低,存在主要性能和辅助性能的差异。对此,结合材料的结构使役行为原理,首先从结构功能角度解决部分材料的性能需求。例如:为了提高沥青混合料的抗水损坏能力,在沥青混凝土层间设置改性沥青防水黏结层是一个有效的技术措施。再如:为了提高沥青面层的抗弯拉疲劳能力,提高基层的强度和刚度也是一个有效措施。除此之外,完善混合料的配合比设计,在提高主要性能的同时,保障辅助性能并不降低或同步改善,实现混合料综合服役性能的最优化,这也是材料设计均衡化的基本目标。具体来说,材料均衡化设计是指通过混合料配合比的优化设计,充分利用地方性材料,综合改善混合料的服役性能,提供技术可靠、工艺可行、经济合理的设计方案。其最终目标是在材料技术层面解决设计-施工一体化问题。

基于现有的研究和工程基础,通过结构的功能化设计和混合料配合比的优化设计,可以在一定程度上实现混合料均衡设计的目标。但是,由于路面材料显著的非线性行为,这方面研究仍需要不断完善,重点在于破解非线性材料的结构使役行为机理。可以说,材料的结构使役行为是实现材料均衡化设计的理论基础,材料均衡化设计是材料的结构使役行为研究的工程化应用。

混合料配合比设计是均衡设计的关键环节,一方面承接着组成混合料的各种原材料的优化选择,另一方面是混合料性能评价的试验基础。一般来说,级配设计是配合比设计的组成部分,上一节已讨论,不再赘述。关于混合料性能问题本节仅做原则性说明,亦不赘述。本节着重讨论混合料配合比设计方法问题。

5.3.1 材料均衡设计的平衡点

材料设计均衡化包括:原材料与混合料性能的均衡,材料设计与结构设计的均衡以及材料多元使用性能的均衡等几方面内容。

原材料与混合料的均衡设计:处理好原材料选择与混合料性能之间的辩证关系。一般来说,原材料品质对于混合料性能产生影响,但由于工程直接使用的是混合料,而不是原材料,原材料个别指标的高低不决定混合料的工程性能,相反,混合料性能的好坏决定了原材料的选择。因此,在实际工程中,应以工程需求为导向,以技术经济最优化为原则,以混合料技术性能为指标,充分利用地方材料,合理选择原材料,提升工程质量及其耐久性。

材料与结构的均衡设计:实现结构-材料一体化设计,任何路面材料都有其技术优势和短板,结合工程需要,应扬长避短,充分发挥技术优势;同时,根据结构功能化设计原理,完善结构设计,设置必要的功能层,综合提升材料的路用性能。

材料多元使用性能的均衡设计:在以上两个均衡对策的基础上,处理好材料模型性能与工程性能、设计指标与施工控制指标的一致性问题,针对路用性能需求的多元化和材料自身性能的多样化,根据实际工程需求,确定混合料的主要性能和辅助性能技术指标,通过完善配合比设计,综合提升混合料的技术性能。

1) 原材料与混合料均衡设计的平衡点

原材料与混合料均衡设计的平衡点在于处理好原材料与混合料性能之间的辩证关系,实现技术经济最优化的合理选材。

原材料选择和混合料设计是工程实施过程中两个重要环节,其目的在于为路面工程提供品质优良、质量稳定的混合料。这其中涉及到原材料的品质要求和混合料性能评价两方面。当然,对于一个工程来说,如果当地具备品质满足要求的原材料,且供应充足、运距合理,那么,这个均衡设计问题可以得到有效解决。但是,在实际工程中常常会遇到当地原材料的某些指标不能满足相关技术要求,甚至为了提高混合料性能,而提高原材料的技术要求,导致当地原材料选择困难,不得不远距离运输原材料,大幅度增加工程成本,由此产生原材料与混合料的均衡设计问题。

就地取材是路面工程材料设计的基本原则之一,就地取材不仅意味着合理的工程造价,而且也有利于施工期间原材料的稳定供应,确保施工进度和工程质量。当然,就地取材也意味着原材料品质的多样性,常常会遇到某些指标不满足设计要求的情况,由此给工程决断带来困扰。在此,有个观点可供讨论:混合料是路面工程使用的最终产品,混合料性能决定了原材料选择。尽管原材料品质的高低对混合料性能具有不可忽视的影响,但是从原材料到混合料,配合比设计往往起到关键作用。不少工程实践表明,利用当地原材料,尽管某些技术指标不满足技术规范要求,如压碎值偏高、吸水率偏大、针片状较高,但是通过完善的配合比设计和性能验证,也能生产出满足工程使用要求的混合料。此外,亦可通过结构优化设计,充分利用并发挥这些原材料在结构中的作用。

因此,为了实现原材料与混合料的均衡设计,需要澄清两方面问题,一是什么是原材料的品质,二是如何进行混合料设计。

原材料品质的高低,并不单纯表现为某一具体技术指标的高低,更多反映为品质指标的稳定性。上文谈到,原材料的技术指标主要来源于以往工程经验的总结,但具体的指标数值则往往是平均值的统计结果,由于不同地域的原材料性能差异较大,某些指标超出既有技术标准的要求,并不鲜见,在实际工程中既要尊重这些指标的要求,但也应看到其条件性。工程经验表明,原材料的规格对工程整体质量的影响常常大于某一技术指标高低对工程整体质量的影响。这里的"规格"是指集料的分档要求。将一些技术指标并不理想的地方性材料的粗集料,按照"单一粒径"的规格要求逐档备料,同时配备两种或两种以上不同粒径范围的细集料,不论是生产半刚性材料还是沥青混合料,都是大有益处的,也为这些材料的充分利用创造了条件。相反,即使技术指标再好的原材料,如果集料分档不合理,也会导致工程变异性的增加,对工程质量造成不利影响。因此,对于大多数工程而言,原材料分档规格的要求大于个别的技术指标高低。

其次,完善混合料配合比设计不仅对于确定施工参数、保障工程质量具有重要作用,而且对于合理选材起到关键的支撑作用。从广义上讲,混合料配合比设计不仅仅是目标配合比、生产配合比和试铺、试拌等试验内容,而且包括原材料的优化比选。针对不同技术指标的原材料,根据工程的实际需要,通过试验比较,选择合理的矿料级配、试验压实标准和方法以及混合料工程参数的确定方法,并全面评价混合料技术性能,为原材料的优化选择提供关键的试验数据支撑。例如:当原材料的压碎值偏大时,可以通过适当增加混合料中粗集料含量,增大混合料试验的压实功,弥补碎石强度不足对混合料性能带来的不利影响,从而使这种原材料得以应用。

总之,原材料与混合料的均衡设计的最终目标是实现技术经济最优化的合理选材,充分利用地方性材料和发挥配合比试验的作用是两个主要对策。最后需要说明,对于原材料选择,与其追求某些技术指标的高低,不如追求整体品质的稳定,原材料分档是一个关键性指标;原材料选择与否取决于混合料最终的技术性能,而不是某些指标。

2) 材料与结构均衡设计的平衡点

材料与结构均衡设计的平衡点在于结构-材料设计的一体化,表现为发挥结构功能化设计的作用,完善材料的技术性能,实现工程目标。每种路面材料都有其技术优势和不足,如果完全通过材料自身的性能提高,满足复杂、多元化的使用性能需求,不仅增加过多的工程成本,而且常常在技术上也难以实现。因此,结合实际工程,从结构角度予以辅助、完善,是提高材料工程性能的有效技术途径。上文探讨了结构功能化设计以及材料的结构性能等有关问题,为实现这一目标提供了技术支撑和工程保障。

例如:对于上面层沥青混合料,防治水损坏和抗滑性能耐久性的提升往往是主要的性能需求,但通过上面层沥青混合料自身性能的提升,往往技术要求比较高,要么提高混合料的密实性,容易导致抗滑性能耐久性不足;要么采用较粗的混合料,提高抗滑性能,但又对水损坏问题产生担心。当在上面层下面设置一层改性沥青防水黏结层,则可以有效解决这个矛盾,上面层沥青混合料将集中精力重点解决抗滑性能耐久性问题,具有较为广泛的工程适用性和质量稳定性。

再例如:关于高强度半刚性基层材料的使用。从结构安全和耐久性角度看,提高半刚性基层材料的强度是必然的,但由于材料自身性能的影响,这种材料容易产生开裂也是不可回避的问题。当然这种开裂对于结构的整体承载能力没有显著的影响,但对上面厚度较薄的沥青面层的使用耐久性产生不利影响。由此,强度问题一直是半刚性基层材料设计的两难问题。为此,通过结构功能化设计的措施可以有效就解决这个矛盾,既保障基层具有足够的强度,同时防止基层开裂对沥青面层耐久性的影响。

又如:上文提到的低标号沥青的高模量沥青混合料,使用延度为 0 的低标号沥青,可以有效提高混合料的力学性能和高温抗变形能力,甚至优于价格更昂贵的改性沥青混合料,但同时对混合料的低温抗裂性能产生不利影响,因此,从结构使用需求出发,根据功能化设计原理,将其设置在下面层或者基层位置,既规避低温环境对混合料使用性能的不利影响,又可以充分发挥其技术优势,节约工程造价。通过近些年试验路和实体工程的跟踪观测发现,在我国南方地区,设置在 4cm 上面层下面亦是可行的。

总之,以结构功能化设计为手段,以混合料技术性能为标准,开展材料与结构的均衡设计,充分发挥混合料的技术优势,是提高工程可靠性,实现技术经济最优化的有效对策。

3) 材料多元使用性能均衡设计的平衡点

以上探讨了混合料均衡设计的两个外部因素——原材料和结构,对于混合料自身而言,无论是沥青混合料,还是半刚性材料,也存在均衡的优化设计问题。混合料均衡设计的平衡点在于准确定位混合料的工程性能,以及优化矿料级配和完善配合比设计。

尽管混合料性能要求的是多方面的,但是在具体的工程中,交通荷载和自然环境条件明确后,每种混合料的工程性能往往集中于 1~2 个主要性能。例如:一般情况下,表面磨耗层或上面层沥青混合料的抗滑性能和抗剪切疲劳能力是其主要性能要求,当在低温使用条件下,抗滑和抗低温开裂是其主要使用需求。又如:中、下面层沥青混合料的抗水损坏能力和抗剪切疲劳能力是其主要的使用性能要求,用于基层沥青混合料的承载能力及其耐久性是其主要的使用要求。再如:对于半刚性基层材料,强度及其耐久性是其主要性能要求。明确混合料的主要性能需求,也就是明确混合料设计的重点和基本目标。

另一方面,在明确混合料设计重点的同时,仍需要兼顾混合料的其他路用性能(即辅助性能)。例如,在强调磨耗层或上面层沥青混合料抗滑性能和抗剪切性能的同时,还要兼顾混合料的水稳定性和低温性能,使其不低于一般工程的要求。因为当在提升某一技术性能的同时,忽视其他性能的改善,甚至导致其他性能的降低,则往往会导致意想不到的问题产生,产生原本不常或不应发生的病害。例如:早些年为了防止路面水损坏,用连续型级配混合料铺设表面层,尽管消除了坑槽病害,但是导致表面抗滑性能的大幅度降低;又如:某地区重载交通比较严重,为此选择使用软化点大于 80℃ 的改性沥青,尽管车辙问题得到有效缓解,但是路面裂缝反而增加。据了解,近些年美国推广使用 SUPERPAVE 设计方法后,州际公路上的车辙病害大为减小,但是原本并不突出的路面裂缝问题逐渐凸显。因此,优化混合料配合比设计方法,完善混合料性能评价体系,寻找改善混合料主要性能和辅助性能的共性技术手段,是混合料平衡设计的技术要点。

事实上,无论沥青混合料还是半刚性基层材料,优化矿料级配设计是一种实现混合料平衡设计、经济合理的共性技术手段。首先,矿料占据混合料的绝大多数,矿料级配对于混合料的各种性能均会产生显著影响;其次,相较于沥青、无机结合料材料而言,矿料自身的温度敏感性差,对环境温度变化具有较好的适应性。试验表明,矿料中的粗集料含量越高,混合料的温度适应性越好。对于沥青混合料而言,这意味着可以同时改善混合料的高、低温性能;对于半刚性基层材料而言,意味着在提高混合料强度的同时,可以减少干缩和温缩裂缝。除此之外,对于表面层沥青混合料,粗集料含量的增加意味着抗滑性能及其耐久性的提升,对于一般沥青混合料则意味着有可能形成骨架密实结构,显著提升混合料的高温性能和力学性能。这种矿料级配就是上文所说的密实型的粗集料断级配。

下文在第 6 章中提出,在实际工程中,应根据原材料情况和工程需求,在现有三阶段配合比设计的基础上,增加理论配合比设计,其目的就是进行矿料级配的优化设计,选择适用于工程使用的最佳矿料级配曲线。以下将简要介绍沥青混合料和半刚性基层材料配合比设计的有关内容。

5.3.2 沥青混合料配合比设计

沥青混合料是由多种不同粒径大小的矿料（包括填料）与沥青混合、压实而成的非均质材料,不同的配合比设计方法的混合料压实方法、设计理念是不同的,由此得到的设计结论也是不同的。例如:20世纪30年代,美国发明的维姆(Hveem)设计方法的设计理念是对于密实的、没有过多尘土的连续矿料级配和足够沥青组成的混合料,当其稳定性没有丧失时,是可以接受的;20世纪40年代发明,至今仍广泛使用的马歇尔(Marshall)设计方法,其设计理念是改善矿料级配,减少矿料间隙率(VMA),并使其降低到最低程度,从而减少混合料中的沥青含量。顾名思义,矿料间隙率是指混合料压实后矿料之间的空隙率,矿料间隙率越小说明混合料中可容纳稳定沥青存在的空间越小,也就是沥青含量越少。再如:20世纪50年代提出的美国工程兵设计方法(GTM)采用两点旋转压实方法成型试件,以混合料的抗剪强度作为设计指标。又如:20世纪60年代法国提出的旋转压实设计方法(PCG),和美国20世纪90年代SUPERPAVE提出的旋转压实设计方法,均采用三点旋转压实成型试件,但旋转角度不同,混合料的设计结论也不同。本节以下将介绍、讨论目前国内常用的几种沥青混合料配合比设计方法。

1) 压实方法及压实功

设计理念和成型压实方法的不同往往造成混合料配合比设计结论有较大差异,以至于适用的矿料级配类型也有所差别。目前,国际上沥青混合料成型方法主要分为两大类:一类是以马歇尔击实为代表的冲击压实法,另一类是以SUPERPAVE的SGC、法国PCG和美国GTM为代表的旋转压实法,同时,根据旋转方式、旋转角度的不同,旋转压实又分为不同的方式。压实方法的不同造成压实过程中混合料中颗粒集料的运动、排列方式不同,从而产生不同的压实效果。试验表明,不同的压实方式对于不同级配形式混合料的压实效果是不同的。有的压实方式适用于连续型级配混合料,有的压实方式同时适用于粗集料断级配的混合料。

需要指出,对于不同的压实方式,由于混合料级配形式的不同,评价指标不同,并不存在绝对的压实等效评价指标。所谓"压实等效"是指,A压实方法施加一定压实功后,沥青混合料的压实效果与B方法施加的压实功等效。对于马歇尔击实试验来说,可以通过锤重、落高和击实次数等指标,量化计算得到混合料压实过程中所承受的压实功,而对于旋转压实方法而言,目前尚没有一个标准的压实功计算方法。因此,在实际工程中,马歇尔击实与旋转压实被当作两种独立的混合料成型方法,分别采用击实次数和旋转压实次数表征各自方法的压实功。事实上,对于同为旋转压实的试验方法,由于旋转角度、方式和外力的不同,各种旋转压实试验方法的压实功也难以等效,这就是说,SGC、PCG和GTM旋转压实也是相互独立的试验方法。

为了比较不同成型方法配合比试验结果,有学者提出采用"压实效果"指标评价。

"压实效果"是指混合料压实后的体积状态。除 GTM 外,目前国际上沥青混合料的设计方法都是体积设计方法,混合料配合比设计是以评价混合料体积状态为基础的,进而评价混合料其他技术性能。描述混合料体积状态的指标可分为两类:一类是表征混合料密实状态的指标,如空隙率等;另一类是表征混合料中矿料紧密程度的指标,如矿料间隙率、粗集料矿料间隙等。这两类体积状态指标是相互独立的。前者描述混合料总体(包括粗集料、细集料、填料、沥青以及添加剂等)的密实情况,后者主要关注混合料中矿料的密实情况;前者可以通过增加沥青含量,使混合料越来越密实,而对于后者,随着沥青的增加,矿料的密实程度并不是单调减小的。因此,从压实效果角度评价不同压实方法的等效性时,需要明确哪一类的体积状态指标。因为当混合料马歇尔击实 N 次后的空隙率与 SGC 压实 M 次后的空隙率相等时,并不意味着两者的矿料间隙率相等。

既然各种压实方法是相互独立的,那么在具体的工程中选择哪种方法更合理、更有利于改善混合料的技术性能?这需要从沥青混合料现场压实状态进行分析。施工过程中,沥青混合料一般有两种压实状态:一是采用振动压路机,施加竖向振动荷载;二是压路机在缓慢行驶过程中(包括胶轮压路机和钢轮压路机),施加揉搓荷载。这分别对应着室内试验过程中马歇尔击实为代表的冲击荷载和以 SGC 旋转压实为代表的揉搓荷载。也就是说,在现场压实过程中,沥青混合料是同时在这两类荷载状态作用下完成压实的,而目前的室内试验只是分别模拟这两类荷载,并不能完全模拟现场压实状态。因此,认为 SGC 类的旋转压实方法更符合现场混合料的压实状态是一种误解。

一般来说,压实越密实、紧密,混合料的技术性能越好。对于我国重载交通的使用环境,为了提高沥青混合料的抗车辙能力,在配合比设计过程中往往希望选择压实能力强的设备进行混合料压实。但这有个前提条件,室内试验的压实状态应与施工现场的压实能力相匹配。提高压实能力或者压实功,一方面取决于试验设备本身,另一方面是增加击实次数或旋转碾压次数。通过大量试验发现,有些压实设备受矿料级配形式的影响较大,仅适用于连续型级配,当使用粗集料断级配时,混合料难以压实,也就难以发挥粗集料断级配混合料的技术优势,而在现场施工过程中,这种粗集料断级配混合料是可以有效压实的。有的试验设备能够得到很大的压实状态,但现场施工却难以实现。对于这两种情况,在配合比设计中,应予以避免。

通过增加击实次数或旋转碾压次数,提高混合料配合比设计过程中压实功是一个常用的措施。例如:马歇尔击实 75 次/面的标准是 20 世纪 60 年代美国通过实际工程的调研发现,沥青混合料铺筑以后,经过长期的汽车轮胎碾压,混合料现场空隙率水平与马歇尔击实 75 次/面时基本相当,由此确定的击实次数标准。然而,当前我国公路上的交通荷载水平远高于美国当年的状态,仍采用 75 次/面的击实标准,显得有些偏低。在一些实际工程中,当采用马歇尔击实 75 次/面进行表面层沥青混合料配合比设计时,为了避免使用期间出现泛油病害,导致抗滑性能的过早衰减,在实际施工过程中往往人为下调 0.2% 左右的油石比。这就是混合料配合比试验中压实功较低导致的。为此,美国 SUPERPAVE

设计方法中提出,根据不同的交通荷载水平,采用不同的旋转碾压次数,这是一个良好的设计建议,值得参考。

最后,关于沥青混合料中合理沥青用量问题。增加压实功,使混合料更加紧密、密实,同时随之而来的是混合料最佳油石比的降低。那么,混合料中沥青含量应该高一些,还是低一些？按照上文介绍的 Hveem 设计原理认为增加足够的沥青含量是有益的,而马歇尔设计方法的初衷是降低油石比。此外,著名的法国沥青混合料设计方法中专门提出了一个"富油系数"指标,规定了混合料中的沥青含量不能低于某一个指标。一般来说,适当降低沥青含量,有利于提高混合料的高温性能、增加力学强度,但对于抗疲劳性能的影响,往往取决于试验方法。因此,沥青混合料的沥青用量的确定受混合料设计理念的影响较大,但最终的合理指标仍应以实际工程需求和工程效果为依据进行判断,例如：当主要以抗车辙为目标,适当降低沥青含量是有利的,当用于抗疲劳,特别是应力吸收层混合料,宜适当增加沥青含量。

当前,有些工程为了增加沥青含量(即增加沥青膜厚度),有意限定矿料间隙率的最小值(以便能填充沥青),是不合理的。而应根据具体的矿料级配特征以及压实方法和压实功水平,合理确定混合料最佳的矿料间隙率水平,并结合混合料密实状态的要求,综合确定混合料的合理沥青用量。

2) 我国现行设计方法及评述

我国现行沥青混合料配合比设计是采用马歇尔击实试验方法成型混合料标准试件,并根据混合料公称最大粒径的大小分为两个试件尺寸,当混合料公称最大粒径不大于 19mm 时,试件直径为 101.6mm,标准高度为 63.5mm,称为标准马歇尔试件；当混合料公称最大粒径大于 19mm 时,试件直径为 150mm,标准高度为 95.3mm,称为大型马歇尔试件。这主要是考虑到混合料中公称最大粒径与试件成型高度的合理比例关系,以便于混合料在击实过程中得到充分压实。标准马歇尔试件的标准击实次数为 75 次/面,大型马歇尔试件的击实次数是根据击实功等效原则,按照标准马歇尔试件承受的击实功换算得到的,为 112 次/面。

马歇尔试验过程中,一般按照 5 个不同油石比(或沥青含量)条件成型马歇尔试件(每个油石比的平行试件一般不少于 3 个),然后分别测定混合料试件的毛体积密度、空隙率、矿料间隙率、饱和度等体积指标,以及稳定度、流值等力学指标,最后综合确定沥青混合料的最佳油石比。

这里有几个技术点需要说明。首先是关于试验中油石比选择的个数,由于该试验最终是通过绘制各个指标(体积和力学指标)随油石比变化的趋势曲线来确定合理的油石比数值或范围,因此,试验曲线的可靠性十分关键。一般来说三点即可绘制一条曲线,当采用 4 个油石比时,考虑到试验误差的影响,4 点绘制的试验曲线的可靠性较低,因此,为了得到较为可靠的试验曲线,应采用不少于 5 个油石比进行马歇尔试验并绘制曲线。

其次,关于稳定度、流值指标参与混合料最佳油石比确定的合理性问题。基于以往工程实践和室内研究表明,对于连续型级配的沥青混合料,这两个指标对于评价沥青混合料的路用性能是有一定价值的,特别是国外有关研究认为马歇尔稳定度与混合料高温抗车辙能力有一定关系。但是,对于粗集料断级配沥青混合料,这个指标则失去意义。例如 SMA 沥青混合料是一种典型的粗集料断级配沥青混合料,具有良好的抗疲劳能力和抗车辙性能,但这种混合料的稳定度一般小于相同原材料的连续型级配混合料,且流值很大;再者,多碎石型沥青混合料(SAC)也具有相同规律。因此,稳定度、流值指标用于所有混合料最佳油石比确定是不合理的。目前,国内有些工程采用规定稳定度指标条件下,确定流值,并进行最佳油石比确定,仅是一种折中的方法。

第三,关于最小矿料间隙率(VMA)指标限定的问题。这显然是违背马歇尔试验方法的初衷的。目前国内工程界并没有明确的案例说明,当混合料 VMA 小于规范最小值要求时,沥青路面产生损坏的现象。恰恰相反,为了提高沥青混合料高温抗车辙能力,采用更大的压实功成型试件(即增加击实次数),尽管混合料的 VMA 已超过规范最小值要求,却表现出良好的路用性能。因此,取消混合料 VMA 最小值限制,根据矿料的实际品质和混合料路用需求,基于具体的配合比试验确定合理的 VMA 数值是必要的。

第四,关于混合料空隙率的合理数值或范围的问题。我国工程中主要是使用密实型沥青混合料,空隙率范围一般为 3%~6%。90 年代中后期,受美国 SUPERPAVE 设计方法 4% 空隙率的影响,近二十年来一般也采用 4% 作为混合料空隙率的设计标准。然而这种方法脱离矿料级配的特性,一味追求空隙率,往往导致油石比的确定产生偏差。因为对于一个矿料级配而言,油石比增加,空隙率减小,油石比减小,空隙率增加,确定一个空隙率水平下的油石比并不困难,但是,这样往往掩盖了级配合理性的问题,忽略了矿料级配的优化设计问题。因此,单纯通过空隙率确定油石比也并不合理。

第五,随着粗集料断级配沥青混合料的广泛应用,评价混合料中粗集料的骨架结构成为混合料设计中的一个普遍关注的指标,特别是 SMA 混合料设计,由此提出了粗集料矿料间隙率指标,即 VCA_{mix}。一般要求粗集料捣实矿料间隙率(VCA_{drc})不小于 VCA_{mix},以表明沥青混合料在压实过程中,粗集料的骨架结构没有被细集料、填料和沥青等撑开,仍具有良好的骨架结构。然而,由于矿料品质和混合料级配的多样性,这个评价方法存在明显的局限,仅可作为一个参考指标,并不能作为设计强制性指标。主要的问题在于粗集料进行捣实 VCA 试验过程中施加的压实功远远小于沥青混合料试件成型过程中的压实功,因此两种试验方法得到的粗集料矿料间隙率并不能直接比较。

第六,作为一种典型的体积设计方法,马歇尔试验过程中的混合料理论密度和毛体积密度测量是两个最基本的试验参数,其余所有体积指标(空隙率、VMA、VCA 和饱和度等)都是基于这两个参数计算得到的。因此,这两个参数测量方法必须要标准化,提高测量的精确性和可靠度。事实上,由于沥青混合料的复杂性和试验手段的局限,目前还无法准确测定沥青混合料的真实的理论密度和毛体积密度,只是选择一种理论上相对合理,且可操作的检测方法。目前,工程上大多采用表干法测定混合料的毛体积密度,这对于连续型密级配混合料是基本可靠的,但对于粗集料断级配密实型混合料,由于试件表面纹理较深,这种方法存在明显的缺陷,应采用塑封法或蜡封法测定。同样,对于理论密度的测定,不论沥青胶结料的黏度大小,都不能采用理论计算的方法,而应采用真空法。因为理论计算过程中,对于沥青与矿料吸附效应的考虑存在明显的不完善,导致最终结果的可靠性降低。

最后,关于压实功问题。上文介绍标准马歇尔击实75次/面,大型马歇尔的等效击实次数为112次/面,这是基于20世纪60年代美国公路交通荷载水平确定的。对于我国当前的重载交通水平,这个压实功明显偏小,有必要适当提高混合料试验过程中的击实次数。但应增加多少,目前国内外相关研究还有待深入。

我国在86版柔性路面设计规范中曾提出,根据不同的交通荷载水平,采用不同的混合料击实次数,但是在随后的规范修订中,这个要求取消了。甚至对SMA、PAC等表面层沥青混合料提出降低击实标准,击实次数为50次/面,究其原因,是担心混合料中粗集料被击碎,改变原有混合料的设计级配。事实上,这种担心是没有必要的。2002年本研究团队曾结合我国南方某省的实体工程,对不同击实次数下粗集料断级配混合料的粗集料破碎率问题进行试验比较,发现在既有的石料压碎值标准下,当击实50次/面,即产生比较明显的破碎现象,当击实次数增加到75次/面、100次/面和150次/面,破碎率虽有增加,但增加幅度比较缓慢,不足以对混合料的矿料级配产生明显的改变。事实上,在现场施工过程中,重钢轮压路机反复振动碾压的压实功往往远远大于马歇尔的击实功,降低室内试验的压实功与实际工程状态不符,不利于混合料性能的改善。而且实践证明,尽管存在破碎现象,但是充分的现场压实对于混合料性能的提升是利大于弊的。因此,不论是SMA、PAC混合料,还是一般的沥青混合料,配合比设计的压实标准应该是一样的,压实标准不应根据混合料类型而改变,而应根据交通荷载水平的差异而优化。

近十多年,基于室内试验验证,在一些工程中提出标准马歇尔击实100次/面的试验标准,并取得良好的工程效果,如广西柳南高速公路罩面工程和北京环道工程等。压实功的提高将对现行的混合料空隙率和矿料间隙率等体积指标产生直接影响。

3)国外几种典型设计方法简述

(1)SUPERPAVE沥青混合料设计方法

SUPERPAVE沥青混合料设计方法作为美国SHRP计划的一个重要成果,于1993年提出。完整的SUPERPAVE沥青混合料设计体系包括沥青胶结料性能评价体系、沥青混合料体积设计体系以及沥青混合料性能预测体系,整个设计体系均建立在满足路用性能的基础上,本节主要讨论沥青混合料体积设计体系中的相关内容。

20世纪90年代中期,美国SUPERPAVE沥青混合料设计方法引入到国内后,对我国沥青混合料设计产生了巨大的冲击,其中一些先进的理念和概念,影响了我国沥青混合料设计方法(马歇尔击实试验)的改进。第一,是按照明确量化的设计空隙率(一般为4%)

进行混合料配合比设计,确定油石比,从而使混合料设计中的"体积"特征更加明显,设计思路更加清晰,混合料相应的技术性能得到一定程度的改善。第二,提出按照不同交通量等级进行混合料的压实试验,从而使混合料配合比设计与今后的使用状态至少在理论上有了更为紧密的联系,弥补了传统混合料设计中的一大缺陷。

此外,SUPERPAVE 还提出了旋转压实的试件成型方法(SGC)。该方法是在总结20世纪五六十年代加拿大、美国得州、美国工程兵以及法国等旋转压实试验方法使用经验的基础上,进一步改进完善的沥青混合料试件成型方法。该方法采用具有一定角度(1.25°)的旋转揉搓方式压实沥青混合料,压头和沥青混合料端面接触压强可调,但一般推荐采用0.6MPa,基本与轮胎荷载作用于路面的压强相当,以旋转压实的次数反映压实功的变化。如上文所述,SGC 的压实功无法直接转化为马歇尔击实试验的压实功,其压实效能不仅与压实次数有关,而且与混合料级配特性有关。在设计时,首先根据路面设计交通量来选择对应的旋转压实次数。

SUPERPAVE 方法作为典型的体积法,以沥青混合料的体积指标作为确定最佳沥青含量的参数。SUPERPAVE 方法认为在给定交通量(压实功)条件下,对于合格的原材料和合理的级配来说,当体积指标 VMA、VFA 以及粉胶比处于规范规定的合格范围内,且空隙率达4%时,相应的沥青混合料使用性能将最优,因此对应于4%空隙率的沥青含量为其最佳沥青含量。具体设计时,根据每种级配的有效合成密度等基本参数,初算不同级配的试算沥青含量进行试拌压实,并计算各自相应体积指标。在此基础上反算对应空隙率为4%时,不同级配沥青混合料的体积指标,再将各项指标与 SUPERPAVE 设计规范的相关要求进行比较。SUPERPAVE 规定的 VMA、VFA 两个指标分别与最大公称粒径和交通量等级相关。随着最大公称粒径的增加,VMA 值减小,随着交通量等级的提高,VFA 值减小,以各指标的相互协调来筛选合格的级配,不合适的原材料以及级配,将难以满足体积指标的要求。接下来只需对选定的级配进一步验证,分别选择前面确定的预估沥青含量以及其±0.5%范围的三个沥青含量,重新成型验证体积指标,选择空隙率、VMA、VFA、粉胶比和压实度作为评价指标,考察对应4%空隙率条件下其余指标是否满足对应的SUPERPAVE 设计规范。如果沥青混合料的空隙率为4%时所对应的 VMA、VFA、粉胶比以及压实度均处在规范规定的合格范围内,则可确定此时对应的沥青含量为沥青混合料的最佳沥青含量。

由此看出,4%空隙率是 SUPERPAVE 设计方法中的核心体积指标。据美国当地工程和研究单位反映,使用这种方法设计沥青混合料后,美国沥青路面的车辙明显减少,但裂缝问题则相对突出,近些年来正在研究减少裂缝的技术对策。这不仅与沥青混合料体积设计体系有关,还与沥青胶结料性能评价体系和沥青混合料性能预测体系有关,在此不做过多评述。但有一点,SUPERPAVE 提出旋转压实次数与交通荷载水平相关的设计理念,对于我国重载交通沥青混合料设计值得借鉴。近些年来,在我国一些重载交通的高速公路沥青路面设计中,按照 SUPERPAVE 最高交通荷载等级的163次旋转压实次数进行混合料设计取得良好效果。特别是北京足尺路面试验环道21种沥青混合料均采用这种设计标准,经受4000万次累计标准轴载的加载试验后,19种不同结构形式沥青路面的车辙水平均未超过相关的技术要求。因此,SUPERPAVE提出的163次旋转压实次数可作为我国重载交通使用环境下,沥青混合料配合比设计的压实标准。

上文讨论马歇尔击实试验方法时,讨论了4%设计空隙率的优点和局限性。从SUPERPAVE设计体系看,4%空隙率也是有一定的约束条件的,如VMA、VFA以及粉胶比等。现在的问题在于:这些条件对空隙率约束是否合理性?以及对于其他类型混合料(如超密实型混合料、半开级配混合料或者开级配混合料),这些约束条件是否仍然适用?从工程实践角度看,用于生产沥青混合料的矿料品质、级配类型、胶结料品种千差万别,SUPERPAVE提出的这些约束条件可能具有一定的合理性,但仅仅是充分条件,并不是必要条件。例如粉胶比指标,在我国实际工程中当使用橡胶沥青,或采用多碎石的SAC矿料级配,以至于多空隙沥青混合料时,常常会超出SUPERPAVE的粉胶比规定范围,但仍取得良好的工程效果。

(2)法国沥青混合料设计方法

法国沥青混合料配合比设计也是采用旋转压实方法(PCG)成型试件,且竖向压力也为0.6MPa,与美国SGC不同的在于旋转角度不同,外角为1°或内角为0.82°,因此,相同碾压次数下,两种旋转压实方法施加于混合料试件上的压实功是不同的。

法国沥青混合料配合比设计比较强调沥青混合料中沥青膜的厚度指标,提出了"富油系数"指标(Richness modulus, K)[见式(5-34)],以保障混合料中矿料表面有足够厚度的沥青膜。并以此为标准,确定各种类型沥青混合料配合比设计时的最低油石比标准。

$$K = \frac{TL_{ext}}{\alpha \sqrt[5]{\Sigma}} \tag{5-34}$$

$$\Sigma = 0.01(0.25G + 2.3S + 12s + 150f) \tag{5-35}$$

式中:TL_{ext}——混合料油石比;

G——矿料级配中大于6.3mm的矿料含量(质量比);

S——矿料级配中6.3mm与0.25mm之间的矿料含量(质量比);

s——矿料级配中0.25mm与0.063mm之间的矿料含量(质量比);

f——矿料级配中0.063mm以下的矿料含量(质量比);

α——修正系数,$\alpha = 2.65/\rho_G$,ρ_G为矿料密度。

法国沥青混合料配合比设计的另一个特点是根据不同混合料类型确定旋转压实次数以及相应的空隙率标准。表5-7为法国沥青混合料技术规范中规定的各种沥青混合料的最小沥青用量、最小K值以及相应的旋转压实次数、空隙率范围等指标的汇总表。由此看出:

①不同沥青混合料的旋转压实次数差异很大,最少的仅40次,最多的达到200次,这

反映出法国沥青混合料设计中独特的压实理念,压实功主要取决于混合料类型和使用条件,与交通荷载水平没有直接关系。

②旋转压实后,混合料空隙率范围的要求是比较宽泛的,有的相差1倍以上,如空隙率从4%到9%都是合格的,同时,法国设计方法中,对于一些混合料提出初期压实时的空隙率标准(即旋转压实10次时的空隙率要求),这也是法国试验方法中的一个特点。

③需要说明的是,这些空隙率是根据压实过程试件高度测量获得的"体空隙率",即通过试件几何体积测量,并计算得到混合料密度,进而计算的空隙率,不同于我国或美国SUPERPAVE通过塑封法、蜡封法或者表干法测定、计算得到的混合料空隙率,两者数值有显著差异,特别对于粗集料断级配沥青混合料。

另外,通过试验发现,当采用目前我国常用的粗集料断级配混合料,按照法国标准规定的旋转压实次数往往难以压实,空隙率不满足要求,这反映出法国设计方法的局限性。经对比试验验证,当增加旋转角后,粗集料断级配就可以压实,由此说明,法国PCG旋转压实与美国SGC旋转压实是有显著差异的,前者的压实功似乎小于后者。

法国不同沥青混合料旋转碾压次数及空隙率标准　　表5-7

混合料类型	最小沥青用量(%)	最小K值	混合料细分	旋转压实次数	空隙率范围(%)	旋转压实10次后空隙率(%)
AC10-BBSG	3	3.4	—	60	5~10	≥11
AC14-BBSG	3	3.2	—	80	4~9	
AC10-BBA C	3	3.6	表面层	60	3~7	>10
			联结层		4~8	>11
AC14-BBA C	3	3.5	表面层	80	3~7	>10
			联结层		4~8	>11
AC10-BBA D	3	3.4	—	40	5~9	>9
AC14-BBA D	3	3.2	—	60		>10
AC10-BBM	—	3.3	AC-BBM A	40	6~11	≥11
AC14-BBM	—	3.2	AC-BBM B		7~12	
			AC-BBM C		8~13	
PA6-BBDr 1	—	3.4	PA-BBDr 1	40	20~25	—
PA6-BBDr 2	—	3.2		200	>15	—
PA10-BBDr 1	—	3.3	PA-BBDr 2	40	25~30	—
PA10-BBDr 2	—	3.1		200	>20	—
BBTM6-A	—	3.5	—	25	12~20	—
BBTM6-B	—		—		21~25	—
BBTM10-A	—	3.4	—		10~18	—
BBTM10-B	—		—		19~25	—
AC-GB1	—	—	—	—	—	—

续上表

混合料类型	最小沥青用量（%）	最小 K 值	混合料细分	旋转压实次数	空隙率范围（%）	旋转压实10次后空隙率（%）
AC-GB2	3	2.5	AC14-GB2	100	<11	>14
			AC20-GB2	120		
AC-GB3	3	2.8	AC14-GB3	100	<10	>14
			AC20-GB3	120		
AC-GB4	3	2.9	AC14-GB4	100	<9	>14
			AC20-GB4	120		
AC-EME1	3	2.5	AC10-EME1	80	<10	—
			AC14-EME1	100	<10	
AC-EME2	3	3.4	AC10-EME2	80	<6	—
			AC14-EME2	100	<6	
AC20-EME2	—	—	AC20-EME2	120	<6	—
AC10-BBME	3	3.5	—	60	5~10	≥11
AC14-BBME	3	3.3	—	80	4~9	

注：BBSG-半粗沥青混合料；BBA-机场道面用沥青混合料；BBM-薄层沥青混合料；BBD_r-排水沥青混合料；BBTM-超薄层沥青混合料；GB-沥青砂砾；EME-中下面层或基层用高模量沥青混合料；BBME-表面层或联结层用高模量沥青混合料。

（3）美国工程兵设计方法（GTM）

GTM 是"美国工程兵旋转压实剪切试验机"的缩写,全称为 Gyratory Testing Machine。它最初是美国工程师兵团为了设计重型轰炸机跑道而研发的沥青混凝土配合比试验设备,于20世纪90年代中期引入我国,用于重载交通沥青路面的沥青混合料设计,以解决沥青路面的车辙问题。

GTM 虽然也是旋转压实,但是与 SGC、PCG 不同,其是两点旋转,而后者是三点旋转。采用 GTM 进行沥青混合料设计时,不以空隙率为设计指标,而是直接用应力、应变指标确定沥青混合料的最佳油石比,因此,GTM 设计并不是一种体积设计方法,而是一种力学设计方法。GTM 通过设定平衡状态、转数、试件高度、试件密度四种方式来控制试验过程。平衡状态是指 GTM 每旋转100转沥青混合料密度变化小于 $0.016g/cm^3$。在平衡状态时混合料应变很小,剪切强度高,则混合料高温性能好,并以此确定混合料的油石比。

GTM 试验方法有四个基本原则,内容如下：

一是确定合适的接触压强：接触压强指轮胎对地面的荷载,不是轮胎的气压。进行沥青混合料设计前调查相关路段的车辆接触压强情况,选择最大且合适的压强作为设计时的垂直压强,以与现场相关。

二是控制稳定值 GSI：GSI 即最终旋转角与中间最小的旋转角的比值,GSI 是对混合料稳定性的量度,同永久变形相关。对于不稳定的混合料,由于沥青混合料的塑性流动,旋转角在压实过程中增大；对于稳定的混合料,旋转角不会有大的增加。GSI 接近1时一般显示为稳定的混合料,设计出的混合料为不会出现车辙的沥青混合料,而该值超过1.1时常表明为不稳定的沥青混合料,塑性出现。

三是控制剪切安全系数 GSF:即沥青混合料剪切强度(S_g)与最大剪应力(τ_{max})的比值,GSF 应大于1。在混合料压实试验过程中,GTM 可以测出混合料的剪切强度,即混合料内部对所加荷载的抵抗力,它是由混合料的特性决定的。

四是沥青混合料密度:GTM 在平衡状态时混合料密度达到平衡状态时,我们可以认为混合料密度不再变化。同时,此密度用以进行施工质量控制。

GTM 试验方法认为只有沥青混合料在设计接触压强下同时达到沥青混合料不出现应变、剪切强度大于剪应力且密度不再变化,这样设计出的沥青混合料才是不会出现车辙的高性能沥青混凝土。

通过十多年的试验研究和工程验证,发现 GTM 试验方法尽管有较为完善的理论体系,但在实际工程中存在两个问题。一是,油石比过低且密度较大,一些工程实践表明,通过 GTM 设计后,沥青混合料的油石比相较于马歇尔击实试验方法明显降低(一般降低0.5%~1%),由此相应的混合料毛体积密度显著增加。当然油石比降低有利于提高沥青混合料的高温性能,但同时也带来现场施工问题。过低的油石比和过高的毛体积密度要求,导致施工现场难以压实的问题,从而造成设计方法与施工相脱节的问题,这样,再好的设计方法也是没有意义的。二是,通过试验发现,GTM 设计方法并不适用于粗集料断级配沥青混合料设计,主要是当采用粗集料断级配 GSI 指标常常是大于1的甚至超过1.1,但混合料的高温性能并不因此而降低。也就是说,采用这种原本有利于高温性能改善的沥青混合料,用 GTM 方法设计难以确定设计临界点,并导致误判。

5.3.3 最紧密状态配合比设计方法

上文介绍了几种国内外典型的沥青混合料配合比设计方法,从中看出,配合比设计的目标是选择好的矿料级配,确定混合料的最佳油石比。当采用体积设计法时,混合料空隙率是确定最佳油石比的主要技术参数(当然也会校验其他技术参数和路用性能)。然而在实际工程中,混合料的空隙率往往是一个范围,如 3%~4%,这个范围的空隙率所对应的油石比往往相差很大,到底选用哪个,其中的人为因素较大。另外,在实际工程中也常遇到同一种矿料级配用于不同矿料品种的沥青混合料,导致几种混合料的空隙率水平存在较大差异,如果都按一种空隙率标准进行设计,那么就会导致有的混合料沥青用量正好,有的偏高,有的偏低。这都反映出,单纯按照空隙率标准进行混合料设计的局限性。

事实上,描述沥青混合料体积状态的指标可分为两大类:一类是密实状态指标,如空隙率指标,该指标反映了混合料的密实程度;另一类是紧密状态指标,它是描述混合料矿料间的紧密程度,如 VMA、VCA 等。这两类指标从两个不同侧面描述的混合料的体积性能,相互独立。由此提出了,基于紧密状态的双体积指标沥青混合料配合比设计方法。与传统的混合料体积设计方法相比,该方法以最紧密状态作为混合料油石比的判定点,同时兼顾混合料密实状态的要求,具有客观性和广泛的适用性。

1)最紧密状态原理

沥青混合料最紧密状态的原理是:对于任何一种矿料级配,在某一固定的压实状态下,随着沥青的掺加,由于沥青的润滑和填充,混合料的框架结构越来越紧密。随着沥青的进一步掺加,混合料中自由沥青的增加,导致混合料的框架结构逐渐被撑开。那么,这时混合料框架结构在被撑开前的状态,称为最紧密状态。在混合料试验过程中,通过对表征混合料紧密状态体积指标的检测、计算,可以全面掌握油石比变化过程中混合料紧密状态的变化情况,从而可以准确判断最紧密状态时混合料的油石比。

由此看出,这种方法确定油石比的特点在于客观性和唯一性。当混合料的压实方法、矿料级配确定以后,混合料最紧密状态是唯一的,不受其他因素干扰。同时,矿料处于最紧密状态也是混合料设计所期望的矿料最佳状态。

通过研究认为,采用混合料的矿料间隙率[见式(5-36)]、粗集料矿料间隙率[见式(5-37)]或者混合料干密度[见式(5-38)]等指标可以客观评价不同油石比条件下混合料紧密状态的变化规律,从而可以确定混合料的最紧密状态,并以此得到相应的最佳油石比。

矿料间隙率:

$$\mathrm{VMA} = 1 - \frac{G_\mathrm{m}}{G_\mathrm{m,s}} \times \frac{100}{100 + \omega_0} \quad (5\text{-}36)$$

粗集料矿料间隙率:

$$\mathrm{VCA_{mix}} = 1 - \frac{G_\mathrm{m}}{G_\mathrm{b,ca}} \times \frac{100}{100 + \omega_0} \times P'_\mathrm{ca} \quad (5\text{-}37)$$

混合料干密度:

$$G_\mathrm{g,m} = G_\mathrm{m} \times \frac{100}{100 + \omega_0} \quad (5\text{-}38)$$

式中:G_m、$G_\mathrm{m,s}$、$G_\mathrm{b,ca}$——分别为混合料的毛体积密度、混合料中全部矿料的毛体积密度、混合料中粗集料的毛体积密度;

ω_0——混合料中油石比;

P'_ca——矿料中粗集料的重量百分率。

根据式(5-36)、式(5-37)和式(5-38)可以看出,对于某一个固定级配的混合料,粗集料毛体积密度 $G_\mathrm{b,ca}$、矿料毛体积密度 $G_\mathrm{m,s}$ 以及矿料中粗集料重量百分率 P'_ca 都是固定常数,因此,VMA、VCA 和混合料干密度这三个参数都是混合料毛体积密度 G_m 和油石比 ω_0 的函数,且唯一。也就是说这三个参数是紧密相关的,从公式可以看出,VMA 和 VCA 是正相关,而与干密度负相关。

另外,大量试验表明,可以采用二次曲线模型有效拟合矿料间隙率、粗集料矿料间隙率和干密度三个参数与油石比之间的变化规律。选择二次曲线模型拟合的主要依据是：①二次曲线具有唯一的极值点，且极值点的工程意义明确；②通过反复的尝试，证明二次曲线拟合的相关系数普遍较高。二次曲线极值点的工程意义为当矿料间隙率和粗集料矿料间隙率最小，或干密度最大时，混合料达到最紧密状态，并以此确定混合料最紧密状态下油石比。从理论上讲，由于这三个参数的数学表达式密切相关，这三个极值对应的油石比应该完全相等，但考虑到具体试验中的误差，一般采用这三个油石比的平均值作为混合料在最紧密状态下的最佳油石比，见式(5-39)。

$$AC_{opt} = \text{average}(AC_G, AC_{VCA}, AC_{VMA}) \tag{5-39}$$

式中：AC_{opt}——混合料最紧密状态下的最佳油石比；

AC_G、AC_{VCA}、AC_{VMA}——分别为混合料干密度最大、粗集料矿料间隙率最小和混合料矿料间隙最小时所对应的油石比。

需要指出的是，为了得到可靠的试验拟合曲线，试验中应至少采用 5 个不同的油石比。以上为最紧密状态配合比设计方法确定油石比的基本原理。由此看出，在油石比的确定过程中完全依赖于具体的试验过程，其间没有人为因素的干扰，以保证试验结果的客观性。同时，对于一种混合料而言，当压实方法确定后，矿料结构结构存在且唯一存在一种最紧密的状态，从而保证试验结果的唯一性。

此外，这种试验方法也表明，混合料的最紧密状态受压实状态的影响，不同的压实方法、不同的压实功，混合料的最紧密状态是不同的。因此，采用这种设计方法时，应明确标明相应的试验方法。

2) 双体积指标控制与两阶段评价

图 5-14 表示了沥青混合料最紧密状态配合比设计的流程。由图看出，最紧密状态设计方法与其他体积设计方法一样，存在两个阶段，第一阶段为混合料体积设计阶段，第二阶段为性能评价阶段。

在第一阶段体积设计时，在基于最紧密状态确定混合料的油石比后，需要进行混合料的密实性检验，即矿料处于最紧密状态时，混合料的空隙率是否满足设计需求。这种混合料紧密状态与密实状态同步检验的方法称为"双体积指标"控制。

具体的方法是将最紧密状态确定的油石比带入试验得到的混合料"空隙率-油石比"试验曲线(或模型)，计算得到相应的空隙率。如空隙率满足设计要求，则进行下一步的性能检验。否则重新设计。

这里的重新设计分为两个方面。首先是重新调整级配，重复以上过程，直至混合料最紧密状态下的密实性满足设计要求。根据最紧密状态的设计原理，当混合料级配较粗时，由于矿料间隙率较大，能够容纳更多的沥青，因此，最紧密状态时混合料的油石比较高；随着混合料中碎石含量逐渐减小，矿料间隙率降低，容纳的沥青也逐渐降低，最紧密状态时混合料的油石比也相应减小；当混合料碎石含量进一步减小，细集料含量显著增加，比表面积显著增大以至于能够吸附更多沥青，最紧密状态时混合料的油石比反而会增加。因此，针对具体的矿料品质，理论上存在一个最佳的矿料级配，此时，混合料最紧密状态下油石比最小。为了获得这个最佳级配和体积状态，往往需要针对 4~5 个不同碎石含量的级配曲线进行平行试验，并进行相互比较。

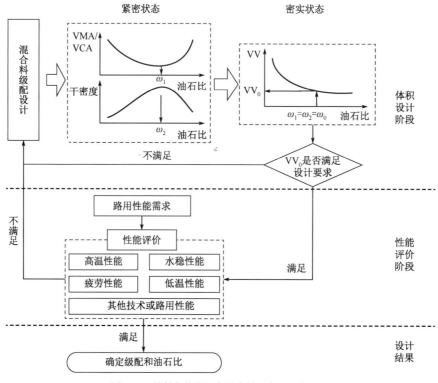

图 5-14　最紧密状态沥青混合料配合比设计流程

其次是压实方法的调整。在这个最佳级配是根据沥青品质、矿料品质和压实方法确定的，当其所对应的密实性不满足设计要求。此时就需要进行压实方法（包括压实功）的调整。试验经验表明，对于粗集料断级配沥青混合料，当采用马歇尔击实方法无法得到满意的结果时，改用 SGC 旋转压实将取得良好效果，特别对于重载交通的使用需求，增加旋转碾压次数是优选的技术对策。需要注意的是，室内试验压实功的增加需要与现场施工的压实能力相匹配。

当混合料的密实状态满足要求后，进行第二阶段的混合料性能评价，如高温性能、水稳定性、低温性能、抗疲劳性能以及相关的力学性能。

基于以上描述，这种设计方法与其他体积设计方法的区别在于从混合料压实后的矿料紧密状态分析入手，进行混合料的体积状态分析，并进行混合料的矿料级配优化。其特点在于沥青混合料两类体积状态（密实状态和紧密状态）的均衡优化设计。

3) 从体积设计到混合料的性能设计

由于在设计阶段、建设阶段和使用期间获取混合料的体积指标相对比较容易，体积指标成为沟通不同阶段混合料性能评价的"桥梁"，因此，体积设计方法至今仍是混合料设计(特别是沥青混合料设计)的主流方法。然而,混合料的体积指标与性能指标是相互独立的,尽管在体积设计过程中,混合料性能验证(或评价)是一个主要的设计内容,但在这个验证过程中也仅是在满足体积性能或体积性能最佳时,验证混合料相关性能是否满足相应的技术要求,但无法判断混合料的性能是否处于最佳状态。

例如,一种沥青混合料根据体积设计方法确定最佳体积状态时的油石比为4.5%,然后按照4.5%的油石比验证混合料的动稳定度是否达到设计要求的4000次/mm的标准,如果达到要求,则设计通过。但这种验证过程无法判断这种混合料在动稳定度最大时相应的油石比。再例如,与上例相同的沥青混合料,除了要求高温性能外,还要求抗疲劳性能,验证4.5%油石比时混合料在100微应变水平下的疲劳寿命是否达到100万次,如果达到,则同样通过设计,但是,同样无法判断100微应变水平下这种混合料疲劳寿命最大时所对应的油石比;同时该试验结果也仅能说明,4.5%油石比的混合料同时满足设计要求的高温性能和疲劳性能指标,但无法判断混合料高温性能和疲劳性能最优时,混合料的油石比是多少。这就是目前体积设计方法存在的局限性。

为了解决这个问题,在现有体积设计方法的基础上,发展基于性能的配合比设计新方法将是今后发展的趋势,其具体的表现为混合料的最佳油石比不再单纯由混合料的体积指标确定,而是由混合料的多种路用性能综合确定。其中,比较典型的案例是多空隙沥青混合料的配合比设计。

上文介绍,多空隙沥青混合料是一种功能型混合料。由于混合料空隙率较大,为了有足够的沥青将矿料胶结在一起,需要尽可能多的沥青用量,但同时为了保障施工和易性,避免过多沥青的流淌,因此,多空隙沥青混合料在根据成型试件空隙率确定油石比的基础上,又专门设定了析漏试验,通过析漏率指标确定混合料的最大油石比。此外,为了避免混合料整体强度不足,抗水损坏能力不强的问题,专门设定了飞散试验和浸水飞散试验,通过磨耗率指标确定混合料的最小油石比。最后,综合以上4个试验结果,加权平均确定混合料的最终油石比。

另外,2011年交通运输部公路科学研究院结合广西某高速公路应力吸收层沥青混合料的工程需要,研发了一种基于性能的配合比设计新法,并应用于200km的实体工程。应力吸收层沥青混合料主要用于水泥路面加铺沥青面层的工程,用于延缓水泥混凝土板的反射裂缝。以往这种混合料主要依赖于高黏、高弹的改性沥青,并没有专门的配合比设计方法。该工程为了节约工程造价,使用普通的改性沥青,同时并不降低这种混合料的工程要求,为此,专门研发了基于性能的应力吸收层沥青混合料设计方法。

根据工程要求,这种混合料需要有较高的沥青含量,以提高其变形适应性,吸收水泥板缝产生的集中应力,延缓反射裂缝,同时也要避免沥青含量过高导致的施工和易性问题,以及高温抗变形能力不足的问题。因此,这种混合料首先选择粗集料断级配的细粒式混合料。细粒式是由混合料的摊铺厚度决定的,公称最大粒径不大于10mm,此外,为了保障混合料在高油石比条件下的高温性能,使用了粗集料较多的间断级配,并选择3条级配曲线进行试验比选。选择混合料体积指标试验、车辙试验、小梁低温弯曲试验以及析漏试验等四个试验,作为确定混合料油石比的性能试验,分别独立确定相应的最佳油石比,最终通过加权平均确定混合料的最终油石比。

通过该方法设计的应力吸收层混合料铺设于12cm厚罩面沥青混凝土的下层,使用7年未产生常见的反射裂缝,取得了良好的工程效果。

总之,基于性能的沥青混合料设计将是沥青混合料设计方法的发展方向。采用这种方法进行混合料设计,首先需要明确混合料的性能需求,然后确定相关性能的试验方法,独立确定性能最佳时的混合料油石比,最后根据性能的权重,加权平均各个油石比得到混合料最终的工程油石比。

5.3.4 半刚性材料的均衡设计

相较于沥青混合料,半刚性材料的使用功能与工程造价相对平衡,具有广泛适用性。铺设在沥青混凝土层之下,半刚性材料的使用环境得以改善,使用功能要求也相对单纯,主要是承受交通荷载的长期作用。为了实现这一目标,具有足够承载能力及其耐久性是半刚性材料的主要技术要求,密实、抗冲刷、抗干缩和温缩裂缝,是优质半刚性材料的基本要求,同时也是半刚性材料均衡设计的技术要点。

与沥青混合料类似,无论是重型击实试验,还是振动压实试验,半刚性材料设计也属于体积法设计。由于半刚性材料难以像沥青混合料那样测定混合料的理论密度和毛体积密度,半刚性材料以混合料的干密度(同沥青混合料干密度)和含水率作为间接体积指标,并以此确定最佳的体积状态。由于在半刚性材料强度的形成过程中,水与无机结合料将产生水化反应,因此,此时确定的体积状态是指半刚性材料初凝之前的体积状态,并不是凝结之后的体积状态。同时,水与无机结合料之间的水化反应是一个相当长的过程,有些半刚性材料使用2~3年后,仍然存在强度增长的现象,因此,半刚性材料凝结后体积指标(如空隙率)的准确测定仍是一个较为困难的事。

尽管半刚性材料在我国公路建设中使用已近八十年,特别是近四十年,半刚性材料已广泛应用于我国高速公路建设,但是,为了进一步提升我国路面工程耐久性,建设长寿命沥青路面,近二十年来,对于半刚性材料设计原理与方法开展了广泛的讨论,主要有半刚性材料设计的试验方法问题、半刚性材料的强度指标问题以及半刚性材料的性能设计问题等。其核心在于为什么使用半刚性材料及其相应的主要技术要求是什么。对此,本节将予以说明。

1)半刚性材料配合比设计的试验方法

半刚性材料分为无机结合料稳定中、粗粒料和无机结合料稳定细粒料两大类。其中无机结合料稳定中、粗粒料[主要指水泥稳定碎(砾)石、二灰稳定碎(砾)石和水泥粉煤灰稳定碎(砾)石等]主要用于修筑沥青路面结构的基层。

不论是无机结合料稳定中、粗粒料，还是无机结合料稳定细粒料，传统的配合比设计试验方法是击实试验方法（一种类似于马歇尔击实的试件成型方法），20世纪80年代初期，为了提高半刚性基层材料的技术性能，适应我国高等级公路建设的需求，沙庆林提出了重型击实试验方法（原有的试验方法称为轻型击实试验），并沿用至今。重型击实的原理是通过增加混合料试件成型过程的压实功，在增大混合料密实程度的同时，降低混合料的含水率，从而不仅提高了混合料的强度水平，而且提高了混合料抗干缩、温缩的性能。其原理类似于美国SUPERPAVE设计方法中SGC旋转压实根据交通荷载水平增加，提高旋转碾压次数。

然而，近些年来工程反映重型击实试验确定的最大干密度偏低，现场压实度常常出现"超百"现象，另外，为了减少沥青路面的反射裂缝，消除半刚性基层材料的干缩、温缩裂缝，不少工程对于水泥稳定碎（砾）石的试验成型方法进行"革新"，提出了振动压实的试验方法。

关于半刚性材料的振动压实试验方法，21世纪初长安大学沙爱民团队曾进行了系统研究，对比了水泥稳定碎（砾）石和二灰稳定碎（砾）石两种材料，在压实功近似等效的前提下，重型击实和振动压实两种成型方法确定的混合料最佳含水率和最大干密度，见表5-8。

不同试验方法的最佳含水率和最大干密度的比较 表5-8

指标 试验方法		最佳含水率（%）			最大干密度（g/cm³）		
		振动压实	重型击实	差值	振动压实	重型击实	差值
悬浮密实 水泥碎石	4%	5.00	5.50	-0.50	2.414	2.41	0.004
	5%	5.20	5.70	-0.50	2.43	2.421	0.009
	6%	5.00	5.50	-0.50	2.435	2.423	0.012
骨架密实 水泥碎石	4%	4.80	5.20	-0.40	2.415	2.41	0.005
	5%	4.80	5.00	-0.20	2.419	2.405	0.014
	6%	5.00	5.00	0.00	2.428	2.395	0.033
骨架空隙 水泥碎石	6%	3.80	4.60	-0.80	2.205	2.216	-0.011
	8%	4.00	4.60	-0.60	2.212	2.221	-0.009
	10%	4.50	4.80	-0.30	2.231	2.225	0.006
悬浮密实 二灰碎石	4:11:85	8.50	7.50	1.00	2.215	2.21	0.005
	9:16:75	10.00	8.50	1.50	1.93	2.15	-0.220
骨架密实 二灰碎石	4:11:85	8.00	7.10	0.90	2.239	2.211	0.028

由表中数据看出，重型击实和振动压实两种成型方法确定的混合料最佳含水率和最大干密度，尽管略有差异，但差异幅度较小。对于水泥稳定碎（砾）石材料，由于混合料中的矿料比例高于二灰材料，最大干密度略有增加，但其幅度也基本在工程误差范围之内。因此，可以得出结论，当压实功近似等效时，重型击实和振动压实对无机结合料稳定中、粗

粒料的压实效果基本上是等效的。

一些工程上反映采用振动压实后,混合料的最大干密度明显增加,含水率明显降低,其实质在于该工程振动压实试验的压实功大于重型击实的压实功。这类似于 80 年代将轻型压实改为重型压实的效果。现在的问题是,能否将既有的重型击实改为振动压实,重型击实的试验方法是否已不适应工程需要。

首先是振动压实的适用条件。根据振动压实的试验原理,这种试验方法主要适用于级配良好的水泥稳定碎(砾)石材料,对于无机结合料含量较高的二灰稳定类材料、水泥石灰稳定类材料,在振动压实过程中容易产生离析,对于无机结合料稳定细粒料材料,其压实效果并不一定比重型击实好(20 世纪 90 年代,交通部公路科学研究所杨世基研究员进行过相关研究)。因此,对于广泛的半刚性材料类型,振动压实具有一定的适用范围。

其次是振动压实试验的标准化问题。与上文沥青混合料旋转压实类似,振动压实试验的主要技术难点在于压实功的标准化,不同的激振频率,不同的振动模式,以至于试验设备不同的重量和固定方式,都将对试验结果产生不同的影响。2009 年为了推广这种试验方法,曾将振动压实列入相关的试验规程,规范了试验设备的要求。然而,十多年过去了,尽管我国一些省(区、市)采用振动压实试验方法进行水泥稳定碎(砾)石的配合比设计,但据调查,各省(区、市)之间,甚至是同一个省(区、市)不同工程采用的振动压实设备的标准都不一样,从而造成试验结果难以标准化评价(在这方面与沥青混合料旋转压实试验有明显差距),从而制约了振动压实试验方法在我国公路建设中更为广泛的使用。

第三是工程可行性问题。由于振动压实设备的成本远高于重型击实设备,一般的工地试验室并不具备相应的试验条件,同时,该试验强度也大于重型击实,因此该试验一般仅在一些专业实验室内进行,施工现场仍采用重型击实试验,这样操作不利于工程质量的过程化管控。再者,有些工程追求振动压实带来的最大干密度增加、最佳含水率降低的技术优势,但在实际施工中却发现混合料难以压实,为了满足压实度的要求,在实际工程中常常"大水"碾压,反而造成混合料碾压轮迹难以收复,形成新的质量隐患。

第四是重型击实试验方法技术要求。以上几个问题的核心在于如何确定振动压实的压实功,一方面使混合料得到充分压实,另一方面施工现场可以有效实施。其实,重型击实试验并没有过时,关键在于试验操作的规范化,以获得可靠的试验结果。经过工程调研发现,目前许多工程的半刚性材料配合比试验比较粗放,大多凭经验确定混合料的水泥剂量(灰剂量)、含水率,击实试验往往流于形式,最大干密度数值偏低。对此,在相关试验规程中,对于击实试验含水率的设定、试验数据统计分析方法、平行试验校验等方面进行了细致规定。工程验证表明,如按照规范化的重型击实试验确定的最大干密度,在我国现有的施工能力下,达到 98% 压实度的标准并不是件容易的事。

总之,基于我国现有的工程情况,半刚性材料的配合比设计仍将以重型击实试验为基础。为了进一步提升半刚性材料的技术品质,在工程可行性的前提下,适当提高半刚性材料配合比试验的压实功或改进压实方式(其中包括振动压实),是值得进一步研究的课题。

2)关于强度指标及其他

7d无侧限抗压强度是半刚性材料配合比设计时经常使用的一个技术指标,而这个指标并不是半刚性材料的设计指标,它仅是施工期间的一个质量控制指标。

按照既有的沥青路面设计体系,半刚性材料的设计指标是强度和模量指标等,这里的强度是指弯拉强度(或劈裂强度)。一般情况下,弯拉受力状态下的疲劳损伤是半刚性材料疲劳破坏的主要模式,抗弯拉强度高低是衡量其抗疲劳能力的主要指标。当然,这里指的是应力控制模式下的疲劳损伤,作为一种脆性材料,半刚性材料的变形适应性较差,强度越高对于应变控制模式下的疲劳是越不利的。正如水泥混凝土与沥青混凝土疲劳性能的比较,如果按应变控制模式下的疲劳试验进行比较,显然沥青混凝土优于水泥混凝土;但实际工程中,具有足够厚度的水混凝土板,作为路面结构的主要承重层,其抗疲劳能力明显优于沥青混凝土,能够有效反映这个客观现实的是基于应力控制模式下的疲劳试验。抗弯拉强度越高,应力控制模式下所承受的疲劳荷载水平越大,因此抗弯拉强度是半刚性材料主要的设计指标。

此外,半刚性材料的回弹模量也是一个重要的设计指标,主要用于结构的力学分析以及相关设计模型中力学指标的确定,如疲劳设计模型中的应力或应变指标(不论是沥青混凝土层疲劳,还是半刚性材料结构层的疲劳)、车辙设计模型中的应变或应力指标等。

由于材料非均质、非线性因素的影响,不同类型半刚性材料(如水泥稳定碎石与石灰粉煤灰稳定碎石)的抗弯拉强度、抗压强度以及回弹模量等力学指标之间并不存在单调、一一对应的关系,即当一种水泥稳定碎石的抗压强度高于一种石灰粉煤灰稳定碎石,但前者的抗弯拉强度并不一定高于后者。但是,对于同一类型半刚性材料(如相同级配形式的水泥稳定碎石),这种单调、一一对应的关系则基本成立。这就是为什么在实际施工过程中,采用7d无侧限抗压强度控制材料施工质量的原因。由于这两个强度存在这样一种关系,且现场施工过程中进行抗压强度试验易于操作,大大减轻试验检测人员的工作强度,且显著缩短试验周期,因此,7d无侧限抗压强度常被作为半刚性材料性能的主要检测指标。

对于半刚性材料来说,养生龄期是材料性能评价的重要条件。我国目前技术规范要求,对于水泥稳定类材料设计指标的强度、模量试验的养生龄期为90d,对于石灰、粉煤灰稳定类材料设计指标的强度、模量试验的养生龄期为180d。国外有些国家对于水泥稳定类材料的养生龄期要求达到360d。这种长龄期的试验要求大大增加了半刚性材料的试验周期,也增加了试验成本,不利于实际工程中配合比设计的完善和现场施工中材料性能的及时评价。由此产生了短龄期(如7d)的抗压强度试验评价方法与指标。

7d是目前国际上通用的用于评价半刚性材料现场施工质量的养生龄期,也基本符合我国目前半刚性材料结构层的施工周期要求。一般来说,水泥稳定碎石(16~20cm厚)一天可摊铺600~700m,7d养生周期内,可摊铺4~5km,这样交替施工、评价基本可以实现施工质量的有效控制。对于石灰、粉煤灰稳定类材料,强度增长较慢,进行7d无侧限抗压强度检测时,数值较低,有些专家建议进行28d的强度检测。这样从试验本身没有什么问题,但是由于养生龄期过长,并不利于现场施工的质量控制。

一般来说,半刚性材料的配合比设计应进行相应的抗弯拉强度、回弹模量等设计指标的测定,然而在实际工程中,设计单位并不进行相关试验(有的是不具备条件),从而将设计阶段的配合比试验工作与施工期间的配合比试验合并。这对于半刚性材料来说,直接的影响是试验周期的大幅度缩短,一些长龄期试验无法进行,主要设计参数无法测定,当前工程中普遍采用7d无侧限抗压强度代替设计指标,并不正常,是设计缺位的表现,对于长寿命沥青路面的设计项目,应予以避免。

3) 基于结构的均衡设计

半刚性材料用于我国公路建设的历史悠久,其优势与不足都是十分明显的。其主要的优势在于:一是,可广泛应用地方性材料,降低工程造价,即工程优势;二是,改善路面结构受力状态,提高结构承载能力,即技术优势。但同时也存在抗冲刷能力不足,容易产生干缩、温缩裂缝等技术劣势。充分发挥这两个优势,减少或消除这些不足对沥青路面耐久性的影响,是半刚性材料设计的主要任务。

一般来说,提高强度是提高承载能力,实现半刚性材料使用需求的必然要求,同时也会产生易于开裂的不利影响。极端的案例是水泥混凝土,水泥混凝土具有较高的强度和承载能力,是一种优良的筑路材料,但也正因为如此,受材料自身性能的影响,每隔5m左右需要设置一条横缝,以防止其随意开裂。对于半刚性材料而言,尽管其强度不如水泥混凝土,但作为同一类的无机结合料稳定材料,产生干缩或温缩裂缝是难以避免的,只是其裂缝产生的概率会明显小于水泥混凝土。

至于抗冲刷能力问题也属于这类材料自身的弱点。新中国成立初期,曾研究使用石灰稳定类材料作为路面面层,但其难以承受雨水冲刷和车辆荷载的长期作用,路面耐久性不足。20世纪90年代末产生的唧浆形式的早期损坏,实际上也反映出半刚性基层材料抗冲刷性不足的弱点。另外,当水泥混凝土桥面板没有进行良好的防水处理时,铺装沥青混凝土后,也常常会产生不同程度的唧浆病害,而且成为当前桥面铺装损坏的主要病害形式之一。由此说明,冲刷问题是无机结合料稳定材料,包括水泥混凝土类材料,共同存在的问题。

总之,强度-抗裂-抗冲刷是半刚性材料均衡设计的主要技术节点。解决这一问题,有的可通过材料自身的优化设计给予完善,有的则依赖于结构设计和工艺革新。

不论是用于基层还是底基层的半刚性材料,前文已多次强调,足够的强度是确保其使用合理性的基本保障,不能因为担心所谓的开裂而损失强度要求,加强半刚性基层的强度是利大于弊的。当然强度高低并不是选择半刚性材料的唯一条件。20世纪80年代,我国道路工程研究人员通过大量的室内外试验研究发现,单从强度角度来说,有些无机结合料稳定细粒料(如水泥稳定石屑)也具有良好的强度水平,并不低于某些无机结合料稳定中、粗粒料,但由于这些材料中细集料含量较高,干缩、温缩性能不理想,容易开裂,因此,无机结合料稳定细粒料常用于底基层,而不是用于基层。

至于这种材料用于底基层后产生开裂是否会反射到基层乃至沥青面层,则大可不必担心。因为,底基层位于路面结构内部,至路表面至少40cm,在这个深度范围内,温度场和湿度场比较均匀,不具备半刚性材料产生严重干缩、温缩的环境条件,一般不会产生这类裂缝。另外,从设计原理和工程调研发现,半刚性材料的底基层往往会先于其他结构层位产生横向裂缝,这主要是路基稳定性不足或整体结构承载能力不足引起的荷载型裂缝。这些裂缝何时能扩展到沥青面层,或导致路面整体结构的破坏,这将取决于基层的强度和品质。一些实践表明,当半刚性基层的强度大于5MPa以上,且具有足够的厚度(36~40cm),底基层的开裂一般不会影响到基层的开裂(至少20年)。

另外,对于高强度的半刚性基层,优化级配设计、严格施工控制、加强养生管理,是减少干缩、温缩裂缝的有效措施。提高半刚性材料强度是在优化矿料级配的基础上,再适当增加无机结合料材料剂量而实现的。在施工期间,半刚性基层刚刚铺设完成,但未铺设沥青面层之前,半刚性基层直接暴露在大气环境下,是最容易产生开裂的阶段。这虽然属于施工环节,但应在相关设计文件中提出规范的养生要求,应作为半刚性材料设计的一部分内容。

此外,为了消除或大大延缓半刚性基层反射裂缝的产生,在半刚性基层顶面增设改性沥青防水黏结层或者设置细粒式沥青混凝土的应力吸收层,是一个有效的结构措施。

总之,以提高半刚性基层承载能力,提高半刚性材料强度为核心,通过完善的材料设计和合理的结构设计和工艺管理,可以充分发挥半刚性材料的工程优势和技术优势,有助于修筑技术可靠、经济合理的半刚性基层长寿命沥青路面。

5.4 小结

本章从路面材料的多样性入手,重点讨论了路面材料的结构使役行为和混合料的均衡化设计问题。路面材料的结构使役行为是指结构对材料服役行为的影响规律,是由材料非均质和非线性特性所决定的,宏观表现为道路服役性能的结构依赖性,是路面材料研究的一个新领域。由于该问题的复杂性,本章仅从矿料级配、服役性能和力学响应等方面进行了初步探讨。同时,基于该问题研究,主要认识如下:

(1)筑路用原材料和混合料具有多样性、非线性、非均质和各向异性等特征,导致路面材料服役行为的复杂性,经验的现象学指标是描述其服役行为的主要技术指标。就地取材是路面工程选材的原则之一,原材料品质影响混合料性能具有一定的工程合理性,但不存在逻辑上的必然性,混合料最终的技术品质是决定是否使用某种原材料的唯一标准。

(2)矿料级配是矿料的结构使役行为的一种表现,优化矿料级配是实现混合料均衡设计的出发点。采用粗集料间断型的矿料级配将有利于综合改善沥青混合料和无机结合料稳定中、粗粒料的路用性能。

(3)在实际工程中,路面材料的结构使役行为的表现是多方面的,深入研究其内在机理将有助于路面材料设计体系与方法的完善。突破传统的依赖室内模型试验条件下的路面材料服役性能的评价体系,建立基于实际工程状态的服役性能评价和指标体系,是路面材料的结构使役行为的具体体现。

(4)构建混合料回弹模量的应力(或应变)依赖模型是路面材料使役行为研究的一个重要领域,建立了路面材料力学性能与实体结构受力状态的有机联系,将结构设计中单一、静态的设计参数转化为动态参数,反映了路面材料的非线性。

(5)研究材料的结构使役行为,实现路面结构-材料一体化设计,是混合料均衡设计的理论基础,其中包括原材料与混合料性能的均衡,材料设计与结构设计的均衡以及材料多元使用性能的均衡等三层含义,均衡设计的目标是充分、合理使用地方性材料,综合提高混合料的技术性能,满足结构层的功能需求。

(6)以混合料最紧密状态评价为基础,建立双体积指标体系的体积设计方法,是实现沥青混合料配合比均衡设计的有效技术途径,同时,随着沥青混合料设计技术的发展,由体积设计向性能设计转型,将是沥青混合料均衡设计的发展方向。

(7)基于半刚性材料的路用性能需求和结构使用环境,以密实性为条件,以强度指标为核心,基于结构的均衡设计方法,是半刚性材料设计的主要方法。

6 耐久性道路建造的关键技术

> **关键词：**
> 结构设计·材料设计·施工工艺·质量控制·"四化"建设

前面几章主要讨论了沥青路面设计理论和方法等方面的问题，本章将从工程角度探讨长寿命沥青路面的建设问题。

客观来说，由于沥青路面技术自身的复杂性，长寿命沥青路面设计理论和方法的研发还将不断深入、完善。当前面临的问题是，在既有沥青路面技术水平和认识下，能否修建使用寿命更长、服役性能更具耐久性的长寿命沥青路面。事实上，建造技术本身也是沥青路面技术体系的一部分，建造技术是实现长寿命沥青路面目标的关键环节。20世纪80年代末，S. F. Brown 就曾指出，沥青路面的技术体系不仅包括力学模型的分析计算，同时也包括施工工艺。2004年，Monismith 提出，在现有的路面技术水平下，通过施工工艺革新是可以实现长寿命路面的目标。同期，欧洲专家在总结长寿命路面技术时也指出，加强人员素质培训和施工技术革新是实现长寿命沥青路面目标的必要条件。我国20世纪90年代中期建成通车的一些高速公路，在当初机理研究、设计方法还不完善的条件下，有的至今已使用近30年；另一方面，在20世纪90年代后期至21世纪初修建的一些高速公路却出现了比较严重的早期损坏现象，这正反两个方面案例充分证明了施工工艺、质量控制对沥青路面使用品质和耐久性的重要影响，有时起到决定性作用。可以这样说，由于既有理论水平和技术认知的局限，虽然能否达到长寿命路面的目标还不确定；但有一点可以确定，如果施工质量得不到改善，即使再好的设计方法也不可能实现长寿命。

当前，沥青路面技术体系中存在的主要问题是设计与施工相脱节。设计期间对实际工程情况考虑不充分，设计指标不落地；而在施工期间，技术指标把控不严，其中有技术体系的问题（如设计指标与施工控制指标不对应），也有操作层面的问题。上文材料设计中讨论，本应在设计阶段完成的材料设计工作，转移到施工阶段，导致设计文件中的相关技术要求只能照抄技术规范或标准，但这些技术指标是否满足实际工程情况，则并不清楚。在实际工程中，要么产生较多的设计变更，要么"硬着头皮上"，造成不必要的工程损耗。

本章将在系统总结已有的工程经验和教训的基础上，以设计-施工一体化为宗旨，围绕结构组合设计、材料组成设计、施工工艺技术以及质量控制技术等四个方面，提出功能化、均衡化、均一化和过程化的长寿命沥青路面"四化"建造技术体系。在前两章中已讨论了结构组合设计和材料组成设计的有关问题，本章重点在于实际工程中的优化和落地。

另外,将结构和材料设计与施工工艺、质量控制并列,其目的是尽可能消除设计与施工之间的鸿沟,将其一脉贯通,形成有机整体,推进设计—施工一体化进程。

6.1 结构设计与材料设计

前面章节提出长寿命沥青路面的结构设计的功能化和材料设计的均衡化。在实际工程设计中,存在一个有趣的问题,是先设计结构,还是先设计材料?由于路面工程是以满足一定社会需求而建造的,道路结构是最终的使用对象,而不是某一种路面材料,因此,路面设计时首先是结构设计,确定结构的基本形式,如半刚性基层结构、柔性基层结构或者倒装式结构等;当然,具体的结构性能需要通过各种材料品质予以实现,在结构设计的基础上进行相应的材料设计,同时,路面材料具有结构使役行为特征,完善的材料设计需要依据具体结构的行为特征而设计。这就是路面工程设计的基本逻辑,同时也反映出结构—材料一体化设计的基本原理,无论是结构功能化设计,还是材料均衡化设计都应遵循这一原理。

此外,在实际工程中,结构设计功能化主要体现在两方面:一是根据使用需求,确定结构的总体功能,选择结构类型,明确各个结构层的功能定位以及相应的材料技术要求,选择合理的材料类型和结构层厚度;二是强化功能层设计,完善各个结构层之间的功能互补与协调。材料设计均衡化则是以充分利用地方性材料为原则,以完善、优化的配合比设计为手段,以实现原材料与混合料性能均衡、材料与结构性能均衡以及多元使用性能均衡为目标,确定合理的工艺参数和技术指标。

6.1.1 结构设计功能化的工程实现

本节所论述的内容将主要结合实际工程中施工图设计和施工图优化设计中的相关内容,针对沥青混凝土层厚度、半刚性材料层的厚度和强度、层间结合处理对策以及路基处治和强度标准等问题进行讨论。

1) 关于沥青混凝土层厚度

在实际工程中,常常会因为沥青混凝土层厚度是 18cm 还是 20cm 甚至更厚而进行讨论。首先,第 5 章论述中已表明,从长寿命沥青路面结构层功能和设计目标角度看,18cm 及其以上厚度的沥青混凝土层已不宜当作沥青面层看待,而是相当于沥青面层与沥青混凝土上基层的组合结构。其次,铺设一定厚度的沥青混凝土结构层的工程目标主要是针对半刚性基层结构,以减少沥青面层表面的"反射裂缝",事实上,对于 18cm 及其以上沥青混凝土层厚度的半刚性基层路面中,路表面的横向裂缝有多少属于"反射裂缝"是值得探讨的问题,对此,在第 3 章路面裂缝中已予以说明。基于当前路面横向裂缝的表现和产生原理,通过增加沥青混凝土层厚度来减少反射裂缝是一种"被动"的、不经济的技术措施。第三,从结构受力状态角度分析,增加沥青混凝土层厚度对于改善沥青混凝土层与半刚性基层之间层间结合状态是有利,可以改善沥青混凝土层,特别是表面层的受力状态,减小横向疲劳裂缝的产生;但与此同时,对于减少沥青路面的车辙是不利的。为了减少车辙,则需要增加成本,使用品质更好的沥青(如 SBS 改性沥青),这涉及到材料设计问题以及技术经济比较问题。第四,结合具体的施工工艺和质量控制,18cm 与 20cm 沥青混凝土层厚度的工程品质往往没有本质上差别,施工质量控制严格的 18cm 沥青混凝土结构的工程质量往往优于质量控制松懈的 20cm 沥青混凝土结构。从成本分析看,按照目前的材料单价,增加 2cm 沥青混凝土相当于每平方米造价增加 15~20 元,那么,对于 18cm 沥青混凝土结构,在既有工程质量控制水平上,每平方米再增加 5 元的质量控制费用,不仅工程质量将远优于 20cm 沥青混凝土层结构,而且工程成本大幅度降低。

总之,在实际工程中不必过度纠结于是 18cm 沥青混凝土层厚,还是 20cm 厚,甚至更厚,哪一个更好,而是首先应明确所适用的结构类型,再在此基础上明确沥青面层的功能需求和适用厚度组合(见第 5 章),此外,需要完善上、下面层之间,沥青混凝土层与下承层之间的层间结合状态的设计,并强化施工质量控制措施。

2) 半刚性材料结构层厚度与强度

当采用半刚性基层结构或以半刚性材料作为路面结构的主要承重层,半刚性材料层的厚度及其强度水平是构成半刚性材料结构层刚度的两个方面。尽管强度本属于材料设计的内容,但强度的高低对于整体结构的刚度起重要作用,因此,将强度也归结于结构设计的内容。

上文第 5 章中对半刚性基层材料的强度问题进行了详细讨论,指出从结构功能性角度出发,尽管半刚性基层结构容易产生横向裂缝,但提高半刚性基层材料的强度对于结构整体安全性是利大于弊。同时,可以通过其他技术手段有效控制半刚性基层沥青路面的横向裂缝产生,以保障行车舒适性和安全性。再者,针对半刚性材料抗压性好、变形适应性差的特点,利用承力体系结构的力学特征,铺设多层(宜为 4 层)半刚性材料层,以减少半刚性材料层与路基模量差大导致的疲劳开裂,从而保障整体结构安全性的耐久。因此,单纯增加半刚性材料强度,或者单纯增加结构层厚度,都不利于半刚性沥青路面结构的耐久,而是将两者有机结合。

同时,半刚性基层,特别是上层半刚性基层强度的提高,不仅有利于结构安全性的改善,而且有利于改善沥青面层与半刚性基层的层间结合状态,实现界面状态的有效嵌挤和"硬联结"。

关于半刚性材料强度水平的确定,是从几十年来不同气候环境、不同荷载等级公路建设经验与教训中不断摸索、总结得到的。水泥稳定碎(砾)石是一种水泥稳定类材料,也是我国高等级公路使用最为广泛的半刚性材料,常常用于道路结构的基层。现有的路面结构设计中,有的习惯于规定水泥剂量以确定水泥稳定类材料的品质要求,这是不合适的。不同的水泥品质和类型,不同的矿料品种和级配,采用单一的水泥剂量难以规范水泥稳定类材料的品质。

3)层间结合处理对策

对于半刚性基层沥青路面结构,特别沥青面层较薄的结构(沥青混凝土层厚度小于18cm),沥青混凝土层与半刚性基层(有时是刚性基层)之间的层间结合状态,对于整个路面结构服役性能的耐久性起到关键性作用。对此,在上文第5章中进行了详细论述。在实体工程中如何设置有效的功能层以满足使用需求则是结构功能化设计的关键问题之一。

自从20世纪80年代末河北京石高速公路正定试验路首次设置改性沥青防水黏结层,通过10年跟踪观测,并取得良好的使用效果以来,改性沥青防水黏结层对于改善层间结合、延缓反射裂缝、减轻路面病害、提升使用品质耐久性的作用,已被国内工程界所了解。20世纪90年代末、21世纪初,广珠东线高速公路逸仙大道改建工程、河北京沪高速公路沧州试验路、陕西铜黄高速公路试验段、广深高速公路罩面工程和105国道中山段改建工程等一系列实体工程和试验路的实施,再次证明该功能层在大规模公路建设中的有效作用。目前,国内高速公路建设和养护工程以及水泥混凝土桥面铺装工程已普遍设置该功能层,以改善沥青混凝土层与半刚性基层或刚性基层的层间结合状态。但在具体的工程设计中,该功能层有几个技术问题需要进一步明确:一是沥青洒铺量和碎石撒布规格,二是基层状态要求,三是施工设备要求。

关于第一个问题取决于该功能层的设置目的。顾名思义,防水黏结层的主要工程目标是黏结和防水。为了实现这个目标,足够的沥青洒铺量是必要条件,一般来说应不少于$2kg/m^2$,即相当于形成不少于2mm厚的沥青膜,并应洒铺黏度较大、韧性较好的沥青,而且随着黏度的增大,沥青洒铺量可适当提高,已达到更好的工程效果。有些设计人员担心沥青洒铺量过多导致沥青混合料泛油,设计的沥青洒铺量仅有$1.3 \sim 1.6 kg/m^2$。然而,过少的沥青洒铺量难以起到有效的防水、黏结作用,加之上面洒铺的碎石,反而起到层间滑动的效果;另外,工程实践表明,只有当沥青洒铺量达到$4 \sim 5 kg/m^2$时,摊铺沥青混合料才有可能出现泛油现象。因此保障足够的沥青洒铺量是该功能层设计的基本要求。

再者,碎石撒布规格也是宜粗不宜细。撒布碎石的目的是隔断施工设备的轮胎、履带与洒铺沥青的接触,保障良好的施工平台。针对沥青洒铺量,当撒布粒径过小的碎石(如小于13.2mm)需要几近满铺的状态,否则难以实现撒布碎石的工程目标,但如此一来造成沥青混凝土层与下承层之间存在一层碎石隔离层,导致层间滑动。由此,增加撒布碎石粒径是该功能层设计的另一个基本要求,一般宜为$19 \sim 26.5mm$。

关于基层状态问题这既是一个工艺操作、质量控制问题,也是一个设计问题。对于刚性基层,应明确铣刨(而非精铣刨)要求,并计入相应的工程量和费用。对于半刚性基层,首先需明确基层强度的足够要求,否则难以对基层表面进行彻底清扫,其次明确基层表面的清扫工艺和流程,并计入相应的工程量和费用。无论半刚性基层,还是刚性基层,在施工防水黏结层之前应达到表面粗糙、稳固、无浮尘且干燥的状态。

另外,在设计中应明确该功能层采用分离式施工设备,即沥青洒布设备与碎石撒布设备分离,以提高施工效率和有效控制施工质量。目前许多工程采用所谓的同步碎石设备施工该功能层,并在设计文件中称之为"同步碎石层",这是对该功能层错误的认识,施工效果达不到该功能设置的目的。关于同步碎石设备施工中存在的质量问题将在下文予以说明。

在长寿命沥青路面结构设计时,为了加强结构防水和层间结合,设置双层改性沥青防水黏结层是必要的,即在上、下沥青面层之间,沥青混凝土层与半刚性基层或刚性基层之间同时设置这个功能层。或者,在上下沥青面层之间设置防水黏结层的同时,在沥青面层与半刚性基层或刚性基层之间设置沥青混凝土应力吸收层。

4) 路基处治和承载能力标准

大多数工程情况下,合理的路基处治对于保障整体路面结构的安全性和耐久性是至关重要的。在上文"路基失稳"病害分析和"沥青路面下部结构"章节中,对于路基处治问题进行了讨论,在此不再赘述。这里主要强调路基处治设计方案的工程可实现性、承载能力标准,以及与基层结构的匹配性。

为了保障路基稳定性,采用石灰处置上路床、水泥处治上路床以及设置碎(砾)石垫层是常用的技术对策。但结合路基土品质、地方性材料、气候环境和工程需要,在实际工程中,这些措施有不同的选择。当采用石灰、水泥处治上路床时,往往是软土路基路段,土质偏黏性、粉性,采用石灰处治优于水泥,特别考虑到路拌施工的特点,从布料、拌和到碾压成型的施工时间较长,水泥处治受初凝时间约束,一般不宜采用水泥处治方法。有些地区受环境因素的影响,石灰较少,必须采用水泥处治时,宜充分考虑初凝时间的影响,严格控制每段施工路段的长度,及时碾压成型;必要时可改变施工工艺,采用拌和厂拌和、平地机摊铺的施工工艺进行施工。当在雨季施工时,不宜采用水泥处治的结构方案,可考虑增设1层半刚性材料底基层,替代水泥或石灰处治上路床,作为加强路基的方案。

此外,在北方季冻地区,设置一定厚度的级配碎石垫层,隔断毛细水上升,防止路基冻胀翻浆是一个有效措施。在南方多雨地区,受施工条件限制,一般也采用天然级配或合成级配的碎(砾)石做垫层替代灰土处理,以补强路基。

基于设计目标和材料特性,采用水泥或石灰处治上路床,以及增设碎石(天然级配或合成级配)垫层,需要以改善后的强度水平(一般以弯沉指标表示)表征路基改善后的效果,这个强度不仅仅指路基交验时的强度,而是指施工底基层时的强度。这是因为,路基交验时往往按照设计指标进行验收,路基弯沉满足设计要求,但交验之后至铺设底基层期间,常常会因为降雨导致路基强度大幅度衰减,且在南方多雨地区这种现象会持续发生,路基交验时的弯沉水平已不能反映铺设底基层时的路基状态(有的可相差1倍以上),而铺设底基层时的路基状态恰恰是实际工程的真实路基状态。由此说明,不论怎样的路基处治措施,都需要考虑实际工程的可行性和可靠性,这样才能发挥路基处治的效果。

除施工期间降雨(特别是雨季施工)对改善后路基强度评价产生影响外,还需要考虑施工工艺和材料性能对路基强度评价的影响。水泥、石灰处治上路床时,一般采用路拌施工,处治厚度达到 60~80cm(有的达到 1m 左右),有些工程水泥处治时的水泥剂量甚至达到 6%,而处治后的路基顶面的"真实"弯沉仍在 120~180(0.01mm)左右,除土质因素外,这反映出路拌施工工艺的工程效果不理想。由此,宜采用拌和厂拌和、平地机或摊铺机摊铺的施工方式,保障处治土的充分拌和工程效果。根据工程经验,这样施工可减少处治土深度 1/3~1/2,且路基顶面弯沉控制在 100(0.01mm)左右。

对于碎石垫层结构,由于碎石层的非整体性,与水泥、石灰处治方式相比,对路基弯沉指标的改善不明显。碎石垫层是一种功能层,当地下水位发生变化时,与其他结构层组合(如半刚性材料底基层),才能发挥其功能效果。因此,碎石垫层施工时主要是控制压实度,待铺设半刚性材料底基层时,在通过弯沉指标进行总体承载能力评价,此时的弯沉水平应在 60~80(0.01mm)左右。需要说明,半刚性材料底基层具有密实防水效果,有利于保证碎石垫层的工程质量。

另外,在水泥、石灰处治上路床上,在增设碎石垫层也是一种强化路基的综合方案,在理论上优于单纯处治上路床或单独设置碎石垫层,在工程中需要考虑可行性和经济成本的优化。再者,从实际工程经验看,增设 1 层优质的半刚性材料底基层,也是一种间接补强路基的技术方案。这里的"增设"是指在原有路面结构基层设计方案的基础上,再增加 1 层底基层,采用拌和楼拌和、摊铺机摊铺。由于施工质量的提升,该底基层顶面弯沉值可达到 60~80(0.01mm)(路基未做处治)。相较而言,这种方案的工程可行性和经济性最佳。

以上主要讨论了水泥、石灰处治上路床、碎石垫层和增设半刚性材料底基层等 4 种路基补强方案,在实际工程中需要结合地方条件的适用性、工程实施的可行性以及经济性等因素合理选择,最终通过路基顶面或底基层顶面的弯沉值评价工程效果。

6.1.2 材料设计均衡化的工程实现

在实际工程中,材料设计一般分为两个阶段,一个是设计文件编制阶段,一个是施工期间的配合比设计阶段。在设计文件编制期间,设计人员根据有关的规范、标准和技术文件,以及以往的工程经验,制定相关的材料技术标准,如原材料的技术标准、混合料级配范围和技术性能指标等。在施工期间,工程人员按照设计文件要求,进行原材料选材和三阶段的混合料配合比设计,确定相关的工程参数。三阶段配合比设计主要指目标配合比设计、生产配合比设计以及混合料试拌和试验路试铺。由于设计文件编制期间与施工期间的设计条件不同,这两阶段设计往往会出现一些偏差,解决这个问题,是完善路面材料设计的基本要求。本节将主要针对混合料理论配合比设计、目标级配曲线确定、生产配合比要点以及试验路铺设等几方面讨论。

1) 混合料的理论配合比设计

对于沥青混合料、无机结合料稳定中、粗粒料、级配碎(砾)石等有级配要求的混合料,在设计文件中,参照标准规范提出了相应混合料的工程级配范围,但并没有给出级配曲线,然而,在工程实施中,各档矿料掺配的依据是级配曲线,而不是级配范围,为此,施工期间首先需要施工单位根据工程使用的原材料情况,通过配合比设计,确定合理的级配曲线。这就是理论配合比设计的由来。

理论配合比设计的主要任务有:①确定工程可使用的原材料,特别是矿料类型,充分使用地方性材料;②对比设计文件要求,校验混合料的技术性能;③修正完善混合料配合比试验的试件成型方法和标准;④在以上基础上,最终确定混合料的理论级配曲线。

需要指出,既有规范提出的级配范围是面向我国不同地域、不同品质矿料而提出的,是不同工程情况可能使用的级配曲线的集合,具有较大的包容性,而不是针对某一工程使用的级配范围,规范级配范围的中值曲线更不是实际工程的最佳级配曲线。在实际工程中,需要根据地方性材料特点,在规范推荐的级配范围内,选择一个合理的级配曲线,即矿料级配优化。在充分试验的基础上亦可突破推荐的级配范围。具体的操作方法是:按照上文提出的"双曲线间断级配"构成方法,初步设定 3 条或 4 条级配曲线,然后针对工程可能使用的矿料进行反复试验,经过比较分析,确定合理的级配曲线和可用于工程的矿料。

在实际工程中,常常会遇到运距不同、品质不同、造价不同的矿料,理论配合比设计的主要任务之一就是根据混合料性能,判断那些运距较近、造价较低但某些品质不满足要求(如压碎值较大、吸水率较高或针片状较大的矿料)的矿料是否能用于实际工程,以实现充分利用地方性材料,节约工程造价的目标。工程经验表明,通过优化矿料级配,可以实现地方性材料的充分利用。

在以上矿料和级配选择过程中,混合料性能评价是主要的技术依据。性能评价分为两个阶段,首先是根据设计文件中规定的技术标准(如沥青混合料的高温性能、水温性能,半刚性材料的 7d 强度等)进行不同级配、不同品质矿料的技术、经济综合比较。然后,针对选择的最佳结论,进行混合料中、长试验周期的性能试验,如疲劳试验、模量试验、弯拉强度试验等。这既是对原设计方案的校验,也是实际工程数据的宝贵积累。

在以上配合比试验过程中,校验、优化混合料试件的成型方法也是个主要任务。为了充分发挥混合料技术性能,配合比试验过程中试件成型方法的选择是关键因素,如采用马歇尔击实还是旋转压实,对于重载交通使用条件,击实次数多少或旋转压实次数。这些都是需要在此阶段配合比试验过程中确定的。选择成型方法需要考虑两个条件,一是工地试验室的试验能力,二是施工现场的压实能力。

由于这阶段配合比试验一般是依托专业实验室,试验能力较强,因此,需要考虑工地试验室的试验条件,如果专业实验室采用旋转压实成型方法,而工地试验室仅有马歇尔击实试验能力,那么专业实验室进行的理论配合比试验结果失去了对现场施工的指导能力。

再者,理论上试件成型的压实能力越强,混合料性能越好,但是这需要现场压实能力的配合,如 GTM 成型和振动压实,室内试验的压实效果好,混合料性能优越,但施工现场难以压实,则就失去了理论配合比设计的意义。

基于以上反复的比较试验,最终选择适用于实际工程使用的矿料级配曲线(称为理论级配曲线)和技术可靠、经济合理的矿料类型,同时全面验证混合料设计的技术性能和设计参数。

2) 目标级配曲线及其范围的确定

目标配合比设计阶段的主要任务是:①在理论配合比设计的基础上,以理论级配曲线为依据,确定生产过程中各档矿料的比例(对于沥青混合料,就是矿料的冷料仓比例),构造目标级配曲线;②初步确定混合料的最佳油石比或灰剂量(如水泥剂量)、含水率;③确定相应级配曲线的上下限范围,作为混合料生产过程中的级配控制范围。

与理论配合比设计不同,目标配合比设计的主要对象是不同规格的矿料,需要在工地试验室完成。在理论配合比阶段,需要将各档矿料逐一筛分成不同粒径大小的矿料,以保障理论级配设计时的准确性和可靠性。进行目标配合比时,将面对各档矿料的天然级配,并按照各档矿料天然级配的平均水平,以理论级配曲线为基准进行掺配。这其中存在两个问题。

首先是矿料分档问题。如果矿料分档较粗,或分档界限不合理,掺配后的矿料级配与理论级配曲线往往会产生较大的差异,为此提出粗集料单一粒径备料和两种细集料备料的要求。所谓的单一粒径备料是指粗集料按照级配粒径分级逐一备料,如 AC25 型混合料粗集料的粒径分级分别为 4.75mm、9.5mm、13.2mm、19mm 和 26.5mm,则粗集料单一粒径分级范围为 4.75~9.5mm、9.5~13.2mm、13.2~19mm 和 19~26.5mm,共 4 档。这样分级不仅有利于混合料的级配掺配,而且在混合料生产过程中可以有效消除热料仓等料、溢料的问题,有利于保障混合料级配的稳定性,提高生产效率,节约生产成本。当然,有些工程认为这样分档备料比较麻烦,增加成本,但工程经验表明:规格大于品质。为了充分利用地方性材料,某些地方性材料品质不理想,可以通过混合料配合比优化设计得以完善,尽量使用。但充分利用地方材料并不是随意使用,对地方性材料规范化管理是必要的,单一粒径备料就是规范化管理的具体体现之一。

其次是各档矿料天然级配的平均水平。这是要求在目标配合比设计过程中,对各档原材料进行大量的筛分试验,获得各档矿料级配分布的统计规律。即使是单一粒径的矿料,由于超粒径矿料的存在,也存在级配分布的统计规律问题。这也就说明为什么该阶段配合比试验需要在工地试验室完成的原因,只有工地试验室才有可能完成大规模的筛分试验,只有通过大规模筛分试验,才能可靠掌握各档矿料级配的特征,才能在混合料生产过程中有效控制级配的稳定性。

根据各档矿料天然级配的平均水平掺配尽可能接近理论级配曲线的目标级配曲线,并获得各档矿料的掺配比例。同时,以 2 倍标准差为标准,确定各档矿料天然级配波动的上下限,再结合前面基于天然级配平均水平确定的掺配比例,得出目标级配曲线的上下波动范围,即所谓的混合料生产过程中的级配控制范围。从以上推导可看出,该级配控制范围具有较大的工程冗余度,在实际生产过程中,如果混合料级配超过这个范围,则可说明原材料的矿料级配出现异常,或者生产设备出现问题,需要及时停工整改,查找原因。

此外,以目标级配曲线为基准,以上下限级配曲线为参考,按照理论配合比设计确定的混合料成型方法,进行混合料体积指标和路用性能指标的符合性校验,初步确定混合料的最佳油石比或灰剂量(如水泥剂量)、含水率等工程指标。由于级配的不同,这三种混合料的性能差异是必然的。由此产生两种情况,一是这种差异能够被设计和工程单位所接受,则进行下一步试验,既有的试验结果作为工程实施过程中质量控制的参考范围;二是这种差异过大不能被接受,则需要调整原材料和配合比设计方法,首先是更加严格控制各档矿料的天然级配范围,减少天然级配的变异性。

3)生产配合比的主要任务

生产配合比是混合料从试验室设计过渡到工业化生产的第一阶段,主要的工作重心在拌和楼(所谓的后场)。生产配合比设计的主要任务概括起来就是:进行三次标定和确定混合料稳定拌和工艺及参数,最终目标是确定混合料生产时的油石比、灰剂量,对于沥青混合料,还需要确定各个热料仓比例。

第一次标定是混合料拌和设备的计量标定。对于沥青混合料拌和楼,包括各个料仓的称重传感器、温度传感器、控制沥青、外掺剂添加剂量的传感器等的标定;对于稳定土拌和楼,包括各个料仓的称重传感器、控制水和无机结合料添加剂量的传感器等的标定。

第二次标定是通过室内试验,确定沥青、无机结合料的标定曲线,对于沥青混合料还需要确定矿料级配的标定参数。这是标定混合料拌和时相关参数的基础。

第三次标定是确定混合料生产时,沥青、无机结合料等添加剂量的误差。如沥青混合料目标配合比确定的油石比为4.8%,经过第一次标定后,拌和楼按此油石比设定沥青的添加量,生产出混合料;然后进行室内燃烧试验或抽提试验,测定相应的油石比,在经过第二次标定的标定曲线修正,得到混合料的实际油石比;该油石比与设定4.8%油石比的差值,就是拌和楼沥青添加量的误差。一般设定三个不同的油石比,将每个油石比的误差平均,作为该拌和楼沥青添加量的系统误差,在混合料正式生产时予以修正。例如,经过上例试验操作,确定的拌和楼沥青添加量与设定的油石比相比,减小0.2%,则混合料正式生产时,油石比设定需从4.8%调整为5.0%。半刚性材料的无机结合料的剂量标定,也参照此方法。

此外,在标定、确定沥青、无机结合料生产剂量的同时,需要进行混合料矿料级配的检验,目的是验证混合料生产时各个料仓供料的稳定性。

一般情况下,在进行第三次标定前,需要确定混合料稳定拌和工艺。对于间歇式拌和楼是确定热料仓的比例。按照目标配合比确定的冷料仓比例上料后,经过热料仓筛分,得到各个热料仓的矿料级配,进而针对目标级配曲线进行掺配,可以初步得到各个热料仓的比例。这个热料仓比例需要进行拌和楼热料仓均衡系数的修订。

由于冷料仓矿料级配、比例,以及热料仓的筛孔、筛网倾角等因素的影响,当矿料按照冷料仓比例上料时,自然分档落在各个热料仓中,此时各个热料仓的比例就是热料仓的均衡系数。当初步得到的热料仓比例与均衡系数相差较大时,在混合料正式生产时会出现等料、溢料的现象,造成生产效率下降和生产成本的增加,为此,在混合料性能容许的前提下,需要根据均衡系数对初定的热料仓比例进行优化,其间需要进行相应的混合料性能验证,最终确定热料仓比例。

实践表明,当原材料采用单一粒径备料,同时热料仓的筛孔采用相应尺寸划分热料仓时,热料仓的均衡系数基本与生产配合比的热料仓比例相当。这也反映出单一粒径备料的优势。

对于连续式拌和楼,主要针对稳定土拌和楼,虽然不需要确定热料仓比例,但由于拌和时间短,需要改进混合料的拌和方式。比较经济实用的方式是将两个拌缸串联在一起拌和,延长拌和时间,改善混合料拌和的均匀性。

4) 试拌、试铺与工程参数的确定

试拌、试铺是混合料从试验室设计过渡到工业化生产的第二阶段。在生产配合比确定的工程参数基础上,进行混合料生产和试验路修筑,验证相关工程参数的可行性和可靠性,并结合混合料运输、摊铺、碾压和养生等工艺流程实施,检验施工效果,评价工程质量,最终确定混合料生产的工艺流程、工程参数以及施工机械的组合方式。

由于生产配合比阶段混合料拌和生产的时间较短,混合料生产的稳定性无法有效检验,特别是热料仓的等料、溢料问题,拌和楼喷油、水泥添加和加水量的稳定性问题,因此需要通过试验路较大规模的试生产进行进一步检验。

再者,工程经验表明,室内试验、拌和楼生产的混合料需要通过铺在路面上,经过碾压之后的目测检验方可以最终判断,如是否均匀、是否容易产生离析、是否油石比过高或过低等。如果产生离析,除了施工设备进行调整外,还将主要关注混合料的级配是否合理,是否可以进一步优化。如果沥青混合料的油石比不正常,如出现泛油现象,则要么混合料的碾压工艺需要调整,要么混合料配合比设计时的压实功偏低,油石比确定偏高。这些问题将通过试验路最终的量化检测评价结果予以确认。

试验路的检测项目、频度一般高于正常的施工路段。混合料最终的施工参数,如矿料级配、油石比、灰剂量、含水率等,都将根据试验路的检测数据予以确定。

另外,为了通过试验路确定工艺流程和施工机械组合(主要是碾压方式),所有施工人员、施工设备(包括压路机、摊铺机、运输车辆等)均要到位,这是修筑试验路的前提条件。同时,为了保障正常路段的施工质量,试验路一般需要铺设2次或3次,事实上,试验路是很难1次铺成的。

6.2 施工工艺与质量控制

对于路面工程而言,由于客观和人为因素,施工变异性是客观存在的,但施工变异性不稳定或者较大,是导致工程耐久性下降的主要原因之一。在实际工程中经常会发现同一条路,不同施工单位施工路段的质量差异性较大,有时同一施工单位施工的路段也会随机产生不同形式的病害,这都是施工变异性偏大导致的。上文可靠度设计一节中指出,降低工程变异性是提高工程可靠度的有效措施。长寿命沥青路面的施工工艺与一般路面工程相比,主要的区别在于强调施工工艺的均一性,即降低路面工程的变异性。降低施工变异性的主要对策是革新施工工艺,加强施工过程的质量管理。本节将从施工工艺均一化和质量控制过程化两方面,讨论提高施工质量均匀性的技术对策。

6.2.1 施工工艺均一化

一般来说,导致施工变异性不稳定或较大的主要施工环节在于施工期间的原材料控制,混合料的拌和、运输、摊铺、碾压、养生等工序以及相关工序的衔接等。本节以下将逐一说明改进措施。

1)施工期间矿料品质控制

从设计角度,充分利用地方性材料,通过混合料性能决定原材料的取舍,但在施工过程中,一旦确定了的原材料类型,就需要保障原材料供应的稳定,不能随意更换原材料,就地取材并不是随意取材。工程实践表明,无论是沥青混合料,还是半刚性材料,有效控制混合料的矿料和矿料级配的稳定性是降低施工变异性,保障工程质量的首要措施。

控制矿料级配稳定性的主要技术对策有:

(1)不能随意更换矿料,特别是在施工中后期,由于料源紧张,采用其他矿料代替设计确定的矿料,或者与其掺混使用,这都是应该禁止的。如果确实由于某些不可抗力,导致需要更换矿料,应事先预判,充分做好配合比设计,满足使用性能要求,并调整相关的施工参数。

(2)控制超粒径含量,实行单一粒径备料。一般情况下,一种混合料的级配存在两个"最大粒径",即公称最大粒径和最大工程粒径。公称最大粒径是混合料理论级配要求的最大粒径,最大工程粒径是实际生产过程中的混合料容许的最大粒径。例如 AC-20 型混合料的公称最大粒径为 19mm,是混合料理论级配的最大尺寸粒径,且通过率理论上应为 100%。但实际工程中,粗集料品质的不稳定导致一定比例的矿料粒径大于 19mm,这个超粒径的尺寸一般设定为上一级粒径,即 26.5mm。因此,26.5mm 称为这种混合料的最大工程粒径,且超粒径含量要求不超过 5% 或 10%。最大工程粒径的存在反映出混合料矿料级配的不稳定。为了改善级配的稳定性,需要减少或消除超粒径含量,即实现公称最大粒径与最大工程粒径相等,或者说,实际生产时,混合料的公称最大粒径通过率接近或达到100%。

另外,实现混合料单一粒径备料是保证级配稳定的有效措施。所谓单一粒径备料是指一档粗集料的粒径基本属于同一个粒级范围,即粗集料的矿料备料规格与矿料筛分粒径大小相当,且超粒径含量不大于20%。例如AC-20混合料中粗集料的筛分粒径尺寸分别为4.75mm、9.5mm、13.2mm和19mm,则粗集料备料规格应为5~10mm、10~15mm和15~20mm三档。

当然,由于生产工艺的原因,单一粒径矿料也会出现一定比例的超粒径矿料。如生产4.75~9.5mm的集料,由于筛分不彻底,会存在一定比例小于4.75mm和大于9.5mm的集料。但从实际工程出发,单一粒径集料的超粒径总含量一般不宜超过20%。需要指出,由于采用单一粒径集料,该档的超粒径集料只会影响下一级和上一级的集料,对混合料整体级配的稳定性影响有限。对于最大一级的集料,如AC-20中13.2~19mm的集料,当大于19mm的矿料为10%时,通过级配设计,这档矿料在整个混合料中使用10%,则混合料中大于19mm的超粒径含量约为1%,可以实现公称最大粒径与最大工程粒径近似相等的目标。

当生产沥青混合料时,我国现在都采用间歇式拌和楼,可以进行二次筛分,采用单一粒径的备料时,可使热料仓筛分比例与冷料仓比例有效匹配,避免或减少生产过程中拌和楼等料、溢料现象,提高生产效率,节约生产成本。当生产水泥稳定碎石类半刚性材料时,由于采用连续式拌和楼,单一粒径备料对于保障混合料级配的稳定性更为重要。

2)混合料的拌和

一般情况下,沥青混合料采用间歇式拌和设备,半刚性材料采用连续式拌和设备。尽管两类设备的拌和原理不同,但有相同或相近拌和要求。

首先是冷料仓设备的革新。一是加高各个料仓之间的隔板高度(一般在1m以上),防止料仓掺混,保证矿料级配的稳定。二是在冷料仓进料皮带底部加装电子秤。传统的冷料仓进料是依靠皮带转速作为计量标准,控制冷料仓的进料速度,对于潮湿细集料的生产计量的稳定性影响很大,容易产生"空转"计量的情况发生,加装电子秤是解决这一问题的有效措施。

其次是保障混合料的拌和时间。延长混合料拌和时间是确保混合料拌和均匀的必要手段,特别是半刚性材料。由于目前半刚性材料采用连续式生产工艺,拌缸尺寸有限(一般4m左右),拌和时间较短(一般5~6s),混合料拌和均匀性较差,为此,将两个拌缸串联,以延长拌和时间,是保证生产效率、提高拌和均匀性的有效措施。当前有些工程采用振动拌和方式代替原有的搅拌方式拌和混合料,有利于提高单位时间内混合料拌和的均匀性,但是仍需要充分的拌和时间,保证混合料最终的拌和质量。

对于沥青混合料,一般分为干拌和湿拌两个阶段。考虑到粗细集料(经高温滚筒加热)与矿粉之间的温度差异较大,为保证沥青拌和的均匀性,确保适当的干拌时间(15~

20s)是必要的。此时矿粉与粗、细集料得以充分搅拌,使得料温均匀。

第三,有效控制沥青混合料的拌和温度。一般情况下,沥青混合料的拌和温度是根据沥青的黏温曲线确定的,但在实际工程中,矿料温度的不同导致混合料拌和状态的差异。在相同油石比情况下,当矿料温度较高时,混合料发亮,产生油石比偏高的假象。因此,需要控制混合料生产时矿料的加热温度。

3) 混合料的摊铺与碾压

当整机全幅摊铺(摊铺宽度大于9m)时,在摊铺机中间位置和两侧容易产生离析现象(特别对于粗集料断级配混合料);当采用多机并行摊铺时,在交界位置也容易产生纵向接缝的处理问题。对此,首先应选择合理的摊铺宽度,避免摊铺离析;其次,控制并行摊铺时摊铺机的合理间距(一般不超过一个运料车的长度),避免摊铺间距过长导致明显的纵向接缝或接缝位置压实不均匀。

充分压实是保证路面质量的最后一道关口,往往也是体现一个施工队伍管理水平、人员素质的一个窗口。具体表现在两个方面:一是压路机是否能保持持续、有效的碾压;二是施工后是否能够彻底消除轮迹。

紧跟摊铺机,保证碾压温度是沥青混合料碾压的基本原则,初凝前完成碾压是半刚性材料(水泥稳定类材料)的基本要求,因此,配备足够的重型压路机是保证结构层得到充分碾压的基本条件。一般来说,重型压路机数量是施工断面车道数的1.5~2倍。当压路机数量满足要求后,如何保障混合料得到充分压实,则依赖于碾压工序的组织。

近些年来,路面结构层施工结束后,轮迹现象比较普遍,特别是半刚性材料结构层。这是碾压不均匀的直观表现,更是一个重大的质量隐患。出现轮迹说明:一是该路段碾压不均匀,出现"漏压"现象;二是混合料含水率偏高(对于半刚性材料),难以压实,出现"弹簧现象"。无论哪种情况,都是质量不合格的表现。这种现象的出现表面上是施工不均匀,实质是施工人员的质量意识不强。

平整度和压实度(包括现场空隙率)是评价混合料摊铺压实质量的两个关键指标。上文提到我国一些沥青路面早期损坏的原因是没有处理好两者的辩证关系。良好的平整度是在充分压实、保证压实度基础上的平整度;压实不充分,再好的平整度也是没有意义的。对于现有沥青混合料的施工水平,有些影响沥青面层平整度的因素还难以避免,如混合料摊铺过程中的温度离析、混合料卸料过程中对摊铺机稳定性的影响问题。因此,沥青面层平整度存在一个合理的最小值。经大量的实践工程验证,这个最小值一般在0.6~0.7(均方差指标)之间。当小于这个最小值时,往往意味着混合料没有得到充分的压实。当然,如果明显大于这个指标,也意味着混合料摊铺、压实不均匀。

另外,近些年随着我国摊铺设备的改进,摊铺能力大大提升。以往半刚性材料一次性摊铺厚度不大于20cm,现在可达到30~40cm。同时,伴随着大吨位压路机的使用,碾压效果显著提升,可以达到技术规范中要求的98%以上压实度标准,由此产生了大厚度摊铺的施工工艺。然而,从整个施工流程看,为了保证连续施工,减少施工接缝,在提高摊铺能力的同时,需要大幅提升混合料的拌和生产能力。由于现有半刚性材料拌和楼的生产能力只适应于正常摊铺厚度的混合料需求,为了推广应用大厚度的摊铺工艺,必须解决混合料拌和生产能力提升的问题。

4) 半刚性材料的养生、交通管制与表面处理

对于半刚性材料层,特别是半刚性基层,养生、交通管制以及基层表面的处理是相互关联的一系列组合工序流程。核心目标是保障在摊铺沥青混合料结构层之前,半刚性材料形成足够的早期强度,并与上承层形成良好的层间状态。

根据半刚性材料的强度形成原理,施工好一层半刚性材料层后应进行一定时间的养生,以保障形成良好的初期强度,便于承受上承层施工过程中重型车辆、压路机的碾压,特别对于水泥稳定类这种早期强度增长较快的半刚性材料。同时,为了配合施工质量检测(如7d强度检测、钻芯检测等),养生期一般不少于7d。在实际工程中,涉及施工组织、设备调配等因素,上承层的施工间隔期一般大于7d,有的甚至1~2个月。因此,半刚性材料的养生期应持续至上承层施工的前1~2d。在此期间,半刚性材料应处于标准的养生状态,而不是仅仅7d,以避免产生不必要的严重的干缩、温缩裂缝。

洒水、薄膜覆盖、土工布(毛毡)覆盖是常用有效的养生方式。洒水养生较适用于我国南方雨水较多的地区,但在夏季高温时节,蒸发量比较大,洒水次数需要增加,避免产生强烈的干缩现象,导致裂缝的产生。薄膜覆盖养生、土工布(毛毡)覆盖主要适用于缺水地区,我国南方有些地区也使用。这种养生方式的关键在于薄膜、土工布(毛毡)的严密覆盖,否则将失去效果,特别在我国北方地区,为了防止被风沙吹开,其上应用一定的覆盖物压住。这种养生方式的不足在于:对于较长时间的养生,补水比较困难。理论上讲,半刚性材料在强度的形成过程中,需要产生水化反应,混合料成型时的最佳含水率是否能够满足强度形成所需的含水率,这点并不确定,因此需要在养生过程中适当补水。在补水时,需要将覆盖的薄膜、土工布(毛毡)打开,这极易将其损坏,在实际操作时应引起注意,并及时替换破损材料。

此外,采用洒铺乳化沥青进行养生也曾在我国不少工程上使用过,但这种方式有一定的限定条件,即沥青混凝土层厚度大于18cm。主要原因在于:这种养生方式导致半刚性基层与沥青混凝土层之间的界面难以处理,不适用于较薄的沥青面层结构;当沥青混凝土层较厚时,该界面位置下移,界面状态对整体结构的使用性能影响减弱。半刚性基层碾压完成后,表面必然存有一定的浮浆,需在铺筑沥青混凝土层前清理干净,但由于洒铺了乳化沥青,造成基层表面浮浆难以清理。因此,最好不采用这种养生方式。

在半刚性材料养生期间应加强对施工车辆的交通管制。主要是由于此时半刚性材料的强度还不足以承受重型车辆的荷载作用,表面极容易被跑散,严重的将导致原已形成强度的整个结构层松散。这也是半刚性材料一个弱点。加强交通管制的目的是维持半刚性材料的正常养生,防止外力损伤,保障良好的层间界面状态。

为了保障半刚性材料层与沥青混合料层之间的有效结合(即达到前文提到的硬结合

状态),需要对半刚性材料层进行彻底清扫,清扫的时机宜在铺设沥青混合料层前1~2d。清扫的标准是露骨、干燥、无杂物、无浮尘、无松动。清扫的手段是先采用人工或小型钢丝清扫车清除路面的浮尘杂物,再采用3~5m³的空压机进行强力清扫,最后人工细部清理。其中有两个关键要点:一是路表面必须保持干燥;二是空压机清扫时如出现松动、坑槽现象,需及时处理。需要说明,达到清扫标准的前提条件是半刚性材料层具有足够的强度。

5) 施工工序的衔接

在路面施工过程中,施工工序的合理安排、有效衔接是保证工程质量的重要因素,也是工艺设计中的主要内容之一。在实际工程中,工序衔接的主要节点有:路基与半刚性材料底基层施工之间的衔接,大厚度摊铺施工与拌和能力的匹配,混合料拌和、运输、摊铺和碾压工序之间的衔接,半刚性材料基层养生、防水黏结层施工及与沥青混凝土层摊铺的衔接,主体工程与附属工程的衔接,施工期间配合比设计与施工时机的衔接等几方面。

在实际工程中,常常会遇到,路基填筑完成后,长时间没有施工上面的结构层,由于雨水侵蚀,待施工上面结构层时,原本满足设计要求的路基顶面弯沉增加近1倍。此时如果再进行路基处理,时间已经不允许了。因此,当路基施工交验后,为保障路基的良好状态,避免自然降雨的侵蚀,应尽快进行半刚性材料底基层的摊铺施工。由此需要半刚性材料层施工单位提早备料和做好施工机械的准备,并做好相关配合比设计及其审查工作。

近些年,一些工程为了提升施工效率,采用大厚度摊铺方式摊铺半刚性材料结构层,原先1层摊铺厚度为16~20cm,改为摊铺30~40cm。尽管摊铺能力和碾压能力能够满足大厚度施工的要求,但往往拌和能力不足,从而导致施工现场常常停机、等料。半刚性材料存在初凝时间的要求(主要是水泥稳定材料),停机导致混合料无法得到及时碾压,造成人为的质量薄弱地带。因此,当前大厚度摊铺施工首先要解决后场的供料问题。

对于一般的混合料施工,拌和、运输、摊铺和碾压是四个工序环节,保障混合料保质、保量的连续施工是这四个环节有效衔接的主要目标。在拌和环节,根据每日的工程量,以及混合料拌和时间的要求,配备充足的拌和能力,切忌为了保障工程量,在拌和能力不足的情况下,随意缩短拌和时间。在运输环节,根据运距、摊铺能力,配备足够的运输车辆,保障前场施工的连续性。在摊铺环节,与运输能力和每日工程量匹配,合理控制摊铺速度。在碾压环节,根据施工断面的宽度和摊铺速度,配备充足的碾压设备,控制压路机的行驶速度和碾压组合。

上文提到半刚性基层养生和表面处理要求,当半刚性基层处理完成后应及时完成防水黏结层施工,并同步摊铺沥青混合料层,以防止防水黏结层的二次污染。理想的施工状态是当防水黏结层全断面施工400~500m后,即刻开始沥青混合料层的摊铺。因此需要防水黏结层的施工设备具备足够的施工能力。

沥青上面层施工是沥青路面施工最后的关键环节,同时也往往是路面附属工程,如路缘石、防撞护栏的施工期,需要做好各个工序之间相互衔接,避免附属工程施工污染对沥青面层质量造成影响。客观来说,附属工程施工期间造成一定的施工污染是难以避免的。

为了降低这些污染对沥青面层质量的影响,应将这些工序前移,安排在基层施工期间,或者待沥青面层施工结束后再进行施工。

6.2.2 质量控制过程化

施工质量控制是指整个建设过程中各个工序的质量控制体系。"过程化"是质量控制体系的形象化描述,表现为对整个建设工序的"无盲点"控制,实现工艺流程可追踪、评价方法可操作、评价指标可量化、评价结论概率化。

路面工程的质量控制指标分为先验性指标和后验性指标。先验性指标是指施工过程中,混合料形成之前的检验指标(如各种原材料指标检验);后验性指标则是指混合料形成以后的各种混合料以及结构性能的检测指标。对于有效的质量控制体系,通过后验性的混合料性能评价能够追溯先验性的原材料性能指标,通过后验性的结构性能指标能够追溯混合料的性能指标。

然而,由于路面材料的自身特点,原材料在形成混合料的过程中,发生了不可逆的物理、化学变化,目前尚缺乏有效的技术手段,通过混合料追溯当初原材料的情况,即缺乏充分、有效的"后验性"检测手段。再者,由于现有混合料路用性能质量评价的局限性,通过室内试验难以完全反映实际工程中混合料性能状态,即缺乏有效的直接手段评价已建工程的路用性能是否满足当初的设计要求。因此,这两个追溯渠道并不顺畅。

例如,沥青与矿料拌和、摊铺、碾压形成混合料后,难以通过混合料重新评价沥青的针入度、软化点等性能指标。虽然通过三氯乙烯可以将沥青混合料中的沥青"洗"出,但这时的沥青与拌和前的原状沥青性能有显著差异。再如,当半刚性材料养生成型后,无机结合料产生水化反应,此时已难以测定混合料的矿料级配以及无机结合料的添加剂量。又如,如前文所述,当混合料摊铺碾压成型在路面结构中后,也难以重新评价此时混合料的性能是否符合当初混合料设计时的性能。

因此,为了实现长寿命沥青路面工程质量的过程化控制,需要进一步强化"先验性"质量评价手段,加强工艺操作的质量控制,增加有效的"后验性"检测手段,具体反映在控制关键指标、消除质量盲点、概率统计评价等三个方面。

1) 控制关键指标

这里的关键控制指标是指沥青路面施工过程中对工程质量起到关键影响作用的指标,涉及原材料、混合料和整体结构三个方面,包括先验性指标和后验性指标。事实上,在现有的施工质量控制规范、标准中,这些关键控制指标大多已经明确,从原材料到混合料,从施工后场(拌和厂)到施工前场,从混合料摊铺碾压之前到铺筑、养生结束之后,各种性能检测、评价的方法、指标是比较健全的,关键在于是否落实。从某种角度看,施工质量控制的关键在于"人",而不是具体的指标。另外,对于增加后验性指标问题,有些指标似乎并不是"合情合理"的,但在具体的工程操作中,能对工程质量起到有效的控制作用。

(1) 原材料的指标检验

随着沥青路面技术的发展,产生了一些"先进"的原材料质量检测方法和指标,但这都离不开每天、每批次实实在在的检测工作。技术指标本身的先进性并不能替代日常的检测工作,再先进的技术指标,如果不能实现日常的检测,对于施工质量控制都是没有意义的。例如,目前一些工程把美国 SUPERPAVE 设计方法中的 PG 分级指标作为沥青的设计和施工控制指标,但工地现场并没有相关的试验仪器,在施工过程中施工单位无法对每批次进场沥青进行相关检测,只能不定期取样送往有条件的检测单位进行检测。那么,这样看似"先进"的指标对于施工过程中的质量控制是没有意义的,倒不如加强传统的、易于操作的针入度、软化点等指标的日常检测。

此外,在混合料生产过程中,矿料级配以及混合料中沥青、水泥及其他外掺剂剂量的日常检测仍是重要的质量过程化控制手段。上文在生产配合比试验中介绍,每个工程,每种沥青混合料、半刚性材料都应建立有效的矿料级配和添加剂的标定方法和标定曲线。在施工过程中,则是要求每个工日都应按规定抽检频率进行检测。与一般路面工程相比,这些检测项目、方法是相同的。唯一的区别是:通过按时检测,将检测结果及时反馈给现场施工管理和监督人员,对施工异常情况及时、有效处理。需要说明,沥青路面施工过程中,这些检测项目指标出现不符合设计要求的情况是正常现象,只要能及时发现、及时调整即可,切忌瞒报或修改试验数据。另外,矿料级配的检验是重点,当发现矿料级配超出目标级配设计确定的波动范围时,应立即停机,查找原因,待级配满足要求后,才可继续生产。

这里的"按时"检测是指严格按照抽检频率,进行随机抽检。一般沥青混合料的油石比和级配检测,以及半刚性材料的矿料级配检测,每天 2 次(上下午各 1 次),半刚性材料的无机结合料剂量、含水率检测每天 4 次(2~3h 检测 1 次)。在检测时,应保障取样的随机性和选择合理的取样位置。除无机结合料剂量检测的样本可在拌和楼出料位置取样外,其余混合料试验取样(包括车辙、强度等性能试验的样品)均宜在摊铺机搅笼位置取样,因为这是最接近于实际摊铺状态的混合料。

(2) 混合料关键性指标的日常检测(车辙、7d 强度)

与原材料性能检测相比,混合料性能检测的试验成本和试验强度都明显增加,然而对于工程质量控制来说也是最关键的。事实上,用于工地试验室日常检测的混合料性能检测项目,考虑到实际工程的可实施性,相较于配合比设计阶段已大为简化,应有条件每天按时、按质完成。这也是验证工地试验室的试验能力以及工程质量能否有效控制的基本条件。

对于沥青混合料,除了上文提到的燃烧、抽提试验(将其归结为原材料试验)外,日常检测项目主要有混合料的试件成型和密度试验(包括理论密度试验和毛体积密度试验)、芯样试验(包括厚度检测和毛体积密度试验)以及车辙试验。其中,车辙试验不仅仅是评价沥青混合料的高温性能,实践表明,也可用于评价混合料的多种路用性能,包括混合料的稳定度、流值、抗压强度和劈裂强度等。当车辙试验结果比较优异时,这些性能也基本良好。因此,车辙试验应是沥青混合料施工期间的必检指标。进行车辙试验时,每天应从摊铺现场取样,按现场压实度要求成型3个车辙板,车辙板宜采用压路机碾压方式现场成型。

对于半刚性材料,除了上文提到的级配、灰剂量、含水率指标检测外,7d无侧限抗压强度试验是关键指标。其中包含两种类型的7d强度指标:一是室内标准养生条件下的7d强度指标,其综合反映混合料碾压之前技术性能。即:在施工期间,每天按照规定的样本量成型试件,按照规定的养生方法进行养生和保水,按照规定的时间进行强度试验并如实记录试验数据,计算强度代表值。为了试验结果具有代表性,现场取样时,应分别从2~3辆车中取样。二是现场养生7d后钻芯芯样的强度指标,其反映混合料现场压实、养生之后的强度水平。由于现场养生条件与室内养生条件的温度、湿度差异较大,相同龄期条件下,现场芯样的强度与室内试件强度有较大差异,且不同地域环境的强度数值也有差异。但是对于同一工程而言,现场芯样强度的数值仍具有较强的质量评定参考价值。

此外,为了准确评价混合料现场的压实状态,每天进行击实试验,确定当天混合料的干密度,并同步进行现场灌砂试验,综合测定混合料的现场压实度,也是半刚性材料日常检测的关键指标。

(3) 三个"一票否决"性指标

在沥青路面施工过程中,特别是半刚性基层沥青路面施工,从最终的工程状态角度看,有三个工程质量评价的硬性的、后验性检测手段及其相应指标:轮迹、钻芯和弯沉。这些指标并不与具体的混合料性能指标直接相关,但能客观反映施工质量。当这些指标中某一项指标不满足要求时,不论原材料品质多么优异,不论混合料性能是否满足设计要求,均表明施工质量不合格,需要返工处理,因此称为"一票否决"性指标。

首先是消除轮迹。现场压实的外观检查也是一个施工质量控制的有效后验性评价手段。简而言之,就是各结构层压实后不应存在"轮迹"。如上文所述,碾压后轮迹的存在既反映出现场压实工艺的不规范,而且也反映出混合料内部存在质量问题。碾压结束后(特别对于水泥稳定类的半刚性材料),表面仍存有显著轮迹,说明对结构使用性能的耐久性已产生无法挽回的不利影响。压实外观检查是路面施工过程中最简单,且行之有效的质量控制手段,也是一个"一票否决"的评价指标。事实上,在我国高速公路建设初期(20世纪90年代中期以前),消除轮迹是施工质量控制的基本要求,而近十多年来,轮迹问题反而越来越突出,从中反映施工质量下降的趋势。为了实现长寿命路面的建设目标,轮迹问题必须得到解决,因此将其作为质量控制的关键指标。

其次是能够取出完整芯样。在施工过程中,一般从拌和楼或施工现场取样,评价混合料的路用性能,但这并不反映现场摊铺碾压后的混合料状态。例如,7d无侧限抗压强度试验是半刚性材料施工期间的主要检测项目,但此时的试验结果仅反映拌和楼拌和后的混合料质量水平,并不反映摊铺、碾压、养生后的半刚性材料质量,而后者恰恰是质量控制的关键。因此,无论是半刚性材料还是沥青混合料,摊铺碾压(或养生)后的钻芯检测是不可或缺的质量评价的关键手段和指标。

尽管钻芯检测属于有损检测,但现在并没有有效的替代手段(如核子密度仪、无核密度仪还无法替代钻芯检测)。对于半刚性材料,在标准的养生期内不能取出完整芯样,则说明混合料整体性不强,也预示着在今后的使用过程中缺乏足够的承载能力。对于沥青混合料,当芯样的空隙率不满足要求时,直接反映出混合料的压实度或矿料级配出现问题,这对今后混合料路用性能的耐久性产生直接影响。因此,在施工期间进行钻芯检测是必要的,并作为"一票否决"的质量评价依据。即当芯样质量不合格时,则认定该施工路段质量不合格。尽管此时这个路段半刚性材料的 7d 无侧限抗压强度可能合格、水泥剂量可能合格、沥青混合料的油石比指标可能合格,但这些"合格"指标都不能替代芯样不合格的评判结论。

三是弯沉指标满足要求。在沥青路面施工过程中第三个"一票否决"的质量控制指标是弯沉检测,这对于半刚性结构的路面施工质量控制尤为有效。尽管由于沥青路面结构存在显著的非线性力学响应特性,弯沉指标对于有些结构层的承载能力评价存在一定的局限,如级配碎石结构层或较厚沥青混凝土结构层,但对于半刚性基层结构的沥青路面,弯沉指标的一些变化规律将有助于路面结构施工质量的评价。其主要的变化规律就是上文所提到的弯沉指标的两次跳跃现象,尽管这个现象在路面力学上还无法解释,但对于工程质量控制来说,却是一个有效、实用的手段。

2) 消除施工过程中的质量控制盲点

消除施工过程中的质量控制盲点,就是要求每一道工序、每一个流程都有相应的有效控制手段和指标。在施工过程中,有些节点可以通过量化的技术指标进行控制,如上文提到的关键指标,但有些节点还没有相应的量化指标,需要在施工流程中,通过工艺操作和人工旁站的手段实时监督,发现问题及时整改。

前文提到,为了改善层间结合状态,加强沥青面层内部的防水能力,设置防水黏结层已是高速公路路面设计中普遍采用的技术方案,但如何保障该功能层的施工质量则是一个问题,有的反而成为质量隐患。

目前国内许多工程采用沥青洒铺和碎石撒布一体化的同步碎石机械施工,甚至有的设计文件中将防水黏结层改称为"同步碎石封层",这是错误的。尽管这种施工机械的施工方式比分离式(或异步式)的沥青洒铺和碎石撒布施工方式更加方便,但存在明显的质量控制盲点,不利于该功能层的施工质量。最主要的问题在于难以控制沥青洒铺量和洒铺的均匀性,同时,实际的施工效率低,严重影响上层沥青混凝土的施工质量。

在沥青洒铺过程中,一些不确定因素容易导致沥青喷口堵塞,沥青洒铺不均匀。采用独立的沥青洒铺车施工时,可以及时发现问题,进行修补。但采用同步碎石撒布车后,这种问题难以发现,会出现在没有洒铺沥青或沥青洒铺量不足的位置上撒布碎石,导致上面摊铺的沥青混凝土与下承层之间出现滑移、不联结的质量问题。同时,这种施工方式难以在施工过程中实时监控沥青的洒铺量,导致施工过程的偷工减料,造成质量问题。因此,从施工质量过程化角度看，防水黏结层不应采用同步碎石机械施工，而应采用分离式的沥青与碎石洒铺、撒布的施工方式。事实上，这种施工方式不仅便于施工期间的质量控制，而且施工效率高。

防水黏结层的主要功能是加强沥青面层之间、沥青面层与基层之间的黏结。为了达到这个目标，避免防水黏结层施工后的污染是一个关键要素。因此，防水黏结层施工后应在当日完成上层沥青混凝土的铺设。由此要求在尽量短的时间内完成防水黏结层施工，以便保障正常的沥青混凝土摊铺施工。由于同步碎石机械的沥青存储量有限，考虑到沥青、碎石装载时间的影响，以及沥青升温、保温的时间要求，是无法实现这个目标的，只有使用具有足够沥青容量的沥青洒布车施工。例如：2009年北京长安街大修时，原有路面和新铺沥青面层之间设置了一层改性沥青防水黏结层，由于施工时间限制，每天晚上仅有6h的施工时间，第二天早上需要开放交通，保障正常通行。面对40m宽的施工断面，施工单位采用5台沥青洒铺车、8台碎石撒布车同时施工，半小时内完成当天的施工任务，保障了沥青混合料摊铺的正常施工进度。

另外，施工过程中的旁站监督是消除质量隐患的有效措施。在沥青混合料摊铺碾压施工过程中，有时会出现局部离析、"油丁"或局部泛油等不正常现象，有的是摊铺工艺造成的，有的是碾压工艺引起的，还有的是混合料生产过程中导致的。不论怎样，现场旁站人员如能及时发现问题，判断问题产生的原因，改进施工工艺，对于保障施工质量是必要的。例如：在某工程施工过程中，突然发现局部路段碾压后出现明显的泛油现象，现场人员经过分析，排除了摊铺、碾压工艺的影响，初步认定为后场拌和楼混合料生产可能出现异常，及时与后场联系，暂停生产，查找原因，避免了这种现象的进一步扩大，同时也避免了更大的工程浪费。客观来说，现在还没有更可靠、有效的技术手段能够替代施工现场的人工旁站监督。在施工过程中仍有许多环节需要凭借施工人员多年的工程经验进行实时监督和处治。

再有，近些年一些工程为了改善半刚性材料层之间的层间结合，加快施工进度，采用连续式摊铺方式铺设半刚性材料结构层，即：当铺设完一层半刚性材料层之后，当天或第二天紧接着铺设上层半刚性材料层。姑且不论施工设备的调配，以及是否满足半刚性材料强度的形成原理，仅从质量过程化角度看，这种施工方式导致下层半刚性材料层的质量失控，是不可取的。因为在上承层施工前，并不知道下层半刚性材料层是否满足施工质量的控制要求，如7d强度试验结果是否满足要求，从而人为造成施工质量控制的盲点。因此，这种施工流程应该禁止。

3）质量控制指标的概率化

科学的判断来自统计分析。对于体量巨大的路面工程，施工过程抽检试验所涉及的原材料、混合料数量是很少的，如何利用有限的抽检结果评价整体工程质量是值得研究的。

在工程质量评定过程中存在两种统计判断：一是针对具体指标的试验结果，对试验结果本身的可靠性进行统计判断;二是针对工程的某一技术指标,通过抽样检测,对该工程这项技术指标性能进行统计评价。

对于第一种判断,如半刚性材料施工期间每天进行的7d无侧限抗压强度检测。按技术要求,采用$\phi 150mm$的圆柱形试件,每天成型13个试件作为一组,进行强度试验。根据试验结果,计算强度的平均值$\bar{R}$、标准差σ_R。当强度试验数据属于正态分布时,则该试验强度的95%概率水平下的单边下波动限$R_{95\%}$按式(6-1)计算,即工程上通常使用的强度代表值。又如,工程中常用的弯沉代表值计算、室内模量试验的模量代表值确定都是基于这个原理,就是仅对试验结果本身进行统计分析。

$$R_{95\%} = \bar{R} - Z_{1-\alpha} \cdot \sigma_R \tag{6-1}$$

第二种判断相对比较复杂。表6-1为A、B两个路段水泥稳定碎石基层压实度检测结果,根据这两组数据评价这两个路段压实度水平的高低。

两个路段水泥稳定碎石基层的压实度检测数据汇总　　　　表6-1

路段	压实度(%)															
A	100.4	101.9	99.1	99.8	102.0	98.4	98.9	99.1	—	—	99.5	101.7	98.9	99.7	99.1	98.0
B	100.8	101.5	99.8	100.5	99.4	99.6	99.1	99.9	99.6	99.7	100.0	102.5	99.4	100.5	99.6	98.6

首先,如果仍按照第一种判断方法,分别统计这些检测样本平均值、标准差,然后可以计算得到95%概率水平下的单边下波动限,即两个路段95%概率水平的代表值,见表6-2中方法一,分别为97.63%和98.47%。但这仅是针对表6-1中压实度数据而言,并不代表A、B两个路段的整体水平。当A、B两个路段增加压实度检测样本时,这两个数值也随之改变。

那么,如何通过这两组检测数据,概率化评价这两个路段的压实度水平呢?

方法一:均值置信区间判断。这两个路段进行了多次压实度检测,得到了测量值的平均值。这两个平均值虽然确认为是这两个路段压实度真实的平均值,但可以认为已比较接近这个真值,否则这些压实度检测就失去了意义。同时,虽然不能确定其接近真值的程度,但可以确定一个界限,即置信区间,使真实的均值在这个范围内。这里存在单边置信区间和双边置信区间两种情况。对于压实度评价来说,一般采用单边置信区间。

置信区间的确定与样本分布状态以及方差是否已知有关。一般情况下,工程样本均假设为正态分布,包括压实度;同时,属于有限样本(样本量不可能很大),且方差未知的情况。这里的方差是指这个工程压实度的方差,不是表6-1中检测数据的方差。则均值的双边置信区间公式为式(6-2),单边置信区间的公式为式(6-3)(下置信限)和式(6-4)(上置信限)。

$$\bar{X} - t_{1-\alpha/2}(n-1) \cdot \sigma/\sqrt{n} \leq X_\alpha \leq \bar{X} + t_{1-\alpha/2}(n-1) \cdot \sigma/\sqrt{n} \tag{6-2}$$

$$X_\alpha \geq \bar{X} - t_{1-\alpha}(n-1) \cdot \sigma/\sqrt{n} \tag{6-3}$$

或:

$$X_\alpha \leq \bar{X} + t_{1-\alpha}(n-1) \cdot \sigma/\sqrt{n} \tag{6-4}$$

根据式(6-3),按95%概率水平,得到两个路段 $t_{0.95}(n-1)$ 的系数,并计算出两个路段压实度均值的下置信限,见表6-2中数据。

压实度统计判断汇总 表6-2

路段	基本统计参数			第一种判断方法	第二种判断					
	样本量	均值	标准差	95%概率水平 1.645倍	均值置信区间		统计容许区间			
					$t_{0.95}$	下置信限	$1-\alpha=0.95$			
							$P=0.95$	容许限	$P=0.9$	容许限
A	14	99.8	1.288	97.63	1.7709	99.14	2.61	96.39	2.11	97.03
B	16	100.0	0.955	98.47	1.7561	99.62	2.52	97.63	2.03	98.10

另外,与之对应,也存在一个方差置信区间的判断问题。式(6-5)为置信水平 $1-\alpha$ 时,方差 σ^2 的置信区间。式(6-6)和式(6-7)分别为相同置信水平下 σ^2 单边置信区间上限和下限表达式。

$$\frac{(n-1)s^2}{\chi^2_{1-\alpha/2}(n-1)} \leqslant \sigma^2_\alpha \leqslant \frac{(n-1)s^2}{\chi^2_{\alpha/2}(n-1)} \quad (6\text{-}5)$$

$$\sigma^2_\alpha \leqslant \frac{(n-1)s^2}{\chi^2_\alpha(n-1)} \quad (6\text{-}6)$$

$$\sigma^2_\alpha \geqslant \frac{(n-1)s^2}{\chi^2_{1-\alpha}(n-1)} \quad (6\text{-}7)$$

方法二:统计容许区间判断。为了评价一个路段的压实度水平,最好检测无穷多个点(如每间隔5m测一次压实度),但这显然不现实。再者,测了那么多点,把已压好的路段几乎全部挖坏了,也失去压实度检测的意义。因此,实际上是通过有限的压实度检测数据(小样本量),评估总体路段的压实度状态(大样本量)。统计容许区间是指在一定概率水平下(置信水平),这个小样本(也可称为"区间")至少包括总体(大样本)的规定部分(总体比率 p)。这里的"总体比率"可理解为小样本反映大样本的概率。

小样本在总体(大样本)中随机选取,且相互独立,由此推导小样本反映大样本概率为 p ,置信水平为 $1-\alpha$ 时的统计容许区间。其也分为双边波动区间和单边波动区间。当大样本的方差、均值均未知时,双边置信区间表示为式(6-8),单边置信区间分别表示为式(6-9)和式(6-10)。式中 $k(n,p,1-\alpha)$ 和 $k'(n,p,1-\alpha)$ 数值可查有关统计表获得。

$$\overline{X} - k(n,p,1-\alpha) \cdot s \leqslant L_I \leqslant \overline{X} + k(n,p,1-\alpha) \cdot s \quad (6\text{-}8)$$

上统计容许限:

$$L_I = \overline{X} + k'(n,p,1-\alpha) \cdot s \quad (6\text{-}9)$$

下统计容许限:

$$L_I = \overline{X} - k'(n,p,1-\alpha) \cdot s \quad (6\text{-}10)$$

对于上例,计算两个路段的下统计容许限,取置信水平0.95,总体比率分别取0.95和0.9,计算结果见表6-2。

通过以上分析和表6-2中的数据,并对比表6-1中的检测数据可以看出:

(1)尽管表 6-1 中两个路段历次检测数据均大于 98% 的设计要求,且相当一部分检测数据的压实度大于 100%,但按照不同的统计分析方法,得出不同的压实度判断结论。

(2)单纯从小样本检测数据看,即第一种判断方法,在 95% 概率水平下,A 路段的压实度不满足设计要求,而 B 路段也刚刚满足设计标准。但这也仅是针对检测数据而言,当增加检测数据,这个判断将会改变。

(3)当从这个小样本检测数据推断整个路段的压实度均值水平时,即第二种判断的均值置信区间,可以看出,在 95% 概率水平下,这两个路段压实度均值下限均大于 99%。再次说明,这仅仅是均值的判断,并不是总体判断。

(4)按照第二种判断的统计容许区间方法,反映了通过小样本检测后,各路段总体的压实度状态。由数据看出,总体比率越高(p 越大),下统计容许限越小。当 $p=0.9$ 时,判断结论与第一种方法基本一致;当 $p=0.95$ 时,这两个路段的压实度均不满足 98% 的设计要求。

综合来看,对于实体工程而言,98% 压实度的技术要求显然是针对整个施工路段,而不是针对具体检测的几个点,因此,统计容许区间方法的判断结论符合工程要求。

以上主要讨论的是对试验数据自身的统计判断和对工程质量的统计判断两个问题。这在实际工程中经常遇到,其中一个典型案例是关于水泥稳定碎石 7d 强度的标准。规范要求水泥稳定碎石 7d 无侧限抗压强度的标准为代表值,有些工程设计文件同时给出的是平均值(有的是代表值)和最大值的标准,提出最大值的目的是防止施工变异性过大,导致由此产生的基层开裂,这两个哪个更合理?通过上文讨论可知,规范中的代表值标准相当于统计容许区间的下波动限,是根据每次试验检测数据的代表值分析得到的。因此,同时给出最大值和平均值(或代表值)没有多大意义。因为,按照统计方法,如果这个最大值不属于异常值,则应计入平均值(或代表值)计算,反映整体试验样本的统计状态,如果属于异常值,则予以剔除;另外,采用平均值作为工程统计判断的可靠性太低(可靠度仅为 50%),没有价值。

对一组试验数据进行统计分析,采用代表值评价不仅反映平均水平的高低,更反映施工均匀性的大小。表 6-3 为一组强度指标的算例。这组强度指标分为 2 个代表值(5MPa 和 6MPa),每个代表值设定 4 个变异水平(5%、10%、15% 和 20%),然后按 95% 保证率的 1.645 倍标准差反算各个变异水平下的强度均值。

不同变异水平下抗压强度的均值要求 表 6-3

标准值(MPa)	6				5			
变异系数(%)	5	10	15	20	5	10	15	20
平均值(MPa)	6.54	7.18	7.97	8.94	5.45	5.98	6.64	7.45

可以看出,在各个强度标准值下,随着变异系数的增加,平均值显著增大。标准值 6MPa 时,变异系数从 5% 增加到 20%,强度均值由 6.54MPa 增加到 8.94MPa,增幅达到 36.7%。另外,对比 5MPa 和 6MPa 两个标准值发现:5MPa、15% 变异系数的强度平均值

与6MPa、5%变异系数的强度平均值基本相当,5MPa、20%变异系数的强度平均值与6MPa、12%变异系数的强度平均值(内插得到)基本相当。由此说明,变异系数的增加是导致实际工程中材料的平均强度增加的直接原因,而不是设计强度要求的高低。在实际工程中为了避免不均匀的裂缝,不是控制强度的平均值和最大值,而是控制变异系数,采用强度代表值是合理的。

总之,路面施工过程中有两个层次的统计判断:一是每天日常检测数据的统计判断;二是整体工程的统计判断,整体工程统计判断的样本来自日常检测数据每日的代表值或平均值。选择代表值或平均值取决于每天试验的样本量。例如:上文提到的7d抗压强度试验取代表值;而每天进行的车辙试验,一般仅有3个平行试验,则取平均值。

一般来说,在施工过程中每日的检测数据统计判断是以设计文件中技术要求为依据。例如:7d抗压强度要求是5.0MPa,则每日的强度试验的代表值都应不低于此值;沥青混合料动稳定度要求是3600次/mm,则每日车辙试验的平均值都应不低于此值;以此类推。现在问题在于缺乏整体工程的统计判断标准。将每日的判断标准作为整体工程的判断标准是不合适的。如上文压实度算例,尽管每天的压实度检测数据都满足设计要求,但是整体工程的压实度水平并不一定满足要求,这与不同工作日施工质量的差异性(即变异系数)有关,而且将起到相当关键性作用。上文探讨沥青路面结构的可靠度设计时,其中的变异系数就是指这个变异系数。

另外,需要指出,在进行整体工程质量的统计分析时,当然期望每天的检测数据都合格,但也不必苛求,施工过程中偶尔出现不合格现象是正常的,不应因为这种现象的存在就全盘否定整体的工程质量,更不应为了避免这种现象而修改、伪造试验数据。伪造检测数据是比检测数据不合格更为严重的错误。

最后需要明确,为了保障施工质量评价的可靠性,随机取样是重要的基本条件。通过以上统计分析看出,随机取样是保障小样本抽检满足正常分布状态的基本要求。在实际工程中,既不应专门挑选质量好的位置进行钻芯,也不应专门选择质量差的位置,应按相关规范进行随机取样,以保障检测结果的科学性。

6.3 小结

本章以设计-施工一体化为核心,从设计和施工两个层面,围绕结构组合设计、材料组成设计、施工工艺技术以及质量控制技术,讨论了长寿命沥青路面"四化"建造技术体系的相关关键技术。

(1)合理选择沥青混凝土层厚度,处理好半刚性材料层的结构厚度和强度的关系,采取切实可行、工程有效的层间结合处理对策,明确路基处治方案和强度技术标准,是实现结构设计功能化的主要工程对策。

(2)材料设计均衡化的工程含义是原材料与混合料的均衡、材料与结构的均衡、多元使用性能的均衡以及技术性能与工程造价的均衡。在具体的工程实践中,建立完善的四阶段混合料配合比设计流程,基于地方性材料特点,科学确定混合料的级配曲线及其波动范围是其中关键技术节点。

(3)施工工艺均一化的核心目标是降低施工的变异性,提高工程质量的稳定性,提高工程可靠度,主要的技术对策是严格控制施工期间的原材料品质的稳定性,加强混合料的拌和、运输、摊铺、碾压、养生以及相关工序的衔接等施工节点控制。

(4)质量控制过程化的含义是抓住施工过程中的质量关键节点,消除质量控制盲点,实现质量评价的概率化。

随着长寿命沥青路面技术研发的不断深入,这些框架体系还将在今后的实践与研究过程中不断完善。

7 结　　语

社会的进步和人民生活品质的提升是促进路面工程技术发展的源动力,长寿命沥青路面是路面工程技术发展中一个新的阶段。本书首先简要回顾了我国不同时期沥青路面工程技术发展的情况,表明作为社会交通运输的主要载体,不同时期社会发展水平的不同,导致了路面工程使用需求的不同,从而也促进了路面技术的不断发展,从单纯的通畅、顺达,到快速、舒适、安全,以及如今的耐久、绿色、高韧性。当前,研发以全寿命周期内技术经济最优化为目标的长寿命沥青路面技术,是社会发展新阶段的必然要求。

百余年来,现代路面工程发展的历史表明,路面工程是集科学、技术和工程三位一体的应用技术。以工程实践和科学实验为基础,发现问题,解释问题,形成理论,指导实践,并在实践中进一步提升,是路面技术发展的基本脉络,长寿命沥青路面技术研发也遵循这一基本规律。与传统沥青路面相比,使用寿命的大幅度延长是长寿命路面的特点,然而,由于对于超长服役周期内,沥青路面结构与材料服役性能演化规律和机理的认知还不充分,长寿命沥青路面技术的研发正面临着设计理论、基础数据、应用技术等诸多方面的挑战,广泛的工程实践和科学实验,以及长期、系统的科学数据积累,是研发长寿命沥青路面技术的基础。

1) 关于路面病害

病害是沥青路面服役性能的一种表现,也是了解路面服役性能演化规律、衰变机理的窗口。在长期荷载与自然环境同时空耦合作用下,沥青路面的病害形式是多样的,形成机理也是复杂的。犹如自然界一切事物一样,沥青路面也存在一个客观的生长周期,其间产生各种类型的病害是一个正常现象。但对于一个优质的沥青路面,或者长寿命沥青路面,延缓病害的产生,减小病害对路面使用性能的影响,并采取经济合理的有效对策恢复路面功能,大幅度延长使用寿命,则是路面技术研发所追求的目标。

每种病害都有一种或几种损伤机理,而同一种损伤机理也会产生不同的病害,从病害表象探寻其内在的损伤成因,是沥青路面技术研究的起点。本书梳理了沥青路面常见的典型病害形式。这些病害有的属于浅层病害,有的属于深层病害。从长寿命沥青路面使用需求角度看,浅层病害可通过养护维修手段恢复路面功能,其要点在于及时养护并提高养护技术的可靠性,延长浅层病害的产生周期。深层病害产生并发展到一定程度后,意味着路面结构安全寿命的终结,即长寿命路面的使用寿命等于深层病害发展到临界状态的时间。减少深层病害产生的概率,延缓深层病害的发展速度,是长寿命沥青路面技术研发的另一个主要目标。

综合来看,导致路面病害的成因主要归结于设计和施工两方面,设计又分为结构设计、材料设计。荷载与环境是路面病害产生的外在因素。在设计时,一般都考虑了这两个因素的影响,因此,由此产生的病害,实质上是设计不完善或施工出现了问题。对于极端条件下的荷载和环境影响,属于小概率的偶发现象,并不属于正常的设计范围,在工程中由此导致的路面病害属于非正常病害。因此,对于工程中产生的病害,首先应从设计和施工两方面查找原因。

2) 关于结构设计

本书首先讨论结构设计问题,再讨论材料设计问题,主要出于以下几方面考虑。首先,结构是路面提供社会服务的主要载体,而不是材料,材料的服役行为是结构服役性能的一个组成部分。其次,不同类型的路面结构具有不同的服役性能特征,病害形式也表现不同,即所谓的服役性能的结构依赖性,因此,从结构入手研究沥青路面服役性能及其设计原理,便于总体把控研究方向。同时,路面材料的非线性行为规律与具体的结构形式密切相关,从结构角度研究材料的服役行为(即所谓的材料的结构使役行为)更具有实际的工程意义。

沥青路面结构的合理选型一直是我国长寿命沥青路面研究领域的热点问题。比较发现,这些争论主要是针对基层(包括底基层)结构的选择,是半刚性基层好,还是厚沥青混凝土结构、倒装式结构好。事实上这仅是个名词而已,实际工程中,半刚性基层也有强、有弱,其使用状态差异很大。但由此也说明,基层设计是沥青路面结构设计的核心问题。鉴于沥青路面基层结构形式的多样性和刚度水平的差异性,将沥青路面统称为宽刚度域基层的沥青路面。同时,根据基层刚度水平的不同,将沥青路面分为承力体系结构和传力体系结构两类。一般来说,这两类受力体系的路面结构均可修建长寿命沥青路面,但从适用性、经济性角度看,承力体系结构更适用于重载交通的长寿命沥青路面。需要说明,基层刚度并不单纯取决于半刚性材料或刚性材料,结构层的组合形式和强度水平才是关键因素,足够厚的低标号沥青混凝土结构与半刚性材料结构层的组合,也可形成承力体系结构。

由于结构形式的不同,沥青路面表现为不同的服役性能特征,有的结构容易产生车辙,有的结构容易产生横向的疲劳裂缝,表明沥青路面服役性能具有结构依赖性,这是交通荷载与环境荷载的耦合作用在结构内部的分布规律以及相应的材料响应特征不同造成的。承认服役性能的结构依赖性,也就是承认不同类型结构的服役性能差异性,这种差异性是一种客观规律,并不意味着哪种结构类型的好坏。例如:有的结构容易产生裂缝,但并不意味那种结构不耐久,不能用于修筑长寿命路面。对于结构设计而言,这种依赖性或差异性将有助于指导结构的功能化设计,即针对每类结构的服役性能特征,对各个结构层提出针对性的功能需求和设计对策。

建立服役性能演化模型是路面结构设计的基础。纵观国内外设计方法中的主要性能模型,尽管表达方式不同,但都有相近的构成原理。在此基础上,本书提出了三维度的服役性能演化的统一范式模型,即结构与材料维度、荷载与环境维度和力学指标维度。结构与材料维度实际上就是反映服役性能的结构依赖性。荷载与环境维度是表征服役性能演化的外部影响因素,其重点在于耦合性,是荷载谱与环境谱的叠加。力学指标维度是力学经验设计方法的特征,揭示服役性能演化的力学机理。然而,力学指标的确定是目前沥青路面力学分析的难点之一,鉴于当前的技术条件,采用正分析、反分析以及实测结果三位一体的相互校验,能够得到较为可靠、适用的力学指标。

3) 关于材料设计

修筑沥青路面的材料是平凡、普通且多样的,一般分为原材料和混合料两大类。原材料构成混合料,混合料修筑路面结构。混合料对于原材料,路面结构对于混合料都存在一个结构因素,也就是说,无论是原材料,还是混合料,其性能的研究除了自身的性能品质外,还需要考虑其在结构中的行为特征。这是因为原材料和混合料都具有显著的非线性特征,当用于不同的结构时,将表现出不同的行为特征,而这种行为特征恰恰是影响路面服役性能好坏及其演化规律的内在机理。这种行为称为材料的结构使役行为。

例如:某种沥青混合料的动稳定度仅有 2000 次/mm,并不适用于重载交通条件下的沥青面层或基层使用,但高温性能不足也反映出这种材料具有良好的变形适应性,可用于结构内部的应力吸收层或抗疲劳层。再如:某种矿料的压碎值达到了 28,超出规范要求,但如果合理优化级配,提高沥青混合料的内摩擦角,增大抗剪能力,仍可以用于重载交通的沥青面层铺筑。这两个示例说明,材料的应用并不完全取决于材料的自身品质,而是与结构需求或结构状态密切相关。不同的结构特征决定了材料的服役行为和工程应用。

一般来说,路面材料有两类性能,一是材料自身的性能,二是材料在实体工程中的路用性能,这两类性能并不等效。例如:沥青混合料室内车辙试验的结果并不等同于这种材料在实体结构中的抗车辙能力。但由于研究手段的局限,常常将前者等价于后者,这是当前路面材料性能评价中的不足。研究材料的结构使役行为是从另一个角度更全面地审视材料的行为特征,是从材料自身性能评价过渡到实体工程路用性能评价的桥梁,也是实现路面材料设计均衡化的理论基础。

路面材料的均衡化设计是针对路面材料多样性,使用需求的多元化以及材料性能的复杂性等多种因素条件下,为了充分利用地方性材料,提高路面材料使用品质和结构性能,而提出的一种材料优化设计方法。其技术特点在于发挥结构作用,实现原材料与混合料性能的均衡、材料与结构性能的均衡以及混合料多元服役性能的均衡。对于混合料而言,主要体现在矿料级配的优化设计和混合料配合比的优化设计两方面。

4) 关于路面施工

在现有设计理论和方法的基础上,施工仍是实现长寿命沥青路面目标的关键环节。长寿命沥青路面的技术体系包括设计和施工两个环节,完善的结构与材料设计,没有严格的施工质量控制是不可能实现长寿命路面目标的。不可否认,当前沥青路面技术体系中仍存在设计与施工相脱节的问题,直观地表现为,当一个路面工程修筑好以后,并没有一个有效的技术手段证明该工程满足当初的设计要求,其中涉及一些深层次的设计理论问题,也有施工过程中的质量管理与控制问题。因此,设计-施工一体化是沥青路面技术体系(也是长寿命沥青路面技术体系)中的核心问题。为此,将沥青路面建造过程中的结构设计、材料设计、施工工艺和质量控制等四个环节整合,针对长寿命技术目标,提出功能化、均衡化、均一化和过程化的"四化"建造技术体系。

在路面结构设计和材料设计中已专门提出的功能化和均衡化的设计目标和技术对策,在此主要是强调这些设计理念和方案如何在实际工程中"落地",这将涉及具体的操作环节。在实际工程中,路面的结构和材料设计仍存在"照本宣科"的现象,导致设计方案与工程具体情况并不相符。为此,不应拘泥于一些具体的、不切实际的条款,以功能化和均衡化设计为原则,以充分、扎实的试验数据为基础,结合工程实际情况对设计方案进行优化。其中,注重整体、内在质量,不过分依赖某种材料;结合工程所用材料,充分试验、客观分析和评价,是两个关键环节。

在施工过程中,以保障施工质量的均匀性,降低变异系数为主要目标,从工艺操作流程和质量控制两方面严格管控。从结构可靠度角度看,为了保障工程质量的耐久性,提高工程可靠度,提高结构抗力与应力的比值和降低两者的变异系数是两个主要措施。提高结构抗力与应力比值意味着增加设计冗余度,例如:假设设计弯沉与实际弯沉的均值比值为1.2倍时,即可满足设计要求,当这个比值增加到1.4倍时,工程可靠度将显著提高。这意味着需要使用更好的材料,增加结构的刚度或厚度,从而导致建设成本的显著增加。因此这并不是一个最佳的技术对策。相反,在原有设计的基础上,通过加强施工管理,降低施工变异性,也可以同样提高施工可靠度。事实上,我国路面工程的设计方案与国外相比大多已比较保守,出现的质量问题也大多是施工变异性较大引起的。降低施工变异性是我国路面工程建设中面临的首要问题,也是建设技术可靠、经济合理的长寿命沥青路面工程所必须解决的问题。

为此,在施工工艺和质量控制两个环节分别提出了均一化和过程化两个目标。实现施工工艺的均一化,主要是把控施工期间的原材料控制,以及混合料拌和、运输、摊铺、碾压、养生等生产工序的严格操作、有效衔接等两个环节。质量控制的过程化表现为对整个建设工序的"无盲点"控制,实现工艺流程可追踪、评价方法可操作、评价指标可量化、评价结论概率化等方面。特别对于路面材料的自身特点,强化"先验性"质量评价手段,加强工艺操作的质量控制,增加有效的"后验性"检测手段,是实现质量控制过程化的有效对策。

5) 现阶段建设长寿命路面基本对策

以上是本书阐述的主要内容概括。由此看出,尽管当前长寿命沥青路面的技术体系中还存在一些理论盲点,但是,几十年的工程实践经验的积累以及足尺路面环道7000万次加载试验的初步验证已经表明,建造技术可靠、工艺可行、经济合理的长寿命沥青路面工程是可以实现的；或者说，在现阶段将我国高速公路沥青路面的使用寿命由15年至少延长至30年也是可以实现的。其主要的基本对策有以下三方面。

（1）以承力体系结构为基础，以路基路面综合设计为重点，以广义基层优化组合设计为核心，进行沥青路面结构的功能化设计。

（2）以粗集料断级配的矿料结构为主体，优化混合料的配合比设计，以材料的结构使役行为为基础，开展路面材料的均衡设计。

（3）以降低施工变异性为主要目标，加强施工过程中的质量管理，细化、落实各个工序的操作流程，完善质量控制指标和检评方法。

事实上，长寿命路面与传统沥青路面相比，主要的差异在于使用寿命的大幅度延长。如何证明或验证设计的沥青路面结构能够满足长寿命的技术要求，是长寿命沥青路面技术研发的核心目标。其中包括设计与建造两个方面：在设计方面，是指建立满足长寿命使用目标的可靠的设计理论、方法、模型和指标；在建造方面，是指精细的工艺操作和严格的施工质量管理，实践表明，再好的设计方法都需要工程实践保障。

在现实中一般存在两个路面结构，一个是设计的结构，另一个是建造的结构。最终的目标是这两个"结构"相互等效——能够按照设计的要求建造路面结构，同时能够证明建造的结构满足当初的设计要求。然而，现在的问题在于：现阶段这两个"结构"并不等效。设计的路面结构是基于既有设计方法推导的路面结构，而建造的路面结构理论上是依据设计方案实体化的路面结构，但实际上，其中还包含具体的建设因素。由此导致几种可能：一是，设计的结构达到了这个目标，而建造的结构没有达到；二是，设计的结构没有达到，而建造的结构达到了；三是，设计和建造的结构都达到了目标。换句话说，当一个实体工程经过多年使用，表现出良好的路用品质和耐久性，但却难以判别这是由于设计方案完善的结果，还是建设因素导致的，或者是由两者共同作用的结果。

这实际上反映了当前沥青路面技术体系中仍存在着设计与施工之间的矛盾。从工程可靠度角度看，这个矛盾体现在冗余度与变异性之间的关系。按照应力-强度干涉理论，应力与抗力的均值比值（即冗余度）以及相应的变异系数是影响结构可靠度的两个关键指标，其中，冗余度是由设计方法决定的，而变异性则主要由施工水平决定。冗余度大，可靠度高，变异系数小，可靠度高；反之，可靠度降低。对于一个工程设计而言，需要考虑一定的冗余度，但冗余度过大，不仅导致工程成本的大幅度增加，造成没有必要的工程浪费，而且也反映出对沥青路面服役行为机理认知不全面，以及设计理论和方法的不完善。当前，某些工程质量较好，但并不能确定是否是因为设计合理、施工精良所导致的，因为，较高的设计冗余度往往会掩盖了施工变异性大所带来的质量隐患。

对于长寿命沥青路面工程，由于使用寿命的大幅度延长，为了保障工程的可靠性，在加强施工管理，控制变异性的基础上，合理确定结构设计的冗余度范围，是长寿命路面设计需要考虑的问题。为此，进一步探索沥青路面长期服役性能的演化规律和内在机理，完善沥青路面设计方法，仍将是长寿命沥青路面技术体系研发中的关键基础理论问题，其核心是沥青路面结构与材料的非线性行为特征。这是因为路面材料和结构的非线性是客观存在的,随着使用寿命的延长,这种非线性特征将愈发明显,传统设计方法中的线弹性层状力学体系将难以适应长寿命沥青路面的行为机理分析。建立非线性的路面观,代替传统的线性路面观将是沥青路面技术发展的趋势。从线性设计体系到非线性设计体系,是沥青路面技术体系的一个跨越。这将意味着沥青路面设计理论体系更加完善,设计方法更加可靠,设计与施工之间的联系更加紧密,但并不意味着具体设计方法、操作流程更加繁复。

总之,我国近四十年的高速公路建设,以及北京环道的试验现状表明,建设长寿命沥青路面是有希望实现的,特别是在工程实践方面,革新施工工艺、加强施工质量管理,是现阶段提升路面耐久性、延长使用寿命最可行和最必要的技术对策。另一方面,作为一门实用的工程技术,长寿命沥青路面全寿命周期技术经济最优化目标的实现,仍有赖于有关科学问题的探索和设计体系的完善。确定合理冗余度,有效控制变异性,实现设计-施工一体化,是全寿命周期技术经济最优化的具体体现和措施,也将是未来的研发方向。

参 考 文 献

[1] 中华人民共和国交通部.公路柔性路面设计规范:JTJ 014—86[S].北京:人民交通出版社,1986.

[2] 中华人民共和国交通部.公路沥青路面设计规范:JTJ 014—97[S].北京:人民交通出版社,1997.

[3] 中华人民共和国交通部.公路沥青路面设计规范:JTG D50—2006[S].北京:人民交通出版社,2006.

[4] 中华人民共和国交通运输部.公路沥青路面设计规范:JTG D50—2017[S].北京:人民交通出版社股份有限公司,2017.

[5] 中华人民共和国交通运输部.公路技术状况评定标准:JTG 5210—2018[S].北京:人民交通出版社股份有限公司,2019.

[6] 中华人民共和国交通运输部.公路路基路面现场测试规程:JTG 3450—2019[S].北京:人民交通出版社股份有限公司,2020.

[7] 中华人民共和国国家质量监督检验检疫总局,中国国家标准化管理委员会.数据的统计处理和解释 统计容忍区间的确定:GB/T 3359—2009[S].北京:中国标准出版社,2009.

[8] American Association of State Highway and Transportation Officials. Mechanistic-empirical pavement design guide: a manual of practice[S]. Washington, DC: American Association of State Highway and Transportation Officials, 2020.

[9] American Association of State Highway and Transportation Officials. AASHTO guide for design of pavement structures[S]. Washington, DC: American Association of State Highway and Transportation Officials, 1993.

[10] LCPC. French Design Manual for Pavement Structures[S]. Paris: LCPC, 1997.

[11] 林绣贤.柔性路面结构设计方法[M].北京:人民交通出版社,1988.

[12] 沙庆林.观测试验资料的数学加工法[M].3版.北京:人民交通出版社,1988.

[13] 沙庆林.高等级道路半刚性路面[M].北京:中国建筑工业出版社,1993.

[14] 沙庆林.高等级公路半刚性基层沥青路面[M].北京:人民交通出版社,1998.

[15] 沙庆林.高速公路沥青路面早期破坏现象及预防[M].北京:人民交通出版社,2001.

[16] 沙庆林.高速公路沥青路面早期破坏现象及预防[M].2版.北京:人民交通出版社,2008.

[17] 姚祖康.沥青路面结构设计[M].北京:人民交通出版社,2011.

[18] 沙庆林.重载交通长寿命半刚性路面设计与施工[M].北京:人民交通出版社,2011.

[19] 王旭东,张蕾.基于骨架嵌挤型原理的沥青混合料均衡设计方法[M].北京:人民交通出版社,2014.

[20] 沈金安.国外沥青路面设计方法总汇[M].北京:人民交通出版社,2004.

[21] 王旭东.沥青路面材料动力特性与动态参数[M].北京:人民交通出版社,2002.

[22] 中国公路交通史编审委员会.中国公路史:第一册[M].北京:人民交通出版社,1990.

[23] 交通部中国公路交通史编审委员会.中国公路史:第二册[M].北京:人民交通出版社,1999.

[24] 中国公路学会.中国公路史:第三册[M].北京:人民交通出版社股份有限公司,2017.

[25] 张肖宁.沥青路面施工质量控制与保证[M].北京:人民交通出版社,2009.

[26] 朱照宏,许志鸿.柔性路面设计理论和方法[M].上海:同济大学出版社,1987.

[27] 孙立军.沥青路面结构行为理论[M].北京:人民交通出版社,2005.

[28] 朱照宏,王秉纲,郭大智.路面力学计算[M].北京:人民交通出版社,1985.

[29] 殷瑞钰,汪应洛,李伯聪.工程哲学[M].2版.北京:高等教育出版社,2013.

[30] 王旭东,周兴业,关伟,等.沥青路面结构内部的力学响应特征及分析[J].科学通报,2020,65(30):3298-3307.

[31] 王旭东,肖倩.长寿命路面技术发展与实践[J].科学通报,2020,65(30):3217-3218.

[32] 王旭东,周兴业.基于材料非线性的沥青路面结构当量力学分析方法[J].中国公路学报,2019,32(8):25-34.

[33] 王旭东.足尺路面试验环道路面结构与材料设计[J].公路交通科技,2017,34(6):30-37.

[34] 王旭东.沥青路面弯沉指标的探讨[J].公路交通科技,2015,32(1):1-12.

[35] 王旭东.关于新版《公路路面基层施工技术规范》修订的思路[J].上海公路,2010,(2):1-5.

[36] 王旭东.重载沥青路面结构设计研究[J].公路交通科技,2005,22(5):1-8.

[37] 王旭东,柳浩,孙荣山,等.废胎胶粉改性沥青在顺平辅线改建工程中的应用研究[J].北京公路,2005,(5):28-31.

[38] 王旭东.低噪声沥青路面结构设计研究[J].公路交通科技,2003,20(1):33-37.

[39] 王旭东,戴为民.水泥、消石灰在沥青混合料中的应用[J].公路交通科技,2001,18(4):20-24.

[40] 王旭东,郭大进,沙爱民.水泥土无侧限抗压动态特性的研究[J].重庆交通学院学报,1999,18(1):28-32.

[41] 王旭东.沥青路面设计综合修正系数研究[J].中国公路学报,1997,10(3):19-24.

[42] 王旭东,李晓松.水泥结级配集料疲劳特性的研究[J].公路交通科技,1993,10(4):

8-12.

[43] 张蕾,周兴业,王旭东.基于RIOHTrack足尺加速加载试验的长寿命沥青路面行为研究进展[J].科学通报,2020,65(30):3247-3258.

[44] 曾峰,王旭东.半刚性基层长寿命沥青路面的实践检验[J].公路,2016,61(12):1-7.

[45] Xu LIU, Xudong WANG, Yang WU, et al. Modulus Back-Calculation of Four-layer System Based on the Characteristic Parameters of Deflection Basin [J]. Journal of Testing and Evaluation,2022,50(4):1887-1905.

[46] Qian LI, Xudong WANG, Xu LIU, et al. Review on constitutive models of road materials [J]. Journal of Road Engineering,2022,2:70-83.

[47] 汪水银,王旭东.考虑尺寸效应和端部效应下的水泥稳定材料的强度试验[J].公路,2007,(3):119-124.

[48] 郭大进,王旭东.关于超重轴载计算荷载模式参数[J].公路交通科技,2005,22(5):9-11.

[49] 沙庆林.某高速公路全线通车8年后的路面状况变化及原因分析(下)[J].公路交通科技,2003(1):1-6.

[50] 沙庆林.正定试验路路面9年的使用状况总结[J].河北交通,1997(8):1-8.

[51] 沙庆林,范建华.西安试验路的8年使用经验[J].公路交通科技,1998(S1):1-5.

[52] W G HOWE. Two-sided Tolerance Limits for Normal Populations-Some Improvements [J]. Journal of the American Statistical Association,1969,64:610-620.

[53] X D WANG, L ZHANG, X Y ZHOU, et al. Research Progress of RIOHTRACK in China[C]// Accelerated Pavement Testing to Transport Infrastructure Innovation Proceedings of 6th APT Conference,2020:21-31.

[54] X D WANG, et al. Research of interlayer combination between the semi-rigid base and the asphalt pavement [C]// International Conference on Applications of Advanced Technologies in Transportation,2008.

[55] X D WANG, et al. The design method of asphalt mixture to reduce rutting[C]//International Conference on Applications of Advanced Technologies in Transportation,2008.

[56] X D WANG, et al. The Current Situation and Vistas of the Application for Crumb-rubber Asphalt Pavement in China[C]//Proceeding of 4th Eurasphalt & Eurobitume Congress,2008.

[57] X D WANG, et al. The discussion on the b value of the axle load conversion[C]//Eight International Conference on the Bearing Capacity of Roads, Railways, and Airfields, 2009.

[58] X D WANG, et al. Optimal Bitumen-Aggregate Ratio Select Method of Hot Mix Asphalt

Based on Closest Compact Condition[C]// 3rd International Conference on Asphalt Materials, 2009.

[59] Q XIAO, X D WANG, X Y ZHOU, et al. Temperature Correction Method of Deflection Basin and Stress/Strain Response of Asphalt Pavement[C]// Accelerated Pavement Testing to Transport Infrastructure Innovation Proceedings of 6th APT Conference, 2020: 602-611.

[60] MONISMITH C L, BROWN S F. Developments in the Structural Design and Rehabilitation of Asphalt Pavements over Three Quarters of a Century[C]// Proceedings of Association of Asphalt Paving Technologists 1999 Annual Meeting, 1999:232-246.

[61] BROWN S F, TAM W S, BRUNTON J M. Structural Evaluation and Overlay Design: An Analysis and Implementation[C]// International Conference on the Structural Design, 1987.

[62] FERNE B, GORSKI M, MERRILL D, et al. ELLPAG Phase 1: A Guide to the Use of Long-Life Fully-Flexible Pavements[R]. Brussels: FEHRL, 2004.

[63] GORSKI M, POSPISIL K, DOMMELEN A V, et al. ELLPAG Phase 2: A Guide to the Use of Long-Life Semi-Rigid Pavements[R]. Brussels: FEHRL, 2009.

[64] CARL L M. Evaluation of Long-Lasting Asphalt Pavement Design Methodology: A Perspective[R]. Auburn: Auburn University, 2004.

[65] Federal Highway Administration, et al. National Asphalt Roadmap: A Commitment to the Future[R]. Hmat Hot Mix Asphalt Technology, 2007.

[66] National Cooperative Highway Research Program. Guide for the Mechanistic-Empirical Design of New and Rehabilitated Pavement Structures, Final Document, Appendix GG-1: Calibration of Permanent Deformation Models for Flexible Pavements[R]. Champaign: National Cooperative Highway Research Program, 2004.

[67] S NAGUMO, M TSUKINARI, S TANIMOTO. Deflection Criteria for Asphalt Pavements[C]// Third International Conference of the Structural Design of Asphalt Pavements Proceedings, 1972.

[68] I GSCHWENDT, I POLIACEK. Design of Flexible Pavements in Czechoslovakia: Recent Research Works[C]// Third International Conference of the Structural Design of Asphalt Pavements Proceedings, 1972.

[69] L GASPAR JR, E TOTH. Structure Design and Prediction of Asphalt Pavement Life-Time in Hungary[C]// Sixth International Conference of the structural design of asphalt pavements proceedings, 1987.

[70] M B KORSUNSKY, P I TELYAEV. New Method for Asphalt Pavement Design Adopted in

the USSR[C]// Fourth International Conference of the Structural Design of Asphalt Pavements Proceedings,1977.

[71] 沙庆林.提高路面质量若干主要技术问题的研究(总报告)[R].北京:交通部公路科学研究所,1985.

[72] 沙庆林.京塘高速公路路面设计方案的研究(总报告)[R].北京:交通部公路科学研究所,1985.

[73] 沙庆林.高等级公路半刚性基层、重交通道路沥青面层和抗滑表层的研究(75-24-01-01)(75-24-02-01)(总报告)[R].北京:交通部公路科学研究所,1990.

[74] 沙庆林.高等级公路半刚性基层沥青路面典型结构的研究(85-403-02-02)(总报告)[R].北京:交通部公路科学研究所等,1995.

[75] 沙庆林,王旭东.沥青路面结构的可靠性研究(总报告)[R].北京:交通部公路科学研究所等,1995.